TEORIA, DISCURSO E AÇÃO POLÍTICA

# TEORIA, DISCURSO E AÇÃO POLÍTICA

Eunice Ostrensky e Patricio Tierno
organizadores

Copyright © 2013 Eunice Ostrensky e Patricio Tierno

*Grafia atualizada segundo o Acordo Ortográfico da Língua Portuguesa de 1990, que entrou em vigor no Brasil em 2009.*

Publishers: Joana Monteleone/Haroldo Ceravolo Sereza/Roberto Cosso
Edição: Joana Monteleone
Editor Assistente: Vitor Rodrigo Donofrio Arruda
Projeto gráfico, diagramação e capa: Gabriela Cavallari
Revisão: João Paulo Putini
Assistente de Produção: Ana Lígia Martins/Felipe Lima Bernardino
Imagem da capa: Giorgio Vasari e Giovanni Stradano, Orazione di Antonio Giacomini, 1563-65, Palazzo Vecchio, Salone dei Cinquecento

---

CIP-BRASIL. CATALOGAÇÃO-NA-FONTE
SINDICATO NACIONAL DOS EDITORES DE LIVROS, RJ

T29

TEORIA, DISCURSO E AÇÃO POLÍTICA
Eunice Ostrensky e Patricio Tierno, organizadores.
São Paulo: Alameda, 2013.
314p.

Inclui bibliografia
ISBN 978-85-7939-161-3

1. Ciência política. 2. Sociologia política. 3. Ciências sociais.
I. Ostrensky, Eunice. II. Tierno, Patricio

12-6118.                    CDD: 320
                            CDU: 32
                                        038477

---

ALAMEDA CASA EDITORIAL
Rua Conselheiro Ramalho, 694 – Bela Vista
CEP: 01325-000 – São Paulo – SP
Tel.: (11) 3012 2400
www.alamedaeditorial.com.br

# SUMÁRIO

Colaboradores — 7

Apresentação — 11
Um encontro com a Teoria Política
*Eunice Ostrensky e Patricio Tierno*

## PARTE I — 25
Enfoques da crítica

Teoria política, história conceitual e — 27
conceitos essencialmente contestados
*Ricardo Silva*

Estado e indivíduo na crítica de — 47
Carl Schmitt ao liberalismo
*Pedro Hermílio Villas Bôas Castelo Branco*

A política sem conflito e — 75
a visão do neoliberalismo
*Sergio Morresi*

## PARTE II — 95
História, atores, configurações

*Pólis*, democracia ateniense e teoria política — 97
*Patricio Tierno*

As várias faces de um ator político — 113
*Eunice Ostrensky*

John Locke, teórico do Império? — 131
*David Armitage*

De um debate (histórico) a outro (historiográfico): 165
sob(re) o impacto da Revolução Francesa na Inglaterra
*Modesto Florenzano*

Supressão e criação revolucionária do tempo 185
*Frédéric Brahami*

## PARTE III 199
### Gêneros da reflexão

Caridade e exclusão: entre Dante e Marx 201
*Bruce Gilbert*

Ação dramática e modelos 211
teóricos para pensar a política
*Eduardo Rinesi*

Cotas para mulheres no legislativo e seus fundamentos republicanos 231
*Maria Aparecida Azevedo Abreu*

## APÊNDICE TEMÁTICO 257
### Métodos, conceitos, problemas

As "viradas" linguística, histórica e interpretativa: novos paradigmas 259
teóricos em História das Ideias e a relação estrutura/agência
*Diego Rafael Ambrosini*

Tocqueville: a doutrina do interesse bem compreendido 277
como doutrina moral
*Roberta K. Soromenho Nicolete*

As facções e os interesses: a trajetória dos conceitos e o *locus* da relação 291
*Rafael Gomes*

## Colaboradores

Maria Aparecida Azevedo Abreu é doutora em Ciência Política (2008) pela Universidade de São Paulo (2008). É autora de vários artigos, dentre os quais se destaca "Representação em Rousseau e Hannah Arendt" (2007), além de autora do livro *Hannah Arendt e os limites do novo* (2004). Atualmente é professora da Universidade Federal do Rio de Janeiro.

Diego Rafael Ambrosini é bacharel em Direito pela Universidade Federal da Bahia (1999), mestre (2004) e doutor em Ciência Política (2011) pela Universidade de São Paulo, Brasil. Atualmente é professor do Curso de Ciências Sociais da Universidade Federal de São Paulo.

David Armitage é Professor de História e Diretor dos Estudos de Graduação em História da Universidade de Harvard. É autor ou editor de doze livros, entre os quais *The Ideological Origins of the British Empire* (2000) e *Declaração de independência: uma história global* (trad. brasileira de 2011). Seus livros mais recentes são dois volumes em coedição, *Shakespeare and Early Modern Political Thought* (2009), e *The Age of Revolutions in Global Context, c. 1760-1840* (2010). Atualmente trabalha numa edição dos escritos coloniais de John Locke e em coedição num volume de ensaios sobre a história do Pacífico.

Frédéric Brahami é doutor em Filosofia pela Universidade de Paris X – Nanterre (1989). Atualmente é professor de Filosofia na Université de Franche-Comté e diretor da Université Ouverte de Franche-Comté (França). É autor de livros sobre o ceticismo, como *Le travail du scepticisme. Montaigne, Bayle, Hume* (2001), além de inúmeros artigos, dentre os quais "Amour et droit au lendemain de la Révolution française. Paternalisme bonaldien, fraternité saint-simonienne" (2009). Atualmente prepara uma obra acerca dos efeitos da Revolução Francesa sobre a filosofia social na França (1789-1848).

PEDRO HERMÍLIO VILLAS BÔAS CASTELO BRANCO, doutor em Ciência Política pelo Instituto Universitário de Pesquisas do Rio de Janeiro (IUPERJ), é professor adjunto do Centro de Ciências Jurídicas e Políticas (CCJP) da Universidade Federal do Estado do Rio de Janeiro (UNIRIO) e do Programa de Pós-Graduação em Direito da Universidade Gama Filho (UGF). Escreveu, entre outros artigos, "A Sociologia dos Conceitos e a História dos Conceitos: um diálogo entre Carl Schmitt e Reinhart Koselleck (2006) e "A despolitização da democracia liberal no pensamento de Carl Schmitt" (2011).

MODESTO FLORENZANO é doutor em História Social (1994), livre-docente (1999) e Professor Titular de História Moderna na Universidade de São Paulo, Brasil. É autor de *As reflexões sobre A Revolução em França de Edmund Burke: uma revisão historiográfica* (tese de doutorado), *Começar o mundo de novo: Thomas Paine e outros estudos* (tese de livre--docência) e de artigos como "A Revolução Russa em perspectiva histórica e comparada" (2008) e "República (na segunda metade do século XVIII – história) e Republicanismo (na segunda metade do século XX – historiografia)" (Clio, Lisboa, 2006).

BRUCE GILBERT tem Ph.D pelo Departamento de Filosofia da Pennsylvania State University. Atualmente é professor do Departamento de Filosofia e do Programa de Artes Liberais na Universidade de Bishop, Canadá. Sua especialização acadêmica é na área de filosofia política, com interesse particular em Hegel e Marx, tal como em teorias contemporâneas de democracia, capitalismo e teorias da exploração.

RAFAEL GOMES é graduado em Ciências Sociais (2004) e mestre em Ciência Política pela Universidade de São Paulo (2007), Brasil. Pela mesma instituição, cursa atualmente o Doutorado em Ciência Política.

SERGIO DANIEL MORRESI é doutor em Ciência Política pela Universidade de São Paulo (2006). Atualmente é professor do Instituto de Desarrollo Humano da Universidade Nacional de General Sarmiento, Argentina. É autor de "Pactos e Política: o modelo lockeano e a ocultação do conflito" (2006) e co autor de "Republicanismo e marxismo" (2006).

ROBERTA K. SOROMENHO NICOLETE é mestre em Ciência Política e doutoranda no Departamento de Ciência Política da Universidade de São Paulo, instituição na qual se graduou em Ciências Sociais (2008). No mesmo departamento, desde 2008, participa do Grupo de Estudos em Teoria Política Moderna.

EUNICE OSTRENSKY é doutora em Filosofia (2002) pela Universidade de São Paulo, Brasil. Desde 2007 é professora e pesquisadora na área de teoria política no Departamento de Ciência Política da mesma universidade. É tradutora de vários livros, entre os quais *Behemoth* (2002) e *Escritos políticos,* de John Locke (2007). Além de artigos, é autora do livro *As revoluções do poder* (2006). Atualmente prepara um livro sobre propostas constitucionais formuladas na Inglaterra de 1645 a 1697.

EDUARDO RINESI é doutor em Filosofia pela Universidade de São Paulo (2002). Entre suas publicações, destacam-se os seguintes livros: *Seducidos y abandonados. Carisma y traición en la "transición democrática" argentina* (1993), *Ciudades, teatros y balcones. Un ensayo sobre la representación política* (1994); *Política e tragédia. Hamlet, entre Hobbes e Maquiavel* (2009). Dirigiu o Instituto del Desarrollo Humano da Universidad Nacional de General Sarmiento, na qual pesquisa e leciona temas como teoria política e social. Atualmente é reitor dessa mesma instituição.

RICARDO VIRGILINO DA SILVA é doutor em Ciências Sociais (1998) pela Universidade Estadual de Campinas, Brasil. É autor de inúmeros artigos e capítulos de livros, dentre os quais destacam-se: "Maquiavel e o conceito de liberdade em três vertentes do novo republicanismo" (2010); "Economic policy in times of crisis: conflict between stability and development in Brazil (1958-1963)" (2003). Atualmente é professor associado da Universidade Federal de Santa Catarina, Brasil.

PATRICIO TIERNO é doutor em Ciência Política pela Universidade de São Paulo (2008) e professor de Teoria Política nessa mesma instituição. Entre os anos 2000 e 2009 trabalhou como professor de Teoria Política e Social na Carreira de Ciência Política da Universidade de Buenos Aires (UBA, Argentina), na qual obteve o título de Licenciado em Ciência Política no ano 2000. É autor de vários artigos, entre os quais "La justicia y los antiguos griegos" (2011).

# APRESENTAÇÃO

## Um encontro com a teoria política

ENTRE MUITOS LIVROS POSSÍVEIS, um livro determinado é apenas uma possibilidade que se torna real. Houve quem concebesse uma biblioteca universal e eterna, contendo todos os livros da orbe e de infinitos mundos, tanto os escritos, os por escrever, como os que nunca se escreverão.[1] Essa concepção da literatura, vasta e conjectural, também se aplica a todo livro e a cada livro em particular. Poderíamos falar, assim, de um livro de teoria e pensamento político destinado a ocupar um lugar nas estantes entre inúmeros volumes, incluídos os mais variados tópicos dedicados a pensar e estudar a política, armazenados nessa biblioteca sem fim.

Tal livro seria, como qualquer livro da biblioteca e como a biblioteca mesma, uma pluralidade; estaria feito da vida e da experiência humanas, que são a matéria de toda literatura, da política, do discurso e da ação. Sua matéria seria, então, a que motiva o nosso título e a que nutre o conteúdo do livro individual que nestas páginas está sendo apresentado: um livro que, num sentido inerentemente plural, brota da reflexão e da prática intelectuais.

A rigor, este livro origina-se num Colóquio levado a cabo nos dias 6, 7 e 8 de abril de 2011 na Universidade de São Paulo, por iniciativa dos organizadores desta coletânea de artigos, integrantes do Departamento de Ciência Política da citada instituição. Os

---

[1] A ideia ou sonho da Biblioteca Total, como a denominou Borges, não é tão velha como se crê; prefiguram-na certas passagens de Aristóteles e Cícero, mas sua invenção e execução é mais de vinte e três séculos posterior e pode ser atribuída, respectivamente, a Gustav Theodor Fechner e Kurd Lasswitz: *cf.* BORGES, 2011, p. 29-33.

convidados eram professores e pesquisadores, nacionais e internacionais, no campo da teoria, filosofia e história do pensamento político, todos interessados em criar um espaço de divulgação e discussão dos trabalhos que cada um estivesse desenvolvendo naquele momento. O resultado, vale dizer, não poderia ter sido melhor. Ao longo de três intensas jornadas, num clima intelectualmente estimulante e gratificante, um senso de comunidade, de atividade compartilhada e de *philía* intelectual implantou-se a partir das mesas temáticas, dos debates e diálogos travados entre expositores e participantes, entre os colegas presentes e o público em geral.

A publicação que aqui se oferece é fruto dessa iniciativa e, mais ainda, resultado direto daquela generosa tarefa comum de organização e participação. Se essa é sua gênese e se aquela biblioteca imaginária constitui seu lugar não menos imaginário, caberia, antes de elencar e comentar o material diverso que ele contém, interrogar o caráter que lhe é constitutivo e que o faz ser, afinal, uma coletânea de artigos organizada com o propósito de contribuir para reflexão teórico-política espelhando e fixando, em forma escrita, um interessante conjunto de intervenções em torno da política e de sua teorização. Ensaiemos, à guisa de prólogo, uma reflexão sobre os sentidos da nossa própria reflexão, que bem pode iniciar pelos dois termos que sintetizam nossa ocupação acadêmica e editorial: a teoria e a política, o encontro com a junção de duas atividades que configuram um mesmo e heterogêneo campo disciplinar.

A finalidade do conjunto de artigos é, no fundo, idêntica às pretensões da disciplina que nos reúne: indagar e compreender. Indagar e compreender o quê? A política mediante as ideias, argumentos, conceitos e modos que servem para pensá-la e teorizar sobre ela, inspirados numa trajetória rica em tradições que se estende desde o período antigo até os períodos moderno e contemporâneo da teoria, bem como do pensamento político ocidental. Nesse percurso, as continuidades são tão frequentes como as descontinuidades, as uniões, frequentes como as rupturas. E, nessa história persistente e díspar, a teoria política representa um gênero específico de pensamento dirigido, sistemático e reflexivo sobre o político, sobre as coisas que admitem esse qualificativo, nesta ocasião agrupadas em duas perspectivas teóricas privilegiadas, a saber, a filosofia política e a história intelectual. O pensamento político, por sua parte, exprime um sentido mais lasso e amplo, determinado pelos diversos gêneros de expressão discursivas e literárias que assumem, direta ou indiretamente, implicações e conotações políticas. O ensaio e a reflexão filosófica que dialogam com a literatura e o cinema, percorrendo as margens da disciplina, são fiéis expoentes desta última demarcação.

A pergunta que surge é, pois, como pensar e teorizar acerca da política (e, ademais, das instituições, da sociedade, da conduta ética e moral etc.) de acordo com uma visão aberta e, ao mesmo tempo, unitária. Não se trata, em tudo isso, de multiplicações ou superposições na designação e compreensão de um determinado objeto ou assunto, mas de modos políticos de pensamento e teoria que respondem a diferentes perspectivas perante uma mesma matéria, a qual, retomando a terminologia grega, se desdobra e unifica tanto na *theoría* como na *práxis*. Notou-se repetidas vezes que, já na Grécia clássica, a palavra política estendeu seu significado original, relativo a tudo o que se referia à cidade (*polis*), e foi aplicada ao conhecimento mais ou menos rigoroso da esfera da vida e da atividade humanas cujo termo de referência era a comunidade e será, na modernidade, o Estado. Aristóteles, em seu inconcluso tratado intitulado *Política*, postulou a indistinção entre a filosofia e a ciência política, porque acreditava que a política, como conhecimento prático orientador, deveria reger o modo de vida de toda a comunidade, acima dos demais saberes; Hegel, na esteira tratadista de seu remoto antecessor, intitulou *Filosofia do Direito* sua obra de política ou, melhor dizendo, da ciência do direito, voltada a elucidar a realização da liberdade ética encarnada no Estado (nós, entretanto, homens e mulheres de tempos menos esclarecidos, temos nos empenhado em marcar as diferenças, separando e antagonizando os modos sempre condicionados de fundamentar, organizar e explicar a realidade política e social).

Abranger esse conjunto e essa índole diversa da política, dar lugar a suas vertentes de compreensão e análise, permitindo que elas se mostrem através de seus praticantes, vem sendo nosso deliberado esforço que, acreditamos, terá se plasmado nesta edição. Semelhante crença leva implícita uma outra questão, que se faz a respeito das maneiras mais adequadas de tratar o que se mostra politicamente relevante, isto é, do enfoque a ser adotado no âmbito dos atos e da palavra, da luta e da instituição do poder. Neste ponto, como no anterior, nossa proposta tentou ser tão abrangente como essa diversidade exigia, razão pela qual o leitor se deparará com dois tipos de enfoques que convivem nesta série de trabalhos: enfoques centrados em conceitos e problemas, e enfoques baseados em um ou vários textos e autores. Na verdade, a disjuntiva entre esses dois tipos de tratamento parece-nos um falso dilema, na medida que se remetem um ao outro e não são contraditórios entre si. É igualmente proveitoso, do ponto de vista da sua exequibilidade, atacar um problema central sem renunciar à figura do autor e da sua obra e, vice-versa, analisar uma obra e seu autor à luz de um problema dado. Nenhum desses recortes é, em essência, inconciliável com o recurso à monografia ou à comparação, à argumentação lógica ou à digressão prolongada ou, em termos mais gerais, com o repertório de estilos e métodos que o teórico da política encontra à sua disposição.

Num dos parágrafos precedentes, mencionamos três perspectivas de indagação política que fazem parte desta coletânea. Elementos marcantes dessas linhas teórico-interpretativas conformam o espírito da teoria política na atualidade.[2] Observa-se a presença, em primeiro lugar, da aspiração que a filosofia política, entendida nos moldes tradicionais, perseguiu e ainda persegue sem cessar: referimo-nos à busca daquelas questões onipresentes capazes de guiar, no seu sentido profundo, uma atitude contemplativa e racional que visa recuperar os fundamentos e valores modeladores da vida política e social. Só para citar um exemplo, lembremos a proposição de Leo Strauss, que fizera da filosofia política o exercício de elaborar conhecimentos certos sobre a essência do político e sobre a boa ordem política, sobre a ordem política justa (STRAUSS, 1982, p. 95-96). Num plano menos restrito e dentro dessa perspectiva, a teoria política pode ser idealizada à maneira de um diálogo além das épocas entre pensadores próximos e distantes que, desde Platão, enunciam as mesmas questões perenes em resposta a diferentes encruzilhadas do seu tempo. Com efeito, é nesse movimento de enunciações problemáticas constantes que se produzem as inflexões das vozes dos protagonistas de um diálogo virtual e no qual assentam as lições perduráveis de uma longa tradição discursiva (WOLIN, 1993, cap. 1).

Em segundo lugar, anima nossa reflexão a decisiva renovação da tradicional história das ideias e do pensamento político encarada pela chamada historiografia de Cambridge desde a década de 1960. O alvo inicial dos teóricos comprometidos com essa historiografia era precisamente as abordagens dos historiadores das ideias e da filosofia, como Arthur Lovejoy e o já citado Leo Strauss. Num de seus textos mais iconoclastas, Quentin Skinner – que veio a ser um dos principais articuladores dessa nova metodologia – afirmou que não existem questões perenes na história das ideias e do pensamento político (SKINNER, 1988, p. 30-31). Para compreender os significado dos textos políticos, o historiador das ideias, em vez de tentar forjar uma continuidade histórica entre conceitos fundamentais, precisaria se empenhar em reconstruir o contexto histórico e linguístico de produção de um determinado texto. Essa tarefa exigiria, por seu turno, a apreensão das intenções do autor ao tratar de problemas específicos de seu próprio tempo (BEVIR, 2009, p. 216). No entanto, J. G. A. Pocock, cujo nome também é frequentemente relacionado à corrente contextualista, sugere, com base num vocabulário mais estruturalista *a la* Saussure, que as linguagens determinam "os atos de enunciação" efetuados "dentro" delas, isto é, as linguagens funcionariam quase à maneira de

---

2   O que, naturalmente, não desmerece outras variantes normativas e, inclusive, outras formas de conceber o estudo da política.

paradigmas "na estruturação do pensamento e da fala", cabendo ao historiador escavar as camadas de contextos linguísticos nos quais certo discurso foi enunciado (POCOCK, 2003, p. 65-68). Assim, no paradigmático *The Maquiavelliam Moment* (1975), Pocock voltou-se para o estudo da formação do pensamento humanista florentino e republicano, a fim de especificar adequadamente o contexto no qual as linguagens emergem dos textos e se convertem em tradições e discursos.

Em conexão com o anterior, cabe destacar um terceiro elemento que, tomando como referência iniludível as tradições e correntes já citadas, julga-as se valendo de uma abordagem crítica e questionadora de suas categorias básicas, seus pressupostos e princípios fundamentais. Essa crítica teórica está sendo desenvolvida, não de modo único nem excludente, pela teoria feminista que convida a revisar, repensar e ler de outros ângulos o *corpus* canônico da teoria política ocidental. Os questionamentos podem e devem ter seu correlato empírico, pois almejam tornar explícitas as insuficiências e os vieses não percebidos, não só dos componentes ideológicos e epistemológicos dessas elaborações consagradas, mas também das práticas que as instituições e a sociedade utilizam habitualmente para outorgar e distribuir, com pretensa equidade, os direitos, deveres e posições entre indivíduos e grupos reproduzindo a cisão problemática entre o público e o privado. O leitor descobrirá, numa quantidade menor porém num grau não menos incisivo, argumentações e elucidações que refletem esse temperamento e essa exigência de reformulação impostergável.

Em último lugar, e reforçando as abordagens precedentes, é impossível desconhecer o significativo aporte de uma forma de pensamento que, tanto no referido evento como neste livro tributário, amplia e aprofunda a sensibilidade intelectual de todo pesquisador. A título de quarto elemento, devemos celebrar a ousadia de testar os limites da teoria política em sentido estrito e atravessar as fronteiras da reflexão. Como antecipamos acima, incluem-se nesses diversos gêneros os intercâmbios de livre associação entre a reflexão mais sistemática e a contemplação artística, e todos aqueles exercícios que transitam pela política com apelo à filosofia, à literatura e ao cinema. Seria injusto não ver neles uma motivação análoga à que incita a teoria política a subverter os critérios estabelecidos da disciplina, a desafiar nosso capital de ideias e noções pré-concebidas. Sem essa motivação, sem essa abertura à exploração e a incerteza, talvez fossem impensáveis a própria teoria política e seu cânone de textos maiores e menores...

É inevitável extrair, finalmente, a constatação de que o pensamento e a teoria política são de natureza múltipla e, como modos de reflexão tão especiais, considera-se que nenhuma apreensão e inclinação é, *a priori*, desdenhável, porque as indagações sempre são provisórias e suscetíveis de reinterpretação. Aí descansam as condições do nosso fazer; assim se demonstra, mais uma vez, o velho adágio de que se inova ao interior da tradição e da história, em continuidade ou ruptura com elas. Nessa duplicidade radica, no final das contas, a mera possibilidade da criação e recriação, e a esperança de que a reflexão política forje seus métodos – seus caminhos futuros – em face da mudança do presente sobre a recuperação do passado.

\*

Passemos, no que se segue, a expor a ordenação interna desta obra dedicada, como dissemos no início, à teoria política e ao pensamento político, aos discursos e às ações que os perpassam e nos quais, muitas vezes, traduzem-se. Essa ordem de apresentação exprime, com bastante rigor, uma sequência expositiva e um reagrupamento temático que, segundo nossa visão, foram e podem representar, retrospectivamente, o colóquio passado e as excelentes contribuições dos participantes que, generosamente, prestigiaram-no com seus trabalhos. Apenas a título de lembrança, alguns dos participantes do Colóquio infelizmente não puderam, por razões diversas, ceder-nos seus textos, mas, em contrapartida, aqui publicamos uma tradução inédita em português de um texto do professor David Armitage, que foi alocado na segunda seção deste livro.

A primeira seção, que traz o título de "Enfoques da crítica", procura submeter a exame, com base em distintas leituras interpretativas, as ideias, os conceitos e os argumentos dos quais se serve a teoria política e suas correntes principais. E, nessa direção, chama atenção a crítica da corrente liberal que hegemoniza, do ponto de vista teórico e ideológico, o *ethos* cultural do mundo contemporâneo. O artigo de Ricardo Silva executa a primeira operação: nele, discute-se com sutil erudição o caráter polêmico e polissêmico dos conceitos políticos. Mediante o resgate de um ensaio dos anos 1950, escrito pelo filósofo Walter Gallie, levanta-se a tese dos "conceitos essencialmente contestados" e verifica-se como essa tese repercutiu no âmbito da ciência e a teoria políticas das décadas subsequentes. Contra a postura positivista que luta pela purgação e fixação do aparato conceitual, mas também contra a radical oposição entre a normativa e a história, sustenta-se que os conceitos estão impregnados da imprecisão da fala ordinária e, consequentemente, suas propriedades são o resultado combinado e mutável das tentativas de dar conta da contingência histórica e dos esforços para construir os ideais éticos que permitam entrever a sociedade futura.

Aprofundando a análise dos conceitos teórico-políticos e concentrando-se na filosofia e prática do liberalismo, Pedro Villas Bôas Castelo Branco traz à tona os argumentos formulados por Carl Schmitt no seu ataque à democracia liberal das primeiras décadas do século XX. Conforme a distinção polar entre amigo e inimigo, central na definição do político para o pensador alemão, pretende-se dirimir o lugar que aquela corrente ocupa ao interior de um dos mais provocativos registros para pensar a existência estatal, a decisão soberana e a excepcionalidade política. Por sua vez, num registro diferente mas coincidindo no objeto em questão, Sergio Morresi delineia os traços conceituais da variante neoliberal e os laços que unem sua enunciação teórica a sua prática concreta. Das prescrições e políticas do neoliberalismo decorre, em última instância, um pensamento relutante à participação popular na esfera pública, a qual percebe como um sério obstáculo para a implantação plena das relações de mercado, e – num gritante porém coerente paradoxo – que outorga um papel crucial ao Estado na função de ativo e necessário garante da liberalização das forças privadas numa economia de base capitalista.

Na segunda seção, intitulada "História, atores e configurações", encontram-se textos de orientações metodológicas, propósitos e objetos bastante variados, mas que têm em comum a preocupação em pensar múltiplas conexões entre fazer política e escrever sobre política. Ao longo dessas páginas, veremos surgirem diversos personagens políticos, ora identificados aos próprios autores, ora a seu público e sua matéria, ora aos intérpretes, relacionando-se com o tempo que habitaram e com o tempo que viriam a habitar seus leitores do futuro. Não que a curiosidade de investigar algumas conexões entre a atividade reflexiva e a atividade cotidiana da política não esteja presente nas outras seções nas quais se divide este livro. Mas, nesta seção em particular, a história, seja qual for a maneira pela qual a interpretemos, mostra-se claramente como o pano de fundo da análise e até mesmo como sua protagonista. Assim, Patricio Tierno retorna à Atenas antiga para recuperar a gênese, os fundamentos e o modo de vida da *polis* democrática. Seu interesse não é o de um antiquário, alguém que se compraz em contemplar o passado por si só, mas o de um teórico empenhado em pensar o grande alcance da experiência democrática desde então, isto é, como a prática e a teoria democrática se tornaram a fonte de nossos conceitos, nosso vocabulário, nossas normas e expectativas sobre a democracia. Enfim, o argumento de Tierno é que há ainda boas razões para continuarmos a voltar nossos olhos para a Atenas democrática e lá nos beneficiarmos de um valioso repositório de nossa própria vida política.

Em seguida, Eunice Ostrensky elege a obra do seiscentista James Harrington para sugerir algumas interações entre o ator político e as ações que procura promover em seu tempo. Segundo ela, apesar do papel decisivo desempenhado na ciência política de Harrington pelas fundações ou relações materiais baseadas na propriedade territorial, a agência humana seria imprescindível para gerar uma ordem política perfeita. Levada essa hipótese a um plano mais geral, poderíamos pensar, ainda segundo Ostrensky, que, mesmo quando não são parlamentares, líderes de seitas, magistrados ou reis, teóricos e filósofos políticos atuam num campo que não é o da mera especulação, mas o de um conflito real, e podem eventualmente modificar, pela palavra, o cenário em que se movem. Essa proposta de um filósofo atuante também é partilhada por David Armitage, que procura rechaçar, no texto seguinte, interpretações produzidas em diferentes espectros ideológicos, segundo as quais John Locke seria um dos primeiros defensores de teorias imperialistas posteriormente apropriadas pelos liberais. Para Armitage, não apenas faltam indícios textuais e biográficos para essa conclusão, como ainda a ênfase no suposto "imperialismo" defendido por Locke acaba por relegar a um plano inferior a importante contribuição da obra desse autor para pensarem-se as características e o impacto do mundo colonial na vida europeia. Mais ainda, a contextualização e conceitualização da teoria política de Locke exigiriam reavaliar, mais uma vez, sua sempre invocada paternidade do liberalismo, corpo doutrinário que costuma ser descrito em traços tão genéricos quanto imprecisos.

Há ainda dois artigos que se debruçam sobre a Revolução Francesa e seu legado, concedendo voz a personagens que a testemunharam ou que nas primeiras décadas do século XIX ainda sentiam seus efeitos diretos. No primeiro desses artigos, Modesto Florenzano privilegia o debate entre Edmund Burke e Thomas Paine para lançar luz sobre duas concepções divergentes, quando não opostas, de sociedade política e da própria Revolução. Florenzano mostra como o debate incendiou o público britânico e suscitou, por sua vez, uma multidão de escritos em defesa de uma ou outra causa. Na época, nem com muito tino político se poderia dizer com precisão qual dos dois lados saiu vencedor. Coube posteriormente à historiografia o papel de juiz dessa guerra de panfletos, que por anos a fio concedeu a Paine larga vantagem sobre Burke, fazendo predominar uma imagem positiva da Revolução Francesa e a visão universalista dos direitos do homem. Isso até a década de 1970, quando o debate reacende mais uma vez – e provavelmente reacenderá outras tantas –, não deixando dúvidas de que a disputa política em torno do legado da Revolução Francesa não é mera contenda intramuros.

Encerrando essa seção, Frédéric Brahami investiga as razões pelas quais em inícios do século XIX o temor de que a Revolução lograra romper os laços sociais mais básicos viria fortemente acompanhado pela dolorosa sensação de algo como o fim do mundo. Explicar essas reações dramáticas meramente como demofobia ou horror ao poder do *demos* é, segundo Brahami, perder de vista dois campos convergentes de ação dos revolucionários franceses: seu êxito em difundir a ideia de uma ruptura drástica com o passado e sua pretensão de inaugurar um novo tempo na história da humanidade. Para

Brahami, essas ações assumiram um caráter teológico, na medida em que os agentes revolucionários não hesitaram em comparar sua vontade criadora e destruidora à do próprio Deus. Entretanto, a aparentemente paradoxal ideia de uma vontade humana onipotente de alguma maneira já estava no horizonte doutrinário político pelo menos desde o século XVII, quando o inglês Thomas Hobbes postulou a possibilidade que homens naturais, imitando Deus, criassem um homem artificial.

Os artigos da terceira seção, "Gêneros da reflexão", deixam o campo turbulento da história para realçar o valor do ensaio e do pensamento filosófico como modos alternativos de considerar a política. Bruce Gilbert identifica, na sua experiência pessoal e intelectual, os motivos de seu interesse imediato pela filosofia de Tomás de Aquino e pelas verdades latentes na poesia de Dante Alighieri. Nesse entrecruzamento entre filosofia e literatura, entre doutrina teológica e intuição alegórica, Gilbert acredita ter encontrado a chave de compreensão da felicidade e a liberdade humanas na adoção da lógica da propriedade comunal que, por meio da caridade, manifesta-se como dimensão ontológica inclusiva. O marco de referência dessa revelação, a teoria da exploração de Marx, comprova, pela via negativa da lógica da exclusão e da denúncia da condição dos expropriados, aquela convergência iluminadora entre dois procedimentos intelectuais que, cada um à sua maneira, entranham fortes consequências políticas. Na sequência, Eduardo Rinesi recorre à atrativa ideia de enquadrar a política no modelo do teatro, porque, entende ele, existe uma mútua penetração entre a ação política e a ação teatral, ou seja, entre a incerteza própria de um mundo em que todos atuam e a contingência ou o desenlace destinado aos homens atuantes na própria textualidade no universo da representação. A análise das duas fontes que motorizam a reflexão, um ensaio de Christoph Menke – *Atualidade da tragédia* (2005) – e um filme de Ernst Lubitsch – *Ser ou não ser* (1942) –, carrega consigo a sugestão de que, nessa imbricação estrutural, a vida aparece como uma fatal e reconfortante mescla de tragédia e comédia, de inexorabilidade e indeterminação.

De forma complementar e do ponto de vista da crítica feminista, Maria Aparecida Abreu enfrenta a questão da representação nas câmaras legislativas e recomenda, em rigorosa argumentação que alude a dispositivos institucionais efetivos, a implementação de cotas reservadas às mulheres nas listas de candidatos dos partidos que concorram a eleições para cargos legislativos, de modo a garantir a ocupação feminina das cadeiras. A proposição defendida é que medidas legais tendentes a assegurar a representação das mulheres nas listas partidárias e, como efeito derivado, na representação política, é juridicamente legítima e pode ser justificada normativamente. Neste último sentido, a autora esgrime a capacidade normativa do republicanismo para identificar as diferenças e os interesses de grupos específicos e proporcionar, assim, um respaldo indispensável à liberdade das mulheres a serem representantes.

Por fim, o "Apêndice temático: métodos, conceitos, problemas" traz as contribuições de três jovens pesquisadores: Diego Ambrosini, Roberta Nicolete e Rafael Gomes. No primeiro artigo, Ambrosini transita de uma investigação sobre alguns dos principais métodos adotados hoje em teoria política para uma interrogação, agora também no campo normativo, sobre a maneira como neles se concebe a relação entre agência e estrutura, problema tão proeminente na teoria política contemporânea. O que parece estar em jogo, aqui, são as possibilidades (mas também os riscos) de o teórico político, cujo enfoque se volta para a história dos textos, converter-se também em filósofo político, atuante no presente. Já Nicolete, ancorando-se com consciência no passado, sugere que, ao longo de uma história das ideias nem sempre linear e contínua, interesse e virtude estiveram associados a corpos doutrinários distintos mas não necessariamente divergentes. Para comprovar sua hipótese, a pesquisadora escolhe *A democracia na América*, de Aléxis de Tocqueville, obra na qual a chamada "doutrina do interesse bem compreendido" articularia uma certa concepção de participação cívica ao cuidado individualista típico das sociedades democráticas. Essa doutrina teria permitido a Tocqueville adaptar, a seu modo, a virtude de traços antigos às necessidades impostas pelos tempos modernos. No texto de Gomes, finalmente, a doutrina do interesse também parece fecunda, mas agora se trata de examiná-la em suas conexões com o conceito de facção. Gomes de saída rejeita um certo senso comum, segundo o qual as facções operam, e têm de operar, necessariamente movidas por interesses. Para isso, o pesquisador se encarrega de reconstruir um percurso – diga-se de passagem, percurso acidentado, como parece ser a regra nesta ampla área de nossos estudos – dos dois termos, passando da modernidade dos Federalistas norte-americanos para a discussão sobre partidos políticos de nossos contemporâneos, como Bernard Manin. Como o leitor prontamente perceberá, a qualidade de cada um desses três textos, cujo objeto e o modo de abordá-lo revelam-se tão peculiares, anuncia que por muito tempo ainda a Teoria Política encontrará no Brasil um espaço muito generoso para reflexão.

Eis, em traços muito sintéticos, o que dentro em pouco se apresentará ao juízo dos leitores: teoria e pensamento; arte, história e filosofia. Modos e usos da reflexão política que resumem aquilo que foi verbalizado naquele encontro de abril de 2011 e que retornam, com este livro, por escrito. Nessa pluralidade conjuga-se o que há de universal e singular no discurso e na ação política que mediam como seus canais expressivos. Uma modesta e arbitrária parcela dessa riqueza inerente à política e ao político, que constitui nossa sincera vocação pedagógica e especulativa, viaja, ao amparo da tarefa mancomunada de todas e todos, impressa em um número de catálogo, preservada na imagem dessa biblioteca interminável e reinventada por cada leitura.

*

Não poderíamos concluir esta Introdução sem agradecer a todos os que colaboraram para que este livro chegasse a bom termo. Falamos dos autores dos artigos, que com paciência ímpar aceitaram fazer as modificações necessárias, porém aborrecidas, para publicação. Falamos também dos tradutores responsáveis pela versão em português dos artigos produzidos originalmente em língua estrangeira: Christiane Cardoso Ferreira, Flávia Rossi, Leandro de Pádua Rodrigues e Felipe Freller. Não poderíamos deixar de mencionar os nomes de Roberta Nicolete, André Moreira e Luiz Fernando Aguiar, que, juntamente com os tradutores acima mencionados (exceto Flávia Rossi, integrante do Grupo de Estudos sobre Movimentos Sociais), em 2011 faziam parte do Grupo de Estudos de Teoria Política Clássica e Moderna, vinculado ao Departamento de Ciência Política da Universidade de São Paulo. Todos esses alunos se dedicaram com extraordinário afinco para que o Colóquio fosse tão bem-sucedido. Um agradecimento especial a Márcia Regina Gomes Staaks, que com as habituais competência e disposição nos ajudou a enviar os trabalhosos pedidos de financiamento às agências de pesquisa, bem como a tornar mais confortável a estada dos nossos convidados em São Paulo. Enfim, esta publicação só se tornou possível graças ao apoio institucional do Departamento de Ciência Política da Universidade e ao apoio financeiro da Coordenação de Aperfeiçoamento de Pessoal de Nível Superior (Capes).

## Bibliografia

BEVIR, Mark. "Contextualism: from Modernist Method to Post-Analytic Historicism?". *Journal of the Philosophy of History 3*, 2009, p. 211-224.

BORGES, Jorge Luis. "La Biblioteca Total". In: *Borges en Sur (1931-1980). Borges. Obras Completas*, vol. 20. Buenos Aires: Sudamericana, 2011, p. 29-33.

POCOCK, J. G. A. "O conceito de linguagem e o *métier d'historien*". In: *Linguagens do ideário Político*. São Paulo: Edusp, 2003, p. 63-82.

SKINNER, Quentin. "Meaning and Understanding in the History of Ideas". In: TULLY, James. *Meaning and Context: Quentin Skinner and his Critics*". Cambridge: Polity Press, 1988, p. 29-67.

STRAUSS, Leo. "¿Qué es la filosofía política?". In:, *¿Qué es la filosofía política?*, Madri: Guadarrama, 1982, p. 93-155.

WOLIN, Sheldon S. *Política y perspectiva. Continuidad y cambio en el pensamiento político occidental*. Buenos Aires: Amorrortu, 1993.

# PARTE I

## Enfoques da crítica

# Teoria política, história conceitual e conceitos essencialmente contestados

Ricardo Silva

## I

UM DOS ASPECTOS MAIS inquietantes no exercício da teoria política consiste na reiterada frustração dos esforços de fixação dos significados dos conceitos mais relevantes da disciplina. Palavras como liberdade, igualdade, poder, justiça, democracia, entre outras, sempre presentes no vocabulário dos teóricos, ao mesmo tempo que se referem a estados efetivos do mundo político, revelam-se arenas e instrumentos de disputas entre teorias e ideologias políticas rivais. A recorrência desses termos nos mais diversos esforços de teorização vem sempre acompanhada de pronunciadas discordâncias sobre as definições dos conceitos que tais termos expressam. O objetivo deste capítulo é apresentar e examinar a tese de que a compreensão dos significados de conceitos como os mencionados acima não pode prescindir da *reconstituição das disputas* pela fixação dos critérios de uso desses conceitos.

É compreensível que o fenômeno da instabilidade nas definições de conceitos-chave tenha gerado certa ansiedade entre muitos cientistas políticos, especialmente entre aqueles comprometidos com a perspectiva de que o papel da teoria política é prover o cientista político de conceitos claros e univocamente definidos, instrumentais à formulação de hipóteses verificáveis e testáveis por meio (e em benefício) do conhecimento empírico. Há três décadas, Felix Oppenheim, refinado teórico representativo de tal perspectiva analítica, afirmava que a construção de um vocabulário técnico, axiologicamente neutro e expurgado das ambiguidades e imprecisões típicas da linguagem ordinária era condição *sine qua non* de qualquer abordagem científica da política: "Tornar os conceitos políticos apropriados à investigação política parece-me reconstruí-los, i.e., provê-los com definições explicativas; em certos casos essas definições devem desviar-se da linguagem ordinária para evitar ambiguidades e implicações valorativas" (OPPENHEIM, 1981). O autor de *Political Concepts: a Reconstruction* nutria a expectativa de que seus esforços de "reconstrução" de conceitos como poder, liberdade, igualitarismo e interesse resultassem em um conjunto de definições que "pudessem ser aceitas por cientistas políticos e filósofos a despeito de suas convicções ideológicas". Tal esperança sustentava-se na pressuposição de Oppenheim de que ele próprio teria realizado a proeza de utilizar os conceitos básicos da teoria política abstendo-se de advogar doutrinas normativas, "nem mesmo implicitamente" (OPPENHEIM, 1981, p. 1-2).

O fato, porém, é que os esforços de Oppenheim e de outros teóricos de orientação similar não se têm revelado eficazes para assegurar a tão almejada pacificação das disputas em torno dos significados dos termos básicos da teoria política. Não seria exagerado afirmar que, ao menos nas últimas três décadas, temos observado exatamente o oposto, ou seja, o fenômeno da intensificação do grau de contestação dos conceitos políticos.

Um modo alternativo e talvez mais promissor de abordar o fenômeno da instabilidade dos significados dos conceitos políticos requer uma atitude menos refratária às propriedades da linguagem ordinária. Não se trata, evidentemente, de favorecer o esmorecimento diante de dificuldades cuja superação estaria a requerer consideráveis doses de investimento intelectual e assepsia analítica. Trata-se, isto sim, de aceitar para o discurso teórico o mesmo princípio geral que governa a atribuição de significados aos termos da conversação ordinária. Ou seja, o princípio de que a estabilização do significado de um conceito só pode ser alcançada contingentemente e em circunstâncias práticas específicas, tendo em vista o uso que o teórico faz do conceito numa teia muito mais ampla de significações. Ocorre ainda que, ao menos para certa classe de conceitos políticos, essa teia mais ampla de significações envolve não apenas o conjunto das crenças sustentadas pelos usuários particulares do conceito, mas também as redes de crenças dos indivíduos que reivindicam usos alternativos e concorrentes do mesmo conceito.

## II

Em meados da década de 1950, o filósofo britânico Walter Gallie deteve-se no exame do problema da instabilidade das definições de conceitos-chave em diferentes domínios da atividade humana, como os conceitos de "arte" na estética, de "vida cristã" na religião e de "democracia" na política. Claramente influenciado pelos primeiros desenvolvimentos da filosofia da linguagem ordinária, Gallie, num ensaio seminal, cunhou a expressão "conceitos essencialmente contestados" para designar aquela classe de conceitos arredios a definições unívocas. Nas palavras do autor,

> O reconhecimento de um dado conceito como essencialmente contestado implica o reconhecimento de seus usos rivais (tais como aqueles que o próprio usuário repudia) como não apenas logicamente possível e humanamente "provável", mas também como algo de valor crítico potencial permanente para o uso ou interpretação que o usuário faz do conceito em questão (GALLIE, 1956, p. 193).

Publicado numa circunstância intelectual adversa, o ensaio de Gallie permaneceu relativamente ignorado por quase duas décadas. Contudo, passada a fase mais aguda do ímpeto avassalador da "revolução comportamentalista" nos estudos políticos, muitos teóricos insatisfeitos com as abordagens naturalistas na ciência política intensificaram seus esforços de construção de abordagens alternativas. Ainda na primeira metade da década de 1970, autores como Alasdair MacIntyre (1973), William Connolly (1993 [1974]) e Steven Lukes (1975) passaram a dispensar considerável atenção à formulação de Gallie, incorporando-a em suas próprias elaborações. Embora a contribuição de Gallie tenha sido mais frequentemente aplicada ao estudo da política, ela também chamou a atenção de outros cientistas sociais. O antropólogo Clifford Geertz, por exemplo, reconheceu as afinidades entre a tese da essencial contestabilidade e sua própria abordagem interpretativa.[1] Desde então, o interesse na fórmula dos conceitos essencialmente contestados tem aumentado constantemente. Além de atrair um notável contingente de críticas de ordens epistemológica e metodológica, a tese de Gallie também vem estimulando uma próspera indústria de aplicações.[2] Diante desse crescente

---

[1] Conforme escreveu em uma de suas obras principais: "Comprometer-se com um conceito semiótico de cultura e com uma abordagem interpretativa para seu estudo é comprometer-se com uma visão da assertiva etnográfica como, tomando de empréstimo a agora famosa expressão de W. B. Gallie, 'essencialmente contestada'. A antropologia, ou pelo menos a antropologia interpretativa, é uma ciência cujo progresso é marcado menos por uma perfeição do consenso do que por um refinamento do debate. O que melhora é a precisão com que importamos uns aos outros" (GEERTZ, 1973, p. 18).

[2] Em uma interessante aplicação da tese de Gallie para o esclarecimento dos debates em torno do conceito de "governo da lei", Jeremy Waldron manifesta a preocupação de que, no campo da literatura jurídica, o uso da expressão "essencialmente contestado" teria fugido ao controle ("the use of the term has run wild"): "Os seguintes conceitos têm sido descritos como 'essencialmente

interesse, não é pequeno o risco de banalização do significado do que realmente vem a ser um conceito essencialmente contestado.

De início, é preciso reconhecer que nem toda discordância acerca dos critérios de utilização de determinado conceito deve-se ao caráter essencialmente contestado do conceito em questão. Boa parte das discordâncias e confusões continua atrelada ao uso inapropriado dos conceitos motivado pela defesa de interesses, gostos ou atitudes solidamente estabelecidos e relativamente indiferentes à argumentação racional. Nesses casos, os argumentos alinhavados pelas partes em disputa assumem a forma de racionalizações. As disputas podem ainda derivar de compromissos metafísicos profundamente enraizados nas crenças dos usuários dos conceitos. Gallie não pretendia negar que "disputas intermináveis podem ser devidas a causas psicológicas de um lado ou aflições metafísicas de outro". Seu esforço destinava-se à definição de critérios capazes de distinguir este tipo de disputas, pouco suscetíveis à influência de argumentos racionais, das disputas genuínas pela definição dos critérios de aplicação dos conceitos, "sustentados por evidências e argumentos perfeitamente respeitáveis" (GALLIE, 1956, p. 169). A presença de conceitos essencialmente contestados é o que caracteriza e distingue as disputas intelectuais deste segundo tipo. No caso da confusão conceitual, o que se tem é o uso inadequado do mesmo termo para designar diferentes conceitos. No caso dos conceitos essencialmente contestados, as partes litigantes disputam os critérios de aplicação de um único e mesmo conceito.

Uma das principais contribuições da formulação de Gallie encontra-se no estabelecimento de um conjunto de condições para o reconhecimento de um conceito essencialmente contestado. O autor apresenta sete características típicas de tais conceitos.

Em primeiro lugar, um conceito essencialmente contestado é sempre "avaliativo" (*appraisive*), no sentido de que ele "significa ou imputa algum tipo de realização valiosa" ao estado de coisas que ele descreve (GALLIE, 1956, p. 171). Esta característica põe em relevo a inevitável dimensão normativa dos conceitos, um dos aspectos mais perturbadores para os defensores de uma abordagem orientada pelo princípio da separação entre fatos e valores e pelo intento de assegurar o caráter "value free" das análises

---

contestados': alienação, autonomia, autor, bancarrota, boicote, cidadania, direitos civis, coerência, comunidade, competição, a Constituição, corrupção, cultura, discriminação, diversidade, igualdade, proteção igual, liberdade, dano, justificação, liberalismo, mérito, maternidade, o interesse nacional, natureza, soberania popular, pornografia, poder, privacidade, propriedade, proporcionalidade, prosperidade, prostituição, interesse público, punição, expectativas razoáveis, religião, republicanismo, direitos, soberania, discurso, desenvolvimento sustentável e textualidade" (WALDRON, 2002, p. 149).

políticas. Gallie dá o exemplo do conceito de democracia, que, ao menos no último século e meio, tem se mostrado "*o conceito político avaliativo par excelence*" (GALLIE, 1956, p. 184). Qualificar uma política pública ou uma instituição como democrática significa atribuir-lhe uma valência positiva, facilitando-lhe a legitimação junto ao público envolvido. Desenvolvimentos posteriores da tese da contestabilidade essencial têm trazido correções e aperfeiçoamentos nesse ponto da formulação de Gallie. Não se põe em dúvida a importância da dimensão avaliativa do conceito para que possamos caracterizá-lo como essencialmente contestado. Contudo, por um lado, como observa Connolly (CONNOLLY, 1993, p. 11), um conceito contestado, além das propriedades valorativas, conta também com propriedades descritivas, fato para o qual Gallie não teria dado a devida atenção. Por outro lado, como observa Freeden, o estado de coisas descrito pelo conceito não é sempre necessariamente caracterizado por uma valência positiva: "nem todos os conceitos essencialmente contestados significam uma realização valiosa; eles podem também significar um fenômeno denegrido e desaprovado" (FREEDEN, 1996, p. 56). Ou seja, o conceito pode indicar também uma situação indesejável, à qual se atribui uma valência negativa, como ocorre, por exemplo, com os conceitos de violência, coerção, dominação e autoritarismo. Na verdade, um conceito pode ser disputado exatamente quanto ao valor (positivo ou negativo) a ele atribuído.

A segunda e a terceira características distintivas de um conceito essencialmente contestado estão intimamente relacionadas entre si. Gallie as apresenta como "complexidade interna" do conceito e "descritibilidade variada" do estado de coisas indicado pelo conceito. Ou seja, um conceito contestado consiste em um artefato formado por diversos componentes particulares, sem que haja um claro princípio de hierarquização entre tais componentes. Isso permite que os usuários cheguem a descrições diversas da realização expressa pelo conceito. Como observou um dos críticos de Gallie, "embora a realização seja devida a uma performance completa, a performance é o que é devido à contribuição das várias partes e elementos do todo" (KEKES, 1977, p. 73). Gallie, uma vez mais, oferece o exemplo do conceito de democracia. Do modo como o entendemos na atualidade, o conceito de democracia compreenderia três componentes principais: poder da maioria de constituir e remover representantes; igualdade entre os cidadãos no que diz respeito às condições de acesso aos postos de comando; e ampla participação dos cidadãos na vida pública (GALLIE, 1956, p. 184-185). Provavelmente, nenhum usuário contemporâneo do conceito de democracia discordaria da importância de qualquer um desses três componentes para a definição de democracia. No entanto, as disputas sobre o significado do conceito persistem porque cada usuário, conforme a rede mais ampla de crenças que sustenta e as tradições intelectuais nas quais se insere, atribui peso diferenciado aos diversos componentes da todo. Na prática, isso resulta em descrições diferentes do estado de coisas indicado pelo conceito. William Connolly, sofisticando a formulação de Gallie, cunhou a expressão "cluster concepts" para designar essa característica de complexidade interna dos conceitos essencialmente contestados. Segundo Connolly,

> frequentemente observamos que várias pessoas empregando conjuntamente tais "cluster concepts" pesam diferentemente a importância dos critérios compartilhados; elas também podem interpretar o significado de um critério particular conjuntamente aceito de modos sutilmente diferentes; e algumas pessoas podem considerar vantajoso adicionar novos critérios, ou retirar antigos critérios, à lista estabelecida, enquanto outros grupos objetam tais movimentos. (CONNOLLY, 1993, p. 14).

Assim, as discordâncias decorrem não apenas da atribuição de pesos diferenciados aos diferentes componentes constitutivos de um conceito essencialmente contestado, mas também de interpretações diversas dos próprios componentes isolados do conceito. No caso do conceito de democracia, ainda que houvesse concordância, por exemplo, sobre o critério da ampla participação política como o elemento decisivo para caracterizar um sistema político como democrático, poderiam surgir desacordos racionais sobre os próprios critérios de aplicação do conceito de "participação política".

A quarta característica nos remete ao que Gallie designa a "abertura" dos conceitos essencialmente contestados. Conceitos desse tipo não permitem um fechamento definitivo de seu significado, uma vez que uma de suas características é admitir "modificações consideráveis à luz de circunstâncias cambiantes" (GALLIE, 1956, p. 172). Além disso, tais modificações não podem ser previstas ou prescritas por antecipação. Recorrendo a seu exemplo favorito, Gallie afirma que "o conceito de democracia que estamos discutindo é de caráter 'aberto'. Sendo a política a arte do possível, as metas democráticas serão valorizadas ou desvalorizadas conforme as circunstâncias se alterem, e a realização democrática é sempre julgada à luz de tais circunstâncias" (GALLIE, 1956, p. 186).

As quatro características até aqui expostas correspondem às propriedades inerentes a um conceito essencialmente contestado, mas não definem as condições do modo de uso do conceito. Por isso Gallie apresenta uma quinta característica que desloca o foco de análise do conceito para o agente que o utiliza. Não basta concluir que cada pessoa ou partido possa usar o conceito de modo distinto. É necessário que cada usuário reconheça que seu uso particular de determinado conceito é contestado pelos outros usuários, e que argumentar a favor de seus próprios critérios de utilização é também argumentar contra os critérios dos adversários. "Mais simplesmente, usar um conceito essencialmente contestado significa usá-lo contra outros usos e reconhecer que seu próprio uso do conceito tem de ser sustentado contra esses outros usos. Ainda mais simplesmente, usar um conceito essencialmente contestado significa usá-lo tanto agressiva como defensivamente" (GALLIE, 1956, p. 172). Sem o estabelecimento dessa quinta característica, as quatro anteriormente definidas (normatividade, complexidade interna, descritibilidade variável e abertura) não seriam suficientes para diferenciar uma situação em que se disputa um conceito essencialmente contestado de situações de simples confusão conceitual, nas quais o mesmo termo é empregado inadvertidamente para indicar diferentes conceitos. Ao exigir dos usuários dos conceitos não apenas o reconhecimento recíproco das diferenças entre seus respectivos modos de uso, mas também – e crucialmente – o reconhecimento de que tais diferenças comunicam-se de modo adversativo, essa quinta característica impede que a disputa argumentativa ocorra à moda de um diálogo de surdos, em que cada parte dê-se por satisfeita em repetir sua definição de determinado conceito, mantendo-se inteiramente imune à interferência das críticas de seus adversários. Essa quinta característica (reconhecimento recíproco) poderia ser resumida na divisa retórica "audi alteram partem" (ouve a outra parte).[3]

Em seu artigo, Gallie foi cuidadoso ao se antecipar a uma série de questionamentos que seriam posteriormente levantados por diversos comentadores de sua tese. Afinal, envolver-se em disputas conceituais que se sabe de antemão infindáveis não resultaria numa espécie de "traição da razão"? Em relação ao avanço do conhecimento, qual o valor de tais disputas? Quais os critérios de comparabilidade e comensurabilidade para julgarmos o mérito relativo dos argumentos das partes contestantes? Como distinguir, entre os usos rivais de um conceito, os melhores ou, ao menos, os mais adequados em determinadas circunstâncias? Enfim, defender a continuidade do uso de conceitos com as características até aqui apresentadas não consistiria na promoção do relativismo conceitual e cognitivo? Gallie reconhece a pertinência desse tipo de questionamento. Tais questões interpelam sua crença de que as disputas envolvendo conceitos essencialmente contestados não são passíveis de resolução final, e que não é possível definir, sob quaisquer critérios, a superioridade do modo de uso de uma das partes contestantes em relação aos modos de uso das demais. É com o intuito de

---

3   Uma interessante aproximação entre a retórica aristotélica e a tese da essencial contestabilidade é explorada por GARVER (1978).

defender-se da acusação de relativismo que Gallie introduz a sexta e a sétima características dos conceitos essencialmente contestados.

Conforme veremos a seguir, a definição da sexta característica consiste na parte mais nebulosa, embora também sugestiva, da formulação de Gallie. Colocando-se na posição de um possível adversário de sua tese, o autor pergunta-se: "Há, então, alguma base real para sustentar que o conceito tem um único significado, que pode ser contestado?" (GALLIE, 1956, p. 175). Procurando responder a pergunta, Gallie argumenta que as disputas entre as partes pela definição de determinado conceito não ocorrem arbitrariamente, à moda da confusão conceitual da qual a tese da essencial contestabilidade pretende se distinguir.[4] Se há disputas, é porque há um objeto comum a ser disputado.[5] É nesse ponto que autor introduz a ideia de um "exemplar original" do conceito contestado, "cuja autoridade é reconhecida por todos os usuários contestadores do conceito" (GALLIE, 1956, p. 180). Tal exemplar poderia assumir a forma de um "protótipo" ou de uma "tradição" de uso do conceito, fornecendo às partes contestantes uma imagem da aplicação ideal do conceito. O exemplar serviria como uma espécie de ancoragem do conceito, fornecendo aos contendores um objeto de imitação e adaptação.

A sétima e última característica da tese de Gallie consiste na proposição de que, do ponto de vista da teoria política, as infindáveis disputas conceituais do tipo aqui consideradas são produtivas porque estimulam – embora não assegurem – o aprimoramento dos critérios de uso do exemplar original do conceito contestado. Gallie defende o entendimento de que "a contínua competição por reconhecimento [...] permite a realização original exemplar ser sustentada e/ou desenvolvida de maneira ótima" (GALLIE, 1956, p. 180).

---

4   Gallie define brevemente a situação de confusão no uso de conceitos como aquela em que se mobilizam "conceitos mutuamente contestados", não "essencialmente contestados". Para um aprofundamento da discussão sobre conflitos expressos por conceitos mutuamente contestados, ver SMITH (2002).

5   Tratar-se-ia de um "núcleo comum" do conceito, conforme prefere outro expoente da tese da essencial contestabilidade: "Conceitos são, afinal, disputas sobre alguma coisa: conceitos essencialmente contestados devem ter um núcleo comum; de outro modo, como poderíamos afirmar que as disputas foram sobre um mesmo conceito?" (LUKES, 1974, p. 187).

## III

A tese originalmente formulada por Gallie tem sido objeto de inúmeras análises críticas. Há os que a rejeitam integralmente, como é o caso de Felix Oppenheim, que procura substituí-la por uma abordagem "reconstrucionista" (OPPENHEIM, 1981, p. 182-183), e há os que, aceitando a ideia geral da existência de conceitos essencialmente contestados, elaboram uma crítica interna à tese de Gallie, indicando correções de rumo que ampliam seu alcance original. A meu ver, os que optam pelo segundo caminho prestam melhor serviço ao aprimoramento da prática da teoria política.

Do conjunto das sete características esboçadas por Gallie, as cinco primeiras (normatividade, complexidade interna, descritibilidade variada, abertura e reconhecimento recíproco) suportam relativamente bem o encontro com as críticas. Já mencionamos aqui, por exemplo, as contribuições de Connolly e Freeden para a ampliação do sentido da primeira característica. Enquanto Connolly insiste nas propriedades descritivas de um conceito normativo, Freeden observa que a dimensão avaliativa do conceito poderia servir não apenas para recomendar um estado de coisas descrito como desejável, mas também para condenar um estado de coisas descrito como perverso. Assim, a avaliação decorrente do uso do conceito pode ser positiva ou negativa. Observamos também que a segunda característica ("complexidade interna") foi ampliada por Connolly para referir-se não apenas à diversidade dos componentes principais de um conceito essencialmente contestado, mas também para indicar o caráter contestado das interpretações de cada componente específico do conceito.

Ao que parece, o curso do argumento de Gallie segue sem grandes percalços até determinado ponto. As dificuldades começam a emergir com a introdução da sexta característica. Como vimos, a apresentação da ideia de um "exemplar original", em torno do qual se daria a luta pelo significado de um conceito essencialmente contestado, surge como tentativa de Gallie de oferecer uma resposta à suspeita de que sua abordagem seria tributária de uma espécie de relativismo cognitivo. Em face de tal tentativa, alguns críticos chegaram mesmo a afirmar que a noção de "exemplar" implodia a construção de Gallie, uma vez que representaria um retorno a um essencialismo inconsistente com a filosofia da linguagem ordinária, pano de fundo da tese da essencial contestabilidade.[6] É compreensível que um crítico como Ernest Gellner tenha afirmado que "Gallie está, implicitamente, traindo sua própria ideia: ele fala com o se, por trás de cada 'conceito essencialmente contestado', existisse, escondido em algum paraíso platônico distante,

---

[6] Conforme observa Vincent, "a contestabilidade essencial adota diretamente as vestes wittgensteinianas ao negar que conceitos e palavras possuam essências" (VINCENT, 2004, p. 98).

um conceito ou exemplar não-contestado, definido sem ambiguidade e completamente determinado" (GELLNER, 1967, p. 53). E é com uma insatisfação semelhante que Michael Freeden escreve que "a postulação de tal exemplar é com efeito inimiga da noção mesma de contestabilidade essencial, na medida em que presume uma posição consensual ou correta a partir da qual ocorrem os desvios" (FREEDEN, 1996, p. 60).

Com efeito, a pressuposição da existência de um exemplar original em torno do qual reinaria a mais perfeita concórdia produz uma ruidosa dissonância na tese da essencial contestabilidade. É provável que o próprio Gallie tenha se apercebido disso. Talvez por essa razão ele tenha se esforçado, numa passagem decisiva, em atenuar a ênfase no caráter, por assim dizer, "ecumênico" do exemplar. A introdução da noção de exemplar destinava-se a constituir uma espécie de âncora do conceito, mas repentinamente descobrimos que a âncora também estaria à deriva. Vale a transcrição da passagem em que o autor mobiliza seu "exemplo artificial" do conceito de "campeonato" de determinado tipo de jogo, hipoteticamente disputado por diversos times. Nesse exemplo, os times disputam o significado daquela que seria a melhor forma de jogar o referido jogo, de modo a definir a qual deles se aplicaria o conceito de "campeão":

> Esse modo exemplar de jogar deve ser reconhecido por todos os times em disputa (e seus apoiadores) como o "modo como o jogo deve ser jogado"; contudo, devido à complexidade interna e ao caráter variavelmente descritível do jogo exemplar, é natural que as diferentes características nele presentes sejam pesadas diferentemente por diferentes avaliadores, e portanto que nossos diferentes times venham a sustentar suas muito diferentes concepções de como o jogo deve ser jogado. A isto devemos acrescentar que o reconhecimento ou aceitação de uma realização exemplar deve ter aquele caráter "aberto" que atribuímos a todo conceito essencialmente contestado. Certo tipo de realização valiosa foi apresentada, e nossos times têm procurado revivê-la ou reproduzi-la em seus jogos. Seguir um exemplar é esforçar-se para reviver seu modo de fazer as coisas, não apenas no máximo da própria habilidade, mas no limite em que as circunstâncias, favoráveis ou desfavoráveis, permitirem. (GALLIE, 1956, p. 176).

Introduzida inicialmente como um meio de ancorar as diversas concepções de um conceito essencialmente contestado, a noção de exemplar parece ser, ela própria, essencialmente contestada. Mas ao mesmo tempo que esta afirmação afasta Gallie da acusação de encorajar um essencialismo incompatível com as bases de sua teoria, ela realimenta as objeções dos que denunciam a tendência relativista da tese da essencial contestabilidade. Mesmo simpatizantes da tese mostram-se cautelosos a respeito da atribuição de um caráter contestado ao exemplar. MacIntyre alude ao fato de que mesmo que saibamos não haver "um finito e determinado conjunto de condições necessárias e suficientes que determinam a aplicação de um conceito [...] podemos nos comportar *como se* houvesse tal conjunto finito e determinado e nós realmente assim nos comportamos" (MACINTYRE, 1973, p. 2 – grifado no original).

A ambiguidade inerente à noção de exemplar, que ora se apresenta como protótipo universalmente aceito, ora como objeto de contestação, parece-me resultar do modo confuso pelo qual a dimensão histórica da tese da essencial contestabilidade é apresentada por Gallie. Diante disso, justifica-se a objeção formulada por John Gray, segundo a qual Gallie "falha em distinguir logicamente entre o funcionamento presente de um conceito e sua história", comprometendo-se assim com um tipo de "falácia genética" (GRAY, 1978, p. 390). O mesmo autor, num trabalho anterior, já havia argumentado que a tese de Gallie pode ser compreendida com base em duas formulações distintas, sendo a formulação "historicista" a versão "fraca" da tese. Nesta versão, a caracterização de um conceito como essencialmente contestado é estabelecida pela narrativa dos fatos que revelam a trajetória disputada do conceito em diferentes contextos e épocas históricas. Gray considera esta versão totalmente insatisfatória, "ao menos se tal caracterização dever ser não truística" (GRAY, 1977, p. 338). Se os adeptos da noção de conceitos essencialmente contestados pretendem torná-la útil para a teoria política, eles devem reformulá-la e apresentá-la em uma versão "forte". Ou seja, seria necessário argumentar que determinado conceito é não apenas historicamente *contestado*, mas, antes e acima disso, filosoficamente *contestável*. Isso implica dispensar a necessidade do recurso à história do conceito como o critério principal de explicação de seu caráter essencialmente contestado. No entanto, a versão forte da tese, ao menos do modo que ela aparece em Gallie e seus seguidores, estaria inevitavelmente fadada ao fracasso. Afirmar que um conceito é não apenas (nem necessariamente) contestado, mas principalmente contestável, significa dizer que tal conceito, ainda que jamais tenha sido disputado em qualquer época ou circunstância, poderá ser objeto de contestação a qualquer momento, a depender das circunstâncias. Quando se agrega ao significado dessa tese forte a crença sustentada por Gallie na impossibilidade de solução racional para as disputas, o que se tem, argumenta Gray, é uma situação em que "a tese da contestabilidade essencial deve precipitar seus proponentes em um radical (e provavelmente autodestrutivo) niilismo cético" (GRAY, 1977, p. 343). Por que, afinal, tomar como suposição a crença na radical impossibilidade de solução racional das disputas conceituais? Gray sugere não haver qualquer razão plausível para isso, preferindo deixar aberta "a possibilidade de haver uma solução conclusiva aos problemas perenes da filosofia política". Sugere ainda que admitir essa possibilidade de resolução corresponde a reabilitar a perspectiva clássica da filosofia política como uma atividade intelectual produtiva e apta a atingir resultados que capacitam os agentes reflexivos "em sua busca por uma boa sociedade". Gray conclui sua crítica afirmando que tal tomada de partido necessariamente

> envolve a ruptura com as tradições cética, relativista, historicista e convencionalista que têm dominado o pensamento político durante o período moderno e que, tendendo a assimilar ou dissolver a filosofia política em outras disciplinas (e.g., sociologia do conhecimento ou história das ideias), têm privado a filosofia política de seu status como uma atividade intelectual autônoma (GRAY, 1977, p. 346).[7]

É o caso de perguntarmo-nos se a tese da essencial contestabilidade sobreviveria à sua ruptura com o historicismo. Penso que não. Mas por que a promoção dessa ruptura haveria de ser um objetivo da teoria política? Ao contrário do que supõe Gray, a compreensão dos conceitos essencialmente contestados no âmbito da história conceitual não implica retirar da filosofia política sua autonomia, nem tampouco diluí-la no campo da história das ideias. Por que, afinal, uma perspectiva filosófico-normativa da teoria política deveria afirmar-se em franca oposição a uma perspectiva histórica? Não parece haver razão para tal oposição.

Na teoria política, a perspectiva normativa e a perspectiva histórica são claramente distintas, parcialmente concorrentes, mas não precisam nem devem ser mutuamente excludentes. Muito pelo contrário, é cada vez mais urgente o aprofundamento do diálogo entre os partidários de ambas, em benefício de um ganho de consciência do fato de que qualquer teoria política digna do nome elabora-se sempre na tensão entre o passado e o futuro. A perspectiva histórica tem o condão de alertar o teórico para o fato de

---

7   John Kekes, criticando a noção de exemplar, revela também sua insatisfação com o peso que o historicismo passa a ter na tese da essencial contestabilidade. Uma das razões que ele aduz para tal insatisfação é que o recurso à história "tem uma tendência distópica: as coisas procedem de ideais passados a tentativas presentes de imitação. Mas por que alguém deveria supor que no caso dos conceitos essencialmente contestados as instâncias do passado são superiores às do presente ou do futuro? Por que deveria o comportamento do passado [...] estar sempre mais próximo do ideal do que o do presente?" (KEKES, 1977, p. 82).

que os conceitos com os quais ele opera no presente resultam de tradições intelectuais e de um processo de contínuas mudanças conceituais, em que não é desprezível o papel da contingência. Esse alerta previne o teórico de incorrer no erro da naturalização dos conceitos de sua própria época ou cultura. A perspectiva normativa, por seu turno, orienta a visão do teórico para o futuro, na forma de uma filosofia de contorno ético; ela chama a atenção para o fato de que a teoria política sempre abriga em si, ainda que implicitamente e sem a clara consciência dos próprios teóricos, ideais de organização política das sociedades atuais, vislumbrando alternativas possíveis e/ou desejáveis.

Tanto a perspectiva histórica como a perspectiva normativa concorrem para o aguçamento da função crítica da teoria política. O estudo da história da teoria política, repita-se, contribui para a desnaturalização dos conceitos herdados do passado, que tendemos a compreender como naturais às sociedades e culturas em que estamos imersos. A ênfase crítica dessa perspectiva antinaturalista decorre da compreensão das crenças atuais como resultado contingente de processos históricos, uma compreensão que amplia nosso campo de visão para a contemplação de possibilidades de inovação conceitual e mudanças sociais e políticas ainda inexploradas. A perspectiva normativa, por seu turno, aguça a função crítica da teoria política na medida em que seus ideais de ordem social e política nos servem como "padrões de medida" mediante os quais podemos avaliar as precariedades do mundo atual, ainda que essa avaliação se dê mediante critérios extraídos de modelos de organização sociopolítica que só existem ou existiram em sua plenitude nas mentes de teóricos e reformadores sociais.

## IV

Parece-me evidente que a tese da essencial contestabilidade dos conceitos políticos depende fundamentalmente da pressuposição do caráter normativo, ou avaliativo, revelado no uso desses conceitos. Isso significa que a dimensão projetiva, orientada para o futuro, é ponto de partida para a formulação da tese. A normatividade dos conceitos essencialmente contestados é uma condição amplamente aceita tanto por críticos como por seguidores de Gallie. Mas por que o mesmo não ocorre quando se trata da historicidade do conceito? Ou, para colocar a questão mais diretamente: por que não o historicismo?

Na conclusão de seu ensaio, Gallie posiciona-se preventivamente em relação à objeção de que sua abordagem confunde as instâncias lógica e histórica dos conceitos, o que o levaria a enredar-se nas tramas de um "historicismo falacioso". O autor não discorda da pertinência da distinção entre o lógico e o histórico na análise conceitual.

Todavia, argumenta que o "esclarecimento" das disputas envolvendo conceitos essencialmente contestados só pode ser alcançado quando se explora a "conexão" entre essas duas instâncias. A tarefa de esclarecimento de conceitos avaliativos não pode ser identificada com os procedimentos vigentes em disciplinas científicas cujos conceitos básicos podem ser aferidos conforme exclusivamente suas propriedades lógico-dedutivas e seu poder preditivo.[8] Uma abordagem estritamente presentista estaria desarmada para iluminar as disputas conceituais na teoria política, pois o esclarecimento desse problema "deve incluir, não simplesmente a consideração de diferentes usos de um dado conceito avaliativo *tal com o usamos hoje*, mas a consideração de instâncias que revelem seu crescimento e desenvolvimento [...] Se isto é historicismo, não vejo por que seja falacioso" (GALLIE, 1956, p. 198 – ênfases no original).

Ao assumir a dimensão historicista de sua tese, Gallie dá o primeiro passo para um deslocamento de foco disciplinar sobre os conceitos essencialmente contestados. Ultrapassam-se os limites do campo da "análise conceitual" para adentrar-se no terreno da "história conceitual". Esse deslocamento de foco não é estranho ao pensamento do autor. Gallie está entre os raros filósofos analíticos de sua época interessados no problema da compreensão histórica.[9] Contudo, a senda aberta por Gallie não foi por ele mesmo devidamente explorada. Seu apelo a uma confusa noção de exemplar original dos conceitos contestados, movido pelo intuito de bloquear a acusação de relativismo cognitivo, não faz justiça à sua profícua intuição histórica. Sua teoria começa a lançar

---

8 Esse senso de distinção entre o domínio das ciências naturais e o das ciências humanas é uma característica dos defensores da tese da essencial contestabilidade. MacIntyre argumenta que tal distinção se deve ao fato de que os conceitos que mobilizamos para compreender os produtos da ação humana são em parte constitutivos dessas ações. "As crenças são constitutivas de pelo menos algumas instituições e práticas centrais, e tais crenças sempre envolvem alguma versão de um conceito da instituição ou prática em questão. Não há paralelo com isso nas ciências naturais estabelecidas" (MCINTYRE, 1973, p. 3). Para uma reafirmação mais recente dessa perspectiva "antinaturalista" na ciência política, ver BEVIR & KEDAR (2008).

9 A propósito de sua abordagem sobre o tema da compreensão histórica, Gallie nos deixou um longo ensaio, publicado quase uma década após a apresentação de sua tese sobre os conceitos essencialmente contestados, em que desenvolve uma crítica aguda às concepções deterministas de história, mormente daquelas que desprezam o papel da contingência nos acontecimentos históricos e que procuram ancorar a compreensão histórica em modelos legaliformes. Gallie, por seu turno, acentua que toda compreensão histórica repousa sobre uma estrutura básica que já se encontra em todo contar e acompanhar estórias: a narrativa. Uma narrativa em que o papel dos acontecimentos imprevistos e imprevisíveis é central para que se compreenda, ao fim de uma narrativa, o propósito final da estória (ou história) contada. Ver GALLIE (1963).

luz sobre o papel da história na compreensão das disputas conceituais, mas ainda está longe de reconhecer todas as potencialidades da história conceitual para a reformulação e crítica da teoria política. Falta-lhe um senso mais apurado do lugar da contingência na reconstrução histórica do significado dos conceitos. Sua preferência por termos como "crescimento" e "desenvolvimento" e, sobretudo, seu apelo a um exemplar original como instância pacificadora das disputas conceituais revelam o quanto ainda lhe pesa a tradição do tipo de historicismo que dominou a primeira metade do século XX, ainda muito marcado pela crença na existência de um sentido identificável do processo histórico, um sentido associado ao suposto aperfeiçoamento contínuo de determinada essência, ainda que eternamente contestada.

O problema é que não há nada que assegure que os modos de uso de um conceito contestado na atualidade sejam de fato superiores aos usos que dele foram feitos no passado. Essa é apenas uma possibilidade, podendo também ocorrer o contrário disso. Uma das contribuições da história conceitual para a crítica e reformulação da teoria política consiste em recuperar no passado usos mais ricos de conceitos que continuamos empregando no presente de forma muitas vezes simplificada e empobrecida pela hegemonia de uma determinada concepção do conceito.

A perspectiva de Gallie reflete uma insatisfação com uma modalidade de historicismo que esteve subjacente a inúmeras ideologias políticas de "caráter nacional", de "destino manifesto" e outras que tais (BEVIR, 2007). O século XX foi repleto de acontecimentos que desafiaram fortemente esses ideais de perfectibilidade. A crença na marcha paciente e firme rumo ao aperfeiçoamento de determinada essência sofreu duros golpes da fortuna. Confrontados por totalitarismos, campos de extermínio e usos militares de meios de destruição em massa, os historicistas tinham poucos motivos para manutenção de uma visão evolutiva da história. O historicismo enfrentou seu dilema, e o resultado foi a transformação do historicismo desenvolvimentista em historicismo radical.[10] A compreensão do transcurso do tempo histórico passa a dispensar a teleologia e o recurso a essências perenes. Não há mais caminho necessário, muito menos um que leve inevitavelmente à perfeição. O que há é um fluxo de acontecimentos que ocorrem ao sabor dos resultados contingentes de embates contextualmente situados. As formulações de Gallie apontavam para uma radicalização do historicismo, mas a elaboração de uma perspectiva cônscia de sua ruptura com o historicismo desenvolvimentista ficaria a cargo de gerações subsequentes de estudiosos.

---

10   A distinção entre essas duas modalidades de historicismo é traçada em BEVIR (2006).

Nas últimas quatro décadas, temos assistido ao surgimento de abordagens que compreendem o movimento histórico de modo mais enfaticamente marcado pelos signos do conflito e da contingência. São de especial relevo para nossa discussão aquelas que se aplicam ao campo da história conceitual. Nesse campo, merecem destaque pelo menos três experimentos, provenientes de diferentes contextos nacionais e linguísticos. Refiro-me ao contextualismo linguístico, elaborado por Pocock e Skinner, protagonistas da chamada Escola de Cambridge, na Inglaterra; à história dos conceitos, articulada por Koselleck e seus seguidores, na Alemanha; e à história conceitual do político, que vem sendo praticada principalmente por Rosanvallon, na França.[11] Cada um à sua maneira, esses três experimentos vêm colaborando para tornar mais evidente a dimensão histórica da contestabilidade dos conceitos políticos.[12]

Teóricos da política influenciados pelas abordagens acima mencionadas têm chamado a atenção para as dificuldades da formulação de Gallie. Terence Ball, por exemplo, observa que os conceitos básicos da teoria política são antes "contingentemente" do que "essencialmente" contestados, como sugerem Gallie e seus seguidores. Conforme argumenta Ball:

> A tese da contestabilidade essencial é em si mesma contestável e problemática; e, se não falsa, então circular e logicamente vazia. Não se pode derivar uma reivindicação sobre essencialidade a partir de (conjunto de) declarações empíricas ou contingentes (ou, no idioma de outrora, um enunciado universal a partir de uma série de enunciados sintéticos). É bem claro que afirmações sobre contestabilidade conceitual são bem sustentadas por evidências empíricas de uma variedade de fontes. Ainda assim, a tese da contestabilidade *essencial* é circular e comete a falácia de *pos hoc, ergo propter hoc*. Isto é, a evidência citada em apoio a uma afirmação de que (digamos) o "poder" é um conceito essencialmente contestado é a de que algumas pessoas discordaram *de fato* sobre seu significado e sua aplicação. Mas tudo que é possível ser inferido a partir

---

11 Para uma apreciação das declarações metodológicas de cada uma dessas abordagens, ver: SKINNER (2005), KOSELLECK (2006) e ROSANVALLON (2010). Discuti essas abordagens e alguns de seus desdobramentos mais recentes em Silva (2009a, 2009b e 2010).

12 Elias Palti refere-se a essas três abordagens como aquelas que têm dominado o campo da história intelectual recentemente. Pensando nas dimensões semântica, pragmática e sintática das linguagens políticas, Palti esclarece que "cada uma delas tem enfatizado e renovado nossas perspectivas de uma dessas dimensões (a escola alemã da *Begriffsgeschichte*, para a semântica; a escola de Cambridge, para a pragmática; a nova história conceitual do político francesa, para a sintática)" (PALTI, 2005, p. 130).

de uma enumeração de instâncias individuais de discordância, não importa quão longa lista, é que *têm ocorrido* discordâncias, e não que continua *necessariamente* e *sempre* a ocorrer. No máximo, tudo que se pode concluir é que "poder", "liberdade", etc., são o que eu chamo conceitos *contingentemente contestados* (BALL, 2002, p. 25-26 – ênfases no original).

Ball, contudo, não nega a importância da tese da essencial contestabilidade para o exercício da teoria política. Embora ele não esteja disposto a defendê-la como uma tese filosófica sobre a natureza essencial da linguagem e dos conceitos políticos, certamente a tese continua valiosa como um poderoso "estratagema retórico para lembrar-nos de uma persistente e recorrente característica do discurso político – nomeadamente, a *possibilidade* perpétua da discórdia." (BALL, 2002, p. 26 – ênfase no original).[13] Neste sentido, a perspectiva de Ball, informada pela combinação de elementos da história dos conceitos e do contextualismo linguístico, pode ser compreendida também como uma maneira de reapresentar a célebre proposição de Nietzsche segundo a qual "todos os conceitos em que um processo inteiro se condensa semioticamente se subtraem à definição; definível é apenas aquilo que não tem história" (NIETZSCHE, 1998, p. 68).

Vale concluir chamando a atenção para o fato de que embora essas novas perspectivas da história conceitual se apresentem muitas vezes como alternativas às teorias normativas, elas não são de modo algum incompatíveis com o exercício de projeção de mundos possíveis, marca distintiva da teoria política normativa. Mas também convém esclarecer que tal projeção não é, nem deve ser, a tarefa principal da perspectiva histórica. A história se ocupa do passado, e não é possível projetar o passado, não ao menos no mesmo sentido em que se projeta o futuro. Com a consciência dos limites (e recursos) linguísticos e normativos impostos pela situação existencial do próprio historiador, as abordagens acima mencionadas saem em busca de um passado que foi como foi, mas que poderia ter sido diferente. Cabe ao historiador das ideias, das linguagens, dos discursos, dos conceitos etc. recompor o cenário dos embates intelectuais pretéritos, aplicando-se na reconstituição dos diferentes argumentos e pontos de vista das partes em conflito. Esse procedimento não é mero instrumento, mas parte constitutiva da crítica e reformulação da teoria política.

---

13 Partindo do pressuposto dessa perpétua possibilidade de desacordo, Andrew Mason corrige os termos de Ball, argumentando que embora a noção de "conceitos essencialmente contestados" seja equívoca, é possível admitir que esses conceitos sejam simultaneamente contingentemente *contestados* e essencialmente *contestáveis* (MASON, 1993, p. 59).

## Bibliografia

BALL, Terence. "Confessions of a Conceptual Historian". *Finnish Yearbook of Political Thought*, vol. 6, 2002.

BEVIR, Mark. "Political Studies as Narrative and Science". *Political Studies*, vol. 54, nº 3. 2006.

_____. "National Histories: Prospects for Critique and Narrative". *Journal of the Philosophy of History*, vol. 1, nº 3, 2007.

BEVIR, Mark e KEDAR, Asaf. "Concept Formation in Political Science: An Interpretive Critique of Qualitative Methodology". *Perspectives on Politics*, vol. 6, nº 3, 2008.

CONNOLLY, William. *The Terms of Political Discourse*. 3ª ed., Oxford: Blackwell, 1993.

FREEDEN, Michael. *Ideologies and Political Theory: a conceptual approach*, Oxford: Oxford University Press, 1998.

GALLIE, Walter. "Essentially contested concepts". *Proceedings of Aristotelian Society*, vol. 56, 1956.

_____. "The historical understanding". *History and Theory*, vol. 3, nº 2, 1963.

GARVER, Eugene. "Rhetoric and Essentially Contested Arguments". *Philosophy and Rhetoric*, vol. 11, nº 3, 1978.

GEERTZ, Clifford. *The Interpretation of Cultures*. New York: Basic Books, 1973.

GELLNER, Ernest. "The Concept of a Story". *Ratio*. vol. 9, nº 1, 1967.

GRAY, John. "On Liberty, Liberalism and Essential Contestability". *British Journal of Political Science*, vol. 8, nº 4, 1978.

_____. "On the Contestability of Social and Political Concepts". *Political Theory*, vol. 5, nº 3, 1977.

KEKES, John. "Essentially Contested Concepts: A Reconsideration". *Philosophy and Rhetoric*, vol. 10, nº 2, 1977.

KOSELLECK, Reinhart. *Futuro Passado: contribuição à semântica dos tempos históricos*, Tradução de Wilma Patrícia Maas e Carlos Almeida Pereira. Rio de Janeiro: PUC-Rio/Contraponto, 2006.

LUKES, Steven. *Power: A Radical View*. Londres: Macmillan, 1975.

_____. "Relativism: Cognitive and Moral". *Proceedings of Aristotelian Society*, vol. 48, 1974.

MACINTYRE, Alasdair. "The Essential Contestability of Some Social Concepts". *Ethics*, vol. 84, nº 1, 1973.

MASON, Andrew. *Explaining Political Disagreement*. Cambridge: Cambridge University Press, 1993.

NIETZSCHE, Friedrich. *Genealogia da Moral*. Tradução de Paulo César Souza. São Paulo: Companhia das Letras, 1998.

OPPENHEIM, Felix. *Political Concepts: a reconstruction*. Chicago: The University of Chicago Press, 1981.

PALTI, Elias. "On the Thesis of Essential Contestability of Concepts, and the 19th Century Latin American Intellectual History". *Redescriptions*, vol. 9, 2005.

ROSANVALLON, Pierre. *Por uma História do Político*. Tradução de Christian Lynch. São Paulo: Alameda, 2010.

SILVA, Ricardo. "História intelectual e teoria política". *Revista de Sociologia e Política*, vol. 17, 2009a, p. 301-318.

SILVA, Ricardo. "O novo historicismo na ciência política: um encontro entre duas tradições". *Revista Brasileira de Ciência Política*, vol. 1, 2009b, p. 123-151.

SILVA, Ricardo. "O contextualismo linguístico na história do pensamento político: Quentin Skinner e o debate metodológico contemporâneo". *Dados*, vol. 53, nº 2, 2010.

SKINNER, Quentin. *Visões da Política: sobre os métodos históricos*. Tradução de João Pedro Jorge. Algés: Difel, 2005.

SMITH, Kenneth. "Mutually Contested Concepts and Their Standard General Use". *Journal of Classical Sociology*, vol. 2, nº 3, 2002.

VINCENT, Andrew. *The Nature of Political Theory*. Oxford: Oxford University Press, 2004.

WALDRON, Jeremy. "Is the Rule of Law an Essentially Contested Concept?". *Law and Philosophy*, vol. 21, nº 2, 2002.

# Estado e indivíduo na crítica de Carl Schmitt ao liberalismo

Pedro Hermílio Villas Bôas Castelo Branco

A CRÍTICA DE CARL SCHMITT ao liberalismo revela uma pujança poucas vezes observada no âmbito da reflexão política. A vigorosa denúncia de elementos totalitários subjacentes às instituições da democracia liberal influenciou, sobretudo, autores de esquerda, a exemplo de Franz Neumann e Jürgen Habermas, que se apropriaram de algumas críticas de Schmitt aos fundamentos do liberalismo a fim de proporem uma forma de democracia radical. A recepção de alguns dos trabalhos mais conhecidos de Schmitt serviu de alicerce à elaboração de modelos de democracia capazes de alijar alguns dos cânones do liberalismo. O presente trabalho apresenta algumas primícias da crítica de Schmitt ao liberalismo e ao positivismo jurídico em um de seus primeiros escritos a respeito do Estado e a importância do indivíduo, *Der Wert des Staates und die Bedeutung des Staates* (*O valor do Estado e o significado do indivíduo*),[1] publicado em 1914, no qual emprega pela primeira vez o conceito de secularização.

Os primeiros estudos do autor alemão mostram como o conceito de secularização fora empregado como categoria heurística a fim de desvendar alguns enigmas do liberalismo. Carl Schmitt ocupou-se do conceito de secularização de 1912 a 1978 e a partir dele constatou a conversão do indivíduo liberal burguês na versão secularizada de

---

[1] Ao analisar o referido trabalho, Helmut Rumpf comenta que "a linha de raciocínio do autor que, para alguns leitores de hoje, com certeza não é fácil de seguir dado seu nível elevado de abstração, aponta para um fundo filosófico no qual as ideias do pensamento católico do direito natural e da ontologia escolástica se misturam a partir de diferenciação entre ser e essência (*ens* e *essentia*) com o pensamento do idealismo alemão" (RUMPF, 1972, p. 15).

Deus. Ao elevar o indivíduo à condição suprema da ordem social, o liberalismo levaria à fragmentação da experiência histórica, dos fundamentos tradicionais, de qualquer medida objetiva que fosse capaz de dar direção à conduta humana. Analiso no presente estudo a elaboração da crítica de Schmitt ao liberalismo à luz de sua filosofia do Estado alicerçada na articulação entre direito, o Estado e o indivíduo.

## A tríade da filosofia do Estado

Schmitt revela no livro *Der Wert des Staates* o papel central que o Estado ocupa no seu pensamento. Logo na introdução enuncia uma sequência: "direito, Estado, indivíduo". A ordenação lógica é apresentada como resultado de sua investigação na qual o Estado é elevado a ponto central capaz de estabelecer uma ligação entre o mundo ideal do direito e o mundo da realidade empírica a que pertence o indivíduo. Os termos que compõem a teoria do Estado elaborada pelo autor são definidos na sua ordem sequencial:

> o direito como norma pura, avaliadora, não justificável a partir de fatos, representa logicamente o primeiro elemento dessa sequência. O Estado realiza uma ligação desse mundo mental com o mundo dos fenômenos empíricos reais e representa o único sujeito do *ethos* do direito; o indivíduo, porém, como ser particular empírico, desaparece para ser abrangido pelo direito e pelo Estado – Estado como tarefa de realizar o direito – e para receber o seu sentido numa tarefa e seu valor neste mundo fechado, segundo suas próprias normas (SCHMITT, 2004, p. 10).

A tríade "direito, Estado e indivíduo" seria a única solução possível para enfrentar a realidade marcada pela contingência expressa pela descontinuidade entre ideia e realidade, entre o "ser" e "dever ser", entre validade e faticidade. A construção do conceito de Estado orientada pela ideia do direito surge do reconhecimento de um radical dualismo, representado sob a imagem de um abismo, que separa dois mundos. Em uma das margens situa-se o direito, cujo sentido é representado pelo mundo do "dever ser", da idealidade, da forma pura, do universal. Na margem oposta observa-se o mundo do "ser", da realidade empírica, do âmbito relativo e acidental ao qual pertence o indivíduo. O Estado surge como ponto de conexão, como construção de uma ponte que estabelece uma ligação entre os extremos opostos através da realização da ideia do direito no âmbito da realidade concreta. A posição central do Estado se observa na sua condição de mediador, constitui-se no único sujeito capaz de objetivação do ideal no plano do real. Em outras palavras, não é o indivíduo, mas o Estado o único sujeito em condições de ser portador da ideia do direito e, sobretudo, de sua realização no mundo empírico dos fatos.

A definição de Estado proposta por Schmitt não pode ser entendida fora do sentido atribuído ao termo secularização, precisamente *o esforço pela realização da ideia no mundo empírico*. Tal sentido decorre justamente da inexistência de uma relação dada *a priori* entre o "dever ser" e o "ser", entre a ideia de direito e o poder.[2] A primeira acepção concedida por Schmitt à secularização resultaria da dicotomia entre direito e poder. À primeira vista, secularização surge como a possibilidade de estabelecer uma distinção nítida, descortinar ausências, interrupções, disjunções presentes no reino do "ser". Assim, compreende-se o sentido da ideia do direito, apresentada por Schmitt, precisamente na sua contraposição à realidade dos fatos, de modo a acentuar a irracionalidade da suposta objetividade do mundo fático. O direito concebido como pureza, ideal, seria uma forma vazia, uma norma. Esta jamais poderia ser deduzida da natureza, da história, da empiria, da ética, e da política compreendida como poder. Direito é tratado como norma por Schmitt, mas num sentido antagônico ao positivismo jurídico cuja característica principal reside na redução do direito à lei. Ao limitar o direito à lei, reduzindo-o à manifestação de uma vontade objetiva do poder fático de mando, o positivismo jurídico rechaça qualquer sentido metafísico. Para Schmitt, o direito, ao contrário do positivismo, precede o Estado de um ponto de vista lógico e define-se por ser uma forma transcendental, vazia de conteúdo, destituída de substância. Diferentemente da perspectiva do positivismo jurídico, o direito concebido pelo jurista como um princípio ideal, uma norma, não encontra legitimação em lugar algum. O direito seria um "dever ser", incapaz de realização imediata. Neste ponto reside o sentido secularizante do trabalho *Der Wert des Staates*: somente a decisão política introduz a ideia do direito na realidade empírica. A decisão política estatal, eixo central da tríade acima aludida, constitui-se na mediação, na passagem que transpõe a ideia pura do direito para a realidade concreta. Nos dizeres de Schmitt: "no meio desta tripartição está o Estado. Da oposição à norma e ao mundo empírico real segue a posição do Estado como ponto de passagem de um mundo ao outro, nele como ponto de construção,

---

2   Carlo Galli afirma que "o ponto central da argumentação schmittiana, insistentemente repetido no curso do livro é de fato a ausência de uma relação *a priori* garantida entre o universal e o particular, entre teoria e práxis, entre a ideia de direito e o poder; o direito na sua pureza imediata e ideal não é para Schmitt 'justiça'" (GALLI, 1996, p. 317). Justamente nessa ausência, na desconexão de nexos causais e naturais que a regularidade da realidade social evidencia o agir político, que é um aspecto importante para entender a ideia de secularização.

o direito como ideia pura se converte em direito como fenômeno terreno (*irdischem Phänomen*)" (SCHMITT, 2004, p. 56).

Sustento e pretendo deixar claro neste trabalho que esta ação política do Estado que transforma a ideia pura de direito numa realidade concreta, precisamente num "direito terreno", corresponde ao primeiro significado que Schmitt atribui ao conceito de secularização no conjunto de sua obra. Esta acepção da secularização consiste no principal núcleo de seus trabalhos, pois trata do problema fundamental da soberania que pela via da secularização busca fornecer uma forma para a realidade através da ligação entre a ideia de direito e o supremo poder fático.

## Indivíduo e contingência

O indivíduo, apresentado pela filosofia do Estado de Schmitt como "ser empírico particular", somente adquire sentido na medida em que o Estado faz a mediação entre o mundo do "ser" e o "dever ser", isto é, se investe da tarefa da realização do direito. O Estado, bem como o indivíduo, aparecem, na reflexão política e jurídica de Schmitt, como seres empíricos pertencentes à realidade fática e apenas adquirem um valor do ponto de vista da ideia do direito. Somente na medida em que é possível referir os seres empíricos (Estado e indivíduo) e suas ações a uma perspectiva ideal, normativa, portanto transcendente à faticidade, adquire a realidade concreta uma forma, e alcança uma perspectiva efetivamente orientada por valorações. Nesse sentido, a precedência lógica da ideia de direito frente ao mundo empírico dos fatos, a que pertence o Estado e o ser particular empírico, permite não apenas expor a ruptura entre ideal e real, mas mostrar que essa ruptura desvela a verdadeira estrutura ontológica do mundo da realidade. Mediante a confrontação da realidade fática com a perspectiva ideal do direito, Schmitt pretende, por um lado, solapar a naturalização do funcionamento causal da realidade social; de outro, na clivagem dessa imagem mecânica da realidade – na qual o direito e os valores se apresentam como mero espelhamento das relações de força dos segmentos sociais – torna-se visível o abismo que separa o "ser" e "dever ser", direito e poder, forma e conteúdo. Somente a conscientização do dualismo inerente ao mundo do ser torna inteligível a contingência. Consequentemente, a ideia somente se faz visível na contingência, ruptura, crise, enquanto na continuidade direta ou em concepções imediatistas, com a qual opera a visão positivista, identificam-se (diretamente) ideias e fatos, direito e poder, ciência e vida.

A crítica de Schmitt se dirige à cultura liberal e positivista do século XIX e XX, retratada como "uma época mecânica" (SCHMITT, 2004, p. 13). Na descontinuidade, na relatividade da realidade fática, é possível visualizar a arbitrariedade dos nexos de continuidade atribuídos a causas e efeitos que denunciam a confusão da representação da realidade na qual os limites entre interior e exterior, subjetividade e objetividade se dissipam. A constatação da descontinuidade ontológica do mundo da realidade do ser, apresentada sob a forma da ideia de direito, e a faticidade da realidade compõem o sentido primeiro do emprego do termo secularização em *Der Wert des Staates*. A transcendência da ideia do direito, isto é, sua autonomia frente à faticidade, busca mostrar que o mundo do ser não é fechado em si mesmo, não se apresenta de uma forma autônoma com funcionamento imanente. Na perspectiva de Schmitt, o direito não é apenas uma determinação do poder, mas o poder pode ser determinado pela ideia do direito. Contudo, somente o Estado pode ser o veículo da realização da ideia do direito, já "que o Estado tem um valor fundamentado, uma autoconfiança que designa o ponto no qual a teoria e práxis se tocam, porque a teoria da práxis passa a ser a práxis da teoria" (SCHMITT, 2004, p. 16 e 17). Não resta dúvida que Schmitt pretende mediante sua teoria do Estado uma intervenção na realidade.[3] O ideal do direito se transforma em Estado de direito, isto é, um *status* ou situação na qual o poder político se exerce sempre no âmbito do direito. Desse modo, o direito não estaria no Estado, mas o Estado no direito (SCHMITT, 2004, p. 52).

Schmitt, ao discutir o significado do indivíduo, aborda pela primeira vez o problema do abalo da ontologia tradicional[4] a partir da proposição cartesiana da *cogito ergo sum*. A reflexão sobre as construções normativas suscitadas pela destruição da unidade do ser, do *ego cogitans* (o ego pensante) e do *cogitare* (o pensar) leva o autor a questionar a solução transcendental proposta por Kant. A perda de unidade do ser[5] provocada pela

---

3   Nesse sentido, Schmitt está plenamente de acordo com Hegel no que respeita à tarefa da filosofia que "deve despojar-se do amor à sabedoria e ser um saber efetivo" (HEGEL, 1979, p. 14).

4   Hugo Ball tece importantes comentários sobre esse aspecto no artigo *Carl Schmitts Politische Theologie,* publicado pela primeira vez em 1924. O referido artigo trata do conjunto de trabalhos de Schmitt até então publicados. Ball, analisando o livro *Politische Romantik*, trata do ponto fundamental. Salienta que após o abalo da ontologia tradicional, iniciado com Descartes, deve-se atentar para o que surge em seu lugar. Na posição de transcendência do Deus da velha metafísica, não apenas aparecia o indivíduo, mas também o povo e a história (BALL, 1983, p. 103). Ver também as p. 64-68 do *Politische Romantik* de Carl Schmitt.

5   A afirmação de Kierkegaard sobre o "drama moderno" parece-me profícua para a compreensão da perda da unidade do ser através do qual a existência humana separa-se de um *télos*, pois o homem moderno "desembaraçou-se do destino; emancipou-se dramaticamente; é evidente, perscruta-se a si próprio e faz atuar o destino na consciência do drama. Coisa e manifestação são, nestas condições, o ato livre do herói que transporta aos ombros toda a responsabilidade"

separação entre ser e o pensamento teria levado a construções normativas, suscitando uma especulação sobre princípios supraindividuais. Todavia, a busca de um princípio supraindividual capaz de criar uma ordem externa à conduta humana tomaria o caminho do interior: da ética autônoma do sujeito. Fundar, porém, a supraindividualidade no indivíduo, para Schmitt um ser "contingente empírico particular", seria destinar a construção de uma ordem externa ao sujeito particular à fragmentação ou privatização da realidade do ser. Uma forma político-jurídica da coexistência humana não poderia ser determinada pelo interior de uma ética individual. O seu resultado seria fatal. Por quê? O que ocorreria com a crença do homem livre em seu interior, capaz de determinar sua própria ação? O que sucederia se tal crença se projetasse no plano externo da ação? Não é difícil imaginar que do ponto de vista de Schmitt ela seria aniquilada ao se deparar com a objetividade da realidade do conflito de forças. A aquiescência de dignidade ao indivíduo não poderia advir do interior do próprio indivíduo, tampouco de um poder fático de mando. Pela via da imediação, da dedicação direta do sujeito individual à ideia de dever, seria impossível chegar a uma unidade ou ligação entre ética e direito, direito e autonomia. A entrega do indivíduo à ideia do dever ético, vinculado *a priori* e incondicionalmente à razão, incorreria na ingenuidade de uma harmonia preestabelecida entre a moralidade e o direito, reconduzindo a autonomia e a heteronomia a um mesmo princípio.

Para Schmitt, "a heteronomia não se une de modo algum com a autonomia, o externo com o interno, o nada não pode elevar-se a algo, o concreto não 'visa' o abstrato. Nenhuma descrição, nenhuma metáfora auxilia o inconciliável" (SCHMITT, 2004, p. 68). Do ponto de vista do pensamento jurídico, o indivíduo não pode ser sujeito da "unidade transcendental da apercepção jurídica", podendo "no máximo ser seu objeto" (SCHMITT, 2004, p. 69). O indivíduo como ser empírico particular é invisível, o que se deve à inexistência de liberdade fora da ideia do direito implementada pelo Estado. A discordância principal de Schmitt com respeito à definição da universalidade de um sujeito racional cunhada pela teoria do conhecimento kantiana seria a usurpação de qualquer sentido da realidade externa. A *desontologização* ou perda das qualidades da realidade, a universalização do espaço privado levaria à perda de limites e valores

---

(KIERKEGAARD, 1979, p. 269). A emancipação do destino das vidas dos homens lhes transfere a responsabilidade de suas escolhas, decisões. Creio que, para Schmitt, o indivíduo, retratado como ser empírico particular, absorto na interioridade do mundo mental, seria incapaz de assumir responsabilidade política, de modo que a transfere ao governo das leis, sejam elas históricas ou jurídicas. Isto abriria espaço para infortúnios e incertezas, pois como, com frequência, lembra o jurista, são sempre homens que governam homens.

últimos, dissolvendo todo princípio regulativo no niilismo. A remissão do homem à certeza do eu levaria ao desligamento da realidade externa, conduziria a uma espécie de autismo incapaz de lidar com o problema de uma realidade marcada pela sua natureza informe, contingente e complexa. Sob a perspectiva política da efetiva implementação de uma ordem jurídica, a ideia do direito jamais encontraria o seu caminho na ética autônoma do sujeito particular. A constelação de juízos particulares sobre o bem, o justo e a liberdade seria a prova cabal da inviabilidade de se encontrar o princípio universal no interior, isto é, na singularidade do homem particular. O diagnóstico de destruição da unidade do ser desencadeia, por isso, uma enorme preocupação com a segurança, já que a velha metafísica não garantia mais a ordem do ser. Nem Deus, nem a última fase do direito natural, marcada pelo racionalismo, tampouco o positivismo, seriam capazes de conferir sentido e direção à conduta humana. Os homens, ao serem arremessados para o interior da subjetividade, teriam sido privados da segurança do ser, do sentido da vida, do significado da existência na realidade do ser.

Embora não mencione diretamente o nome de Descartes, fazendo-o cinco anos mais tarde no trabalho *Politische Romantik* (*Romantismo político*) (1919), Schmitt examina algumas consequências da reviravolta cartesiana que submete o conhecimento da realidade externa ao ponto de vista interno do sujeito. Ao fazê-lo, ele se insurge contra a mencionada proposição, alegando ser indiferente o fato de que o agir, a partir do qual se deduz a existência, seja o pensar, pois se poderia mencionar qualquer ocupação ou atividade. Argumenta que de uma perspectiva psicológica foi feita a objeção "de que o agir (*Tun*) do qual deriva a existência, seria indiferente". Com efeito, o equívoco da *cogito ergo sum* residiria no fato de acentuar apenas "o pensar (*Denken*) e não uma outra atividade qualquer". Ressalta que "a objeção está correta na medida em que a conclusão da existência empírica de minha singularidade não pode ser retirada da empiria de meu pensar"[6] (SCHMITT, 2004, p. 88). Da ênfase do "pensar", mas do mero pensar não se deduz a existência viva do eu. Schmitt – que como mostra seu diário do período de 1913 a 1915 já se ocupava do pensamento de Kierkegaard[7] (1813-1855) – adverte para a

---

6   Ver também o diário de Schmitt do período de outubro de 1912 até fevereiro de 1915 no qual esboça mesma ideia para, provavelmente, redigi-la depois em *Der Wert des Staates* (SCHMITT, 2005, p. 50).

7   No dia 2 de outubro de 1914, Schmitt escreve em seu diário: "jantei, tomei chá (Schneider felizmente não veio), li Kierkegaard, *Stadien auf dem Lebensweg* (1845). É no mais alto nível genial. Tudo é conduzido a uma brilhante formulação. Tudo objetivado e sistematizado de forma genial". No dia 4 de outubro do mesmo ano há uma referência à leitura do *Begriff der Angst* (SCHMITT, 2005k, p. 216-17). Essas referências colocam um ponto final na dúvida de

impotência da verdade objetiva da ciência e da universalidade da razão para explicação da questão da existência humana.

Oito anos mais tarde, Schmitt, no estudo *Politische Theologie* de 1922, chama atenção para a existência de uma filosofia da vida por trás da fachada da ordem natural e social das coisas. Esta irromperia da ruptura rígida da regularidade mecânica da normalidade da ordem jurídica, descortinando à luz de uma situação-limite de exceção a dimensão da decisão, do sentido e da transcendência. Ao contrário do pensamento contemplativo e imediatista do "eu sou", a decisão revelaria sua dimensão secularizante aberta à responsabilidade da intervenção política neste mundo. A decisão política soberana, em oposição ao pensar contemplativo, daria cabo à causalidade mecânica da realidade social. Em *Der Wert des Staates*, Schmitt recusa a dedução do eu do pensamento, pois levaria à falsa suposição da redução da existência ao conceito. Tal formulação encontra sua exposição mais clara na investigação conduzida por Carl Schmitt em *Politische Romantik* sobre as consequências da oposição entre ser e pensar, sobre o porquê da irracionalidade da realidade, resultante do abalo da ontologia tradicional. Considero imprescindível observar que o trabalho de juventude *Der Wert des Staates*, embora não examine a metafísica do romantismo e sua situação política na realidade concreta, antecipa a crítica de Schmitt ao racionalismo do pensamento moderno. Em *Der Wert des Staates*, o autor denuncia o processo de subjetivação da realidade a partir do *cogito* e a impossibilidade da solução de Kant, mas apresenta uma proposta política para conter o seu "egocentrismo". Propõe que o indivíduo "apesar de seu egocentrismo torne-se colaborador de uma grande obra" (SCHMITT, 2004, p. 97). Em *Politische Romantik*, Schmitt esclarece o problema da seguinte forma:

> com a filosofia de Descartes começou o abalo do antigo pensamento ontológico. O seu argumento da *cogito, ergo sum* remeteu o homem para um processo subjetivo e interno, para o seu pensamento, em lugar da realidade do mundo externo. A ciência natural deixou de ser geocêntrica

intérpretes quanto ao período em que Schmitt começa a se ocupar de escritos relativos ao existencialismo. Ellen Kennedy sugere, no seu excelente artigo sobre Schmitt intitulado *Politischer Expressionismus*, que Schmitt começara a ler "Kierkegaard no verão de 1918 quando trabalhava no *Politische Romantik*" (KENNEDY, 1988, p. 244). O fundamental, entretanto, é salientar que o existencialismo já estava presente nos primeiros trabalhos de Schmitt, o que repercute diretamente na discussão sobre ação, decisão, contingência e secularização. Frente a um mundo sem transcendência, a decisão de Kierkegaard por Deus parecia despertar o interesse de Schmitt para pensar na necessidade da legitimidade de um supremo poder terreno.

e buscou o seu centro fora da Terra, o pensamento filosófico tornou-se egocêntrico e buscou o seu centro em si mesmo. A filosofia moderna é dominada por uma dissociação entre pensamento e ser, conceito e realidade, espírito e natureza, sujeito e objeto, que nem mesmo a solução transcendental de Kant remediou (SCHMITT, 1998, p. 62 e 63).

Kant não teria conseguido restituir ao espírito pensante a realidade do mundo externo, pois a essência da realidade não poderia ser compreendida através da redução da objetividade do pensamento às formas objetivamente válidas. A remissão do homem ao interior do seu pensamento o dissociara da realidade a que antes pertencera, eliminando o que fora "a mais elevada e segura realidade da antiga metafísica, o Deus transcendente" (SCHMITT, 1998, p. 68). De forma semelhante à *Politische Romantik*, em *Der Wert des Staates* Schmitt parece compreender a fundação do pensamento moderno a partir de Descartes mediante a ampliação da subjetividade e, concomitantemente, a redução e o esvaziamento da realidade do ser. A realidade vai se tornando cada vez mais abstrusa do ponto de vista do racionalismo e empirismo modernos. Por isso, a secularização em *Der Wert des Staates* também apresenta caráter hermenêutico no sentido de desvendar a ruptura estrutural da realidade ontológica do ser. A despeito de algumas notáveis afinidades entre os trabalhos *Politische Romantik* (1919) e *Der Wert des Staates* cabe aqui um breve comentário. Se compararmos o tratamento conferido ao pensamento de Descartes e Kant no que respeita a perda da unidade do ser, é possível que Schmitt concordasse com Hannah Arendt, para quem Kant teria sido o autor do golpe decisivo no antigo pensamento ontológico.

A fim de investigar a relação entre Estado, direito e indivíduo diante do referido golpe, Schmitt focaliza o dualismo entre as ideias de direito e realidade a fim de encontrar uma forma concreta: trata-se de uma forma não apenas transcendente, mas também capaz de ordenar a realidade pela via da realização do direito. Sua filosofia do Estado revela-se como pensamento dirigido ao enfrentamento das incertezas e angústias da existência ameaçada pela expropriação da unidade do ser. A resposta de Schmitt à crença no *ich denke* (eu penso) é sua substituição pelo *es denkt in mir* (pensa-se dentro de mim). O escopo da alteração seria reestruturar a supraindividualidade da teoria do conhecimento do sujeito, minando a remissão do ser à intraindividualidade. Na intraindividualidade, de índole empírica e plural, não seria possível encontrar um princípio supraindividual. A transcendência de um princípio supra não existe no interior da relatividade de seres empíricos particulares. Mediante a expressão *es denkt in mir*, Schmitt buscaria retrucar o neokantismo então em voga, pois seu teor traduziria a "validade supraindividual de toda norma correta e a insignificância do indivíduo perante ela". A reivindicação política sintetizada na forma heterônoma do *es denkt in mir* revela a pretensão de construir uma consciência supraindividual. O empenho consiste em conferir validade, sentido e direção a um âmbito externo à subjetividade individual cuja centralidade assumida privatiza a realidade externa, fragmentando suas qualidades. Se de um lado a transferência da orientação da ação às consciências particulares – uma sujeição do direito externo à moralidade interna – transformava cada indivíduo singular numa instância moral julgadora, de outro, o confronto entre exteriorização do juízo particular e a realidade objetiva ameaçava destruir a própria individualidade do ser.

Na perspectiva schmittiana, o indivíduo não é, tampouco poderia ser, a medida de todas as coisas, pois o fundamento do Estado repousa numa unidade que somente pode existir no plano ideal, precisamente, na ideia do direito vinculada à decisão soberana pela sua representação, pela sua manifestação externa. Já a via interior da recôndita esfera individual, secreta, não parte de uma unidade, mas da constelação de juízos, de ideais difusos do dever proveniente da consciência particular. Assim, impõe-se uma separação entre interior e exterior. A lição extraída consiste na

> consequência de que o direito não pode ser derivado da ética, que Feuerbach opõe a Kant – cuja oposição é repetidamente obscurecida, não através de Feuerbach que exprime a separação de forma clara, mas através de Kant que não apresenta a unidade de forma clara (SCHMITT, 2004, p. 18).

A proposta de Schmitt não visa destruir o indivíduo, mas tornar patente a inviabilidade da construção de uma ordem jurídica centrada na razão do sujeito da teoria do conhecimento kantiana. Fora da instituição de uma ordem jurídica pela decisão política soberana seria impossível criar racionalmente o direito e o Estado. O indivíduo seria um ser misterioso, imprevisível, cujo conhecimento é insuficiente para considerá-lo como ser racional, sobretudo, fora das condições da forma política do Estado. Desse ponto de vista, seria sustentável alegar que

> o direito baseia-se em uma consequência lógica puramente racional (*verstandsmässigen*) e que é a tal ponto um assunto do intelecto racionalmente calculador que, segundo a declaração de Kant, até um bando de demônios poderia fundar um Estado desde que tivesse a inteligência necessária (SCHMITT, 1998, p. 115).

Um dos principais argumentos apresentados por Schmitt contra o liberalismo político de Kant se observa na impossibilidade do indivíduo ser portador de uma ética autônoma. Se a possuísse jamais se escaparia do estado de natureza, pois a unidade da ideia do direito somente pode ser conservada pelo Estado. Ele representaria o único detentor de uma ética autônoma, pois é, em verdade, a instância última, o único juiz capaz de transcender às partes e decidir exteriormente o que é correto ou incorreto, o que pertence a cada um. No fundo, de acordo com Schmitt, Kant, apesar de recusar a autonomia ética do Estado, jamais admitiu a doutrina do direito de resistência, pois os resultados de sua doutrina do direito teriam sempre como premissa uma instância estatal máxima definidora de uma ordem jurídica exterior às vontades particulares. Schmitt expôs tais argumentos em uma conferência proferida no ano de 1929, em Halle, num congresso promovido pela sociedade kantiana (*Kant – Gesellschaft*):

> Quando o Deus "terreno cai" de seu trono e o reino da razão e moralidade objetivas se tornam uma "*magnum latrocinium*", os partidos abatem o poderoso Leviatã, cada um então cortando para si um pedaço de seu corpo. Que significado tem então a ética do Estado? O golpe não atinge somente, por exemplo, a Ética do Estado de *Hegel* que faz do Estado o portador e criador [...]; ele também atinge a ética do Estado de Kant e do individualismo liberal. Embora esta última não encare o Estado como sujeito e portador de uma ética autônoma, pois sua ética de Estado, que consiste principalmente em vincular o Estado a normas éticas – com a exceção de alguns anarquistas radicais –, parte sempre do pressuposto de que o Estado é a instância máxima e o juiz é quem determina "o meu" e "o teu" exterior, através de quem seria superado o estado de natureza meramente normativo, portanto sem juiz – um *status justitia* (mais precisamente *judice*) *vacuus* onde cada pessoa é juiz em causa própria. Sem a ideia do Estado como uma unidade *predominante* e de grandeza são todos os resultados práticos da ética do Estado kantiano contraditórios e caducos. Isto vale de forma mais nítida para a doutrina do direito de resistência. A despeito de toda relativização do direito racional do Estado, Kant recusou um direito de resistência exatamente em virtude da ideia da *unidade* do Estado (SCHMITT, 1994, p. 152).

Como comenta o próprio Schmitt, de Platão a Hegel procurou-se sondar e solucionar o problema da ética do Estado que Schmitt vê na vinculação de um poder supremo à realização do direito. Adiante será possível constatar que a premissa ou o preço a pagar para a criação de uma consciência supraindividual é um poder político supremo. Contudo, o caráter máximo de tal poder se justifica no compromisso com a sua legitimidade garantida pelo empenho em conectar poder e direito.

## O papel do indivíduo no Estado: o *stirb und werde*

Schmitt, em *Der Wert des Staates*, sem mencionar o nome de Goethe, tampouco de seu poema *Selige Sehnsucht,* publicado em 1806, retira um verso, precisamente, o *stirb und werde* (morre e renasce) cujo teor parece sintetizar sua proposta para o indivíduo na construção do Estado. A referência ao verso é precedida da afirmação:

> o essencial aqui é que no pensamento consciente reside a dedicação à lei e aos valores do pensar correto por meio do qual o indivíduo particular desaparece a fim de tomar parte em um valor extra individual que merece exclusivamente o predicado "ser" que foi tornado valioso (SCHMITT, 2004, p. 88).

Na construção do Estado de Schmitt o indivíduo deve desaparecer para depois ressurgir, pois o indivíduo somente ganha sua existência de um sentido que lhe é conferido pela instituição de uma ordem jurídica implementada pela instância estatal. Tal é o sujeito do direito, pois somente uma força suprema é capaz de se obrigar à ideia do direito. Desse modo, o Estado faria uma espécie de mediação entre o indivíduo, ou seja, um ser empírico particular, e a ideia de direito, evitando a imediação, isto é, a direta entrega do indivíduo à ideia de dever. Desse ponto de vista, se a imediação – entre o indivíduo e a ideia – não é evitada e o indivíduo se constitui em sujeito de direito, como pretendiam os neokantianos, elimina-se a possibilidade de construção de uma ordem supraindividual. Pior ainda, o indivíduo particular se tornaria uma presa exposta ao conflito de forças sociais. Por isso, o "desaparecimento" do ser empírico particular nada mais é do que uma metáfora cuja finalidade consiste em acentuar a necessidade de atribuir um papel ao ser particular pelo qual adquire um sentido visível, uma existência no âmbito da forma estatal. Esse papel consiste, com efeito, numa tarefa atribuída a um ser particular cujo sentido faz parte de uma tarefa maior, à qual o Estado – e não o indivíduo – pode se obrigar: a realização do direito. Este é o "morre e renasce" da proposta schmittiana: o conceito estatal fornece uma tarefa a um ser empírico particular permitindo a sua construção, o seu tornar-se indivíduo pela via de uma tarefa integrada num sentido maior de cunho supraindividual. Este sentido supraindividual é por vezes denominado de "ritmo supraindividual de uma ordem baseada num princípio". O princípio revela a construção de uma ordem externa ao espaço interior da esfera privada a que foram remetidos os homens. Mais ainda, o ritmo representa a continuidade da ordem externa, sua sucessão, regularidade que não advém do interior do ser particular. Não será de estranhar que o ideal da matéria que compõe a forma estatal schmittiana, de forma semelhante à *República* de Platão, é representado pelo funcionário público: o Estado não serve aos fins particulares do indivíduo, mas o indivíduo é o servidor do Estado. Este, por sua vez, está a serviço da realização do direito, apresentando-se como veículo da secularização. Encarregar o indivíduo de uma função significa engajá-lo como parte do ritmo estatal moldado pela tarefa de fornecer sentido à realidade.

Em contrapartida, a autonomia ética — pela qual o indivíduo seria capaz de definir sua própria vontade conforme uma lei universal da liberdade — seria uma ameaça. A imediação, ou entrega do indivíduo ao dever ético interior, à instância legisladora universal, determinante de seu agir, esmagaria sua liberdade. Tão logo sua ação, fundada no ideal da autonomia, se manifestasse na realidade seria privado de sua liberdade, tornando-se um refém da violência do poder fático. A referência de Schmitt ao verso "morre e renasce" do poema de Goethe indica a ameaça decorrente da imediação: a entrega do indivíduo às ideias provenientes de sua interioridade, de sua autonomia. O poema inicia-se com uma louvação às criaturas ávidas pela chama mortal da luz. A descrição de uma incontrolável atração exercida pela luz sugere uma criatura: uma mariposa. Após referências a procriações sucessivas e à continuidade da existência cumpre-se o destino da morte pelo qual a mariposa morre queimada nas chamas da luz. Ao fim do poema, na última estrofe, Goethe transmite uma sensação fúnebre, marcada por uma aura pessimista, pois aqueles que não passaram por este "morre e renasce" terão uma vida taciturna ou serão como "um sombrio hóspede na terra escura".

O poema pode ser interpretado como uma metáfora da vida humana, na qual a luz representa as ideias às quais se entregam os indivíduos a fim de autodeterminar os seus destinos. A mariposa queimada (*Schmetterling verbrannt*) sugere o fim trágico a que são atraídos os indivíduos isolados que agem à luz da ideia de autodeterminação. O *stirb und werde*, isto é, uma conscientização "de que o homem nada significa, mas precisa tornar-se algo" (SCHMITT, 2004, p. 89), deixando para trás sua consciência privada, o comando interior de seu agir "racional", simboliza a possibilidade do ser particular vir a ser parte de algo supraindividual, de uma ordem externa que lhe confere um valor. A interpretação que Schmitt parece apresentar do poema, ao qual se refere também em seu *Glossarium* (1991), é a de que a obediência à ideia de autolegislação, comandada pela razão *a priori,* eliminaria o empenho em alcançar uma supraindividualidade, obscurecendo a existência dos seres particulares e sujeitando-os ao perigo. Num mundo abandonado por Deus, no qual cada homem estaria entregue aos seus critérios subjetivos de orientação, somente a unidade estatal supraindividual poderia conferir um sentido a tais seres particulares, evitando sua aniquilação pelos antagonismos de grupos sociais. Todavia, a suposição da hipótese da realização concreta da própria filosofia do Estado de Schmitt suscita uma indagação: não estaria o indivíduo que vivesse no interior dessa forma estatal – após passar pelo *stirb und werde* e receber um sentido para sua existência – submetido ao capricho e arbitrariedade da construção autoritária do Estado? Preocupado com a discricionariedade e o temor provocado pela sua proposta estatal, Schmitt, referindo-se ao Estado, destaca

> que o indivíduo não se torna seu joguete (*Spielball*), ele não confere virtudes arbitrariamente, mas sempre somente através do cumprimento das leis sobre o que se apoia sua própria dignidade. Sua autoridade não é um fato diante do qual se possa temer em virtude de sua terrível inexplicabilidade, mas um sentido que pode ser percebido (SCHMITT, 2004, p. 96-97).

A liberdade individual no interior do Estado proposto pelo autor não é ilimitada, pois "falar de uma liberdade do indivíduo na qual o Estado tenha limites é um equívoco". Há uma liberdade restringida pelas leis do Estado a que ele mesmo está sujeito, pois, embora, sua autoridade não proceda do indivíduo, ela procede do direito. Por isso, "o Estado não intervém de fora como um *deus ex machina* na esfera do indivíduo" (SCHMITT, 2004, p. 99). As intervenções do Estado jamais podem deixar de se alicerçar na ideia do direito, pois este seria o único caminho para evitar a violência e a arbitrariedade. Fora do direito, o Estado não é um estado duradouro capaz de dar sentido e orientar a conduta humana. Schmitt rechaça um entendimento unívoco do Estado de direito que o reduz à concepção do liberalismo político no qual o Estado seria governado por leis. O conceito de Estado de direito proposto por Schmitt encontra seu centro fundamental na decisão política orientada para objetivação do direito. O Estado engendrado pelo autor intervém na realidade a fim de transformá-la através de regras do direito.

Para o autor alemão, a intervenção na realidade também implica a efetiva concretização de sua teoria do Estado no âmbito da realidade. Hugo Ball talvez tenha feito uma das observações mais importantes sobre os trabalhos de Schmitt ao declarar que seu pensamento se alicerça na "fundamental convicção de que ideias dominam a vida" (BALL, 1983, p. 100). Segundo Schmitt, "não há teoria sem o pressuposto de uma consequência e possibilidade", ou seja, o conceito do Estado do autor pressupõe a realização de sua ideia no mundo empírico. Esse pressuposto indicaria a propensão de uma ideia consequente se tornar real. Contudo, caso essa ideia não se efetive não há como distinguir um poder estatal de qualquer outro fator de poder, pois a imputação de sentido advém do traço ideal do direito. O êxito da filosofia do Estado de Schmitt depende da secularização da ideia, precisamente de uma forma capaz de resistir, de se conservar em meio à heterogeneidade e à esmagadora força fática da realidade. Deve-se ter em vista que o pressuposto da influência exercida pela ideia é sua efetivação e sua proteção frente às forças que reagem à sua implementação.

A existência do Estado decorre do caráter inabalável da contingência, que pode ser reduzida, mas nunca deixa de existir, pois na sua presença se torna visível a ideia do direito. A ideia do direito nunca se realiza plenamente de modo que as ideias não se convertam num fato, caso contrário, não poderiam ser representadas. Não há ideia fora da contingência, assim como não há decisão na segurança plena conferida pela causalidade mecânica. Schmitt observa que a teoria, precisamente do Estado, consiste apenas na possibilidade de intervir na realidade, senão o autor se enredaria no determinismo positivista contra o qual opõe seu conceito de secularização. O método secularizante schmittiano expõe a contingência eclipsada pelo determinismo positivista. Assim, a maiêutica secularizante, ao desfazer a identificação entre ideia e realidade, subjetivo e objetivo, direito e poder, promove uma rigorosa heteronomia a fim de jogar luz na contingência. Nesse sentido, compreende-se que o papel do dualismo no pensamento de Schmitt é o de um antagonismo dialético por meio do qual se intensificam contrastes capazes de tornar nítidas as distinções.

Ao descortinar o hiato entre ideal e real, subjacente à estrutura essencial da realidade empírica, Schmitt pretende encontrar um ponto de mediação entre a ideia de direito e a realidade fática. O Estado surge como princípio de conexão ou mediação na medida em que se apresente como uma força capaz de ser função ou servidor do direito (SCHMITT, 2004, p. 56). O Estado é o único sujeito de direito, a única potência capaz de representar a ideia de direito, distinguindo-se de outros complexos de poder que derivam seu direito da força, seja ela numérica ou meramente proveniente dos meios de violência. Schmitt chama de Estado o *status*[8] de um poder político cuja existência

---

8   Schmitt, no artigo *Staat als konkreter, an geschichtliche Epoche gebundener Begriff* (1941), aborda o Estado sob uma perspectiva bastante diferente, ao examinar a formação da dimensão espacial do Estado a partir de uma situação política concreta. Parece-me que ao contrário de *Der Wert des Staates*, em que *status* é pensado como uma qualidade dada pela ideia de direito, no mencionado artigo, a dimensão espacial assume uma importância maior. Comenta o autor que "não deve ser negado que a palavra *Staat* (Estado) já tinha sido introduzida através de Maquiavel no

se verifica no agir informado por uma notável dimensão ideal capaz de sobressair-se em relação aos outros poderes sociais. A construção estatal forjada por Schmitt retira sua força da ideia do direito, representando-a, simbolizando-a em todas as suas ações, de tal modo que nunca deixa de se legitimar. A realização da ideia de direito, portanto, consiste numa decisão que nunca realiza plenamente tal ideia de modo que este ideal nunca se esgota na tensão de sua efetivação. Diferentemente da mediação do racionalismo moderno, a ideia nunca se realiza plenamente no plano da realidade. É justamente o fato da ideia não se esgotar plenamente que garante sua autonomia frente ao fático e seu domínio sobre o Estado em todos seus elementos. A realização do direito ocorre sempre à custa de uma perda, de uma separação entre a norma do direito e sua realização. É, portanto, na tensão entre a ideia do direito e a sua realização – nunca plena – que o Estado surge como um provedor de sentido da realidade do mundo do ser. Em outras palavras, o Estado é o portador de sentido que fornece a forma jurídica à realidade fática.

Cabe salientar que Schmitt, a fim de encontrar uma instância capaz de implementar e, ao mesmo tempo, ser portadora do ideal do direito, postula "a mais rigorosa heteronomia de todas as normas jurídicas" (SCHMITT, 2004, p. 10). A necessidade de afirmação de uma rígida distinção entre interior e exterior, entre autonomia e heteronomia requer algumas considerações. Em primeiro lugar, a aposta no indivíduo como sujeito autônomo determinaria a universalização do sujeito. Schmitt considera inadequada a teoria do direito de Kant que atribui ao indivíduo uma "instância de legislação" fundada na ética que se poderia conectar ao direito, de modo a identificar a autonomia e a heteronomia. A responsabilidade da fundamentação de uma ética não poderia ser relegada ao indivíduo compreendido pelo jurista como ser empírico particular. Do relativismo intrínseco ao ser individual não é possível extrair uma forma ou um valor, isto é, um princípio regulativo. Este somente pode partir de uma ideia imune à faticidade, portanto transcendente, e à heterogeneidade da matéria do ser particular ou indivíduo concreto. Todavia, "o indivíduo concreto corpóreo é, se a consideração

---

vocabulário político dos povos europeus. Também colaboraram para a variedade de significados da palavra *Status* e a ressonância de ideias espaciais como *Stadt* (posição) e *Stätte* (lugar, sítio). Contudo, não há dissonância entre os trabalhos quanto ao aspecto de que em ambos os casos o Estado surge de uma "decisão soberana". O decisivo para Schmitt é que "a superação da convicção jurídica de corporações feudais através de uma clara decisão soberana suprema e com isso o novo conceito de ordem e medida 'Estado' pertencem à situação política que na teoria da soberania do jurista francês Bodin encontrou sua expressão existencial adequada" (SCHMITT, 2003, p. 377 e 378).

não se erguer acima da corporeidade material, uma unidade inteiramente contingente, um amontoado de átomos cuja forma, individualidade e particularidade não são senão a do pó que será juntado por um turbilhão" (SCHMITT, 2004, p. 101).

A redução do indivíduo a uma "unidade inteiramente contingente" não pretende destituí-lo de sua dignidade, mas salientar que "o critério da individualidade reside num valor que é extraído de uma norma. Portanto, o valor no direito e no mediador do direito, ou seja, o Estado se mede somente segundo as normas do direito, não segundo coisas endógenas ao indivíduo" (SCHMITT, 2004, p. 101). O empenho de Schmitt em minar o já mencionado "egocentrismo" da filosofia do sujeito individual busca deslocar o centro do sujeito do direito do indivíduo para o Estado (SCHMITT, 2004, p. 97). Nessa relativização do indivíduo já se encontram, em *Der Wert des Staates*, as primícias de repreensão às doutrinas do direito e do Estado influenciadas pelo racionalismo iluminista, no qual um "querer" fundado numa razão supostamente transcendente é transferido à vontade individual. Ao longo de diversos trabalhos posteriores, o jurista examinará as implicações do processo pelo qual gradualmente se torna imanente um "querer racional" no indivíduo, mostrando os efeitos da privatização dos limites da ordem externa. A imputação ao indivíduo de um "querer racional" supremo começaria com a "crença no 'eu'" particular. Nesse sentido, Schmitt se refere a Fichte, observando que o filósofo buscara demonstrar que a "crença no 'eu' seria, primeiramente, a verdadeira crença em Deus e o único caminho para escapar do temporal" (SCHMITT, 2004, p. 88). Para o jurista, porém, a "crença no eu" (*sei du selbst*) individual seria inepta, não teria força para isoladamente negar o relativismo do âmbito temporal, isto é, do mundo empírico e fundar uma ordem jurídica. A obra da realização do direito, que somente pode ser levada a cabo pela instância estatal, não poderia sustentar-se nos desígnios secretos de uma instância legislativa individual cuja objetivação dependeria de uma razão cuja construção, em verdade, é exógena ao próprio indivíduo. Adverte o jurista que

> se o conhecimento da essência do Estado for levado adiante, então, o indivíduo e aquilo em que ele se transforma no interior do Estado aparecem, com efeito, como uma construção nova, mas essa não flutua no ar e não é um ato arbitrário do Estado (SCHMITT, 2004, p. 96).

Schmitt rechaça o individualismo manifestado pela autorrepresentação que o "homem moderno" teria de sua época. Segundo o jurista:

> o homem moderno, no seu tipo empírico normal, tem o ponto de vista de que sua época seria extremamente individualista, "livre", cética e hostil à autoridade, que somente sua época teria propriamente descoberto o indivíduo, lhe conferido dignidade e superado antiquíssimas tradições e autoridades (SCHMITT, 2004, p. 11).

O jurista considera a autocompreensão individualista e livre de sua época incompatível com o ceticismo das ciências naturais então predominantes. O ceticismo da visão científica do positivismo se evidenciaria na incapacidade de lidar com valores fundamentais inacessíveis ao seu método de demonstração. O indivíduo e a liberdade seriam valores inapreensíveis do ponto de vista do ceticismo cuja propensão à suspensão do juízo frente a princípios absolutos suspeita de uma razão universal utilizada para velar o relativismo valorativo da experiência humana. Schmitt prossegue caracterizando sua época como

> uma época que se apresenta como cética e exata que não pode ao mesmo tempo se denominar individualista; nem o ceticismo e tampouco as ciências naturais são capazes de fundar uma individualidade, elas não podem deter-se diante do indivíduo particular como fato último não explicável ou dubitável, na mesma medida em que não o podem no caso de um Deus pessoal (SCHMITT, 2004, p. 12).

Assim como um Deus pessoal, o indivíduo não poderia ser tomado como um "fato último". Ambos escapam à perspectiva científica do positivismo. Indivíduo e Deus seriam, nesse sentido, indemonstráveis por serem inescrutáveis a uma ciência positivista que explica o "mundo exterior" mensurável e o "mundo interior" espiritual a partir do mesmo princípio causal. Valores últimos, ideias eternas, princípios absolutos não poderiam ser apreendidos racionalmente pelo método científico que se baseia na experiência e demonstração. Além do mais, a noção tanto do indivíduo quanto de um Deus pessoal dependeria da possibilidade de afastamento do plano mundano da relatividade empírica, isto é, de abstrair do campo fenomenológico dos objetos cognoscíveis. Tal abandono em favor de uma perspectiva centrada na tensão da oposição entre o ideal e o real, subjetiva e objetiva, colocaria em risco a vigência do princípio da causalidade que o positivismo adotara como forma explicativa do mundo natural e cujo domínio se estendera ao mundo social. Neste sentido, também se compreende por que Schmitt opõe recorrentemente o dualismo metódico à visão monística do positivismo que apaga as distinções entre a ideia e a realidade, confundindo o dever ser com ser. A exposição das contradições de uma época que, a despeito de apresentar-se como individualista, seria incapaz de fundar uma individualidade, pois

> a cultura positivista não exalta o valor do indivíduo e sua originalidade, esta pretende explicar o externo do mesmo modo que o interno tolhendo cada resíduo de mistério: da mesma forma como não se detém diante do mistério de Deus, não se detém tampouco defronte o mistério do indivíduo (NICOLETTI, 1990, p. 40).

Uma era positivista seria incapaz de lidar com o mistério de Deus e do indivíduo cuja causa da liberdade seria inexplicável, pois seria informada pela lei moral incondicional da determinação do arbítrio humano (KANT, 2004, p. 805). Em outras palavras, tal liberdade somente poderia ser alcançada por meio da abstração das diferenças pessoais entre os seres racionais. De acordo com Kant essa liberdade seria aquela que, se aplicada ao objeto último da razão prática, ou seja, à realização da ideia do fim moral, nos conduziria inevitavelmente ao mistério sagrado. Schmitt recusa a transferência da consciência suprapessoal ao sujeito individual, comum à teoria do conhecimento de seu tempo que, apoiada no neokantismo, buscava responder ao amplo domínio exercido pelo positivismo em inúmeros saberes. Todavia, o jurista concorda com Kant, ao enunciar que "também o indivíduo que for transformado por alguma teoria do Estado num ponto central tem de se legitimar com seu valor, pois por 'natureza' nada tem um valor" (SCHMITT, 2004, p. 98). Schmitt completa a passagem citando Kant para declarar que "nada tem um valor senão aquele que a lei lhe determina" (KANT, 2004, p. 69). Segundo o jurista, "a unidade que reside na individualidade e constitui seu valor somente pode ser um laço espiritual que é adquirido na consideração normativa" (SCHMITT, 2004, p. 14). Contudo, o valor para Schmitt de modo algum pode ser determinado pela legislação autônoma de um ser racional, pois o direito somente pode partir de um poder supremo como o Estado.

A divergência de Schmitt em relação a Kant tem o escopo de declinar a autonomia do sujeito individual da construção do Estado de direito. O argumento principal sustenta-se na impossibilidade de alçar a vontade "de um ser empírico particular" à de uma "instância legislativa universal". O jurista rechaça a possibilidade de que forjar um conceito de Estado alicerçado na autonomia da vontade de um indivíduo racional não corresponde ao ser particular pertencente à realidade empírica. Segundo Schmitt,

> o sujeito da autonomia da ética kantiana não pode ser o indivíduo pertencente ao mundo dos sentidos, empírico e contingente, pois ele não está ligado à lei por meio de nenhum interesse, e a capacidade de se tornar sujeito da autonomia não resulta de fatos empíricos, mas de sua razão (SCHMITT, 2004, p. 89).

O sujeito da autonomia da ética de Kant seria incapaz de ocupar uma posição central na filosofia do Estado de Schmitt cuja tarefa reside na realização do direito ou da implementação de uma forma jurídica à realidade concreta. Em virtude disso, o jurista questiona a teoria do direito de Kant na qual o autor projeta o indivíduo como instância autônoma universal. Em contrapartida,

> a exigência kantiana de que o homem seria sempre um fim em si mesmo e nunca poder-se-ia transformar num meio, vale, portanto, somente enquanto os pressupostos da autonomia forem preenchidos, isto é, para o homem convertido em ser puramente racional, não para um exemplar de alguma espécie biológica (SCHMITT 2004, p. 89).

Schmitt não crê numa construção jurídica do Estado fundada no "indivíduo contingente, empírico, pertencente ao mundo dos sentidos," em ser racional. A reivindicação de Kant estaria fora das condições políticas e existenciais de possibilidade, pois o ser empírico particular a fim de se converter em ser racional teria de "negar a própria realidade empírica subjetiva" (SCHMITT, 2004, p. 89). Contudo, o indivíduo não obedece às próprias leis da razão porque o sujeito racional é uma construção exógena ao ser empírico biológico da espécie do "*homo sapiens*" (SCHMITT, 2004, p. 65).

Embora se possa, a partir da analise de *Der Wert des Staates*, discutir a existência de uma concepção antropológica e especular a respeito de sua relação com a forma política proposta por Schmitt, considero precipitada tal conjectura. Há quem,[9] com base em *Der Wert des Staates*, apoie essa suposição em virtude do reconhecimento outorgado por Schmitt ao Estado concreto: um "resultado inaudito por ter contido pelo menos externamente um mar de egoísmo irrefreável e tacanho e o instinto grosseiro" e, mesmo, por ter "ao menos, tornado inofensiva a maldade influente, obrigando-a à hipocrisia" (SCHMITT, 2004, p. 85). Apesar de a passagem retratar a "maldade", o "egoísmo desenfreado", o "instinto grosseiro", verifica-se em *Der Wert des Staates* que ela

---

[9] Refiro-me ao livro de Helmut Quaritsch, *Positionen und Begriffe Carl Schmitts*, 1995, p. 39.

não vale para todos os homens e tampouco é imutável no tempo e espaço. Não se trata de uma natureza intrínseca aos homens. Schmitt nega veementemente a possibilidade de se inferir de uma "essência" ou "natureza humana" a maldade dos homens ou a perversão de seres singulares. Além disso, na concepção do indivíduo apresentada pelo jurista não há qualquer sorte de naturalismo ou imutabilidade, mas uma afirmação de seu caráter enigmático e imprevisível. É verdade que Schmitt sustenta, reiteradamente, não ser possível derivar o direito de uma ética individual, pois a unidade individual é contingente. A contingência, neste caso, diz respeito à imprevisibilidade, efemeridade, limitação do ser individual. Em virtude disso, corresponde ao reconhecimento de que indivíduo é em certa medida insondável, sobretudo, se porventura se buscar perscrutá--lo do ponto de vista de uma essência.

O egocentrismo do indivíduo estaria associado a circunstâncias políticas e sociais da realidade histórica e espiritual, como a dissolução da Igreja romana a partir da Reforma protestante e o abalo da antiga unidade ontológica do ser. É importante levar em consideração que justamente em virtude da contingência do ser empírico particular não se lhe pode atribuir necessariamente vileza ou bondade. O que ocorre é que a hipertrofia da esfera privada do ser individual atrofiou o espaço da realidade concreta, obscurecendo a relação homem-mundo.[10] Na perspectiva política e secularizante de Schmitt, somente se torna visível o que pela dialética da representação de uma ideia depende de uma ordem externa: uma esfera pública (SCHMITT, 2003, p. 208). Se a realidade externa fica reduzida ao privado ou ao critério da subjetividade particular ela pode se tornar qualquer coisa menos uma ordem política. Neste sentido, Schmitt entende que igualdade ou liberdade não são atributos da razão individual, mas qualidades imputadas pelas normas estatais objetivadas. A igualdade não é atributo da realidade empírica ou da natureza, mas do plano ideal da lei positivada pelo Estado, jamais sendo uma qualidade inerente à essência da razão supostamente pertencente a seres particulares. Schmitt nunca declarou existir uma natureza humana perversa ou bondosa constatável em qualquer tempo e lugar, mas sugere sim a irracionalidade daqueles que não vivem dentro da forma política do Estado. O autor não incorreu nas corriqueiras análises de antropologias políticas que, de um lado, confundem razão e bondade e, de outro, irracionalidade e maldade, como se da irracionalidade fosse possível alcançar

---

10  Neste sentido, Kosellek adverte para a desconexão progressiva no mundo técnico industrial entre o espaço de experiência e o horizonte de expectativa. A subjetivação, ou privatização da realidade externa, ao mesmo tempo em que míngua o espaço de experiência, aumenta o peso do futuro ou amplia seu horizonte de expectativa (KOSELLECK, 2000, p. 12).

uma explicação unívoca do que seja razão, maldade etc. Tal confusão obscurece as análises, pois transfere juízos morais e sentimentais ao pensamento político. Toda análise não deixa de ser uma valoração, mas não se reduz necessariamente a juízo moral, capaz de turvar a compreensão da teoria do direito e do Estado de Schmitt cujo traço é indissociável da dimensão existencial dos homens.

Há, parece-me, um traço pragmático[11] em sua reflexão sobre o Estado. A impossibilidade de um conhecimento decisivo sobre a essência da natureza humana se revela no próprio caráter contingencial da realidade. Introduzir um conceito de natureza humana no pensamento de Schmitt significaria embarcar num determinismo que é justamente objeto da crítica do autor. Inserir na realidade concreta uma ideia de necessidade seria distorcer ao extremo um pensamento que faz da contingência, da ruptura, da crise o seu ponto de partida. Se há uma premissa em tal pensamento esta é da contingência, sem a qual não se poderia falar num decisionismo. Daí o pensamento do autor ser direcionado ao combate de qualquer forma de filosofia da história, determinismo ou mecanismos autônomos à dimensão humana existencial da escolha e do agir político. Todavia, a despeito de destituir a existência humana de toda sorte de naturalismos, Schmitt não esconde sua preferência pelas teorias políticas que ressaltaram a maldade humana, que o autor não interpreta como uma limitação ou o fato de os homens serem complicados. Em *Der Begriff des Politischen*, a investigação do conceito do político considera a possibilidade de periculosidade do homem, mas isto se deve à dimensão existencial e de modo algum substancial dos seres humanos. A contingência do ser empírico particular, também chamado como se viu de "amontoado de átomos", busca jogar luz na precariedade e opacidade de tais seres.

A investigação de Schmitt em *Der Wert des Staates* pretende fundar uma ordem jurídica no âmbito da realidade fática por meio do poder político do Estado. Se o Estado, porém, não for precedido por uma ideia que o constitui, seu poder não pode ser discernido entre outros complexos de poder da realidade empírica. O empenho de Schmitt em fundar o Estado alicerçado na ideia do direito descortina uma realidade, que, a despeito de ser apresentada pelo liberalismo e positivismo como causalidade mecânica, é desnudada e exposta como contingencial.

---

11   Compartilho da observação de Nicoletti segundo a qual, "ao considerar a maldade como 'hipótese' e não como conhecimento certo e definitivo, se concorda, por outro lado, com a abordagem epistemológica schmittiana inclinada ao pragmatismo: posto que a natureza humana é na sua essência incognoscível vale agir *como se* o homem fosse. Trata-se, poderíamos dizer, de um *fingimento*, consciente, de uso prático" (NICOLETTI, 1990, p. 126).

A apreciação do indivíduo ou toda sorte de particularidade fática da realidade concreta somente pode ocorrer a partir de uma perspectiva ideal. Apenas do ponto de vista da ideia é possível apreciar, isto é, atribuir sentido aos seres do mundo empírico. A fim de construir o Estado não é possível aguardar o alcance gradual da maioridade da razão que, segundo Kant, somente poderia resultar de um gradual processo de conscientização. Conceber o indivíduo como "instância legislativa autônoma" significa universalizar uma versão racional de um ser sem correspondência entre os seres de uma espécie biológica. Além disso, a construção de um ser racional, como disse, não poderia ocorrer fora das condições de possibilidade de uma ordem política definida pelo direito. A liberdade dos indivíduos não existe fora da forma jurídica do Estado. Não é possível instituir uma ordem política e jurídica a partir de uma ética individual em meio a uma realidade marcada pelo relativismo. A concepção de indivíduo somente existe no plano ideal e sua realização de acordo com Schmitt somente pode existir mediante a representação empreendida por um único poder cujo selo estatal se revela em virtude de sua constituição numa função do direito. O autor insiste que um poder político da magnitude do Estado não se define pelo critério da quantidade, da força, da violência, mas pela qualidade. Em última instância, em toda análise do poder sempre reside uma apreciação ofuscada pela sua identificação com o fato observado. Não há para o jurista como referir os elementos da realidade empírica, considerados dignos de valor, a ideias sem conexão como unidade estatal portadora da perspectiva ideal do direito. O indivíduo consiste num conceito formado[12] pelos valores encontrados no direito concretizado pelo Estado. Daí Schmitt afirmar que o indivíduo, assim como o Estado, emana do direito:

> O Estado não é uma construção que os homens fizeram para si, ele, pelo contrário, faz de cada homem uma construção. A grande organização suprapessoal não é criada por indivíduos como sua obra; ela não se insere na sequência de meios e fins de homens, sejam eles tantos quanto forem; é impensável que o egoísmo dos homens transcendendo-se por força própria a si mesmo teria instituído uma conformação supra-humana

---

12  A filosofia do Estado de Schmitt, evidentemente, não abre espaço para teorias contratualistas que pretendem fundar um corpo político a partir do consenso de indivíduos atomizados. De acordo com Schmitt, "a falha da teoria do contrato não foi, portanto, a construção de um contrato, mas a admissão de indivíduos empíricos como partes contratantes" (SCHMITT, 2004, p. 106).

> como meio para seus fins para ser então arremessado de sua superioridade de volta ao nada (SCHMITT, 2004, p. 93).

Não seria possível tomar como medida do elo entre o ideal e o real a subjetividade de um ser empírico particular para fundar uma ordem jurídica. Os elementos da realidade empírica somente adquirem valor na medida em que recebem seu sentido ou uma função de uma instância apta a transcender o mundo fático, permitindo a mediação entre a ideia e a realidade. Fora da mediação, isto é, da tarefa da realização da ideia não há como estabelecer um valor para o indivíduo empírico. Schmitt postula "rigorosa heteronomia das normas jurídicas, não para aniquilar o indivíduo, mas para fazer dele alguma coisa" (SCHMITT, 2004, p. 12). A heteronomia reivindicada por Schmitt decorre do equívoco de teorias do direito e do Estado suporem a formação da unidade do direito e do Estado a partir da perspectiva interior da ética do indivíduo racional. A heteronomia defendida por Schmitt também decorreria do equívoco da doutrina do direito de Kant e seus seguidores. O jurista refuta a referida doutrina que postula a vinculação do direito à perspectiva interna da ética do sujeito. Tal visão, assim como a positivista, caracterizada como redução do direito ao funcionamento mecânico das relações sociais teria seu resultado na confusão entre visível e invisível, entre o interior e exterior. Por isso,

> a exigência de uma separação não é de modo algum uma opinião singular que se apresenta apenas no caso de juristas que se ocupam da filosofia, pelo contrário, ela domina as convicções de muitos séculos e poderia facilmente ser dedutível da distinção entre liberdade interna e externa e da impossibilidade de se unirem em um conceito o visível e o invisível, o temporal e o eterno (SCHMITT, 2004, p. 18).

Aos autores que partem do interior da ética do sujeito, de sua autonomia frente ao direito, Schmitt exige que não se imiscuam no "mundo real", pois a construção de uma ordem política e jurídica não encontra seu fundamento último no indivíduo. O direito e o Estado não encontram seu fundamento e limite na unidade individual: "o Estado nem tampouco o direito terminam no indivíduo" (SCHMITT, 2004, p. 18-19).

A teoria do Estado de Schmitt pressupõe o dualismo, um antagonismo entre "dever ser" do direito e o "ser" do poder empírico, um confronto dialético que não é entre o indivíduo e o direito, mas entre o direito e o Estado como poder empírico. Portanto, a tríade da teoria do Estado de Schmitt: "direito, Estado e indivíduo" é resultado do dualismo entre o direito e o poder, sendo que o indivíduo somente surge como tal na medida em que recebe seu sentido de uma tarefa que lhe é atribuída pelo Estado, que no confronto com o direito se legitima ao investir-se de sua realização. Estado e indivíduo, portanto, somente adquirem um valor no âmbito do empenho da secularização do direito.

O Estado proposto por Schmitt não extrai sua autoridade da ética do sujeito individual, da racionalidade objetiva, da vontade fática, mas da realização de uma ideia transcendente à empiria. Sua pretensão não é de modo algum despótica e tampouco a de aniquilar o indivíduo. A construção de seu Estado é sem dúvida autoritária. Considera a fundação da autoridade política na pluralidade da realidade empírica a renúncia à unidade pela qual ganharia forma a realidade. Tal teoria política do Estado justifica sua legitimidade na unidade cuja possibilidade de realização existe exclusivamente na decisão política de uma instância superior. A instância cujo sentido superior está no elevar-se acima dos partidos depende da vinculação à ideia imune à clivagem intrínseca à realidade empírica. A ordenação jurídica da realidade empírica residiria numa postura metapolítica, numa atividade política suprapartidária. Este conceito de Estado não pretende eliminar a existência individual, mas lhe fornecer um sentido digno mediante uma tarefa:

> através da recondução do valor do indivíduo à sua tarefa e ao cumprimento desta não é, portanto, aniquilada a dignidade do indivíduo, mas somente assim é mostrado o caminho para uma dignidade. A aniquilação do indivíduo, que pretende a objeção que pode aqui ser esperada, não provém do direito e do Estado, que se entrega plenamente à realização do direito, mas sim do Estado como complexo de poder, da faticidade que tem de ser confrontada através da luta do poder com o poder (SCHMITT, 2004, p. 106).

Por fim, a respeito da peculiar relação entre o Estado e o indivíduo formulada por Schmitt vale dizer que neste trabalho concordo com a seguinte afirmação de Helmut Rumpf:

> a fundamentação apresentada pelo jovem Carl Schmitt para esta relação entre Estado e indivíduo é estranha e dificilmente compreensível para o pensamento político que domina hoje no mundo ocidental. Mas ela se encontra também muito afastada do coletivismo nacional-socialista quanto do comunista, pois não foi um mito do povo, nem o domínio de

uma classe ou o objetivo de uma sociedade sem classes o que, segundo a tese deste escrito,[13] subordina o indivíduo hierarquicamente ao Estado (RUMPF, 1972, p. 31).

A despeito de concordar com a apreciação de Rumpf, considero que o autor não explicita um aspecto fundamental da filosofia política de Schmitt: o abalo da ontologia tradicional provocado pelo pensamento cartesiano e kantiano que abre espaço para a ocupação do lugar de Deus pelo indivíduo.

## Conclusão

A perda de transcendência, de uma finalidade última, de princípios fundamentais, constitui-se numa ameaça à instituição de uma ordem política e jurídica da conduta humana. O deslocamento liberal do centro da vida espiritual apresentado como substituição do lugar de Deus pelo indivíduo representa uma virada em direção à interioridade, à invisibilidade, ao relativismo. Schmitt denuncia a impotência do liberalismo em virtude da impossibilidade de criação de uma ordem suprapessoal capaz de impedir a extinção do próprio indivíduo. Na filosofia do Estado do autor alemão, o indivíduo não pode ser o limite do próprio indivíduo, pois a imanência, ou ausência de hierarquia, ou de transcendência não têm limites. A centralidade assumida pela interioridade do indivíduo no pensamento liberal tem como consequência uma perda de sentido e esvaziamento das referências externas necessárias à construção de uma ordem política. A perda de limites externos é como se viu o efeito da remissão do homem ao âmbito privado da subjetividade secreta. A centralidade assumida pelo eu interior é interpretada como uma divinização do homem cuja utopia reside numa existência fora de suas condições de possibilidades concretas de existir.

## Bibliografia primária

HEGEL, Georg W. F. *Grundlinien der Philosophie des Rechts: oder Naturrecht und Staatswissenschaft im Grundrisse*. Frankfurt am Main. Berlim: Wien/Ullstein, 1972.

_____. *Phänomenologie des Geistes*. Werke 3. Frankfurt am Main: Suhrkamp, 1979.

KANT, Immanuel. *Kritik der praktischen Vernunft*. Stuttgart: Reclam, 1966.

---

13  Rumpf refere-se a *Der Wert des Staates und die Bedeutung des Einzelnen*.

_____. *Grundlegung zur Metaphisik der Sitten*. Stuttgart: Reclam, 1998.

_____. "Der Einzig mögliche Beweisgrund zu einer Demonstration des Daseyns Gottes". In: *Deutscher Idealismus*. CD-Rom, Digitale Bibliothek. Berlim: Directmedia Publishing, 2004. Bd. 2. p. 619.

SCHMITT, Carl. "Staatsethik und pluralistischer Staat". In: *Positionen und Begriff: im Kampf mit Weimar*. 3ª ed. Berlim: Duncker und Humblot, 1994 [1930], p. 151-165.

_____. *Politische Romantik*. Berlim: Duncker & Humblot, 1998.

_____. "Staat als ein konkreter, an eine geschichtliche Epoche gebundener Begriff". In: *Verfassungsrechtliche Aufsätze aus den Jahren 1924-1954*. 4ª ed. Berlim: Duncker & Humblot, 2003 [1941], p. 375-385.

_____. *Der Wert des Staates und die Bedeutung des Einzelnen*. 2ª ed. Berlim: Duncker & Humblot, 2004, [reimpressão da 1ª ed. 1914].

_____. "Tagebuch vom 16. Oktober bis 29. Dezember 1912". In: HÜSMERT, Ernst (org.). *Carl Schmitt. Tagebücher. Oktober 1912 bis Februar 1915*. 2ª ed. Berlim: Akademie Verlag, 2005, p. 21-64.

## Bibliografia secundária

KENNEDY, Ellen. "Politischer Expressionismus, Die kulturkritischen und metaphysischen Ursprünge des Begriffs des Politischen von Carl Schmitt". In: QUARITSCH, Helmut (org.). *Complexio Oppositorum. Über Carl Schmitt*. Berlim: Duncker & Humblot, 1988, p. 223-252.

KOSELLECK, Reinhart. *Vergangene Zukunft. Zur Semantik geschichtlicher Zeiten*. 4ª ed. Frankfurt am Main: Suhrkamp, 2000.

NICOLLETI, Michele. *Transcendenza e potere. La teologia politica di Carl Schmitt*. Brescia: Morcelliana, 1990.

QUARITSCH, Helmut. *Positionen und Begriffe Carl Schmitts*. 3ª ed. Berlim: Dunckler & Humblot, 1995.

# A POLÍTICA SEM CONFLITO E A VISÃO DO NEOLIBERALISMO[1]

Sergio Morresi

EM JULHO DE 1944, economistas e políticos representantes das nações que haviam se aliado contra o Eixo se reuniram em Bretton Woods (New Hampshire), para delinear a ordem social do pós-guerra. As ideias prevalecentes no conclave se baseavam numa visão distinta da do liberalismo "manchesteriano", ou do *laissez-faire*, que conduzira à Depressão de 1929 e ao confronto bélico iniciado dez anos depois. De acordo com esses economistas e políticos, era necessário que, uma vez terminada a guerra, fossem adotadas medidas para impedir a repetição das condições econômicas e sociais que a haviam originado. Apenas três anos mais tarde, em abril de 1947, do outro lado do Oceano Atlântico, outros economistas e políticos fundaram a instituição que tinha por objetivo combater esse "novo liberalismo": a Sociedade Mont Pelerin (SMP). Este segundo grupo, cuja primeira reunião ocorreu no balneário suíço que até hoje os denomina, viria a ser conhecido como neoliberal, enquanto o primeiro passou a se designar por diferentes rótulos (keynesianismo, economia do bem-estar, social-democracia, liberalismo social...) para se diferenciar tanto do "velho liberalismo", como da proposta da SMP (COCKETT, 1994).

No entanto, o fato de os neoliberais como Friedrich Hayek, Nilton Friedman, Karl Popper, Walter Eucken e Leonard Read (todos eles presentes na reunião inaugural da SMP) se sentirem como salvadores do liberalismo clássico ("do século XVIII", no dizer de Hayek) não nos deve levar a pensar que eles se limitaram a

---
[1] Tradução de Christiane Cardoso Ferreira.

pôr na mesa as ideias dos pais fundadores para contrapô-las às do liberalismo social ou da social-democracia. Eles buscavam *aggiornare* e "melhorar" o liberalismo clássico, munindo-se de defesas teóricas e práticas que o impediriam de ir parar nas mãos do socialismo marxista ou do liberalismo keynesiano, modelos que – na visão neoliberal – somente diferiam no grau de perigo que representavam para a liberdade e a justiça (VON HAYEK, 1994).

Quais são as inovações impulsionadas pelo neoliberalismo? Esquematicamente, podemos apontar três propostas teóricas fundamentais: 1) a valorização positiva da iniquidade social; 2) a desconfiança com relação ao sistema democrático; e 3) fortalecimento do Estado concomitante a seu distanciamento em relação às demandas da sociedade civil. Essas propostas, como veremos, giram em torno de um eixo central, a saber, a primazia da ordem e a supremacia do conhecimento técnico. Contudo, antes de começarmos a aprofundar as questões neoliberais, convém sublinhar que o neoliberalismo não é um modelo unívoco, mas plural e multiforme. Dentro dele mesmo convivem, nem sempre acomodadas, distintas correntes que, por seu turno, subdividem-se em canais menores, que às vezes se apresentam em separado. Basicamente, pode-se distinguir quatro vertentes principais dentro do neoliberalismo: a Escola da Áustria, a Escola de Chicago, a Escola de Virgínia e o libertarianismo.[2] A esses quatro ramos principais, poder-se-ia somar outros, como o ordoliberalismo e a economia social de mercado (relacionadas à Escola da Áustria), a economia da oferta e a das expectativas racionais (próximas à Escola de Chicago, mas ainda mais extremistas em suas conclusões), a análise racional das políticas públicas (que expande alguns dos postulados da Escola de Virgínia) e o anarco-capitalismo (que leva às últimas consequências certas ideias do libertarianismo).[3] Em ocasiões anteriores exploramos essa multiplicidade (MORRESI, 2009). Para os fins deste trabalho, vamos tomar o neoliberalismo em seu conjunto como uma visão teórico-política única, assinalando apenas variantes no modo marginal.

---

2   Sobre a Escola da Áustria, ver CUBEDDU, 1993; EBENSTEIN, 2003. Sobre a de Chicago, cf. FREEDMAN, 2008; OVERTVELDT, 2006. Sobre a da Virginia, consultar DURDEN & MILLSAPS, 1996; ROWLEY & VACHRIS, 1996. Sobre o libertarianismo, ver DUNCAN & MACHAN, 2005; WOLFF, 1991.

3   Sobre o ordoliberalismo e a Economia Social de Mercado, cf. COMMUN, 2003; LENEL, 1989. Sobre a economia da oferta e a escola das expectativas racionais, ver CANTO *et al*, 1983; THOMPSON, 1990. Sobre a análise racional e institucional das políticas públicas, cf. FURNISS, 1978; TULLOCK, SELDON & BRADY, 2002. Sobre o anarco-capitalismo, cf. RAIMONDO, 2000; ROTHBARD, 1978.

## Desigualdade e ordem

Todas as visões neoliberais compartilham uma visão negativa da igualdade social. Para a Escola Austríaca (VON HAYEK, 1976), o conceito é uma "miragem perigosa"; para o libertarianismo (NOZIK, 1991), trata-se de uma tentativa de aplicar um "padrão de justiça paternalista"; para a Escola de Virgínia (BUCHANAN, 1975), implica uma política "predatória" que põe em risco todo o sistema institucional de uma sociedade livre. No entanto, a vertente que foi mais longe nesse sentido é a Escola de Chicago, pois não se limitou a caracterizar negativamente qualquer intenção de igualdade que transcendesse o âmbito jurídico, mas, além disso, sustentou que a desigualdade era uma meta desejável para uma ordem social moderna. Diferentemente de Mises ou von Hayek, que supunham, por princípio, que toda a intervenção governamental continha perigos, os economistas de Chicago acreditavam que havia alguns tipos de intervenção mais nocivos que outros. Para eles, por exemplo, as regulamentações sobre o salário mínimo, o ensino público e o controle dos preços dos aluguéis, são mais preocupantes que a arrecadação de impostos extraordinários para gastos concretos como, por exemplo, os gastos militares (FRIEDMAN & DIRECTOR FRIEDMAN, 1984). Isso porque os gastos chamados "sociais" poderiam levar a graves consequências: a emissão monetária inflacionária e a existência de um sistema de seguridade social "do berço ao túmulo".

Voltaremos mais adiante ao problema inflacionário. Agora, importa sublinhar que a preocupação de Friedman a respeito da seguridade social devia-se mais às suas consequências culturais de longo prazo do que aos possíveis efeitos sobre a massa monetária. Para Friedman, a proteção social "do berço ao túmulo" minaria a base do sistema capitalista, que se baseia em incentivos diferenciais por mérito e esforço. Para o capitalismo, sustenta Friedman, a desigualdade é o eixo dinâmico das sociedades, porque uma situação em que alguns podem ter muito mais que os outros estimula todos a competirem por lugares mais elevados. Por outro lado, uma sociedade que se proponha gerar condições de equidade ou, inclusive, uma sociedade iníqua que ofereça uma malha de proteção demasiado robusta, põe em perigo a dinâmica competitiva e de inovação que é a base do capitalismo. Assim, em lugar de buscar reduzir a desigualdade, seria preciso desestimular os impulsos igualitaristas do populismo e da esquerda, e gerar uma discussão institucional que expandisse o tradicional sistema de "cenouras e porretes" próprio do mercado (FRIEDMAN & DIRECTOR FRIEDMAN, 1984; 1985).

Para Friedman, o *quid* da questão consiste em perceber que a igualdade "bem entendida" não implica nenhum tipo de igualdade social (no sentido de igualdade de resultados), mas, sim, uma igualdade de oportunidades (ou seja, igualdade perante a lei) que leva à diversidade e à liberdade. Nesse sentido, a igualdade social não somente seria má pelas suas possíveis consequências econômicas, mas também porque poderia nos levar a um regime político autoritário e à decadência moral:

> A questão diz mais respeito ao conflito fundamental entre o ideal de "partilhas justas" ou ao seu precursor, "a cada um segundo suas necessidades" e ao ideal de liberdade pessoal. O conflito atormentou toda e qualquer tentativa de converter a igualdade de resultados em princípio dominante da organização social. O desfecho disso foi invariavelmente um estado de terror... As medidas menos extremas tomadas em países ocidentais em nome da igualdade de resultados tiveram o mesmo destino, em menor medida (FRIEDMAN & DIRECTOR FRIEDMAN, 1979/1990, p. 135).

Para o pensamento progressista, a justiça é, antes de tudo, justiça social e, nesse sentido, justiça (re)distributiva (BARRY, 1989). No entanto, para Friedman, como para outros neoliberais, a justiça social é um conceito aberto, quando não perigoso. Friedrich von Hayek (1976; 1989), por exemplo, reclamou amargamente do modo como a justiça distributiva ou social deslocou e corrompeu o conceito tradicional de justiça. Esse conceito tradicional seria a visão minimalista, formal e negativa de justiça, ou seja, "é justo abster-se de tomar aquilo em relação ao que os outros têm um justo título e, pelo contrário, é injusto tomar o que é de outros". Contudo, na realidade, o "conceito tradicional" de justiça a que se refere Hayek é uma redução da concepção clássica de direito romano e da filosofia política grega, que implicava um dever positivo de dar a cada um o que era seu por título ou por merecimento. Nesse sentido, o neoliberalismo mostra seu desacordo não apenas com o liberalismo social, mas também suas diferenças com Adam Smith, um dos fundadores do liberalismo clássico.[4]

A justiça negativa e minimalista que o neoliberalismo promove é coerente com a ideia negativa e minimalista de liberdade que essa justiça deve proteger. Para o neoliberalismo, a única liberdade que é possível sustentar é a liberdade negativa, no sentido de Isaiah Berlin (2002), ou seja, a liberdade como ausência de impedimentos externos colocados por terceiros de forma consciente. Assim, a justiça é equivalente ao império da lei, que, por sua vez, deve ser entendida como um "traçado de limites" capaz de

---

4   Para exemplificar, cf. SMITH, 1987, II.II.9.

delimitar o que um indivíduo tem a liberdade de fazer, de acordo com o direito (VON HAYEK, 1973, p. 107).

Pela forma como se entrecruzam justiça, liberdade e império da lei, as desigualdades que têm lugar dentro do modelo neoliberal são, por definição, livres e justas. E é assim que elas podem se naturalizar e, por isso, opor-se a elas não faria sentido (VON HAYEK, 1976). Mas o que aconteceria se, dentro dos limites da lei e respeitando a liberdade dos cidadãos, se decidisse acabar com essas iniquidades? Seria possível decidir livremente erradicar as desigualdades sociais? Para os neoliberais, essa ideia beira o ridículo porque sempre haveria pelo menos um indivíduo que se oporia a perder seus privilégios. E o direito desse indivíduo de exercer a sua liberdade (e com ela seu poder de negociação) deve necessariamente estar acima de qualquer consideração de equidade social.

De acordo com Friedman, não se pode proibir (nem mesmo por razões de eficiência) ações voluntárias de assistência social (no estilo da beneficência vitoriana) que vão contra a iniquidade social. No entanto, não devem ser permitidas leis que regulem a igualdade social de forma compulsiva: 90% da população taxar a si mesma para ajudar os 10% restantes não é exatamente idêntico, sustenta o teórico de Chicago, que 80% institua impostos aos 10% mais ricos para ajudar os 10% mais pobres. Aqui haveria um deslizamento perigoso do capitalismo, que supõe a liberdade dos agentes para eleger, para o autoritarismo, que permite a supressão dessas liberdades por parte de uma tirania das maiorias. Parafraseando uma célebre máxima de Benjamin Franklin, Friedman conclui: "uma sociedade que coloca a igualdade acima da liberdade ficará sem liberdade e sem igualdade" (FRIEDMAN & DIRECTOR FRIEDMAN, 1979/1990, p. 149).

## Democracia e Populismo

Durante o século XX, a análise política chegou à conclusão de que o "casamento de conveniência" entre o liberalismo e o capitalismo se consolidou num grau tão alto a ponto de tornar o vínculo indissolúvel. No entanto, para alguns neoliberais, a democracia não tem um papel fundamental nas sociedades contemporâneas. Para a Escola de Virgínia, a democracia carece de valor substantivo; trata-se, apenas, de um método (bom, mas não ideal) para escolher dirigentes (BUCHANAN & TULLOCK, 1993). As sociedades livres, afirma na mesma linha Ludwig von Mises (1996), exigem ordem e pluralidade, embora esses valores não se dissociem da democracia; portanto, se chegasse o momento de escolher entre democracia e ordem, seria necessário deixar de lado democracia.[5]

Friedrich von Hayek (1973; 1985) sustentou que toda a ordem social deriva de uma interação tão complexa que não pode ser apreendida pela mente humana. Conhecer o custo de um bem ou serviço implica considerar milhões de dados dinâmicos, que ninguém em particular pode conhecer ou avaliar; porém, o mercado pode nos dar essa informação a um custo mínimo. É daí, pensava von Hayek, que se deduzem a impossibilidade e a inconveniência de desenhar deliberadamente uma ordem distinta da que a humanidade chegou por meio do método de ensaio e erro: o mercado capitalista. Contudo, para além da eficiência, a preferência deveria caber ao mercado, porque garante a maximização da liberdade humana.

Von Hayek entendia que um indivíduo era livre enquanto pudesse escolher seus fins e os meios sem ser coagido.[6] Nesse sentido, o mercado aparece como um mecanismo insuficiente para garantir a ordem social livre; são necessárias leis e um governo que a coloque em funcionamento (VON HAYEK, 1960). As leis, às quais se referia von Hayek, são as que chegaram até nós sob a forma de usos, costumes e tradições consideradas justas porque, com o passar dos anos, tornaram-se independentes das situações que as originaram. Trata-se de leis que nos asseguram o "bom comportamento" no mercado e que, portanto, permitem o exercício ordenado da liberdade.

Nesse sentido, um bom governo tem como tarefa codificar os usos e costumes herdados de séculos de livre interação dos indivíduos. Em contraposição, um mau governo é aquele que tenta inovar em relação à tradição, baseando-se em sua capacidade de exercer poder e usando como escudo uma hipotética vontade geral (VON HAYEK, 1996). Em outras palavras, bom governo é o que, independentemente de como elege suas autoridades, é justo no sentido negativo que assinalávamos no ponto anterior. Então, para von Hayek, "liberalismo e democracia, ainda que compatíveis, não são a mesma coisa. Ao primeiro cabe a extensão do poder governamental; ao segundo, a temática de quem detém o poder... o oposto do liberalismo é o totalitarismo, enquanto o oposto de democracia é o autoritarismo" (VON HAYEK, 1982, p. 180). Dado que liberalismo e democracia representativa não são equivalentes, se houvesse que escolher entre essas

---

5   Como se sabe, uma das primeiras experiências neoliberais do mundo foi a chilena, sob a ditadura do general Augusto Pinochet, que fora publicamente defendida por distintos representantes da Escola de Chicago (VALDÉS, 1995) e da Escola de Virgínia (cf. texto de apresentação de BUCHANAN, 1982).

6   Hayek se refere à coerção intencionada de um agente. Para Hayek, como para Isaiah Berlin, as circunstâncias não são coercitivas.

opções, Hayek, como outros neoliberais, prefere o autoritarismo liberal, ao perigo de uma democracia totalitária (VON HAYEK, 1981).

Na realidade, a ideia que Hayek tem em mente quando fala de democracia totalitária (ou democratismo, ou democracia iliberal) é a democracia plebeia, majoritária ou populista, ou seja, um regime no qual os desejos da maioria não apenas são escutados e levados em conta, mas onde os interesses majoritários são capazes de derrotar certos títulos de propriedade garantidos pelos princípios liberais.

> Entenderei aqui por liberalismo a concepção de uma ordem política desejável, que no começo se desenvolveu na Inglaterra, a partir da época dos *Old Whigs*, em fins do século XVII, até a época de Gladstone, ao fim do século XIX. David Hume, Adam Smith, Edmund Burke, T. B. Macaulay e Lord Acton podem ser considerados seus representantes [...]. É preciso distinguir esse liberalismo de outro [...] [que], em vez de advogar as limitações aos poderes do governo, chegou a sustentar a ideia dos poderes ilimitados da maioria. Essa é a tradição de Voltaire, Rousseau, Condorcet e da Revolução Francesa, que se converteu em antecessora do socialismo moderno (VON HAYEK, 1982, p. 179-180).

Nesse sentido, a rejeição à democracia é uma desconfiança em relação ao poder descontrolado das maiorias. A democracia representativa não é garantia suficiente para impedir a oclocracia e o populismo (VON HAYEK, 1973). Não obstante, seria possível aceitar a democracia representativa, sempre e quando ela estivesse contida por uma ordem *limitada* (limitada a manter as tradições, na visão hayekiana, ou ajustada a um hipotético consenso constitucional, na visão da Escola de Virginia (BUCHANAN & TULLOCK, 1993), e *limitante* (que impedisse o governo ilimitado das maiorias com distintas salvaguardas institucionais, como a restrição do voto em certas situações).

Em outras palavras, a democracia poderia ser um bom sistema, se tomado num sentido puramente instrumental, apenas como um mecanismo mais ou menos eficiente para selecionar líderes, que estariam, em princípio, encarregados de manter em pé os limites liberais. Nesse sentido, como sustentou Buchanan (1982), o conjunto complementar democracia-liberalismo pode funcionar sempre e quando a democracia estiver claramente limitada por algum sistema institucional que impeça as maiorias de imporem sua vontade sobre as minorias e transformarem o Estado num organismo predatório. Em outras palavras, o neoliberalismo desconfia do poder e, sobretudo, desconfia do poder das maiorias, pois o percebe como desmesurado. Um sistema político democrático liberal implica, pois, uma planificação para proteger o *status quo* e impedir seu redesenho por parte das maiorias. Ao menos em parte, é justamente por isso que, ao contrário de uma crença muito instalada, o neoliberalismo não supõe um Estado ausente ou débil, mas claramente presente e forte, ainda que limitado no que diz respeito ao seu raio de ação e aos objetivos que pode perseguir legitimamente (MORRESI, 2007).

## Mercado e Estado

De acordo com os neoliberais, a intervenção do Estado na economia é a causa de dois males: ineficiências econômicas que se agravam perante as tentativas de corrigi-las politicamente e cerceamento da liberdade de mercado, suposta base das outras liberdades (BUCHANAN, 1975; NOZICK, 1991; VON HAYEK, 1973). Nos pontos anteriores, fizemos referência ao segundo aspecto (o iliberalismo da intervenção estatal); agora queremos nos concentrar no primeiro deles.

A ideia de que a intervenção do Estado na esfera econômica pode ter efeitos contraproducentes remonta a alguns apontamentos de Locke sobre a reavaliação da moeda inglesa no final do século XVII (LOCKE, 1999). Assim, o "pai do liberalismo" não fazia mais que adiantar alguns anos a máxima fisiocrata *laissez faire, laissez passer*. Nesse sentido, é pouco inovador o argumento neoliberal segundo o qual na busca de melhoria das condições dos setores mais frágeis, fortalecimento da moeda ou melhoria dos termos de troca, as políticas estatais podem produzir o efeito contrário. A novidade, em todo o caso, reside no tipo de explicação que manifestaram alguns neoliberais e, sobretudo, no remédio que ofereceram.

De fato, ainda que o caráter perverso da intervenção governamental na economia seja de longa data, experimentos socioeconômicos realizados a partir do final do século XIX esclareceram que o sistema capitalista não somente suportava uma ação interventiva do âmbito governamental, como também necessitava dessa ação para não sucumbir sob o peso de seus próprios problemas. Nesse sentido, as ideias keynesianas chegaram para dar uma explicação teórica aos fenômenos que já ocorriam e para justificar as políticas públicas que já estavam sendo implementadas. Justamente devido ao triunfo da visão de Keynes, durante anos, entre os economistas, houve consenso sobre a validade da "curva de Philips", que postulava uma relação negativa entre inflação e desemprego (SAMUELSON & SOLOW, 1960). Esse acordo começou a se romper no fim dos anos sessenta, quando despontou a estagflação, a inflação sem crescimento (SAMUELS, 1993). Para Milton Friedman, a solução para o novo problema consistia em recorrer às ideias monetaristas. De acordo com essa ótica, a inflação persistente é produto de incrementos desmedidos na emissão de dinheiro, que não corresponde com aumentos na atividade econômica, mas resulta de pressões redistributivas, provenientes, sobretudo, dos setores dos trabalhadores organizados. A teoria de Friedman afirma que, se a emissão de moeda visa a satisfazer as demandas, o resultado em médio prazo é uma inflação mais alta e um nível mais baixo de atividade, o que equivale a maior desemprego e, por fim, à estagnação econômica (FRIEDMAN, 1977). Assim, o governo não deveria aumentar a massa monetária para afrontar as reivindicações salariais ou sociais da população, mas atuar de modo previsível, elevando a emissão de dinheiro de forma sustentável, mas lenta (FRIEDMAN, 1977; 1985).

As primeiras experiências prática do monetarismo terminaram mal. Ainda no Chile de Pinochet e na Inglaterra de Margaret Thatcher, conseguiu-se baixar a inflação, o nível de produção diminuiu, os salários reais reduziram e o desemprego acelerou. Contudo, de acordo com Friedman, o fracasso prático não significava que a teoria estivesse equivocada, mas que não fora aplicada de forma suficientemente consistente (WOOD & WOODS, 1990). Nesse sentido, a tese monetarista podia ser resumida do seguinte modo: dado que o mercado produz a melhor alocação de recursos imaginável (em condições perfeitas de mercado), nenhum funcionário público que intervenha na economia, por mais bem intencionado e por mais bem informado que seja, pode obter outro resultado além de uma distorção prejudicial. Pior ainda, com o tempo, as distorções e as ineficiências podem se incorporar ao conhecimento popular à medida que as pessoas se acostumam à intervenção do Estado. Essa adaptação faz que, para provocar resultados, as intervenções sejam cada vez mais fortes e frequentes, e as consequências dessas ações, cada vez mais perniciosas e perigosas. Por isso se afirma que a economia "poderia" ser estável e dinâmica, se não houvesse as intervenções dos governos (LUCAS, 1981). O modo de evitar essas intervenções nocivas seria o estabelecimento de regras (sobretudo monetaristas) permanentes e estáveis que estivessem acima das decisões políticas. Assim, ainda que os sindicatos pressionassem um governo para obter elevação de salários, os governantes careceriam de ferramentas para satisfazer as demandas "irracionais".

## Estado e especialistas

Para os integrantes da Escola de Virgínia, o problema não consiste, apenas, em que o Estado e os burocratas *podem* causar de resultados indesejáveis, mas que os governantes não podem, por princípio, buscar mais do que seu próprio benefício e, por isso, seria esperado que as sequelas da intervenção política fossem *sempre* negativas. O desafio se fundamenta, então, em encontrar métodos que impeçam esses resultados.

Para os neoliberais da Escola de Virgínia, a análise política deve partir de hipóteses idênticas às da economia e considerar que todos os homens são maximizadores de benefícios; portanto, são capazes de expressar suas preferências de forma ordenada e consistente, além de atuar estrategicamente conforme essas preferências (BUCHANAN & TULLOCK, 1993). De acordo com isso, seria possível pensar em um "consenso" entre indivíduos auto interessados, caso se considere que cada ser humano tem o direito de decidir, com autonomia, o que considera valioso e, por consequência, de "negociar" quais bens devem ser privilegiados numa ordem social. A ideia dos neoliberais é que a negociação deve acontecer no mercado (perfeito), onde, em teoria, os sujeitos podem entrar para conseguir vantagens (ou sair, caso não as consigam).

A ideia dos "acordos políticos no mercado" está mais claramente exposta no livro *Los límites de la libertad* (BUCHANAN, 1975). Ali, o autor começa seu percurso imaginando um Estado de Natureza hobbesiano. Nessa situação, os indivíduos se comportam de acordo com suas preferências e se inclinam para um comportamento "produtivo" (trabalham para satisfazer suas necessidades) ou para um comportamento "predatório" (servem-se do trabalho alheio por meio do roubo ou da coerção). Tendo em vista os inconvenientes da situação de anarquia original, os indivíduos se sentirão incentivados a criar um Estado capaz de tornar os custos da atividade predatória proibitivamente altos e, inversamente, de produzir custos de defesa mais baixos para os que aceitam se submeter a uma autoridade. Contudo, na realidade, esclarece Buchanan, os indivíduos que negociam seu ingresso na comunidade não criam apenas um Estado, criam dois: um "Estado de Proteção" e um "Estado de Provisão" (ou Produtivo). O primeiro exige que todos os membros rejam-se pela regra da unanimidade, encarregando-se de sancionar as normas básicas de conduta (fundadas, por exemplo, na propriedade). Nesse sentido, o Estado de Proteção é uma instituição de primeiro nível ou constitucional. O segundo tem por objetivo prover bens públicos (coisas que todos necessitam, mas que não podem custear individualmente). Embora esteja instituído, em princípio, pelo mecanismo da unanimidade, esse Estado de Provisão pode ser regido, cotidianamente, por uma regra majoritária, já que é uma instituição de segunda ordem ou pós-constitucional (BRENNAN & BUCHANAN, 2000).[7]

A partir desse modelo, Buchanan extrai conclusões para a política prática do mundo real. Em primeiro lugar, ele assinala a "extralimitação" do Estado de Proteção. O autor se refere à legislação, que não se limita ao papel objetivo e neutro de fazer os cidadãos cumprirem suas obrigações, avançando com leis positivas para demarcar deveres (e não apenas direitos) com as quais ninguém consentiu em se obrigar. Em segundo lugar, o Estado Produtivo atual não se limita a fornecer bens públicos puros, misturando-se com a economia privada (cujo nível é constitucional) por meio de medidas pós-constitucionais. A conclusão de Buchanan é que, na atualidade, a ideia de lei está em risco e por isso as sociedades parecem se mover do extremo da anarquia ao extremo do totalitarismo.

Ao considerar a situação das sociedades contemporâneas e até que ponto se desviaram do hipotético "contrato original", os autores da Escola de Virginia propõem uma série de medidas corretivas. Algumas são pontuais (como o estabelecimento de certas regras de procedimento político) e outras mais amplas e de longo alcance. Destas últimas, as propostas mais destacadas são a ideia de diferenciar, de forma clara e permanente, a instância constitucional da pós-constitucional e o conjunto de regras que previnem a obtenção ilegítima de rendas.

Com relação à distinção entre o momento constitucional e o pós-constitucional, ressalta-se que o *hipotético* contrato original deveria ser sempre a base de qualquer outro pacto *real* (como as leis e regulamentações). As instituições políticas, então, dedicam-se a garantir uma ordem (um *status quo*) que somente pode se modificar por meio de um novo acordo unânime (algo improvável, pois na situação pós-constitucional não existem fortes incentivos para que todos cheguem a um acordo). Assim, as normas democráticas, tal como entendidas comumente, estão sujeitas, de forma lógica, à regra da unanimidade hipoteticamente alcançada no momento originário.

A segunda proposta está relacionada com o combate à "obtenção ilegítima de rendas" (*rent-seeking*). Segundo a concepção do *rent-seeking*, a capacidade de intervenção do Estado na economia sempre pode gerar rendas para alguém; portanto, é lógico que os grupos de interesse queiram influenciar os governantes para assegurarem

---

7   Para a Escola de Virginia, são muito poucos os bens públicos puros; para Buchanan, por exemplo, nem mesmo o meio ambiente é "realmente" um bem público puro (BUCHANAN, 1999; TULLOCK, 2005).

lucros extraordinários. De acordo com os economistas de Virgínia (KRUEGER, 1974; TULLOCK 1988), sempre que um governo puder facilitar a um ator privado uma renda ou uma quase-renda, os executivos pressionarão para consegui-la. As empresas gastarão fortunas nas atividades de *lobby* porque os lucros que poderiam obter por esse meio são maiores do que conseguiriam ao investir em tecnologia ou eficiência. O problema do *rent-seeking* não deve ser confundido com o da corrupção. Ainda que os funcionários se mantivessem íntegros, o dinheiro que poderia ser investido para aumentar a produção seria desperdiçado para fazer *lobby*. Como sair dessa armadilha? Para Krueger, a resposta é simples: tirando do poder político a capacidade de intervir na economia. Ainda que o Estado não desapareça, e é necessário que alguém mantenha a capacidade de ordenar, é possível estabelecer mecanismos que retirem dos governantes (transitórios e pouco hábeis) a capacidade de intervir na economia (que aparece como um território para os especialistas). Assim, o Estado não deveria se comportar como querem os governantes, nem como deseja a sociedade (que sempre pode ser manipulada por líderes demagógicos), mas como ditaria o mercado de competição perfeita que, por definição, impossibilita os comportamentos de rendas públicas (TULLOCK, 1988). Mas como saber o que ditaria o mercado ideal, se no mundo real existe somente o mercado imperfeito? O que devemos fazer é escutar os especialistas. Isto é, devemos deixar que os economistas nos digam quais seriam os resultados do mercado perfeito e atuar de acordo com suas recomendações. Os neoliberais sabem o que têm de fazer e deveríamos seguir seu conselho.

## A coisa pública e o conhecimento teórico

Por que a teoria neoliberal mantém em pé (e, em algumas variantes, inclusive aumenta) o poder do Estado se, de todas as perspectivas, parece tão perigoso para sua própria cosmovisão? Por que os pensadores neoliberais não deixam tudo nas mãos do mercado e se inclinam para uma anarquia regulada por agências privadas de proteção como sugeriram alguns pensadores libertarianos (ROTHBARD, 1978)? Para os neoliberais, há várias razões para perseverar num Estado controlado ou tutelado em lugar do império do "mercado puro". Em princípio, Nozick (1991) apresentou bons argumentos para mostrar que o Estado – de forma minimalista – surgiria, de qualquer modo, ainda em condições ideais de mercado. Hayek (1973), por sua vez, demonstrou, além disso, que um mercado com as melhores condições imagináveis é incapaz de prover todos os bens necessários em condições de eficiência. No entanto, a principal razão para manter o Estado é que sem isso não se impedem as distorções "espontâneas" do mercado – como os cartéis e os monopólios – de destruir a dinâmica competitiva ou pôr em risco as desigualdades.

Antes de traçar aqui um apressado paralelismo entre o objetivo dos neoliberais e o dos pensadores liberais clássicos ou modernos, convém mostrar com clareza algumas diferenças. Na aparência, todo o pensamento liberal vinculado à economia parece procurar um mercado similar ao ideal, mediante intervenção estatal. Contudo, enquanto os fundadores do liberalismo, como Adam Smith e John Locke, preocupavam-se com a ambição desmedida dos poderosos e sua falta de virtudes cívicas, os neoliberais parecem estar mais preocupados com os fracos que se organizam (com os sindicatos cujo "monopólio sobre o trabalho" poderia refrear as reformas institucionais necessárias) e com os "altruístas totalitários" que poderiam destruir toda a estrutura de construção política e econômica do capitalismo na sua busca por mais igualdade. É por isso que, para os neoliberais, deve-se abandonar o ideal do *laissez faire, laissez passer* que caracterizava o modelo manchesteriano. No mundo contemporâneo, o mundo neoliberal se impõe no "deixar fazer" para garantir o "deixar passar" (VON HAYEK, 1994).

Para não "deixar fazer" é necessário um Estado forte (preferivelmente centralizado), mas, para assegurar o "deixar passar", é preciso que esse Estado não fique à mercê das pressões populares. Dessa forma, o modelo teórico neoliberal exige que a prática dos governos suprima a luta política, que é o cenário e também a ferramenta de atores em condições de ameaçar o livre fluxo de mercadorias e de capital. Nesse sentido, os especialistas (sobretudo, os especialistas em economia) são os agentes-chaves para levar adiante uma gestão puramente administrativa que se afasta dos vaivéns da *fortuna* política. Esse afastamento não deve se confundir com o "isolamento" do tipo tecnocrático (GEDDES, 1994). Trata-se de um afastamento da política, entendida conflituosamente, como confrontação de "projetos de país" (projetos que não apenas são levantados pelos que tomam decisões e pelos políticos profissionais, mas também pela mesma sociedade que sofre o impacto das medidas) (cf. MOUFFLE, 1993/1999; 2007).

Trata-se, então, de tutelar, limitar, ou até mesmo anular as reivindicações populares por meio do exercício de um "saber fazer"; de realocar a política pela administração (FOUCAULT, 2004/2008). De fato, o tipo de despolitização que demanda a teoria neoliberal não somente inclui a possibilidade de que os especialistas neoliberais façam avançar sua agenda independentemente dos vaivéns políticos, mas também, das demandas sociais, por mais urgentes e sonoras que sejam. Assim, o que se procura é montar uma estrutura capaz de mobilizar recursos materiais e simbólicos para impedir a expressão de divergências tanto dentro do governo, como fora dele. De acordo com a teoria neoliberal, os especialistas em economia não somente podem, como devem, ignorar tanto os políticos como a sociedade civil, porque são portadores de um saber que se localiza, por si mesmo, acima das lutas políticas e sociais.

A capacidade para atuar com independência das pressões sociais que possuem os neoliberais não provém de uma posição de saber privilegiado, mas de uma posição de poder que aparece naturalizada. Essa naturalização é um processo complexo que, em qualquer caso, exige recursos materiais mais que cognitivos (PLEHWE, WALPEN, & NEUHÖFFER, 2005). Certamente, os "especialistas" neoliberais não têm poder por causa da qualidade, da profundidade ou da exclusividade de seus conhecimentos. De fato, em geral, o lugar dos especialistas neoliberais no mundo acadêmico – que, supostamente, garante a qualidade e independência desses conhecimentos – é marginal. O que distingue o especialista neoliberal não é tanto o domínio de certos conceitos, mas sua capacidade (em boa medida derivada de seu acervo simbólico, mas também de uma rede de conexões vinculadas à profissão) de estabelecer vínculos com atores materialmente poderosos. Esses vínculos possibilitam a mobilização de recursos materiais, que fazem as decisões dos especialistas parecerem naturais, independente de interesses pontuais e, portanto, irrefutáveis (MARTIN, 1996).

Assim, com o domínio dos especialistas neoliberais, a coisa pública não apenas fica subordinada a um conhecimento teórico discutível, como ainda fica enredada numa estrutura conceitual que não deixa de ser uma elaborada justificativa de um processo de "acumulação por espoliação" (HARVEY, 2005). De fato, o sistema capitalista tem hoje, como teve no seu princípio, dificuldades para gerar benefícios de maneira autônoma e automática; precisa, então, da maquinaria governamental para reproduzir uma sorte de "acumulação primitiva" por meio da privatização de bens públicos, a financeirização dos recursos, a criação e manipulação de crises e a redistribuição (negativa) dirigida pelo Estado. Contudo, seria um erro supor que a teoria neoliberal é apenas uma justificativa do processo de acumulação por espoliação (algo que claramente é). A teoria neoliberal é facilitadora intelectual e material do processo, pois não apenas oferece argumentos que permitem a anulação da política, mas também oferece as ferramentas para isso. Se a política conflituosa é o cenário no qual a sociedade civil pode se autogerar como sujeito que exige a satisfação de suas necessidades (MOUFFE, 2007), a administração teórico-normativa que se coloca sobre a luta política é o espaço que permite, ao capital, tutelar essas exigências e acumular--se. É por isso que os estudos empíricos sobre o neoliberalismo não deveriam (sob pena de cair em mero descritivismo) deixar de lado a análise da teoria e do discurso do neoliberalismo.

## Bibliografia

BARRY, Brian. *Theories of justice*. Londres: Harvester-Wheatsheaf, 1989.

BERLIN, Isaiah. "Dois conceitos de liberdade". In: *Estudos sobre a humanidade: uma antologia dos ensaios*. São Paulo: Companhia das Letras, 2002.

BRENNAN, Geoffrey & BUCHANAN, James M. (ed.). *The reason of rules: Constitutional political economy*. Indianapolis: Liberty Fund, 2000.

BUCHANAN, James M. *The limits of liberty: Between anarchy and leviathan*. Chicago: The University of Chicago Press, 1975.

_____. "Democracia limitada o ilimitada", *Estudios Públicos*, 6, 1982, p. 37-51.

_____. *The demand and supply of public good, The Collected Works of James M. Buchanan*. Indianapolis: Liberty Fund, 1999.

BUCHANAN, James M. & TULLOCK, Gordon. *El cálculo del consenso*. Madri: Planeta-Agostini, 1993.

CANTO, Victor et al. *Foundations of supply-side economics: Theory and evidence*. Nova York: Academic Press, 1983.

COCKETT, Richard. *Thinking the unthinkable: Think-Tanks and the economic counter-revolution 1931-1983*. Londres: HarperCollins, 1994.

COMMUN, Patricia (dir.). *L'ordolibéralisme allemand. Aux sources de l'economie allemand de march*. Cergy-Potoise: CIRA/CIC, 2003.

CUBEDDU, Raimondo. *The philosophy of the Austrian school*. Londres & Nova York: Routledge, 1993.

DUNCAN, Craig & MACHAN, Tibor R. *Libertarianism: For and against*. Lanham: Rowman & Littlefield, 2005.

DURDEN, Garey C. & MILLSAPS, Stephen W. "James Buchanan's contributions to social and economic thought: Citation counts, self-assessment, and peer review". *Constitutional Political Economy*, 7(2), 1996, p. 133-151.

EBENSTEIN, Alan O. *Hayek's journey: The mind of Friedrich Hayek*. Nova York: Palgrave Macmillan, 2003.

FOUCAULT, Michel. *Nascimento da biopolítica*. Trad. Eduardo Brandão. São Paulo: Martins Fontes, 2008.

FREEDMAN, Craig. *Chicago fundamentalism: Ideology and methodology in economics*. Singapore & Hackensack, NJ: World Scientific, 2008.

FRIEDMAN, Milton. "Nobel lecture: Inflation and unemployment". *The Journal of Political Economy*, 85 (3), 1977, p. 451-472.

FRIEDMAN, Milton & Director Friedman, R. *La tiranía del statu quo*. Barcelona: Ariel, 1984.

_____. *Os Economistas: Capitalismo e liberdade*. São Paulo: Nova Cultural, 1985.

_____. *Free to choose: A personal statement*. Nova York & Londres: Harcourt Brace Jojanovich, 1990.

FURNISS, Norman. "The political implications of the public choice-property rights school". *The American Political Science Review*, 72 (2), 1978, p. 399-410.

GEDDES, B. *Politician's dilemma: Building state capacity in latin americ*. Berkeley: University of California Press, 1994.

HARVEY, D. *A brief history of neoliberalism*. Oxford: Oxford University Press, 2005.

KRUEGER, A. O. "The political economy of the rent-seeking society". *American Economic Review*, 64, 1974, p. 291-303.

LENEL, H. O. "Evolution of the social market economy". In: PEACOCK, A.; WILLGERO, H. & JOHNSON, D. (eds.). *German neo-liberal and the social market economy*. Londres: Macmillan – Trade Policy Research Centre, 1989, p. 16-39.

LOCKE, John. *Clásicos de la Economía: Escritos monetarios*. Madri: Pirámide, 1999.

LUCAS, R. E. *Studies in business-cycle theory.* Oxford: Basil Blackwell, 1981.

MARTIN, B. "Experts and establishments". In: MARTIN, B. (ed.). *Confronting the experts,* p. 1-12. Albany: SUNY Press, 1996.

MORRESI, Sergio. D. "¿Más allá del neoliberalismo? Estado y neoliberalismo en los años noventa". In: RINESI, E.; NARDACCHIONE, G. & VOMMARO, G. (eds.). *Las lentes de Víctor Hugo. Transformaciones políticas y desafíos teóricos en la argentina recient.* Buenos Aires: UNGS-Prometeo, 2007, p. 117-50.

\_\_\_\_\_. "Neoliberales antes del neoliberalismo". In: SOPRANO, G. & FREDERIC, S. (eds.). *Política y variaciones de escalas en el análisis de la Argentina.* Buenos Aires: Universidad de General Sarmiento/Prometeo Libros, 2009, p. 321-50.

MOUFFE, Chantal. *Estado y Sociedad: El retorno de lo político: Comunidad, ciudadanía, pluralismo, democracia radica.* Barcelona: Paidós, 1999.

\_\_\_\_\_. *Sociología: En torno a lo político.* Buenos Aires: Fondo de Cultura Económica, 2007.

NOZICK, Robert. *Anarquia, estado e utopia.* Rio de Janeiro: Jorge Zahar, 1991.

PLEHWE, Dieter, WALPEN, Bernhard e NEUNHÖFFER, Gisela, (eds.). *Neoliberal hegemony: A global critique, Routledge/RIPE studies in global political economy.* Milton Park, Abingdon & Nova York: Routledge, 2005.

RAIMONDO, Justin. *An enemy of the state: The life of Murray N. Rothbar.* Amherst, Nova York: Prometheus Books, 2000.

ROTHBARD, Murray N. *For a new liberty: The libertarian manifesto I.* Nova York: Collier Books, 1978.

ROWLEY, Charle K., & VACHRIS, Michelle A. "The Virginia school of political economy", In: FOLDVARY, F. E. (ed.). *Beyond neoclassical economics. Heterodox approaches to economic theory,* Cheltenham, Edward Elgar Publishing, 1996, p. 61-82.

SAMUELS, Warren J. *The Chicago school of political economy.* New Brunswick, NJ: Transaction Publishers, 1993.

SAMUELSON, Paul A., & Solow, Robert M. "Analytical aspects of anti-inflation policy". *The American Economic Review,* 50 (2), 1960, p. 177-194.

SMITH, Adam. *The Glasgow edition of the works and correspondence of Adam Smith*. Oxford & Nova York: Oxford University Press, 1987.

THOMPSON, Grahame. *Themes in right-wing ideology and politics series: The political economy of the new right*. Londres: Pinter, 1990.

TULLOCK, Gordon. *Shaftesbury Papers, 2, Rent seeking*. Hampshire: Edward Elgar Publishing, 1988.

_____. *Public goods, redistribution and rent seeking*. Cheltenham & Northampton, Mass.: The Locke Institute – Edward Elgar Pub, 2005.

TULLOCK, Gordon; SELDON, Arthur; BRADY, Gordon L. *Government failure: A primer in public choice*. Washington, DC: Cato Institute, 2002.

VALDÉS, Juan G. *Historical perspectives on modern economics: Pinochet's economists: The chicago school in chile*. Cambridge: Cambridge University Press, 1995.

VAN OVERTVELDT, Johan V. *The Chicago school: How the university of chicago assembled the thinkers who revolutionized economics and business*. Chicago: Agate, 2006.

VON HAYEK, Friedrich A. *The constitution of liberty*. Londres: Routledge, 1960.

_____. *Law, legislation and liberty: Rules and order*. Londres: Routledge, 1973.

_____. *Law, legislation and liberty: The mirage of social justice*. Chicago: The University of Chicago Press, 1976.

_____. *Direito, legislação e liberdade: a ordem política de um povo*. Trad. Henry Maksoud. São Paulo: Visão, 1985.

_____. *Coleção Itinerários: Hayek na unb: Conferências, comentários e debates de um simpósio internacional realizado de 11 a 12 de maio de 1981*. Brasília: Editora Universidade de Brasília, 1981.

_____. "Los principios de un orden social liberal". *Estudios Públicos*, 6, 1982, p. 179-202.

_____. "El atavismo de la justicia social". *Estudios Públicos*, 36, 1989, p. 181-193.

_____. *Hayek on Hayek. An autobiographical dialogue*. Londres: Routledge, 1994.

_____. "Derecho y ley". *Centro de Estudios Económico-Sociales*, 8 (123), 1996.

VON MISES, Ludwig. *Human action, a treatise on economics*. New Haven: Yale University Press, 1996.

WOLFF, Jonathan. *Robert Nozick: Property, justice and the minimal state*. Stanford: Stanford University Press, 1991.

WOOD, John C., e WOODS, Ronald N. *"Milton Friedman: Critical assessments", Critical assessments of contemporary economists*. 3, Londres: Routledge, 1990.

# PARTE II

## História, atores, configurações

# PÓLIS, DEMOCRACIA ATENIENSE E TEORIA POLÍTICA[1]

Patricio Tierno

## I

CONTRARIANDO HEGEL, NA HISTÓRIA as repetições se igualam às exceções, ao que haveria que acrescentar: mais de duas vezes ou uma única vez. A repetição e a excepcionalidade são propriedades do decurso humano, que um caso, uma experiência ou até mesmo todo um processo revelam-se ambivalentes a quem adentra seu estudo. Nada mais próprio da Grécia antiga e da *pólis* que povoou copiosamente o mundo clássico que essa ambiguidade, esse poder revelador e misterioso da história. Se a isso somamos a democracia e o nome de Atenas, que foi todas as cidades, se alcançará essa universal particularidade que alguém pode investigar e converter, com pertinência, em seu objeto.

Essa apreensão, que tem algo de improvável verdade, pauta-se por um procedimento tripartido: a exposição de certa visão, premissa de que tratará este trabalho; a dedução do cânone, fórmula intermédia entre a história e a teoria; e, concluindo em chave especulativa, a enunciação de uma conjectura.[2] Seja-me permitido, por conseguinte, o expediente temático da teoria política grega da democracia clássica para tender um nexo de união, talvez eventual, mas assim mesmo lógico e possível, entre a

---

[1] Traduzido por Flávia Cristina Regilio Rossi.
[2] As duas operações ulteriores são antecipadas no presente texto e reservadas para um tratamento futuro e pormenorizado.

*práxis* histórica e a *práxis* teórica, a sociedade e as instituições, a hoje insuperável diferença entre a teoria e a prática.[3]

História se pronuncia, todavia, em vários sentidos: história é o que os homens e mulheres fizeram em outro tempo e que não voltarão a fazer, é o catálogo dos feitos que marcaram suas vidas e as nossas; história é, ademais, o árduo e tautológico exercício de uma disciplina, a interação perene entre aqueles que fazem e fizeram história. À política cabe-lhe, por analogia, a mesma dualidade semântica, distinção e comunicação entre a ação e o pensamento, ao que as ciências sociais e humanas assistem, hoje em dia, ccom idêntica naturalidade e desconcerto.

O tema central que surgirá, tal como indicam os parágrafos anteriores, é a *pólis* democrática, quer dizer, a democracia ateniense dos séculos V e IV antes da nossa era; e, nessas coordenadas espaço-temporais precisas, projetar-se-á a dinâmica histórica e intelectual da qual haverá que dar conta agora, em sua realidade primeira e originária. O que ainda não foi explicado, creio, são os motivos que poderiam aduzir-se para justificar o exame e satisfazer sua completa exigência. Com independência da transcendente relação que guarda com a teoria da democracia e dos regimes contemporâneos,[4] a democracia antiga exibe alguns atributos que a convertem num objeto de estudo de sumo interesse científico e excepcional consistência.

Primariamente, o princípio do qual se parte é uma proposição simples e, geralmente, ignorada. A ideia é que a cidade de Atenas esconde, em um singular entrelaçamento, um notável acontecimento sociopolítico e teórico-intelectual entre os anos que circunscrevem o assim chamado período clássico (entre, aproximadamente, 508 e 322 a.C.). A época clássica, que se abre com com a instauração democrática de Clístenes e que se encerra com a supressão da democracia após a vitória militar da Macedônia, caracteriza-se por uma gradual alteração das relações sociais e institucionais, sobre a quais se funda a autoridade política do *démos,* assim como por uma inovação equivalente do vocabulário conceitual pertencente à linguagem e aos gêneros que nutrem o discurso público e o pensamento reflexivo. As razões que tornam interessante e consistente a transformação acontecida com a "evolução democrática ateniense" são de três ordens.[5]

---

3   Fundamental foi, mesmo para a diferente visão que brindo aqui, o sólido empreendimento normativo e pragmático de Josiah Ober, esp. em sua "Introduction: Athenian democracy and the history of ideologies" (OBER, 1999, p. 3-12).

4   A isso penso dedicar, no futuro, um trabalho especial que prolongue a investigação em curso.

5   Cunhando uma expressão que transmuta e estende, de forma substantiva, o inspirador lema da *Athenian Revolution* empregado por Josiah Ober para caracterizar o fenômeno estudado. A

Em primeiro lugar, uma série de razões vem revestida pelo caráter do real. A democracia *qua* comunidade compreende o desenvolvimento de uma estrutura social diferenciada que se traduz num arcabouço legal e político determinado como fundamento da ação e da deliberação do povo. Deve-se observar que o fundamento cidadão da comunidade democrática é, ao mesmo tempo, resultante de uma sociedade relativamente complexa e fator de um regime político perdurável, atravessados pelo conflito e a instabilidade inerentes à contraditória existência de todo conjunto humano. Desse ponto de vista, a democracia em Atenas, de modo similar a outras *póleis* democráticas e não democráticas, apresenta uma forma de organização como um exclusivo campo de experimentação sociológica e política. De modo geral, as cidades gregas, com sua configuração pré-moderna e sua inserção num ambiente limitado quanto à sua geografia e recursos, encontravam-se sujeitas a tensões internas e a ameaças externas, e nas respostas dadas a essas circunstâncias se cifrava a sobrevivência da própria comunidade. Particularmente Atenas, a cidade democrática por excelência, devido ao regime político que a regia, mesmo quando não se deve considerá-la a única constituição democrática vigente no mapa geopolítico grego,[6] era um exemplo de índole original e típica que, visto em perspectiva histórica, acabou sendo um dos poucos casos bem documentados de uma democracia real com capacidade efetiva de persistir num entorno competitivo e em meio aos antagonismos que a agitaram interna e externamente.[7]

Em segundo lugar, a seguinte série de razões contempla a função mediadora, prática e ideológica, em sua vinculação mútua. A esse respeito, a democracia concebida como constituição de uma prática cívica não pode se separar da simultânea articulação de uma ideologia popular. A cidadania conformada pelo povo se definia por sua participação direta na tomada de decisões da Assembleia e dos Tribunais de justiça. Dada essa participação ativa do cidadão, a oratória do discurso deliberativo e forense passava a um primeiro plano, refletindo as opiniões comuns e, igualmente, alimentando a linguagem do orador e sua audiência, dos cidadãos e dos não cidadãos, das relações políticas e não políticas.

---

propósito das razões que enumero a continuação e que outorgam *status* científico ao recorte histórico objetivado, cf. OBER, 1999, p. 3 e ss., e também OBER, 2006, esp. p. 1 e 2.

6 Por mais que as formas democráticas não deixassem de constituir, neste universo, um número minoritário. Sobre a existência de outras democracias na época clássica, ver ROBINSON, 2000.

7 Que foram minando, desde um começo, sua frágil fortaleza. Para os climas seculares de apogeu e decadência da *pólis* ateniense (e grega), *v. infra*.

Em terceiro e último lugar, as razões precedentes nos levam ao foco da análise, o *corpus* teórico e intelectual cuja origem será reconstruída. Com efeito, a democracia e seu pensamento ou reflexão supõem, em paralelo, o devir de um movimento que, a par do processo histórico e da intermediação prática e ideal, formula uma teoria da democracia, seja sob a forma de um ideário, uma doutrina ou, mais ainda, uma filosofia. E, além de seu estilo formal e seu conteúdo concreto, a teoria política grega da democracia expressa, em uma instância dada da evolução da *pólis*, os diversos modos em que as ideias mais densas e elaboradas espelham organicamente uma conjuntura e, ao compreendê-la em si mesma, revertem a teoria contra o estado de situação do qual provinham.

## II

Entremos no assunto. O ponto de partida do exame é a democracia que ganhou forma e materialidade ao longo do processo de evolução geral da *pólis*. Ambas, a cidade e a democracia, encontram-se inextricavelmente ligadas à origem e ao desenvolvimento de Atenas, mas a história desta última não pode se dissociar de um processo de mudanças mais vasto, também ocorrido em outras partes da Grécia.

Dentro de um esquema abstato, que muito deve à explicação fornecida por Aristóteles no livro I da *Política*, as origens da *pólis* remontam a uma gênese evolutiva que, partindo da difusão e progressiva agregação dos núcleos naturais baseados no parentesco, integra-se na formação de uma associação política socialmente diferenciada e complexa que, segundo a justa definição de Marx, pode ser descrita como uma unidade especial da cidade e do campo, na qual "o agricultor [no sentido do proprietário de terras] vive na cidade…".[8] Contudo, na percepção historiográfica moderna, a *pólis* não é suscetível de se reduzir à sua exclusiva dimensão espacial e material unitária, exigindo, em consequência, uma caracterização mais ampla.

Em princípio, o vocábulo *pólis*, por sua remissão etimológica, refere-se à cidadela, a *akró-polis* (a cidade alta), cume e praça fortificada que os gregos da era remota utilizavam para sua defesa e proteção.[9] Com o tempo, a *pólis* foi incorporando casas e lugares ao redor da cidadela, até abarcar o território rural vizinho. Assim, a palavra *ásty* começou

---

8   Karl Marx. *Formaciones económicas precapitalistas, apud* GIDDENS, 1985, cap. II [N. do T.: traduzido do espanhol].

9   Miller, ao delinear da mesma maneira o desenvolvimento da *pólis*, observa com acerto que *polítes*, que mais tarde passará a significar cidadão, porta o sentido etimológico de atalaia ou mirador: ver MILLER, 2001, p. 3 e 4.

a ser usada para designar, com propriedade, o centro urbano de Atenas, enquanto *agrós* ou *khorá* distinguia o campo da cidade. Foi durante os séculos VI e V que, no aspecto assinalado por Marx, a *pólis* ateniense adquiriu sua unidade e o caráter de comunidade política distintiva, criando as condições para um modo de convivência impar.

Com antecedência, devemos retroceder à Grécia arcaica, período iniciado por volta do ano 800 a.C., após o fim da era obscura que seguiu à destruição da civilização micênica por conta da invasão dos dórios e de uma onda migratória generalizada, dando lugar a quatro séculos tão profundos como desconhecidos. Certamente, a data de 800 simboliza, em grande medida, um novo começo e até mesmo a gestação do novo modelo grego, como o chamou um respeitado historiador.[10] O modelo fundamentou-se, em seus princípios, na comunidade aristocrática, estruturada em torno de um rei e dos aristocratas do Conselho, ao lado das assembleias ocasionais que pouco podiam fazer, sobre uma organização social assaz amorfa, desprovida das noções acabadas da norma jurídica e do título legal de propriedade. Havia, na verdade, uma hierarquia natural e o sentido do imodificável, que nasciam da célula básica da família (*oikía*), e se distribuíam em estratos centrados e escalonados, congregando, a partir de cada centro e de cada estrato, um grupo de membros com um antepassado e um culto comuns, mais a adesão de grupos de camaradas e seguidores (*hétairoi*), servos e clientes, escravos e plebeus que, nos contornos, compunham um terceiro setor campesino "livre", formado por todos os que não podiam acreditar numa estirpe ancestral como garantia de seu prestígio social (*status*). Essa estratificação arrevesada, assim ordenada, criava um sistema acumulativo de agrupamento: o *génos* ou clã, associação de famílias; as *phratrías*, associação de proximidade por meio de vários *géne* "irmãos"; e a *phylé* ou tribo, sociedade de fratrias e canal de ingresso para a cidadania do porvir. Dos dias dos *áristoi* e *basileís*, escasso é o que sabemos, a não ser pela voz tardia de Hesíodo, que deu o tom ao trabalho agrícola com resignada amargura para com a desigual justiça dos nobres, ou de Homero, e sua híbrida composição de um mundo de posições fixas, lutas guerreiras e cultivo da honra.[11]

É no quadro do século IX que se situa a emergência da *pólis*, aquela comunidade política de tamanho reduzido que foi ocupando o território de Creta, Jônia, as ilhas, o Peloponeso (salvo Arcádia), Grécia central (exceto as regiões ocidentais) e o sul da Itália e

---

10 Ver, sobre a Grécia primitiva, FORREST, 1988, caps. 2-6. Não muito mudou, apesar do que se crê, desde aquele livro seminal que, reunindo na análise a Grécia e Roma, escreveu aos fins do século XIX Foustel de Coulanges (2001). Para um panorama de conjunto didático e mais atualizado sobre o período, ver também LUCE & RICHER, 1995.

11 Os poemas homéricos prefiguram o que Emilio Lledó Iñigo intitulou "o primeiro contexto da ética" (1998, p. 31-35).

Sicília. De modo que, ao iniciar-se a época arcaica, a dispersão da Grécia pré-dória cedeu à aparição de um mosaico de unidades independentes, conversão difícil de explicar, mas à qual temos que dar-lhe, não obstante, algum esclarecimento. As elocubrações tecidas ao redor da incógnita são intermináveis; uma das mais patentes, sem dúvida, é a do helenista H. D. F. Kitto, respaldada pelo fato indiscutível de que, pelo menos até as guerras Médicas do século IV, os gregos tiveram à sua disposição o Mediterrâneo oriental para implementar o inédito e extenso experimento das cidades. Os fatores geográficos, econômicos e sociais, na opinião de Kitto, não bastam; sem escapar à tautologia, esgrime a desesperada hipótese da peculiaridade grega e de seu reflexo no desejo de um modo grego de viver, o intangível espírito de um povo e a cultura em si.[12]

Contudo, além da suposição de Kitto, o processo histórico aponta uma gama heterogênea de transformações que, de acordo com as especulações de W. G. Forrest, vale a pena diferenciar e discutir.[13] Nada do que veio depois poderia ter ocorrido sem a modificação das condições de vida na Grécia; todo o mais é devido, em maior ou menor grau, a esse ponto de partida que jaz na existência material. Assim pois, no marco da estabilidade do século VIII, um incremento da população e da produção agrícola e artesanal e, consecutivamente, o aumento do comércio exercido por uma classe de mercadores que, junto com a ampliação de sua atividade, levou a uma política de colonização induzida pelas necessidades comerciais e de descompressão demográfica, promoveram uma melhora na situação de vida de todos os setores envolvidos. Dessa maneira, campesinos e artesãos, nobres terra-tenentes e manufatureiros, comerciantes e colonizadores, sem chegar a alterar radicalmente a hierarquia social tradicional, viram-se imersos em uma surpreendente mobilidade que geraria, em curto e médio prazo, desequilíbrios ainda mais severos.

Tais desequilíbrios repercutiram, direta e duplamente, nas atitudes e comportamentos do homem grego. Até que ponto afetaram as formas da consciência social é problemático e de generalização difícil. Por um lado, está a certeza das viagens e de uma sensação de segurança que, na bela recriação de Platão, fez descer os homens das montanhas à planície. Um esboço de liberdade pessoal, um sentir psicológico de autonomia individual parece haver aflorado com tíbio poder, entendendo-o de duas maneiras: como desprendimento do imediatismo do laço aristocrático e enfraquecimento da relação primária de dominação entre governantes e governados, e como olhar para o exterior, abertura de horizontes de comparação e distantes perspectivas. Por outro lado, graças ao progresso material que conduziu a inovações na tática de combate e na

---

12   Cf. KITTO, 1966, p. 88 e, em geral, cap. V.
13   Cf. FORREST, 1988, *loc. cit.*

técnica militar, teve vez a gradual implementação da falange de hoplitas, a formação de infantaria pesada que, mais eficaz na coordenação e mais bem equipada, e a cujo custeio acedia agora maior quantidade de pessoas, fazia lutar par a par os flamantes setores médios. Uma inclinação análoga tendente à autonomia grupal, a uma ligeira independência coletiva a respeito do aristocrata deve haver brotado da velha ordem, sem que tenha nascido o novo; um relaxamento das distinções sociais ou, mais ainda, uma comunidade de interesse e pertencimento à massa germinou entre os que eram, até pouco, somente apêndices do estreito círculo de *fratores*.

Aquilo que tinham prenunciado as palavras pessoais de Arquíloco em sua renúncia à tirania – o vocábulo *tyrannís* aparece usado, talvez, pela primeira vez – é assumido pelo homem comum. Uma concepção alternativa de governo, com toda probabilidade de origem estrangeira, que não fosse a dos aristocratas estabelecido spelos deuses, canaliza um descontentamento potencial e a intuição de uma incipiente força. E, finalmente, esses ingredientes se mesclam para produzir a "revolução" que oferece o ponto de referência para os cursos de evolução política posteriores. Esta foi, então, a função da revolução em Corinto. O desmoronamento da aristocracia dos Baquíadas, a chegada à tirania de Clipselo (c. 650 a.C.) e, logo, de seu sucessor, Periandro (desde 625 a.C.), em outros termos, a substituição de um clã familiar por outro grupo de *basileís* antes secundário, evidenciam o alcance restrito da tomada do poder político, que, no entanto, não pode deixar de advertir a retaguarda de uma base de apoio hoplita. Com base nas classes intermediárias, os soldados podiam não querer o governo para si, mas souberam atiçar a revolução om seus anseios de justiça ou, melhor, de algum código de justiça que não fosse o da mera arbitrariedade, concretizável no plano prático como uma ordem imperiosamente distinta da preexistente.[14] No que aqui concerne, o mais significativo encontra-se, certamente, neste último fervor compartilhado de mudanças reais e não de princípios abstratos, relativo à prática e não à teoria, que deverá transladar-se para outros lugares e para outras inteligências, uma vez que a vermelha e negra ave do pensamento, ao dizer metafórico de Hegel, voa no crepúsculo.

---

14 Parafraseando a resposta do oráculo de Delfos, Forrest anota: "Os Baquíadas eram, pois, considerados como 'homens que governavam sozinhos (*monarchoi*)' e sob eles Corinto necessitava de alguém que 'fizesse reinar a justiça'" (FORREST, 1988, p. 94) [N. do T.: traduzido da edição em espanhol]. É alentadora a atemporalidade de certas reivindicações, de alguma forma de indignação moral frente a determinadas circunstâncias que se tornam insuportáveis, no mesmo teor sugerido algumas vezes por Tomás Morus e por Lênin e, no terreno da comprovação empírica mais próxima a nós, pela alinhavada casuística de Barrington Moore (1978).

Em suma, essa predeterminação histórica e intelectual da teoria política e democrática grega implica a análise das distintas transformações da cidade antiga que, em seu conjunto, moldariam a reconstrução dessa mesma teoria. Por uma parte, a analítica da cidade se reduz a uma condição prévia: a progressiva diluição da família arcaica e simultânea gestação de uma estrutura de classes própria de uma comunidade superior, em tamanho e concentração demográfica, às comunidades primitivas. A reconstrução da teoria se completa, por outra parte, com o movimento que se tornaria condição de possibilidade das formas ou modos de pensar e refletir sobre aquela condição precedente. Além disso, o destino dos que seriam, a rigor, os dois principais exemplos do modelo grego como potências hegemônicas e materializações contrárias, Atenas e Esparta, demonstra às claras que, reiterando a perene tese de Foustel de Coulanges, a *pólis* clássica "como qualquer sociedade humana, apresentava classes, distinções e desigualdades" e, por isso mesmo, está sulcada por conflitos e divisões que, já no século VII, mostram um permanente trabalho por preservá-la no tempo enquanto, contrapondo-se a esse esforço, determinados atores lutam por mudar sua estrutura e sua organização. Entre a conservação e a mudança, entre a reforma e a revolução retrógrada ou radical, oscila o par de tendências que, segundo o historiador, ocasionaria sua liquidação:

> A primeira foi a mudança das ideias, operada com o tempo, decorrência do desenvolvimento natural do espírito humano que, apagando as antigas crenças, fez desabar o edifício social erguido por essas mesmas crenças e que só elas poderiam sustentar. A segunda foi a existência de uma classe de homens à margem da organização da cidade, sofrendo com isso, interessados em destruí-la, e que, portanto, combateram-na sem trégua.[15]

São essas duas tendências em seu acionar recíproco, nos casos especiais de Esparta e Atenas, o que resta abordar.

### III

Esparta representa, em linha de continuidade com Corinto, o segundo ponto de referência das transformações atiçadas pelo despertar econômico do começo do século VII e a história de Atenas, bastante generosa em inscrições e documentos, que se

---

15  COULANGES, 2004, p. 300-302.

inicia no final do século VII. A "revolução" em Esparta remete à precoce constituição de Licurgo,[16] de data incerta e controvertida que Forrest, com critério, estima entre os anos 750 e 620. Em virtude de sua organização comunitária, Esparta encarnou um modelo de sociedade fechada e restritiva, em certa medida atribuível a seu particularismo arcaico e produtivo. A exemplo de Corinto, era uma comunidade dórica; mas, de modo diferente desta, manteve intactos seus costumes tribais, como as comidas em comum (*syssítion*) e o sistema de educação por tribos. Também objeto da expansão que alcançou às demais comunidades gregas, renunciou a converter-se em uma economia comercial e se sujeitou, em troca, a uma estrutura de produção agrícola. Essas particularidades encontram sua razão de ser no fato decisivo de que os espartanos, como consequência da conquista das regiões aledanhas da Lacônia e da fértil planície de Messênia, viram-se obrigados a coexistir com os povos por eles dominados, tanto com os habitantes autóctones e economicamente livres, os periecos, responsáveis pelo comércio e por determinadas profissões, como com os derrotados e logo escravizados hilotas, encarregados da terra e dos trabalhos servis e, por isso, submetidos a um férreo regime de controle e propriedade coletiva. Nessa atmosfera, politicamente estreita e socialmente opressiva, a ordem tradicional apenas podia ser renovada mediante reformas que, no fundo, a reafirmariam: um disciplinado e pequeno corpo de cidadãos, formado pelos "iguais" (*homoíoi*),[17] a título de soldados treinados desde crianças para a milícia, uma reforma igualitária na base, uma combinação da velha estrutura tribal com uma divisão artificial de acordo com o lugar de residência e, no tocante às instituições, uma forma de constituição mista dotada de elementos monárquicos, aristocráticos e pseudo-democráticos – em concreto, uma assembleia que elegia por aclamação cinco magistrados executivos e judiciais (o eforato), um conselho de anciãos (*gerousía*), detentor do poder de emendar ou adiar as decisões da primeira e, ademais, dos reis com funções religiosas e militares, diarquia herdada do antigo governo de famílias áqueas e dórias. Em síntese, um compromisso aristocrático, um assomo de consciência cidadã derivada da igualação hoplita e, sobretudo, a criação de uma 'boa ordem' (*eunomía*), na definição poética de Tirteu, símile do *díkaios* que proclamou a justiça em Corinto, constituíram as notas mais salientes de uma revolução que tampouco soube como aprofundar o fundamento popular latente por detrás de seu acontecimento.

---

16 Cf. FORREST, 2001, *loc. cit.*, enfatizando a *réthra* ou "lei constitucional" espartana tal como figura no famoso fragmento de Plutarco (em sua *Vida de Licurgo*).

17 No momento de sua sanção, e ignorando se fundavam-se numa igualdade material ou de *status* ou de outro tipo, contavam-se 9000 cidadãos "iguais".

Em contrapartida, Atenas respeitou os traços evolutivos de seus congêneres, porém extremando as consequências políticas e sociais e suscitando a grande rivalidade que a Grécia viria a conhecer. À *pólis* ateniense não pareceu estranho o impacto das revoluções em Corinto e Esparta – as ideias elementares de cidadania e de governo constitucional que seriam seu legado –, nem mesmo as mais distantes intervenções da proverbial Creta e o inefável oráculo de Delfos – o resto do século VII seria pródigo em revoltas, legisladores e códigos motivados por essas influências. Seja como for, o certo é que Atenas, como *pólis* e como democracia, erige-se no modelo máximo e no exemplar mais desenvolvido ou, ao contrário, talvez por causa desse desenvolvimento pleno, foi-lhe possível adquirir uma forma e uma materialidade paradigmáticas. Uma exposição sumária de sua trajetória não lhe faria justiça; em vez de uma breve exposição, espero que me seja consentida, ao falar dela, uma estratégia de exposição relacionada e esquemática.

As condições são análogas às de outros casos e merecem, com maior detalhe, uma glosa prévia.[18] Atenas, uma cidade jônia que permaneceu imune à conquista dória, foi parte da civilização micênica e, após seu colapso, conseguiu manter o domínio sobre o território da península da Ática. Apesar de sua autonomia, por volta de 630 a.C. continuava o governo de famílias baseado no prestígio, cujos notáveis se denominavam *eupátrida*s (bem nascidos), os que faziam retroceder sua ascendência até Teseu, o rei micênico promotor da união de todos os chefes quando teve que formar o conselho. Em 594, os alcmeónidas, uma família *eupátrida* que costumava se mover nas margens da nobreza e que havia sofrido a expulsão por faltar à palavra na ocasião da condenação de um nobre, que teria tentado um *coup* a partir da Acrópolis, regressou do exílio para prestar sua ajuda a Sólon, eleito arconte e de secreta tendência radical ou pretensamente reformista. Antes da mudança de século tinham sido estatuídas, como prelúdio, as prescrições legais de Drácon, célebres pela dureza de suas penas, se compartilhamos o juízo de Aristóteles, e agudas por seu cru realismo, que estenderam ao máximo as cadeias da sociedade ateniense. Ao tornar explícita a posição de inferioridade que castigava os *hektémoroi*, camponeses que deviam pagar um sexto de sua colheita, e os devedores, os quais estavam expostos à situação potencial de escravidão, as inflexíveis leis do arcontado de Drácon se confrontaram com a crescente importância auferida pelas exportações de azeite na rota do Mar Negro e da cerâmica de luxo, e no temor à alienação e no impulso à igualdade acharam os pobres, "os homens do outro lado das montanhas", as razões de seu descontentamento. No extremo oposto, também a nobreza foi vítima da tensão em razão dessa mobilidade que fendia seu predomínio,

---

18  Cf. FORREST, 1988, esp. p. 123-137.

expressa na hostilidade que os novos ricos e os *eupátridas* marginais, "os homens da costa sudeste", sentiam pelos *eupátridas* principais, "os homens da planície". Sobre os partidos da Ática se elevou Sólon, contando com o apoio alcmeónida, e então forjou sua própria revolução, tão sua e avançada que estremeceu os cimentos da sociedade tradicional, sacudindo-a com três ações: primeiro, sobrepondo ao sistema das fratrias, mantido intacto, uma divisão artificial da população em cinco classes segundo os graus de propriedade ou fortuna; segundo, aliviando os tributos e as obrigações por meio do cancelamento do pagamento forçado do *hektémoros* e das dívidas; e terceiro, contrapondo ao aristocrático Conselho do Areópago um seleto Conselho dos Quatrocentos, uma assembleia que obteve pela primeira vez seu poder real de convocatória e um tribunal com a faculdade de acusação proporcionada a cada ateniense livre.

Em vista desse conjunto de medidas, é indispensável registrar dois fenômenos que, concomitantemente, far-se-iam sentir na época posterior, a saber, a polarização gradual entre ricos e pobres ou, em outras palavras, a luta de classes incentivada pelos agentes sociais mais dinâmicos da ordem sociopolítica inaugurada por Sólon, e, assim como nos exemplos anteriores, a relevância crescente do segmento intermediário, isto é, dos pequenos proprietários agrícolas independentes, os hoplitas-cidadãos aos quais as leis do arconte haviam outorgado poder e armas e que começavam a dispor, na prática, de um peso relativo nada desprezível.[19] Proporcionada, as reformas do século VII, fundadas no constitucionalismo de um legislador que, afirmam seus obscuros poemas, quis fazer da sujeição à lei o valor político supremo, incubaram a "revolução" da centúria subsequente, a qual consagraria a democrática via de atuação de um *démos* reconstituído, por sua plebe e suas classes médias, nos destinos de Atenas.

Supor que tudo se levou a cabo sem as vicissitudes da luta, que no trânsito da constituição de Sólon à soberania do *démos* não houve mais que um curto e rápido passo, seria uma presunção errônea que carece de sustentação. De alguma forma, a obra de Sólon pôde ser considerada exitosa, mesmo que nem por isso isenta de um desenlace involuntário ou até mesmo de um giro inesperado. Quase 35 anos depois da reforma, Psístrato, procedente da família de Sólon, "colocou-se a si mesmo fora da constituição e converteu-se em tirano".[20] A contundência da frase de Forrest deixa

---

19  Sobre a polarização social e o conflito como motores do processo ateniense e grego, ver STE. CROIX, 1988, esp. cap. III, p. 137-242; e também em relação ao peso adquirido pelos *thétes* (a última classe dos livres, os despossuídos ou o estrato mais humilde) e os *zeugítai* (a terceira classe de cidadãos, os hoplitas) no seio do *démos*, FORREST, 1988, p. 144 e ss.

20  Cf. FORREST, 1988, p. 152 e ss. [N. do T.: traduzido do espanhol].

pouca margem para a dúvida; a monarquia dos tempos arcaicos converteu-se, assim, em moderna tirania. O significado da conquista do poder por Psístrato, seus dois regressos espaçados a Atenas para fazer-se do governo uma e outra vez, com sua morte em 528, e da sucessão dos psistrátidas (seus filhos, Hípias e Hiparco), foi destacado por Jaeger em síntese notória: "os tiranos representam, contudo, uma fase de transição entre o domínio da nobreza e o Estado democrático. A sua importância para a história da educação não é menor que para o desenvolvimento do Estado".[21] Efetivamente, o papel desempenhado por Psístrato e seus sucessores foi crucial, porque a economia prosperou e a cultura floresceu durante décadas, cunhando uma moeda ateniense de uso creditício e transacional, favorecendo os camponeses com as expropriações dos nobres, acometendo majestosas obras públicas, fomentando os festivais e cultos tornados populares, enquanto a política, ao mesmo tempo, assistia ao fortalecimento dos órgãos centrais de governo, beneficiando os setores médios, jovens praticantes de instituições que nunca foram abolidas.

A esta altura, creio que seja melhor parar. Em Atenas, a reforma conduz à tirania; a tirania à democracia. O encadeamento não entranha uma lei histórica, mas a ordem dos fatos não deixa de ser chamativa. Seja como for, a hipóstase de Atenas e seu decurso social e político como paradigma da evolução das *póleis* da antiguidade grega, culminante no período clássico, pode ser que adoeçam de parcialidade e revelem um viés investigativo, na medida que, em compensação, mos-trem-se plausíveis e justificados[22] (Aristóteles, em sua *Constituição de Atenas*, executou uma transposição similar que, sendo parte da uma coleta empírica que reuniu mais de uma centena de constituições, aplicou à teoria política de maneira metodológica e conceitualmente convincente.) Se essa postulação é, ao fim, válida e viável, deve-se ao respaldo das fontes que testemunham o alto nível de desenvolvimento alcançado pela *pólis* ateniense, o qual se pode provar mediante a esquematização de uma sequência de etapas como a seguinte:[23]

1º) reforma de Sólon (-594);

2º) tirania de Psístrato e os psistrátidas (-560);

---

21　JAEGER, 2001, p. 270.

22　Parece-me, portanto, que a acusação de "atenocentrismo" lançada contra Ober acaba sendo tão falaciosa quanto insustentável, mesmo admitindo esse desvio que, a meu modo de ver, resulta rigorosamente óbvio e necessário: cf. OBER, 1999, p. 4, nº 3.

23　Ver MOSSÉ, 1987.

3º) "revolução" de Clístenes (-510);[24]

4º) interregno do Conselho de Areópago (c.-480);[25]

5º) reformas radicais de Efialtes e liderança de Péricles, e estabelecimento da democracia plena (-462);

6º) oligarquia do Conselho dos Quatrocentos e regime dos Cinco Mil (-411);

7º) oligarquia dos Trintas Tiranos e restauração da democracia do século IV (-403).

Se examinarmos esses eventos chaves, em sua maioria correspondentes ao século V a.C., é possível traçar dois planos de considerações. No primeiro plano interno ou intra-polis, apresenta-se a pauta do conflito plasmado nas fases alternadas de predomínio democrático ou oligárquico, resultado especular dos intentos por determinar a forma e o conteúdo do regime. Nas tentativas de adquirir a cidadania, produzir a franquia do corpo cívico e os termos da participação cidadã, radica a questão medular que acossou desde seu nascimento as comunidades políticas gregas.

Igualmente, as fases democráticas e oligárquicas alternadas que regiam a vida local têm seu correlato num segundo plano externo, inter-polis e trans-helênico, equiparável às relações entre *póleis*, entre helenos e povos não helenos, e entre comunidades cívicas gregas e outras formações sociais e políticas.[26] Da ótica das divisões de origem étnica e de formação, às quais se somam as semelhanças e diferenças observáveis entre agrupamentos humanos de idêntica espécie, este segundo plano acarreta, por sua parte, três dimensões antitéticas. O primeiro antagonismo reproduz exteriormente a bipolaridade existente entre democracia e oligarquia, ordenando os posicionamentos em matéria política das cidades atenienses e gregas, e fazendo eclosão com a Guerra do Peloponeso (431-404 a.C.), quando se cruzam as trajetórias de Atenas, encabeçando a Liga de Delos, e de Esparta, ao comando da Liga do Peloponeso. Desse memorável enfrentamento nos restam o partido das armas, os mortos e o drama da derrota délica, que arrastaram consigo o resto da Grécia. A segunda contraposição fixa-se mais distante no tempo e chega até o Oriente, naquele século V quando surge a ingente Pérsia, e toma corpo nas Guerras Médicas (500-479 a.C.), desatadas com a sublevação das cidades jônias da Ásia Menor, em nome das quais uma aliança helênica unificada fará

---

24 Cf. OBER, Josiah. "The Athenian Revolution of 508/7 B. C.: Violence, Authority, and the Origins of Democracy" In: OBER, 1999, p. 32-52.
25 Cf. FOUCHARD, 1995, p. 141.
26 Ver BENGTSON, 2004.

frente ao Império persa. Não menos célebres e mais épicas, em suas batalhas se hasteará a defesa da liberdade e a cultura civilizadora dos helenos, e da expulsão vitoriosa do invasor sobrevirá o equilíbrio catastrófico no qual se entrançarão, na disputa pela hegemonia, Atenas e Esparta.

As possibilidades reveladas pelas Guerras Médicas desembocarão, como consequência natural, na ascensão ateniense a primeira potência econômica e cultural, apoiada em seu domínio sobre o mar e em parte equilibrada, de forma cada vez mais intensa, pelo poderio terrestre e o discreto encanto da organização espartana. De 443 até 429 a.C. brilhará uma Atenas em franca democratização que, em seu esplendor, marcha lentamente para os primórdios de sua queda. O zênite democrático e realizador do "século" de Péricles, sua primazia e sua condução (Tucídides), aguardam à beira da contenda do Peloponeso, em cujo ferro lacônico se gravará a sentença nefasta do vencido. O século IV será, em face da derrota, o da crise da *pólis*, decadência tão inegável no que diz respeito à sua aptidão coesiva e organizadora que arguir o contrário, como pretenderam alguns, supõe o desconhecimento do signo distintivo daquele tempo; mas o século também será, impostergável, o momento do ressurgimento, da recuperação material, política e espiritual da Atenas derrotada. Nesse percurso final e descendente, a despeito dos altos picos alcançados com o restabelecimento da democracia e graças à admirável renovação de seus brios materiais e espirituais, a cidade experimentará a exacerbação dos conflitos antigos, das divisões que aninharam durante sua evolução e sua gênese, não sem antes vivenciar na carne própria o espetacular renascimento que, edificado sobre novas bases, descrevera Jaeger em seu significado íntimo:

> A cultura grega fora, desde o primeiro instante, inseparável da vida da *pólis*. E esta ligação não fora em nenhum lugar tão estreita como em Atenas. Não podiam ser meramente políticas, por isso, as consequências daquela catástrofe. Tinham necessariamente de repercutir sobre o nervo moral e religioso da existência humana. Era desse nervo e só dele que devia partir a convalescença, supondo que ela fosse possível. Esta consciência irrompeu tanto na filosofia como na vida prática e cotidiana. O séc. IV converteu-se, assim, num período de reconstrução interior e exterior.

E agrega, perfilando o tema que nos convoca:

> ... o processo espiritual que se desenrola na Atenas dos primeiros decênios do novo século ocupa o primeiro plano de interesse, mesmo do

ponto de vista político. [...]. Também agora Atenas continuava a ser – ou, antes, foi agora que ela começou a ser de verdade – a paideusis da Hélade. Todos os esforços se concentraram na missão que a história propunha à nova geração: reconstruir o Estado e a vida inteira sobre sólidos fundamentos.[27]

Um movimento teórico consciente, político e intelectual, propôs-se então à elaboração de uma nova *paideía*, um programa de educação pública dirigido pela comunidade retendo para si a imagem do Estado espartano e a marca do ensino e a condenação de Sócrates; e perseguiu, com constância, um projeto capaz de superar a democracia precedente, uma *theoría* crítica e receptora dos antecessores, forjada nos moldes da filosofia e em diálogo com a tradição, a moral corrente e a pedagogia dos sofistas – como tinham julgado e transmitido, no passado, as doutrinas de Protágoras e as teses de Górgias. Nenhum contexto, nenhum pensamento, a não ser os escritos de Platão e Aristóteles, mostram com tamanha clareza a simbiose que se comprova, na perspectiva da história, entre a teoria e a prática ateniense dos últimos dois séculos. Àquela deve adjudicar-se, finalmente, a terceira e fatal antinomia, a oposição derradeira da cidade consigo mesma e o império; nos dias agônicos da *pólis*, as perturbações intestinas e o avanço da Macedônia adensam a realidade de uma Atenas espreitada por suas peremptórias sombras.

## Bibliografia:

BALOT, Ryan K. *Greek Political Thought*. Oxford: Blackwell, 2006.

BARRINGTON Moore, Jr. *Injustice: the social bases of obedience and revolt*. Londres: Macmillan, 1978.

BENGTSON, Hermann. *Griegos y persas. El mundo mediterráneo en la edad antigua*. México: Siglo XXI, 2004.

COULANGES, Foustel de. *A cidade antiga*. São Paulo: Martins, 2004.

FOUCHARD, Alain. "Las instituciones y la vida política ateniense en los siglos V y IV a.C." In: KAPLAN, Michel (dir.) & RICHER, Nicolas (coord.). *El mundo griego*. Granada: Universidad de Granada;, 1995, p. 129-164.

---

27 JAEGER, 2001, p. 483-484.

FORREST, W. G. *Los orígenes de la democracia griega. El carácter de la política griega 800-400 a.C.* Madri: Akal, 1988.

GIDDENS, Anthony. *El capitalismo y la moderna teoría social.* Barcelona: Labor, 1985.

GUTHRIE, W. K. C. *Historia de la filosofía griega*, vols. I-VI. Madri: Gredos, 1986-2004.

JAEGER, Werner. *Paideia: A formação do homem grego.* São Paulo: Martins Fontes, 2001.

KAPLAN, Michel (dir.) & RICHER, Nicolas (coord.). *El mundo griego.* Granada: Universidad de Granada, 1995.

KITTO, H. D. F. *Los griegos.* Buenos Aires: Eudeba, 1966.

LLEDÓ IÑIGO, Emilio. "Introducción a las Éticas", In: Aristóteles, *Ética Nicomáquea. Ética Eudemia.* Madri: Gredos, 1998.

LUCE, Jean-Marc & RICHER, Nicolas. "La Grécia Arcaica". In: KAPLAN, Michel (dir.) & RICHER, Nicolas (coord.). *El mundo griego.* Granada: Universidad de Granada, 1995.

MILLER, Fred D., Jr. *Nature, Justice and Rights in Aristotle's* Politics. Oxford: Clarendon Press, 2001.

MOSSÉ, Claude. *Historia de una democracia: Atenas, desde su orígenes a la conquista de Macedonia.* Madri: Akal, 1987.

OBER, Josiah. *The Athenian Revolution: Essays on Ancient Greek Democracy and Political Theory.* Princeton: Princeton University Press, 1999.

_____. "Learning from Athens. Success by design". *Boston Review*, mar/abr, 2006.

RHODES, P. J. *Ancient Democracy and Modern Ideology.* Londres: Duckworth, 2003.

ROBINSON, Eric. "Democracy in Syracuse, 466-412 B.C.". *Harvard Studies in Classical Philology*, vol. 100, 2000, p. 189-205.

STE. CROIX, G. E. M. *La lucha de clases en el mundo griego antiguo.* Barcelona: Crítica, 1988.

# As várias faces de um ator político[1]

Eunice Ostrensky

> "Eu vos pergunto, cavalheiros, não somos nós, os escritores de política, uma gente um pouco ridícula? Não é um caso típico de loucura o desses homens privados que se fecham em seus gabinetes e atormentam seus cérebros com modelos de governo?"
>
> Matthew Wren, *Considerations upon Mr. Harrington's Commonwealth of Oceana*

## I

NAS PRIMEIRAS PÁGINAS do *Contrato Social,* uma possível objeção exige que Jean-Jacques Rousseau se detenha por um instante antes de entrar propriamente no seu assunto. O teor dessa objeção de algum modo ecoa pela história da teoria política: afinal, pode-se escrever sobre política sem ser político? Rousseau responde que, justamente por não ser príncipe ou legislador, é que ele pode escrever sobre política. "Fosse eu príncipe ou legislador" – acrescenta ele – "não perderia meu tempo dizendo o que deve ser feito: ou o faria ou me calaria" (ROUSSEAU, 2003, p. 7). Essa *boutade* parece sugerir que há de fato uma separação entre discurso e a prática política, e sugere ainda que a inversão desses papeis, ou seja, o escritor metido a político e o príncipe com ares de teórico, tenderia a produzir

---

[1] Agradeço a Cícero Araújo, Marcelo Jasmin e Modesto Florenzano pelos comentários e sugestões à primeira versão deste texto.

um efeito cômico, quando não desastroso. Porém, a distinção entre as duas atividades não é inteiramente isenta de tensões. Senão, por que escrever sobre a política?

A resposta que James Harrington fornece à zombaria de Matthew Wren citada como epígrafe deste texto é semelhante à de Rousseau, tanto no que diz respeito à inicial separação entre os domínios do discurso e da ação política, como no seu posterior entrecruzamento. "Afirmar que só o magistrado pode escrever sobre o governo", diz Harrington, "é tão absurdo como dizer que só o piloto pode fazer uma carta náutica" (HARRINGTON, 1771, p. 219). A despeito disso, enquanto é notório que Cristóvão Colombo fez, em seu gabinete, "a carta que o levou às Índias" (HARRINGTON, 1771, p. 219) "jamais um magistrado ou pessoa pública "escreveu algo que valesse um botão sequer" (TOLAND, 1771 p. XXX). Isso não significa que os homens excelentes nos princípios da política ambicionem tomar o lugar dos príncipes e que, por conta disso, justifique-se persegui-los e censurar-lhes as obras. Aos teóricos compete mostrar que nenhum governo "é uma instituição acidental ou arbitrária como as pessoas costumam pensar" (TOLAND, 1771, p. XIV). Sua tarefa é dotar o povo e o legislador de uma prudência que os permita governar em vista da paz e da felicidade, sem cisões e divisões internas.

O propósito deste texto é mostrar que o modelo de governo com o qual James Harrington atormentou seu cérebro não foi mera especulação ou, pior, fantasia e quimera. Harrington julgou ter oferecido a seus contemporâneos o único modelo de república que, por se basear nas peculiaridades da história inglesa, poderia impedir o recrudescimento de facções e interesses privados ainda remanescentes da monarquia gótica. Essa questão parece importante por duas razões centrais. Em primeiro lugar, apesar de adotar uma estrutura aparentemente rígida para explicar os movimentos da história, Harrington não suprime a possibilidade, ou melhor, a necessidade de intervenção do agente político no seu tempo. Dessa perspectiva e ao contrário do que mais tarde afirmará Marx no *Dezoito Brumário*, há, sim, momentos em que o homem faz a história conforme as circunstâncias de sua escolha. Em segundo lugar, enquanto parece claro que Harrington pretendia ver suas propostas implementadas, não é nada fácil saber como isso poderia acontecer, já que ao príncipe ou aos legisladores reais parece faltarem as virtudes quase míticas que seriam necessárias para a realização dessa tarefa histórica.[2] Nesse sentido, o texto a seguir pretende investigar se, entre os possíveis papéis do teórico político na constituição de uma república perfeita, não se poderia incluir até mesmo o de legislador.

---

2   A respeito dessa dificuldade, veja-se WORDEN, 1994, p. 124, nº 40, e SCOTT, 2004, p. 285-289.

## II

No ano de 1656, James Harrington está apressado em publicar *Oceana*, mesmo temendo que não passe de um rascunho repleto de erros. A pressa não se deve às insistências dos editores — nada na "Epístola ao Leitor" e na "Introdução" permite concluir isso. É o próprio autor quem parece se colocar essa urgência, na tentativa de fornecer uma resposta rápida aos desdobramentos da vida política inglesa naquela quadra de 1650. Já no início da década, o experimento republicano havia fracassado, resultando no governo oligárquico *de facto* do *Rump*. Mas, quando Cromwell dissolveu o *Rump* e praticamente nomeou um novo parlamento, ficou claro que os diferentes poderes políticos do país, em vez de se dividirem, tendiam para o centro, tendiam para Oliver Cromwell e seu grupo de apoio. Tanto assim que no final de 1653 um decreto conhecido como Instrumento de Governo conferiu a Cromwell o título de Lorde Protetor da Inglaterra, atribuindo-lhe de direito todo o poder executivo (KENYON, 1986, p. 308). Na prática, Cromwell assumia poderes que num passado recente pertenciam ao monarca; a diferença, agora, é que o ocupante desse cargo deveria ser eleito. No plano legislativo, as reformulações foram mais significativas. Entre elas estava a criação de um Conselho de Estado, órgão consultivo que deveria agir sob a égide de Cromwell.[3]

A forte presença de Cromwell na cena política foi objeto de reflexão em importantes obras publicadas na mesma época. Exemplos mais conhecidos são *The Excellency of a Free State*, de Marchamont Nedham, *A Healing Question*, de Henry Vane, e *Oceana* (SKINNER, 1998, p. 23-57). Em comum, todas essas obras defendiam a ideia de que o regime republicano era o único adequado à Inglaterra e de algum modo o Protetorado seria responsável por seu fracasso ou sucesso. O que nos interessa aqui saber é se, no caso de *Oceana*, Cromwell deveria ser lembrado pela posteridade graças às suas imensas virtudes ou a seus tremendos vícios.

Há vários indícios do papel relevante que Cromwell desempenha em *Oceana*. Notemos, em primeiro lugar, que a obra é dedicada a "Sua Alteza, Lorde Protetor da República da Inglaterra, Escócia e Irlanda". Mas, além disso, há razões para supor que Cromwell seja mais do que o destinatário da obra, o que já não seria pouco. Ele parece surgir como personagem que se introduz para sempre no teatro da história (HARRINGTON, 1996, p. 67). Sua aparição aconteceria apenas no final da Primeira Parte das Preliminares, quando, sob o pseudônimo de Olphaus Megaletor, é saudado como

---

3   Ver, quanto à recomposição do contexto politico da época e a origem de *Oceana*, WORDEN, 1994; a esse respeito ainda, embora com uma interpretação bastante distinta sobre o papel de *Oceana*, SCOTT, 2004, p. 273-293.

"capitão muitíssimo vitorioso" e "patriota incomparável". Em Megaletor, Harrington reconhece um grande mestre da prudência antiga, por buscar inspiração para suas ações nos sábios ensinamentos dos *Discorsi* de Maquiavel (HARRINGTON, 1996, p. 66). A partir da Segunda Parte das Preliminares, quando é autoproclamado único legislador de Oceana, Olphaus Megaletor recebe o título de Lorde Archon (p. 67). É ele quem completa a transição de um regime monárquico (o chamado "equilíbrio gótico") para uma república, encarnando a virtude dos legisladores Moisés e Licurgo, ao instituir "de uma só vez a república inteira" (p. 66). E, a exemplo de Licurgo, Lorde Archon contempla em êxtase a excelência da constituição recém-criada para em seguida informar a seu conselho de legisladores que deverá finalmente se retirar. Mas, à diferença de Licurgo, que se suicida ao final de sua obra, o cristão Lorde Archon propõe simplesmente abster-se de toda a ambição, de toda concupiscência carnal, com a renúncia ao cargo de magistrado, gesto que se mostrará, porém, impraticável, graças ao humor ainda sectário dos ingleses. Archon deverá estar presente enquanto as divisões entre senado e povo puderem reacender a guerra civil. Uma vez aquietadas as facções no fim do livro, o grande legislador pode finalmente morrer em paz (p. 264-265).

Se o Lorde Protetor realmente puder ser identificado ao Lorde Archon, tenderíamos a concluir que *Oceana* teria sido escrito para nortear as ações de Cromwell nessa grande empreitada histórica proporcionada pela Fortuna: a criação de uma república em moldes modernos na Inglaterra.[4] Esse "momento maquiaveliano" teria então em Cromwell um de seus principais líderes. Mas essa identificação, por mais persuasiva que seja, é arriscada. Já na Dedicatória, uma passagem das *Sátiras* de Horácio indica que os maus caminhos aonde a bestial ambição de Tântalo foram dar podem ser também os de Cromwell e os de todo o povo inglês: "*Tantalus a labris sitiens fugientia captat flumina. Quid rides? Mutato nomine de te fabula narratur*".[5] A mesma passagem sugere ainda que *Oceana* também faz uma pintura dos vícios dos protagonistas da política inglesa ("a fábula te quadra, basta trocar-lhe o nome"). Além disso, Harrington de algum modo está alertando seus leitores para a trágica possibilidade de que, num descuido, a Inglaterra venha a perder a oportunidade rara, senão única, de se converter numa verdadeira república – e como Tântalo morreria de sede tendo ao alcance das mãos a água

---

4   Scott (2004) defende que Harrington escreveu *Oceana* para aconselhar Cromwell e que esse tom de aconselhamento da obra tem recebido pouca atenção dos intérpretes (p. 286-287).

5   Em tradução para o francês: "Tantale altéré veut saisir l'eau qui, à flots, fuit ses lèvres. Tu ris? Change le nom, cette fable est ton histoire" (HORACE, *Satires*, I, 69). Segui a tradução portuguesa de Antonio Luiz de Seabra: "Tântalo sequioso tenta colher as fugitivas ondas!... Pois quê? Tu ris? A fábula te quadra, basta trocar-lhe o nome".

mais fresca que existe.[6] Mas não apenas. Em *Oceana*, o registro ficcional serve tanto para retratar a extrema venalidade de Cromwell, convertendo-o mais propriamente na antítese de Lorde Archon,[7] como ainda para enaltecer o modelo de legislador virtuoso necessário à implementação da república inglesa. Por fim, o emprego constante de metáforas e analogias permite a Harrington desejar a Cromwell o mesmo desfecho de Lorde Archon – a morte –, se bem que, quando se trata de homens corruptos, o mais esperado seja uma morte inglória.

Em vez de grande mestre da prudência antiga, o Lorde Protetor poderia ser então um perfeito símbolo da prudência moderna, isto é, "da arte mediante a qual um homem ou poucos homens sujeitam uma cidade ou nação e a governam de acordo com seu interesse privado" (HARRINGTON, 1996, p. 9). Suas ações, em vez de inspiradas nos *Discorsi*, estariam seguindo a perigosa fórmula do *Leviatã* (HARRINGTON, p. 13). E se Harrington continua a publicar outras obras mesmo depois da morte de Cromwell em 1658, é porque a crítica a Cromwell poderia ser estendida a todo governante que demonstrasse intentos absolutistas naquela altura da história inglesa. Isso começa a explicar, por exemplo, porque em *The Art of Lawgiving*, de 1659, publicado na iminência de Restauração monárquica, Harrington insiste uma vez mais em que a Inglaterra deve instituir um governo republicano, se quiser evitar novas guerras civis. Nessa obra Hobbes deixa de figurar como um dos alvos dos ataques de Harrington, talvez porque o *Leviatã* não sirva mais como substrato ideológico do regime. A doutrina que Harrington mais parece empenhado em demolir, em *The Art of Lawgiving*, não é uma novidade: é o direito divino dos reis em sua roupagem tradicional; seus adversários são "os teólogos e os demais defensores da monarquia" (HARRINGTON, 1986, p. 395).

Colocadas lado a lado as duas faces, a de herói e vilão da república, Cromwell se revela como o protagonista moralmente ambíguo de *Oceana*. De um lado, a emular a grandiosidade de Licurgo e Moisés, prefere dar vazão a uma ambição cega; a instituir uma república, prefere o caminho anacrônico da monarquia.[8] De outro, seus vícios tamanhos poderiam talvez ser relativizados, se de algum modo ele aceitasse incorporar o legislador harringtoniano. Entretanto, a morte do Protetor não parece nem um empecilho nem um estímulo ao projeto republicano idealizado por Harrington. O que

---

6 NELSON, 2004, p. 88, fornece uma interpretação diferente dessa fábula.
7 Worden sustenta que Harrington nutria um profundo desprezo por Cromwell e comprova sua hipótese analisando diversos casos em que Lorde Archon seria um Anti-Cromwell (ver WORDEN, 1994, em especial p. 124).
8 Para uma análise divergente desta, veja-se SCOTT, 1997.

temos de investigar na sequência é, primeiro, por que o autor considera a república o único regime possível na Inglaterra; depois, quem poderia ser o legislador responsável pela realização dessa imensa tarefa histórica.

## III

Ao refletir sobre as causas que haviam levado às guerras civis, Harrington observa, a contrapelo de muitos de seus contemporâneos, que a ação individual não seria capaz de produzir sozinha as transformações que todos podiam testemunhar. Hobbes, por exemplo, atribui o conflito tanto à irracionalidade de seus concidadãos, tão voltados para seus interesses autodestrutivos, como às fragilidades de uma monarquia incapaz de submetê-los (HOBBES, 2001, p. 31-35). Muitos republicanos, por sua vez, veem no regicídio e na abolição da monarquia o resultado da ação direta dos ingleses livres, em sua luta para se manterem ao mesmo tempo cidadãos e santos.[9] Mas Harrington não parece convencido de que a vontade humana fosse o motor da história. Tampouco considera que se pudesse creditar o estado de coisas presente, como supunham muitos de seus contemporâneos, inteiramente aos "modos invisíveis da providência" (HARRINGTON, 1986, p. 396), que permanecem afinal inexplicáveis.

Ao contrário, observando fatos aparentemente desconectados, Harrington descobre traços comuns, isto é, princípios imanentes que faziam a história operar por graus e passos, formando uma "série universal" (HARRINGTON, 1996, p. 36). Esses fatos aleatórios foram narrados em obras tão distintas como as Sagradas Escrituras, os livros de Tucídides, Gianotti, Aristóteles, Plutarco, Walter Raleigh, Francis Bacon, John Selden e, principalmente, Maquiavel. Mas também se encontravam nas leis promulgadas na Inglaterra desde o reinado de Henrique VII e nos discursos dos reis aos parlamentos. Mas todas essas fontes, embora tenham ajudado Harrington a decifrar a sequência dos fatos, não forneceram sua explicação, a saber, que todo governo se funda sobre um equilíbrio de propriedades. É curioso que, farejando os efeitos de certos acontecimentos, os filósofos e os governantes não atinassem com suas causas. Para Harrington, várias passagens dos *Discorsi* evidenciam que Maquiavel esteve a um palmo de alcançar "o sentido verdadeiro desse princípio", chegando a fazer uso extremamente correto dele (HARRINGTON, 1986, p. 401), mas também as inferências mais perigosas. O autor dos

---

9 Harrington apresenta, nas palavras de Pocock, "uma importante revisão na teoria e na história política inglesa, à luz de conceitos extraídos do humanismo cívico e do republicanismo maquiaveliano" (POCOCK, 2003a, p. 384).

*Discorsi* compreendeu a importância da propriedade fundiária nas disputas entre patrícios e plebeus, sem perceber que o conflito era sinal, não de vitalidade da sociedade romana, mas de sua fratura irreversível (HARRINGTON, 1996, p. 15). E por grande que seja a dívida de Harrington para com Maquiavel, há uma divergência básica entre eles: ao contrário deste e em consonância com Hobbes, Harrington julga que a ordem e a paz são finalidades indispensáveis à vida das repúblicas.

Graças ao esforço de identificação dos princípios que o converteram num historiador, Harrington sabe como as invasões bárbaras possibilitaram o surgimento das monarquias europeias, como a república inglesa está irremediavelmente vinculada às primeiras repúblicas. São estes dois princípios, estas duas descobertas reivindicadas por Harrington, que responderiam por todas as questões de governo, a saber: a fundação ou equilíbrio de propriedades (HARRINGTON, 1996, p. 11) e a superestrutura (1996, p. 33; 1986, p. 404).

O primeiro princípio, o da fundação ou equilíbrio de propriedades, deriva diretamente de uma certa concepção de poder, domínio ou bens da fortuna. Todos esses termos podem ser definidos como os meios de que se dispõe para sobreviver, de tal modo que um homem sem poder é o que não depende exclusivamente de si para sobreviver – sua própria vida não lhe pertence, razão pela qual ele se define como "servo" (HARRINGTON, 1996, p. 269). A relação de um homem ou de uma nação com o poder é, por consequência, de necessidade, não de escolha (p. 11). Harrington é ardiloso ao emprestar de Hobbes (HOBBES, 2003, cap. X, p. 75) uma definição de poder e fazê-la voltar contra seu criador: tem poder quem não precisa se preocupar com sua subsistência, com seu pão; tem pão quem cultiva o trigo, isto é, quem tem terras. Isso significa que, quanto maior a riqueza, maior o poder; em contrapartida, quanto mais distribuída estiver a riqueza, mais distribuído estará o poder. Daí o princípio da fundação, que se define pela proporção em que as terras estiverem distribuídas. Isso ajuda a entender por que a monarquia absoluta é radicalmente distinta da república: na monarquia absoluta, cujo modelo é o turco, um único homem possui dois terços do território, ao passo que na república, cujo modelo é a Inglaterra, o povo detém o predomínio das terras e, portanto, controla a milícia (HARRINGTON, 1996, p. 11-12).

Essa não é a única torção semântica que Harrington opera. Já no emprego do termo "fortuna" havia algo a distanciá-lo dos republicanos clássicos, por assim dizer. Ao mesmo tempo que reitera o vocabulário humanista, de acordo com o qual a Fortuna seria entendida como sorte, acaso, contingência, Harrington entende "fortuna" como riqueza, bem material produzido por um certo esforço; em suma, propriedade. Sobrepõem-se aqui dois sentidos distintos e talvez até opostos. De um lado, há algo de fortuito na maneira pela qual o homem harringtoniano vem a adquirir riqueza – uma legislação favorável aqui, um confisco de terras acolá, ou simplesmente Deus, agora num registro inteiramente providencial, que decide doar a terra a uns e não a outros; de outro, o homem livre é necessariamente um produtor mais ou menos exitoso na manutenção da fortuna material que recebeu ao acaso, conforme seja capaz de defender-se portando armas.[10] Algo análogo se passa com o termo "domínio". Para Harrington, exercer domínio equivale a ter domínio territorial. Enquanto Maquiavel via na posse de armas a evidência do domínio, da virtude e da cidadania (POCOCK, 2003a, p. 192-1943), Harrington estabelece uma relação causal entre a propriedade e a posse de armas: só pode empunhar a espada quem tem grãos para alimentar o exército ou milícia. Ingênuo foi Hobbes, então, ao pressupor que o soberano pudesse deter o gládio da justiça a despeito dos proprietários ou mesmo contra eles! Esse pobre soberano teria autoridade ou bens da mente, mas careceria por completo de poder. Seu destino certo seria a ruína (HARRINGTON, 1996, p. 13).

Isso nos leva ao segundo princípio descoberto por Harrington, o de superestrutura. Assim como o de fundação é derivado de domínio ou poder e equivale à matéria do governo, o de superestrutura deriva de bens da mente ou de autoridade, equivalendo à forma de governo. Tem semelhança, portanto, com a razão, a virtude, as leis, as instituições que os homens erigem sobre os fundamentos. De acordo com a bela metáfora de Harrington, "vagamos pela terra para descobrir o equilíbrio de poder, mas para descobrir o de autoridade devemos ascender [...] para perto do céu" (HARRINGTON, 1996, p. 19). Não obstante, a essa característica quase sagrada das leis e instituições sobrepõe-se uma outra menos elevada: o interesse. "Todo governo é interesse", proclama Harrington (1996, p. 270) em viés hobbesiano, porque quem faz as leis nas diferentes constituições são homens, "cuja alma é amante de dois potentes rivais," a razão e a paixão (HARRINGTON, 1996, p. 19). A razão é ao mesmo tempo virtude e interesse, dedicação à república e cálculo de sobrevivência. Retomando suas fontes antigas e modernas, Harrington primeiro infere que, quanto mais o interesse privado se aproximasse do interesse comum, mais virtuoso seria o governo e a própria república. A conclusão, inspirada nos defensores da prudência antiga, mas embebida nos pressupostos

---

10 Embora mencione a riqueza produzida pelo comércio ou propriedade imóvel, Harrington volta quase toda a sua atenção para a riqueza consolidada pela propriedade fundiária ou imóvel (1996, p. 11). Afinal, é muito mais estreito o vínculo entre o interesse do proprietário de terras e o interesse do país no qual sua terra está.

do mundo moderno, é a de que o regime no qual a razão privada mais se aproxima da razão comum ou do interesse da humanidade é o governo popular (p. 22).

Não há forma de governo sem relações de poder, tampouco há relações de poder que não resultem em formas de governo. Da interseção entre os dois princípios, Harrington deduz então uma série de regimes políticos, subdivididos entre naturais e corrompidos, agora à maneira de Políbio. Os naturais – monarquia absoluta (modelo turco), monarquia mista (ou equilíbrio gótico) e república – recebem esse nome porque neles haveria perfeita conformidade entre os fundamentos e as superestruturas (HARRINGTON, 1986, p. 398). Nesses regimes, detém a autoridade quem possui poder, isto é, o homem ou o grupo que possui a maior porção de terras (o predomínio de terras) governa segundo seus interesses, de tal modo que não há nenhuma necessidade de interpor violência para reduzir as superestruturas ao equilíbrio adequado ou *vice versa*. Os regimes corrompidos ou arbitrários, ao contrário – tirania, oligarquia e anarquia –, são imperfeitos no equilíbrio ou na corrupção dos legisladores, dependendo sempre da interposição de violência. Não raro os governantes, para se manterem, precisam recrutar um exército, situação na qual o país se encontraria em estado de guerra civil. Quando nem sequer têm meios para isso, o país se vê destituído de todo governo e pouco tempo falta para "desmoronar por falta de fundação ou ser mandado aos ares por algum tumulto" (HARRINGTON, 1996, p. 273).

## IV

A esta altura, dispomos dos elementos necessários para compreender o diagnóstico de Harrington a respeito da crise política em seu país. Apoiando-se na legislação e na sabedoria de Lorde Verulâmio, de acordo com o qual "em países onde houver muitos fidalgos os comuns estarão degradados" (BACON, 2008, p. 399), Harrington observa que na Inglaterra um fenômeno inverso acontecia desde o século XV. Datava daí o movimento, sempre crescente, de transferência de terras das mãos da nobreza para os comuns. Esse fenômeno coincide, de um lado, com a emancipação dos rendeiros, que em tempos de paz seguravam o arado e nos de guerra, a espada. Sem terras e sem dependentes, parte considerável da aristocracia foi forçada a migrar para Bridewell, onde o parasitismo da vida cortesã acabou por consumir em plumas e pompas os últimos latifúndios desse grupo social (HARRINGTON, 1986, p. 400). De outro lado, a fragmentação dessas propriedades rurais fez proliferarem terras de pequenos agricultores e de gente de categoria mediana, já habituada à milícia e às durezas da vida no campo (p. 399-400). Eis aí a origem da força que dois séculos depois comporá o Exército de Novo Tipo, o exército do povo compreendido como o conjunto dos homens livres ou proprietários.

Um século antes de eclodirem as guerras civis, já haveria um desajuste crucial entre o equilíbrio de propriedades na Inglaterra, que tendia para o governo popular, e uma monarquia aferrada às suas antigas instituições. A exceção foi a rainha Elizabeth I, que teria intuído vagamente a necessidade de se apoiar no amor de seu povo. Mas, para evitar o desastre que viria a acontecer meio século depois, ela deveria, primeiro, ter atentado para o equilíbrio de terras então vigente e, segundo, ter o desprendimento para reformar seu governo ao ponto de depor a si mesma![11] Seu sucessor, o rei Jaime, nutria verdadeiro horror pelos parlamentos e tentou reduzi-los a um papel insignificante na constituição. Com isso, só fez precipitar ("como uma bola morro abaixo") o governo popular (HARRINGTON, 1986, p. 402), na medida em que forneceu razões para descontentamento. Carlos I, não bastando já ter pela frente um governo difícil, nutria os mesmos sentimentos pelo povo e se apoiava numa classe em franco declínio – o clero. Além disso, a seu exército faltava virtude, porque havia sido recrutado entre uma classe que havia perdido a relação viril com a terra. No plano da legalidade, o direito indubitável de sucessão pelo qual Carlos I ascendeu ao trono nunca significou nada, porque esse trono era desprovido de toda a fundação (HARRINGTON, 1986, p. 402). O fim de Carlos I marcaria o fim da monarquia na Inglaterra.

Como se vê, a experiência *de facto* do colapso da monarquia de algum modo impele Harrington a reconstituir a história no interior de um quadro analítico em que as relações materiais parecem adquirir um peso determinante. Dessa história, o autor extrai uma lição muito diferente da que circulava em seu tempo, a saber: "a dissolução desse governo causou a guerra, não a guerra a dissolução desse governo" (1996, p. 56). Conforme essa interpretação, muito antes de 1642 a Inglaterra já viveria uma guerra civil, embora a violência ainda fosse latente, isto é, nem os meios coercitivos empregados pelos monarcas para manterem os súditos em obediência eram ostensivos, nem os súditos resistiam pelas armas. Havia, porém, um desajuste, um desequilíbrio. Ao longo de um século, o conflito viria a se transformar naquela situação de anarquia em que um governo, carecido de sua fundação própria, ou desmorona ou vai pelos ares. Em 1642, quando dois exércitos ingleses se enfrentam nos campos de batalha do país e há duas reivindicações à soberania, a base material da monarquia deixou de existir. Em lugar dela, havia uma fundação igualitária, em que o povo detinha a maior proporção de

---

11  É isso o que aconselha Maquiavel em *Discurso sobre a Década de Tito Lívio*, I, 10.

terras do reino. Mais dia, menos dia, as instituições monárquicas viriam a desaparecer por conta de fatores que talvez estivessem além do controle humano.

Quem acompanhasse o desenrolar dessa análise histórica oferecida por Harrington poderia logicamente inferir que apenas o regime republicano, no qual há participação ativa de todos os cidadãos, seria capaz de estancar o fluxo revolucionário e promover a paz pública na Inglaterra. No entanto, falta ainda alguma mediação entre a constituição da república e a divisão igualitária de terras, já que as superestruturas compatíveis com esse equilíbrio de propriedades não emanam diretamente dele. É preciso empreender o esforço de criá-las, ou então a anarquia permanecerá indefinidamente. Apresentando-se como o cidadão mais confiável para desempenhar essa grandiosa tarefa, Harrington agora deve se converter de historiador em arquiteto e anatomista (1986, p. 403, p. 410), fazendo uso de sua perícia para instituir um novo corpo político e projetar todo o edifício das leis. Enfim, Harrington assume duas imensas responsabilidades perante seus concidadãos: criar – mais como Licurgo do que como os Graco – a lei agrária que deverá fixar o equilíbrio de propriedades na situação em que se encontra naquela altura da história a fim de impedir a corrupção da base material[12] e elaborar toda a superestrutura da nova constituição.

## V

O momento em que Harrington escreve é de trágica urgência. Os governantes e legisladores inclinam-se fortemente a buscar em teorias monárquicas o arcabouço institucional do novo regime, solução que só tende, de acordo com o diagnóstico de Harrington, a aumentar a fratura social. Como anatomista e arquiteto político, é seu dever esclarecer a nação sobre as medidas que precisariam ser adotadas sem demora para alcançar a harmonia e a estabilidade. A epígrafe de *The Art of Lawgiving* extraída dos Salmos é instrutiva: "Na verdade que já os fundamentos se transtornam, o que pode fazer o justo?". Harrington, o justo, não poderia fazer outra coisa senão escrever. A alternativa de se omitir está fora de questão: ele seria um pária e um ímpio caso se resignasse a assistir sentado às reviravoltas que sofre o seu país. Mesmo o mais humilde cidadão cometeria "um crime hediondo contra Deus e seu país" se não informasse à república "aquilo que ele sabe ou concebe ter importância para a segurança dela" (HARRINGTON, 1986, p. 403). O escritor político já sentiu a dolorosa experiência de ter sua voz completamente ignorada e percebeu, pior, que toda a gente poderia desprezá-lo e até destrui-lo

---

12   Um importante estudo sobre o papel da lei agrária se encontra em NELSON, 2004, p. 94-96.

(tal era o "humor dos tempos"...), mas apesar disso era imprescindível escrever/agir: "a Inglaterra agora depende claramente da perícia ou suficiência em arquitetura política"(1986, p. 403).

Mas o momento também era de rara oportunidade, porque "a matéria ou fundação de um governo bem ordenado está pronta [...] e para que seja perfeito nada mais falta além de superestruturas próprias ou forma" (HARRINGTON, 1996, p. 273). Matéria, forma e, poderíamos acrescentar, ocasião: termos idênticos aos que empregou o mestre Maquiavel no capítulo "Exortação a tomar a Itália e libertá-la das mãos dos bárbaros", do *Príncipe* (MAQUIAVEL, 2004, p. 123). Essa alusão não é gratuita: as guerras civis haviam permitido que a Inglaterra se tornasse o lugar onde finalmente se aplicariam alguns dos mais sábios ensinamentos de Maquiavel. A ocasião estava dada: uma matéria sem forma, um povo "numa condição de total anomia" – ou anarquia, no vocabulário harringtoniano –, em que a matéria não tinha mais nenhum vestígio de uma forma anterior (POCOCK, 2003a, p. 169).

Daí por que Harrington recomenda sua perícia como arquiteto político ao Parlamento e ao Exército, arenas onde o povo se apresentava e representava (1986, p. 413). Essa perícia não se evidencia apenas no discernimento com que compreende a história e teoriza sobre as relações de poder subjacentes aos regimes de governo, mas também no que ele tem a oferecer para sua república: uma constituição, projetada nas suas minúcias, na qual se assegurasse a participação efetiva a todos os cidadãos. Como se trata de uma república moderna, com grande território e população, Harrington cria um complexo sistema, provavelmente inspirado em Veneza (1996, p. 33), em que os cidadãos se alternariam, por sorteio ou eleição, nas várias assembleias e conselhos. Esse elaborado mecanismo de alternância no governo, que Harrington intitulou "rotação", evitaria a perpetuação nos cargos, ao mesmo tempo que "mecanizaria" a virtude, isto é, tornaria o comportamento dos cidadãos inteligente e desinteressado (POCOCK, 2003a, p. 393). Só assim eles agiriam como homens livres, que não dependessem de outros para viver e obedecessem às leis instituídas por eles próprios (HARRINGTON, 1996, p. 230).

Mas todas essas diferentes instâncias, esferas ou orbes (HARRINGTON, 1996, p. 244) de poder seriam inúteis se não se implantasse uma medida prévia relativa à fundação. Ao se voltar para o modelo romano, Harrington decifra sua falha constitutiva, observando que o tenso equilíbrio político entre patrícios e plebeus nunca esteve fundado sobre um equilíbrio de propriedades. Pelo contrário, os patrícios detinham o predomínio de terras e os plebeus, a posse das armas. Além disso, como os plebeus tinham autoridade para fazer leis, mas sem poder para tanto, em várias ocasiões procuraram confiscar as propriedades dos patrícios e foram violentamente rechaçados (HARRINGTON, 1996, p. 15). O caso mais emblemático foi o da crise fomentada pelos irmãos Graco, quando principiou, segundo o próprio Maquiavel reconheceu, a ruína de um modo livre de vida (MAQUIAVEL, I, 6, p. 20). Harrington ecoa Maquiavel, afirmando que, se desde o início uma lei agrária houvesse fixado o equilíbrio igualitário de terras, a república romana teria alcançado a perfeição (MAQUIAVEL, I, 37, p. 79). Sem isso, a república não passou de um governo oligárquico altamente conflituoso (HARRINGTON, 1996, p. 61). Portanto, se Oceana quisesse se tornar uma república perfeita, quase imortal e vitoriosa sobre o tempo (a Fortuna), era imprescindível fixar por meio de uma lei agrária o equilíbrio de propriedades nesse momento em que o povo detinha o poder. O que Harrington está propondo, em suma, é uma constituição, entendida com legislação e forma de governo, que impedisse a acumulação de propriedade fundiária (1986, p. 12).

Não basta, por fim, dispor de uma elaborada constituição ou corpo político se não houvesse meios de implantá-la. Para isso, seria necessário surgir na Inglaterra, como se esperava n'*O Príncipe,* um legislador dotado da mesma *virtù* de Moisés, Ciro, Rômulo e Teseu, príncipes "que não receberam da fortuna mais do que a ocasião", isto é, "a matéria para introduzirem a forma que lhes aprouvesse" (MAQUIAVEL, 2004, cap. VI, p. 24). Ou talvez o Licurgo descrito em *Discursos sobre a Primeira Década de Tito Lívio,* o legislador prudente e solitário, cuja virtude era tal que criou leis garantindo a estabilidade de Esparta por mais de 800 anos (MAQUIAVEL, 1996, I, 2, p. 10). O modelo romano, em que a república foi se construindo gradualmente, corrigindo suas imperfeições no decorrer de séculos e por meio de legisladores variados, não parece uma alternativa viável, uma vez que abre perigosas brechas para "mudanças e perturbações" (HARRINGTON, 1986, p. 17).

É na razão de um só homem que Harrington confia para se instituir uma república duradoura, imune tanto quanto possível aos ataques do tempo. O povo em armas, matéria da república, mostrava-se inábil para introduzir essa nova ordem – a natureza das assembleias vultosas é turbulenta; as divergências constantes, a proliferação dos discursos, a imprudência, as paixões fomentadas nas multidões não só acarretariam a perda da oportunidade histórica, mas sobretudo poderiam abrir caminho para um monarca/tirano que impusesse, sob a aparência de ordem, sua vontade arbitrária como lei.[13] Ora, quem poderia se apresentar como legislador? Cromwell, como vimos, provavelmente era

---

13 "… agradar o povo com a opinião da sua própria suficiência nesses assuntos não é ser amigo dele, e sim alimentar de todas as esperanças de liberdade o morticínio" (HARRINGTON, 1986 p. 413).

corrupto demais para essa tarefa. Esse talvez fosse o grande problema da Inglaterra, como havia sido o da Itália de Maquiavel. No que se refere à criação de uma legislação e constituição da república, os homens de virtude eram escassos, embora coletivamente o exército manifestasse extrema virtude, sendo o melhor guardião da liberdade (HARRINGTON, 1986, p. 411). De qualquer modo, a criação da república exigia mais do que indivíduos bem intencionados.

Uma alternativa seria contar com os legisladores reais à mão. Como conselheiro deles, Harrington se mostra preocupado em orientar suas ações quanto às modificações a serem feitas no Parlamento, de modo que todos os interesses heterogêneos da república fossem contemplados. Tudo o que esses legisladores deveriam fazer seria seguir, se não a letra da constituição harringtoniana, pelo menos seu espírito: promover leis restringindo o acúmulo e transferência de propriedades; subdividir os cargos públicos em diferentes e convergentes esferas de deliberação e decisão. Essa era uma alternativa – imperfeita, é verdade – para implementar sem demora o projeto político da república. Mas possivelmente não era a única, nem a principal. De fato, se Cromwell era inconfiável, tampouco se pode esperar muito das assembleias populares (HARRINGTON, 1986, p. 409-10).

Por outro lado, temos razões para supor que Harrington não estivesse esperando o surgimento de uma figura mítica – o novo Moisés. Na ausência de homens de carne e osso capazes de levar adiante a tarefa de instituir a república perfeita, ele próprio, sim, Harrington, o historiador e teórico político, o anatomista e arquiteto, apresentava-se como legislador.[14] Quem mais, afinal, foi "revirar os arquivos da prudência antiga" em busca de modelos de governo, para evitar que se seguisse a fantasia na "edificação de uma república" (HARRINGTON, 1996, p. 69)? Não são poucas as passagens em que Harrington fala pela boca de Lorde Archon. É bem verdade que, no início do capítulo de *Oceana* intitulado "The Model of the Commonwealth of Oceana", há uma dissociação entre o legislador Lorde Archon, que já teria promulgado o modelo de república, e o narrador que testemunhou todas as etapas de elaboração desse modelo e as descreve no presente (HARRINGTON, 1996, p. 72). Também se deve levar em conta que Lorde Archon, no passado recente um militar, não é meramente um *alter ego* de Harrington. Não obstante, o criador dessa ordem que imitaria a natureza em *Oceana* (HARRINGTON, 1996, p. 244) é o mesmo arquiteto ou anatomista de *The Art of Lawgiving*. As duas (ou três) figuras disporiam dos meios adequados de criar uma república. No primeiro

---

14 Essa é uma hipótese secundária que Scott também defende (2004, p. 285).

caso, o legislador é um homem de virtudes extraordinárias; no segundo, o arquiteto ou anatomista é um homem de conhecimento extraordinário.

Uma vez concluídas as tarefas sob seu encargo, o legislador-arquiteto haveria de retirar-se da cena política para evitar as tentações da perpetuação no poder. "Aquele que manda nas leis", dirá Rousseau mais tarde, "não deve mandar nos homens. O contrário também é verdadeiro: quem manda nos homens não pode mandar nas leis" (ROUSSEAU, 2003, p. 51). O legislador, portanto, não é governante, nem o governante deve ser legislador. Era isso que o pobre Wren não conseguia entender.

## VI

Durante algumas décadas, parte importante da historiografia tendeu a ver na obra de Harrington uma exposição *avant la lettre* de algumas das principais teses de Marx sobre a história.[15] Em síntese, historiadores tão diferentes como Tawney e Trevor-Roper consideraram que uma teoria como a de Harrington estabeleceria uma relação de causalidade entre a fundação ou base material e as superestruturas. Mais recentemente, Jonathan Scott parece ter retomado essa interpretação, ao afirmar que, na teoria política harringtoniana, todos os problemas políticos seriam solucionados pela redução das superestruturas à base material (SCOTT, 1997, p. 152). Entre as diferentes razões aduzidas por Scott para demonstrar sua hipótese, uma das mais relevantes se refere à abolição da Fortuna na obra de Harrington, elemento de contingência que permitia ao homem, e em particular ao cidadão, fazer escolhas e arcar com os benefícios e prejuízos de tais escolhas.

Se for assim, isto é, se houver na obra de Harrington uma concepção de história para a qual as transformações sociais são independentes, em sua maioria, de agentes dotados de arbítrio, haverá pouquíssima brecha para a ação política. Ora, parece claro que republicanismo sem possibilidade de participação ativa dos cidadãos não é verdadeiramente republicanismo. Pior, representa um golpe certeiro nas suas aspirações mais elevadas.[16]

Não foi essa a hipótese que norteou este texto. O que se tentou defender aqui foram duas ideias aparentemente distintas, mas coincidentes. A primeira delas se refere à relação mais ampla entre teoria e história política. Como se espera ter mostrado, na explicação harringtoniana dos processos históricos, a superestrutura, plano no qual se estabelecem

---

15  Para um recenseamento dessa bibliografia, ver SCHKLAR, 1977.
16  O republicanismo de Harrington não passaria, portanto, de um disfarce até canhestro da teoria hobbesiana, segundo a qual o republicanismo clássico seria a receita mais certa para as guerras civis (SCOTT, 1997, p. 160).

as relações de autoridade, não emana diretamente da fundação, plano no qual vigoram as relações de poder. Se conceitualmente há uma clara dissociação entre os princípios de autoridade e os de poder, historicamente esses princípios estão vinculados, porém não por meio de relações de determinação ou necessidade. Assim, ao contrário do que uma teoria histórica baseada numa ideia de causalidade permitiria supor, a teoria harringtoniana não depende de uma lógica transparente entre diferentes eventos, culminando numa fatalidade prevista desde o início. Os regimes políticos corrompidos são a prova mais evidente de que não há essa relação de determinação (ou causalidade) entre o plano da estrutura e o da superestrutura. Abre-se aí um bom espaço para a contingência.

Aliás, o mesmo desajuste histórico abre espaço para a ação política. Essa foi a segunda ideia que este texto procurou defender, ao apresentar Harrington como historiador, teórico, anatomista e arquiteto político; conselheiro e legislador. Todos esses apostos nos indicam que havia múltiplas possibilidades de ação que o discurso político de Harrington descrevia e tinha a intenção de realizar. Harrington era um verdadeiro agente político, participando com seus escritos ativamente da vida pública de seu país. Sua finalidade, como escritor, era intervir num debate público a fim de derrotar posições teóricas que procuravam legitimar, por sua vez, uma certa conduta política. Não era apenas uma questão de refutar ou destituir os argumentos dos adversários, mas também de oferecer uma alternativa viável e convincente, que pudesse se converter num discurso de autoridade (POCOCK, 2003b, p. 79), num discurso a ser seguido e aplicado. O que Harrington pretendeu realizar ao se tornar um escritor político foi uma ação política (SKINNER, 2008, p. XVI), ação esta que só faria sentido se esse ator fosse considerado portador de uma vontade livre.

Esse ator político não pretendia se converter em príncipe ou magistrado. Se suas obras foram alvo de censura, como sofreu *Oceana* nas mãos de Cromwell, se o próprio escritor foi perseguido e preso, como aconteceu no início da Restauração, é porque os príncipes e seus aduladores ignoram as belezas da política. Tampouco há motivo para zombar dos projetos divisados pelo escritor. Risíveis podem ser, se houver alguma graça nisso, os príncipes ou magistrados que sem nenhum plano, entregues apenas a suas próprias ambições e às mesquinhas negociações do dia-a-dia, reivindicam-se como homens públicos.

## Bibliografia primária

BACON, Francis. "Of True Greatness of Kingdomes and Estates". In: VICKERS, Brian (ed.). *The Major Works*. Oxford: Oxford University Press, 1996.

HARRINGTON, James. *The Art of Lawgiving in Three Books*. In: WOOTTON, David (ed.). *Divine Right and Democracy*. Nova York: Penguin Books, 1986.

_____. *The Commonwealth of Oceana and A System of Politics* (ed. J. G. A. Pocock). Cambridge: Cambridge University Press, 1996.

HOBBES, Thomas. *Behemoth*. Trad. Eunice Ostrensky. Belo Horizonte: Ed. UFMG, 2001.

_____. *Leviatã*. Trad. João Paulo Monteiro e Maria B. Nizza da Silva. São Paulo: Martins Fontes, 2003.

HORÁRIO. *Sátiras*. Trad. Antonio Luiz de Seabra. Porto, 1846; trad. francesa de François Villeneuve. Paris: Société d'Édition "Les Belles Lettres", 1980.

KENYON, John P. *The Stuart Constitution, Documents and Commentary*. Cambridge: Cambridge University Press, 1986.

MAQUIAVEL, Nicolau. *Discourses on Livy*. Trad. Harvey Mansfield & Nathan Tarcov. Chicago: Chicago University Press, 1996.

MAQUIAVEL, Nicolau. *O príncipe*. Trad. Maria Júlia Goldwasser. São Paulo: Martins Fontes, 2004.

ROUSSEAU, Jean-Jacques. *O contrato social*. Trad. Antonio de Pádua Danesi. São Paulo: Martins Fontes, 2003.

## Fontes eletrônicas

HARRINGTON, James. "The Prerrogative of Popular Government". In: *The Oceana and other Works, with an account of his life by John Toland*, 1771. Disponível em: <http://files.libertyfund.org/files/916/0050_Bk.pdf>

TOLAND, John. *The Life of James Harrington, with an Examination of James Harrington, taken in the Tower of London by the Earl of Lauderdale, Sir George Carteret, and Sir Edward Walker*, 1771. Disponível em: <http://files.libertyfund.org/files/916/0050_Bk.pdf>

## Bibliografia secundária

NELSON, Eric. *The Greek Tradition in Republican Thought*. Cambridge: Cambridge University Press, 2004.

POCOCK, John G. A. *The Machiavellian Moment*. Princeton: Princeton University Press, 2003a.

_____. *Linguagens do ideário político*. Trad. Fábio Fernandez. São Paulo: Edusp, 2003b.

SHKLAR, Judith. "James Harrington". In: STONE, Lawrence (ed.). *Social Change and Revolution, 1540-1640*. Londres: Longman, 1977, p. 103-112.

SCOTT, Jonathan. "The rapture of motion". In: PHILIPSON, Nicholas & SKINNER, Quentin (ed.). *Political Discourse in Early Modern England*. Cambridge: Cambridge University Press, 1997, p. 139-163.

_____. *Commonwealth Principles*. Cambridge: Cambridge University Press, 2004.

SKINNER, Quentin. *Liberty before Liberalism*. Cambridge: Cambridge University Press, 1998.

_____. *Hobbes and Republican Liberty*. Cambridge: Cambridge University Press, 2008.

WORDEN, Blair. "Harrington's *Oceana*: Origins and Aftermath, 1651-1660". In: WOOTTON, David (ed.), *Republicanism, Liberty, and Commercial Society, 1649-1676*. Redwood: Stanford University Press, 1994, p. 111-138.

# John Locke, teórico do Império?[1][*]

David Armitage

Há vinte e cinco anos, ainda soaria extravagante perguntar se Locke foi um teórico do Império. Na taquigráfica história do pensamento político, Locke foi o avô do liberalismo; nas histórias oficiais da filosofia, ele foi um típico empirista. Já há um bom tempo se presume que o liberalismo seja incompatível com o império e é nas obras de Francis Bacon e da Royal Society do século XVII que se encontrariam, em geral, as principais ligações entre empirismo e imperialismo. Entretanto, uma geração de estudos recentes teve o papel fundamental de revisar a compreensão da relação entre liberalismo e império e, em particular, os vínculos entre Locke e os assentamentos colonialistas na América do Norte e além.[2] O impacto desses trabalhos foi tão amplo que, junto do Locke como suposto fundador do liberalismo e do Locke como a figura chave do empirismo, agora encontramos o "Locke, paladino do latifúndio, do império e da

---

1 Publicado originalmente em MUTHU, Sankar (ed.). *Empire and Modern Political Thought*, chap. 4. CUP, 2012. Pela ajuda nas versões anteriores deste texto, sou particularmente grato a Daniel Carey, Tim Harris, Tom Leng, Karuna Mantena, Nagamitsu Miura, Sankar Muthu, Kiyoshi Shimokawa e Sonoko Yamada. Este texto é produto de meu trabalho numa edição dos escritos coloniais de Locke para *Clarendon Edition of the Works of John Locke*. Agradeço especialmente a Mark Goldie, John Milton e James Tully por seu paciente apoio a esse projeto.

* Tradução de Eunice Ostrensky. Os organizadores deste livro agradecem a David Armitage pela gentileza em nos ceder os direitos de publicação deste texto.

2 Ver em especial TULLY, 1993, p. 137-76; ARNEIL, 1996; IVISON, 2003, p. 86-105; ARMITAGE, 2004; FARR, 2008. Sobre a abordagem mais geral dos estudos do império entre teóricos políticos e historiadores do pensamento político, ver PITTS, 2010.

apropriação das terras dos ameríndios".³ Locke afinal se alinhou ao cânone de teóricos do império. Mas até que ponto ele merece esse lugar?

A experiência e as práticas do imperialismo nos quase dois séculos entre 1757 e 1960 – isto é, do início da dominação militar europeia no sul da Ásia à primeira onda de descolonização formal fora da Europa – moldaram profundamente a compreensão do que poderia significar ser um teórico do império. James Tully sintetizou sucintamente os principais aspectos da visão imperial europeia nesse período:

> É imperial nos três sentidos dessa palavra polissêmica. Ela classifica todas as culturas não europeias como "inferiores" ou "baixas" do ponto de vista da pretensa orientação da civilização europeia *em direção à* cultura universal; ela serve para legitimar o imperialismo europeu, não no sentido de estar "certo"[...], mas no sentido de estar na direção da natureza e da história, e por ser a precondição de uma ordem definitiva, justa, racional e mundial; e é imposta a povos não europeus como sua autocompreensão cultural no curso do imperialismo europeu e *do* federalismo (TULLY, 2008, p. 27; os itálicos são de Tully).

O exemplo imediato de Tully aqui é Immanuel Kant visto pelas lentes de *Cultura e imperialismo* (1993), de Edward Said, mas as análises dos vínculos entre Locke e o império partilharam muitas das mesmas pressuposições. Ele foi considerado um pensador "imperial" nestes três sentidos: por colocar os povos do mundo numa ordem hierárquica na qual os europeus ocupam o topo; por legitimar o imperialismo europeu no interior de uma visão progressista da história; e por propor qualidades europeias – mais especificamente, a racionalidade europeia – como padrão para julgar e conduzir outros povos.[4] Com base nisso, haveria agora um consenso amplo de que Locke possui tanto direito a ser um teórico do império como qualquer outro proponente do "credo conscientemente universal, político, ético e epistemológico" do liberalismo, incluindo Bentham, James e John Stuart Mill, e Macaulay (para ficar apenas nos exemplos britânicos).[5]

---

3   ISRAEL, 2006a, p. 529; ver, entretanto, em ISRAEL, 2006b, p. 546, 603-5, uma admissão mais moderada de que "não é inteiramente correto pintar Locke como um ideólogo do império" (p. 604).

4   Ver em especial PAREKH, 1995, p. 81-98; MEHTA, 1999. Questionamentos argutos das suposições sumarizadas aqui se encontram em CAREY & SVEN, 2009, p. 240-280, e HSUEH, 2010, p. 1-24.

5   MEHTA, 1999, cap. 1. Uma crítica esclarecedora dessa leitura do liberalismo se encontra em PITTS, 2005.

A distância filosófica entre Locke e Kant, ou entre Locke e os utilitaristas, deveria causar alguma hesitação antes de se afirmar esse consenso, como ocorre com as diferenças entre as formas e concepções do império encontradas nos séculos XVII e XIX.[6] O argumento deste texto é o de que Locke foi claramente um pensador *colonial*. No entanto, também defendo que não se pode aplicar corretamente a ele o rótulo de "imperial" porque ele não esposou ou elaborou uma ordem hierárquica de populações, menos ainda uma ordem que colocaria os europeus acima ou mesmo apartados de outros grupos, porque ele viu que a própria racionalidade se distribuiria igualmente entre populações humanas e que as marcas usuais da civilização seriam contingentes e frágeis. O texto conclui que é possível explicar alguns dos traços especificamente atlânticos do pensamento de Locke por meio de suas conexões com a atividade colonial inglesa, e que ele somente forneceu fundamentos limitados sobre os quais os pensadores "imperiais" posteriores erigiriam suas justificações para o assentamento europeu e para a expropriação indígena.

## John Locke, pensador colonial

Não resta dúvida de que Locke era um pensador colonial, se com isso entendemos tão-só alguém que dedicou muita reflexão e atenção ao assentamento e governo das colônias. De fato, ele se envolveu muito mais na atividade prática de promover e gerir assentamentos do que qualquer outro pensador político europeu entre o início do século XVII, quando Hugo Grócio escreveu mandados judiciais para a Companhia Holandesa das Índias Orientais, e o século XIX, quando os Mill trabalharam para a Companhia Britânica das Índias Orientais.[7] Seu primeiro cargo administrativo foi o de secretário dos Lordes Proprietários da Carolina, de 1669 a 1675, quando se envolveu na redação das *Constituições fundamentais da Carolina* (1669 e revisões posteriores).[8] Entre as cláusulas da primeira estrutura de governo da Carolina, estava a criação de uma classe hereditária de "solarengos" (*leet men*) que estavam atados à terra e a introdução

---

6   A respeito de Kant e o império, ver em particular MUTHU, 2003, cap. 5; sobre as variedades de império, ver ARMITAGE, 1998, PORTER, 1999, p. 167-78, e TULLY, 2009, p. 3-29.

7   Sobre Grotius, ver ITTERSUM, 2006; sobre os Mills e seu *milieu*, ver em particular STOKES, 1959, SCHULZ & VAROUXAKIS, 2005.

8   Uma análise sobre os indícios da participação de Locke nas *Constituições fundamentais* encontra-se em MILTON, 1990, p. 111-33, ARMITAGE, 2004, e MILTON, 2007, p. 260-265.

de escravos cativos, sobre os quais todo "homem livre da Carolina" tinha "poder e autoridade absoluta", isto é, poder de vida e morte (LOCKE, 2007, p. 206, 224).[9]

Locke jamais discordou, pública ou privadamente, das cláusulas mais rígidas das *Constituições fundamentais*, embora também seja possível que ele tenha desempenhado algum papel na expansão dos limites da tolerância religiosa na Carolina e na proteção aos povos indígenas. As *Constituições* cultuavam a tolerância a todos os teístas, incluindo "pagãos, judeus e outros dissidentes da pureza da religião cristã". Posteriormente surgem também testemunhos de que Locke se opôs à cláusula que instituía a Igreja Anglicana na Carolina e é possível que ele tenha sido responsável pelas leis suplementares acrescentadas às *Constituições* em 1671 proibindo a escravidão de indígenas locais (LOCKE, 2007, § 87, p. 221).[10] Os Proprietários claramente aprovaram o trabalho de Locke, pois, em 1671, concederam-lhe o título de "landgrave" hereditário por sua grande sabedoria, erudição e destreza na redação dessa forma de governo e na sua instituição às margens do Rio Ashley na Carolina (*magna sua prudentia, eruditione et indústria tam in stabilienda regiminis forma, quam in Coloniis ad Flumen Ashleium collocandis*). Locke jamais ocupou os 48.000 acres de terra recebidos e a certa altura tentou vender seu título, mas ele nunca repudiou sua colaboração com os Proprietários e até sua morte, em 1704, parece ter se orgulhado das *Constituições fundamentais*.[11]

Por causa de suas conexões na Carolina, Locke se tornou o primeiro filósofo europeu desde Michel de Montaigne, mais de um século antes, a encontrar e interrogar americanos nativos na Europa. Em 1670, dois filhos do "Imperador" da aldeia Kiawah de Cofitachequi, na Carolina, viajaram para a Inglaterra via Barbados. Eles foram batizados, em inglês, de Honest e Just. Pouco se sabe sobre suas andanças antes de regressarem à Carolina em 1672, mas parece claro que Locke conversou com eles antes de completar o segundo esboço de seu *Ensaio sobre o entendimento humano* em 1671.[12] Ele comparou, no que agora se conhece como "Esboço B" do *Ensaio*, o cômputo matemático à linguagem humana e especulou que todo cálculo consistiria de apenas três operações: adição, subtração e comparação. Locke argumentou que, se um número se

---

9   *As constituições fundamentais da Carolina* (1669), §§ 22-23, 110.

10  MARSHALL, 2006, p. 599-600; DES MAIZEAUX, 1720, nº 42; The [British] National Archives, Kew (daqui para frente, NA), CO 5/286, fol. 41r, Leis temporárias para a Carolina (dezembro de 1671), publicado em [W. J. Rivers], 1856, p. 353. Essas "leis" estão escritas com a letra de Locke.

11  Bodleian Library, Oxford, Locke Manuscripts (daqui para frente, Bod. MS Locke), b. 5/9 (4 de abril de 1671); ARMITAGE, 2004, p. 608-611.

12  CHILDS, 1963, p. 27; VAUGHAN, 2006, p. 104; FARR, 2008, p. 498; FARR, 2009, p. 19-77.

torna tão grande que não se pode redescrevê-lo usando os nomes de números menores, torna-se impossível conceber a ideia de uma soma tão enorme:

> ... E essa, penso eu, é a razão pela qual alguns indígenas *com quem conversei*, que de resto possuíam rápidas capacidades racionais, não conseguirem, como nós, contar até 1000, embora conseguissem muito bem contar até 20. Por ser escassa e adaptada às poucas necessidades de uma vida pobre e simples, sem familiaridade com o comércio ou as matemáticas, sua língua não possuía nenhuma palavra que representasse o milhar. Assim, se conversasses com eles sobre esses grandes números, eles te mostrariam os cabelos de suas cabeças para expressar a grande multidão que não conseguiam numerar (LOCKE, 1990, I, 157; ênfases acrescidas).[13]

Quando Locke incorporou uma versão revista dessa passagem à versão publicada do *Ensaio* (1690), ele comparou as restrições do conhecimento matemático dos *"americanos"* aos limites similares encontrados nas capacidades racionais dos europeus: "Não duvido de que nós mesmos poderíamos numerar com palavras muito mais distintamente do que estamos acostumados a fazer, caso encontrássemos algumas denominações apropriadas para exprimir esses números" (LOCKE, 1975, II. xvi. 6; p. 207). Tal ceticismo viria a ser característico de seus escritos tardios sobre esse assunto. O encontro com Honest e Just ajudou a moldar a concepção de Locke sobre as capacidades racionais dos americanos nativos e a impedi-lo de concluir que só os europeus possuiriam uma autocompreensão cultural superior.

Entre 1672 e 1676, Locke acompanhou seu patrono, o primeiro Conde de Shaftesbury, tornando-se acionista e coproprietário de uma companhia criada para comerciar entre as Bahamas e a América continental.[14] Em setembro de 1672, ele também foi citado na carta da Companhia Real Africana, o monopólio inglês para o comércio de escravos.[15] Em 1673-4, ele tornou-se secretário e também tesoureiro do Conselho

---

13    Original do "Esboço B", § 50, do *Ensaio* é de 1671.

14    Hampshire Record Office, Winchester, Malmesbury Papers, 7M54/232, Articles of Agreement of the Bahamas Adventurers (4 de setembro de 1672); Biblioteca Britânica, Londres (doravante, BL), Add. MS 15640, fols. 3$^r$-8$^v$, 9$^r$-15$^r$; HALEY, 1968, p. 232-233. Sobre a concepção colonial de Shaftesbury, ver LENG (no prelo).

15    NA, C 66/3136/45, CO 268/1/11 (27 de setembro de 1672).

de Comércio e Assentamentos Estrangeiros.[16] Além disso, de 1696 até que problemas de saúde o obrigassem a renunciar ao cargo em 1700, Locke esteve entre os primeiros Comissários indicados para a Junta Comercial Inglesa, principal órgão administrativo de supervisão do comércio e das colônias no mundo atlântico. Enquanto ocupou esse cargo, ele assegurou a um correspondente na Virginia que "a prosperidade dos assentamentos, mediante regulamentos adequados e justos, é o que desejo e sempre desejarei", e ele sempre foi atuante nesses conselhos enquanto sua frágil saúde lhe permitiu.[17] As tarefas administrativas e os investimentos financeiros ao longo de quatro décadas deram a Locke a experiência prática da atividade colonial e comercial inglesa na América do Norte, de Nova York à Carolina, no Caribe, Irlanda e África.[18] Quando renunciou ao cargo na Junta Comercial, em junho de 1700, ele havia se tornado um dos dois observadores mais bem informados do mundo inglês atlântico no final do século XVII: apenas seu rival na Junta Comercial, o administrador de carreira Sir William Blathwayt, detinha um conhecimento mais abrangente da administração colonial inglesa naquela época (MURISON, 2007, p. 33-4).

A experiência de Locke na administração colonial permitiu-lhe ao mesmo tempo ampliar seus horizontes e restringir seus interesses. Durante as décadas finais do século XVII, quando mais do que nunca Locke esteve envolvido em assuntos coloniais, "há indícios de aguçamento de distinções jurídicas entre os oceanos Atlântico e Índico". Quase todas as atividades da Junta Comercial se concentravam no mundo atlântico e os assuntos relativos ao Oceano Índico apenas eram considerados quando produziam implicações naquela arena, como no caso da pirataria global, por exemplo.[19] Seus escritos econômicos apresentam indícios de que o Atlântico limitava, de maneira similar, essa visão imperial. Há uma única referência à arena do Oceano Índico em seus escritos econômicos, na qual ele implora a um antagonista o "favor de recordar as imensas quantias de dinheiro [...] transferidas todo ano para as *Índias Orientais,* em troca de

---

16 Biblioteca do Congresso, Washington, D. C, Phillipps MS 8539, pt. 1, Journals of the Council for [Trade and] Foreign Plantations, 1670-4; BIEBER, 1925, p. 93-106; BOTELLA-ORDINAS, 2010, p. 142-150.

17 Locke a James Blair, 16 de outubro de 1699. In: LOCKE, 1976, VI, 706; LASLETT, 1969, p. 137-164; KAMMEN, 1966, p. 141-169; TURNER, 2011, p. 267-297.

18 A maioria de seus escritos práticos relacionados a questões coloniais aparecerá em *Colonial Writings*, ed. David Armitage (Oxford, no prelo).

19 BENTON, 2005, p. 718; NA, CO 324/6, fols. 160$^r$-64$^v$, 166$^v$-71$^r$, 175; CO 5/1116, fols. 1$^r$-17$^v$; comparar a Bod. MS Locke c. 30, fols. 62-3, referendado como 'Pyracy 9+7'.

trazermos para o país mercadorias de consumo" (STERN, 2008, p. 253-83; LOCKE, 1991, I, p. 333). E Locke mencionou a Companhia das Índias Orientais apenas uma vez em textos impressos, em sua *Segunda carta sobre a tolerância* (1690), ao censurar seu opositor por não ver que a "sociedade civil" possui finalidades distintas de outras formas de associação humana: "De acordo com essa descrição, não haveria nenhuma diferença entre Igreja e Estado, entre república e exército ou entre uma família e a *Companhia das Índias Orientais*; até agora, considera-se que todas essas [associações] são formas distintas de sociedades, instituídas com diferentes finalidades" (LOCKE, 1690, p. 51). Ele somente investiu na Nova Companhia das Índias Orientais depois de deixar a Junta Comercial. Mesmo então ele conservou títulos por menos de um ano e os vendeu com pequeno prejuízo no verão de 1701 (Bod. MS Locke c. 1, fols. 106, 107).

A visão imperial de Locke, se comparada a de muitos economistas políticos ingleses contemporâneos, era menos abrangente. Por exemplo, Sir William Petty gradativamente expandiu seu raio de ação, partindo dos Três Reinos da Bretanha e Irlanda para o mundo atlântico e daí para uma concepção de política economicamente definida mas globalmente dispersa, na qual todos os interesses da Inglaterra – britânicos, americanos, africanos e asiáticos – seriam igualmente representados (ARMITAGE, 2000, p. 152-3; MCCORMICK, 2009, p. 230-3). Não menos abrangentes eram as análises de Charles Davenant e Henry Martyn a respeito do comércio das Índias Orientais da Inglaterra. Cada um deles julgou que o comércio asiático seria essencial para as fortunas inglesas e para a elaboração de um comércio interoceânico e global em geral. De acordo com suas análises, o ouro e prata extraídos das Américas poderiam ser trocados na Ásia tanto por bens de luxo como por mercadorias menos custosas, como as valorizadas e populares chitas, que eram exportadas da Índia para a Inglaterra e as colônias americanas. Para Martyn, em particular, a importação de tecidos mais baratos da Índia pode ter suplantado a indústria interna inglesa, mas esse era um efeito inevitável de vantagens comparativas para as quais o protecionismo não poderia fornecer solução: "Quando estivermos reduzidos ao trabalho simples, sem nenhuma espécie de artifício, pelo menos viveremos tão bem como os *índios* selvagens da *América,* os *hotentotes* da *África* ou os habitantes da Nova *Holanda*", observou ele sarcasticamente. Martyn amparou-se fortemente na comparação de Locke entre capacidades produtivas da Inglaterra e da América no *Segundo tratado* (II, 41) para embasar seu argumento. Essa dívida apenas indicava a ausência de comércios asiáticos na visão de Locke sobre a economia política, ausência ainda mais pungente pelo fato de que em 1696 Locke perdeu a oportunidade de perguntar a um visitante "japonês" em Londres "se a importação de ouro e prata" era proibida em seu país.[20]

Os limites da visão imperial de Locke se tornam ainda mais claros se a comparamos a outros colaboradores da tradição moderna de jurisprudência natural no século XVII. Por exemplo, os escritos fundamentais de Grotius sobre a lei natural surgiram originalmente de sua defesa das atividades da Companhia Holandesa das Índias Orientais nas costas do sudeste asiático, em especial em seu *De Mare Liberum* (1609), *locus classicus* de argumentos em favor da liberdade de comércio nos oceanos do mundo e obra que Locke certamente conhecia (GROTIUS, 2004; GROTIUS, 2006).[21] Mais adiante naquele século, a concepção de Samuel Pufendorf sobre a sociabilidade humana implicou uma concepção potencialmente global de sociedade comercial conectando os povos do mundo por meio de sistemas mutuamente sustentáveis de utilidade e troca (TUCK, 1999, p. 167-72). Essa visão "neoaristotélica" da sociabilidade natural encontrou seu paralelo no agostinianismo francês do final do século XVII, em especial na obra do teólogo e ensaísta francês Pierre Nicole. Conforme escreve Nicole em seu "Tratado da Paz" (1671), empregando o exemplo do comércio da Europa setentrional com o Extremo Oriente:

> O mundo é então nossa cidade. E, como habitantes dele, mantemos relações com toda a espécie humana, recebendo dela vantagens e desvantagens [*de l'utilité & tantôt du dommage*]. Os holandeses têm comércio com o Japão, nós [os franceses] temos com a Holanda e por isso temos comércio com esse povo, no mais longínquo fim do mundo... Ele está vinculado a nós de um lado ou de outro e todos entram nessa corrente que liga toda a raça humana por suas mútuas necessidades [*besoins reciproques*] (HONT, 2005, p. 45-51, 158-84; NICOLE, 1671; LOCKE, 2000, p. 117).[22]

A visão de Nicole sobre o comércio global aparece aqui de maneira muito fugaz, mas ela contrasta inteiramente com a concepção de comércio de Locke que se confinava, quase à revelia, somente ao mundo atlântico. Locke certamente conhecia a obra de

---

20   HONT, 2005, p. 201-222, 245-258; MARTYN, 1701, p. 58, 72-73; Locke para Hans Sloane, 15 de março de 1697. In: LOCKE, 1976, VI, 35-36. Sloane pensou que o visitante fosse um chinês de "Emoy" (atualmente Xiamen): Sloane para Locke, 18 de março de 1697. In: LOCKE, 1976, VI, 56.

21   Locke possuía o *Mare Liberum* (1609), de Grotius, numa edição de Grócio, *De jure belli ac pacis libri tres* (The Hague, 1680), Bod. Locke 9. 99.

22   Ver também CUMBERLAND, 2005 (1672), p. 318.

Nicole, já que ele traduziu o "Tratado da Paz" em meados da década de 1670. No entanto, sua economia e teoria políticas permaneceram mais limitadas do que a de Nicole; seu universalismo era mais restrito do que o de Grócio ou Pufendorf em seu âmbito de referência. Como veremos, essa combinação de cosmopolitismo e concentração regional caracterizava o universalismo de Locke, entendido de modo mais amplo.

## Os limites do universalismo lockiano

Locke às vezes brincava com os amigos de que migraria para a Nova Inglaterra ou Carolina, mas o lugar mais ocidental para onde ele viajou foi seu condado nativo de Somerset. Aliás, ele só viu o Oceano Atlântico aos 56 anos de idade e depois disso apenas de La Rochelle, na França. Nesse aspecto, é possível compará-lo ao seu amigo Sir Isaac Newton, que sempre viveu encerrado enquanto também atuava, a exemplo de Locke, como "um elo fundamental entre a ordem de informação colonial e o regime de conhecimento empírico forjado nas décadas finais do século XVII".[23] Entretanto, ao contrário de Newton, Locke passou longos períodos fora da Inglaterra, incluindo quatro anos viajando na França (1675-9) e seis anos em exílio na Holanda (1683-9). Também sua correspondência compreendia quase uma rede mundial: entre quase 4000 cartas dele e para ele que sobrevivem, há itens do Caribe, Nova Inglaterra, Virginia e Carolina, bem como de Bengala e China, sem falar de amplas trocas com amigos e conhecidos na Escócia, Irlanda, França, Países Baixos, Alemanha e Suécia. Entre redes de correspondências do século XVII, apenas as do jesuíta Athanasius Kircher e do filósofo Gottfried Wilhelm Leibniz eram maiores em volume e extensão.[24] Durante os anos que passou na Europa ele recolheu inúmeros relatos acerca do mundo extraeuropeu. Na época de sua morte, a coleção de livros de viagem de Locke era uma das maiores já reunidas na Grã-Bretanha e compreendia 195 livros, muitos mapas e um portfólio de ilustrações etnográficas "de habitantes de várias partes remotas do mundo, principalmente das Índias Ocidentais", que incluía representações de lapões, brasileiros, "canibais", "hotentotes" do Cabo da Boa Esperança, e dos habitantes de Java, Amboina, Macassar, Malaia, Ternate, Tonkin, Japão, China e "Tartária".[25]

---

23  LOCKE, 1976, I, 379, 590, II, 27, 34, 40, 68, 95, 105, 132, 141, 147, 441, 444; Bod. MS Locke f. 28, fol. 19. LOUGH (ed.), 1953, p. 232: "Essa foi a primeira vez na minha vida que eu vi o oceano" (7 de setembro de 1678); SCHAFFER, 2009, p. 247.

24  GOLDIE, 2002, p. VIII, XVIII; FINDLEN (ed.), 2004; LODGE (ed.), 2004.

25  BL Add. MS 5253; Locke para William Charleton, 2 de agosto de 1687. In: LOCKE, 1976, III, 240.

Ao compilar suas mais importantes obras publicadas, Locke explorou sua biblioteca e investigou nas suas conexões globais dados a respeito de assuntos médicos, teológicos, etnográficos, sociais e políticos. O maior impacto disso se encontra nas primeiras cinco edições do *Ensaio sobre o entendimento humano* (1690-1706), nas quais informações sobre a diversidade das crenças humanas forneceram crucial munição para seus argumentos contra o suposto inatismo das ideias. A principal prova em favor do inatismo era a ideia de Deus. Locke argumentava que, se não fosse possível mostrar que nem mesmo essa ideia, aparentemente a mais fundamental de todas, é universal, então com certeza não se poderia afirmar que nenhuma outra é inata, "pois é difícil conceber como haveria princípios morais inatos, sem uma *ideia* inata de *divindade*". Ele apresentou contraprovas disso com base nos relatos sobre "o que a navegação descobriu nestes últimos tempos" (LOCKE, 1975, I. iv. 8; p. 87-88). Não contente com um ou dois exemplos para combater o inatismo, ele continuou a anexar material empírico a essa passagem e outras semelhantes até que, na primeira edição póstuma do *Ensaio* (1706), "chegasse a 16 o número de autoridades citadas... Os locais que elas descreviam variavam do Cáucaso e Lapônia ao Brasil, Paraguai, Sião, China, Cabo da Boa Esperança e outros". Assim, Locke utilizou mais informação etnográfica do que qualquer outro filósofo na Grã-Bretanha antes do século XVIII (CAREY, 2006, p. 71-92; CAREY, 1996, p. 263).[26]

O conhecimento de Locke acerca da literatura de viagem e as informações que ele recolheu como funcionário de empreendimentos coloniais estimularam seu ceticismo sobre as capacidades humanas e sobre a suposta superioridade dos europeus. Nas primeiras aulas que ministrou em Oxford, agora conhecidas como os *Ensaios sobre a lei de natureza* (c. 1663-4), Locke julgou duramente "as tribos primitivas e incultas [*barbaras ... et nudas gentes*]", "porque entre muitas delas não se manifesta o menor traço ou vestígio de piedade, misericórdia, fidelidade, castidade e o restante das virtudes". Nesse sentido, ele não distinguia os povos da "Ásia e da América, que não se consideram obrigados às mesmas leis, separados que estão de nós por longas porções de terra, sem familiaridade com nossa moral e nossas crenças [*nec moribus nostris aut opinionibus assueti*] (LOCKE, 1954, p. 140/141, 162/163). O reconhecimento da diversidade foi útil à crescente crítica de Locke às ideias inatas, mas sua avaliação dessa diversidade viria a se tornar mais complexa nos escritos tardios, iniciados no final da década de 1660 e começo da década de 1670. Seus argumentos mais refinados a esse respeito não se

---

26 Anos antes Locke havia invocado o ateísmo dos habitantes do Brasil e da Baía de Soldânia nos *Ensaios sobre a lei de natureza* (c. 1663-4): LOCKE, 1954, p. 172-174/173-175.

encaixam com facilidade no estereótipo imperial de um teórico imperial que classificava hierarquicamente os povos do mundo e colocava alguns dentro, mas muitos fora, do âmbito do liberalismo.

Tornou-se lugar-comum afirmar que a modalidade de liberalismo o qual frequentemente retrocede a Locke era ao mesmo tempo inclusivo e universal na *teoria,* mas exclusivista e contingente na *prática.* Segundo o mais eloquente e sutil defensor dessa posição, "como fenômeno histórico, o período da história liberal é inequivocamente marcado pela exclusão política sistemática e uniforme de vários grupos e 'tipos' de povos".[27] Entre as categorias de pessoas às quais se negavam os benefícios e os direitos que o liberalismo teoricamente prometia a todos os seres humanos, encontravam-se, sortidamente, povos indígenas, escravizados, mulheres, crianças e os mentalmente incapazes, os que Locke chamava de "loucos" e "idiotas". O principal critério empregado para excluir essas pessoas era sua falta de racionalidade e já se argumentou que "o índio americano é o exemplo que Locke utiliza para demonstrar a falta de razão" (ARNEIL, 2007, p. 209-222, 216; citado). No entanto, como vimos, Locke não acusou os americanos nativos de irracionalidade, mesmo quando os condenou, em 1663-4, por impiedade, falta de misericórdia, infidelidade, promiscuidade e outros vícios. Na verdade, como também vimos, em 1671 ele escreveu sobre "as céleres partes racionais" dos índios da Carolina a quem entrevistou na Inglaterra.

Apenas no *Primeiro tratado sobre o governo* Locke denominou de "irracionais" os povos indígenas e somente com a finalidade de louvar sua sabedoria inculta, em contraste com a sofisticação das nações supostamente civilizadas: "Quem se puser a investigar o mundo com imparcialidade [...] terá razão para pensar que as selvas e florestas, onde os habitantes irracionais e ignorantes observam o direito seguindo a natureza, estão mais preparadas para nos fornecer regras do que as cidades e palácios, onde os que se intitulam civilizados e racionais desviam-se de seu caminho pela autoridade do exemplo" (I. 58). Em geral, Locke encontrava mais desigualdades de capacidade *dentro* de pessoas particulares do que *entre* elas. Daí ele argumentar, em *A conduta do entendimento* (1697), que "entre homens de educação equivalente encontra-se uma grande desigualdade de talentos. As florestas da América, assim como as Escolas de Atenas, produzem homens da mesma espécie com habilidades variadas" (LOCKE, 2000b, p. 156). A diferença mais fundamental entre "americanos" e europeus, portanto, não reside nas

---

27 MEHTA, 1999, p. 46-7 (sobre a exclusão, citado), p. 52-64 (sobre Locke); compare com MEHTA, 1990, p. 427-54; SARTORI, 2006, p. 623-642; GREENE (ed.), 2010.

suas capacidades intelectuais, mas em suas circunstâncias contingentes, sua educação, suas necessidades moldadas pelo meio ambiente.

Ao longo de suas obras, Locke argumentou de maneira consistente que Deus nos envia a esta vida sem ideias inatas ou quaisquer outras "conveniências físicas da vida" (para usar um dos fraseados preferidos de Locke). Seria necessário que os seres humanos exercessem seu esforço físico e mental sobre criações divinas que do contrário permaneceriam inertes, porque é da "condição da vida humana [...] exigir trabalho e materiais nos quais trabalhar" (II. 35).[28] Seres humanos jamais poderiam acrescentar ou subtrair algo à criação divina, tendo, isso sim, o dever de construí-la para os próprios projetos, mental e fisicamente. O que poderíamos designar de entendimento "construtivista" de Locke sobre o trabalho humano era fundamental para sua epistemologia no *Ensaio sobre o entendimento humano:*

> O domínio do homem, nesse pequeno mundo de seu próprio entendimento, é exatamente igual ao do grande mundo das coisas visíveis, no qual seu poder, embora conduzido com arte e destreza, não vai além de compor e dividir materiais que são feitos para suas mãos... (LOCKE, 1975, p. 120; II. ii. 2)

Cabe a nós dotarmo-nos de um estoque de ideias, do mesmo modo que devemos transformar a natureza em materiais para o nosso uso: "é falta de indústria e consideração em nós, não de bondade Nele, se não as possuímos" (LOCKE, 1975, I, iv, 16). Assim, mesmo a ideia de Deus poderia faltar, do mesmo modo que faltam construções físicas como pontes ou casas, se os humanos não agem de maneira industriosa, se deixam de aproveitar as oportunidades que Deus lhes concede ou se são constrangidos a suas circunstâncias limitadas, como o povo das "Índias Ocidentais":

> a natureza nos provê somente de matérias que estão, na maioria, em estado bruto e inadequado para nossos usos. É preciso trabalho, arte e pensamento para adequá-los a nossas necessidades, e, se o conhecimento dos homens não houvesse encontrado maneiras de diminuir o trabalho e melhorar várias coisas que não parecem, à primeira vista, úteis para nós, deveríamos gastar todo o nosso tempo a fazer uma escassa provisão para uma vida pobre e miserável. Temos um bom exemplo disso nos

---

28 Compare-se com HUNDERT, 1972, p. 3-22.

habitantes dessa ampla e fértil região do mundo, as Índias Ocidentais. Eles viviam uma vida laboriosa pobre e desconfortável, [e] apesar de todo o seu engenho mal [eram] capazes de subsistir. Isso talvez se devesse ao fato de desconhecerem o uso da pedra com a qual os habitantes do Velho Mundo adquiriram a habilidade de produzir ferro... (Bod. MS Locke f. 2, p. 44; LOCKE, 2007, p. 323-324).[29]

Seria possível atribuir à presença ou ausência de ferramentas ou artigos adequados toda a diferença de produtividade de certos povos. Esses aparatos são acidentais e externos; eles não têm nenhuma relação com as capacidades supostamente inatas de indivíduos ou grupos.

Locke era um consumado nominalista e não defendia nenhuma diferença étnica inerente, muito menos racial. Qualquer pessoa poderia subir ou baixar na escala de civilidade conforme os materiais que a natureza lhe concedesse: "se o uso do *ferro* houvesse se perdido entre nós, em pouco tempo estaríamos inevitavelmente reduzidos às necessidades e à ignorância dos antigos *selvagens* americanos, cujos dotes e provisões naturais de modo algum ficam aquém aos das nações mais florescentes e educadas" (LOCKE, 1975, p. 646; IV. xii. 11).[30] Ele também acreditava firmemente na racionalidade nos nativos americanos e que as vantagens desfrutadas por europeus, mesmo por filósofos como ele, eram acidentais: "se *Apochancana,* rei da Virgínia, tivesse se educado na *Inglaterra*, ele seria, talvez, tão erudito como um teólogo e tão bom matemático como qualquer outro". (LOCKE, 1975, I. iv. 12; p. 95).[31] Seria bastante possível que a ausência dessas vantagens tornasse os ingleses tão irracionais como os americanos se tornaram porque lhes faltavam certas invenções humanas: "sem livros, talvez fôssemos tão ignorantes como os índios, cujas mentes são tão desnudas quanto os corpos" (LOCKE, 2007, p. 454).[32] A ênfase de Locke na contingência e na reversibilidade de tudo quanto pensadores posteriores consideraram como marcas de civilização mais elevada, portanto, torna impossível chamá-lo de teórico imperial, sob o fundamento de que ele classificava as culturas segundo uma visão progressista da história humana.

29  John Locke, "Entendimento" (8 de fevereiro de 1677).
30  Sobre o antiessencialismo de Locke, ver as discussões em WALDRON, 2002, cap. 3; ANSTEY & HARRIS, 2006, p. 151-171.
31  No "Esboço B" do *Ensaio*, Locke empregou o mesmo argumento, exemplificando com outro líder indígena da Virgínia, Tottepottemay; ver LOCKE (1990-), § 12, I, 120, referindo-se a [Lederer], 1672, p. 7; FARR, 2009, p. 40-50.
32  "Estudo", 27 de março de 1677.

## John Locke e a legitimação do império

Pode-se descrever Locke como um teórico do *império* apenas de acordo um uma definição superficial e restrita desse termo. De acordo com o uso que se fazia no início da era moderna, os significados de "império" reuniam-se em torno de dois principais referentes: império como soberania (*imperium*) e império como Estado composto (AR-MITAGE, 2000, p. 29-32). Locke certamente teria reconhecido o significado de "império" como soberania ou *imperium* e compreendido que se aplicava ao território, como na passagem do *Segundo tratado,* em que ele descreve como "os vários Estados e reinos" do mundo fixaram, por meio de acordo positivo, a propriedade entre eles em diferentes partes e porções da Terra" (II. 45). No entanto, não há nenhum indício de que ele teria compreendido "império" com referência a um Estado composto: por exemplo, os termos "império inglês" ou "império britânico" não aparecem em lugar algum de seus escritos. Tampouco em lugar algum concebeu um império em termos que teóricos posteriores poderiam reconhecer: como uma organização política territorialmente definida, que suspende a diversidade no interior da unidade, em geral em benefício da autoridade da metrópole ou de outra autoridade central.[33] Em relação à sua teoria estritamente política (em especial nos *Dois tratados sobre o governo),* ele era um teórico da república ou do Estado, não um teórico do império. Como então identificá-lo a um teórico imperial?

É possível fornecer três respostas a essa pergunta, duas históricas e uma mais diretamente textual. A primeira recua ao século XVIII e início do XIX, quando os oponentes de Locke o identificaram a um teórico tributário da experiência do império. Críticos daquela época sublinharam duas características específicas de sua teoria política: a proeminência de americanos nativos em sua descrição do estado de natureza e a centralidade da escravidão para o sistema colonial imaginado nas *Constituições fundamentais da Carolina.* Nesse sentido, logo após a morte de Locke, seu ex-pupilo, o 3º Conde de Shaftesbury, condenou "o crédulo Sr. Locke por suas bárbaras histórias sobre nações selvagens".[34] Sessenta anos mais tarde, o apologista anglicano George Horne, mais tarde bispo de Norwich, apresentou uma objeção semelhante ao apelo de Locke ao exemplo do americano nativo: "Esse não é um estado de natureza, mas o estado mais *antinatural* do mundo para criaturas feitas à imagem de Deus. E vai

---

33 Compare-se a MAIER, 2006, p. 20-1, em relação ao império como "um sistema de regras que provoca uma transformação interna na sociedade, mesmo ao estabilizar a desigualdade transnacionalmente, ao replicá-la geograficamente, no centro e na periferia".

34 3º Conde de Shaftesbury para Michael Ainsworth, 3 junho de 1709. In: RAND, 1900, p. 403-4.

um filósofo polido, nesses dias esclarecidos, mandar-nos estudar política sob os tutores Cherokee!'[35] Durante a Revolução Norte-Americana, o conservador Josiah Tucker, deão de Gloucester, afirmou repedias vezes que o caráter rebelde dos colonos era fruto de sua ligação com a teoria política de Locke. Assim, uma de suas estratégias para desacreditar a revolucionária ideologia norte-americana consistiu em atacar as teorias do "Sr. LOCKE e seus seguidores", sob o argumento de que eles apresentavam equivocadamente "as tribos dos *índios* selvagens" como exemplos de sociabilidade humana num estado de natureza: "Tomara que eles não atordoem nossos ouvidos com os exemplos dos selvagens da *América* como provas e ilustrações de suas hipóteses. Se discutidos de cabo a rabo e examinados com cuidado, esses exemplos provarão justamente o contrário...". Locke e seus discípulos, prosseguia Tucker, ignoravam a verdadeira natureza dos americanos nativos, "ou devem ter bancado uns grandes dissimulados quando apelaram para eles" (TUCKER, 1781, p. 200-201; POCOCK, 2003, p. 215-230). Shaftesbury, Horne e Tucker compartilhavam preconceitos quanto as capacidades de povos indígenas, associados com uma visão altamente imperial. A distância crítica entre eles e Locke é mais um indício da dificuldade de assimilá-lo às teorias imperiais posteriores.

Os críticos de Locke também o acusavam de hipocrisia em relação a outro povo subalterno enredado na experiência do império: africanos escravizados e afro-americanos. Tucker, mais uma vez, notou que nas *Constituições fundamentais* Locke "estabelece como máxima invariável ... Que todo homem livre da *Carolina* terá PODER E AUTORIDADE ABSOLUTA sobre seus escravos negros.'" Como conciliar isso com a afirmação, nas linhas iniciais dos *Dois tratados sobre o governo*, de que "a escravidão constitui um estado tão vil e miserável do homem ... que se torna difícil conceber um *inglês*, muito menos um *cavalheiro*, capaz de a justificar"? Isso basta para "o humano Sr. LOCKE, Grande e glorioso defensor dos direitos e liberdades naturais da humanidade!". Tucker considerava que, a esse respeito, Locke era exatamente igual a todos os "republicanos" ou aqueles a quem chamaríamos de liberais, isto é, os favoráveis a igualar todas as hierarquias acima deles, enquanto "tiranizam todos os que o acaso ou o azar colocaram abaixo deles" ([TUCKER], 1776, p. 103-4; TUCKER, 1781, p. 168; LOCKE, 1998, I, § 1, p. 203). (Isso poderia ser visto como um antepassado do argumento segundo o qual o liberalismo é um "credo" exclusivista por natureza.) Meio século depois, em 1829, Jeremy Bentham utilizou a mesma característica das *Constituições Fundamentais* para ridicularizar Locke

---

35 George Horne, "*Mr. Locke*, Consideration on His Scheme of an Original Compact" (num sermão perante o tribunal, em Oxford, originalmente proferido em 1769 e revisado *c.* 1792). In: GOLDIE (ed.), 1999, III, 229-238.

por sua ligação com a propriedade privada. Se ter propriedade fosse o critério de participação política, acusava Bentham, então se poderia encontrar sua *reductio ad absurdum* entre os escravistas do Caribe Britânico: "Propriedade como único objeto que merece a atenção do governo. Somente pessoas que a possuem têm direito de ser representadas. Índias Ocidentais, meridiano para esses princípios deste paladino da liberdade": o próprio Locke (BENTHAM, 1829, p. 432, nota marginal, p. 433).

A segunda resposta histórica à pergunta "como Locke poderia ser considerado um teórico do império" seria que seus argumentos foram, de fato, frequentemente usados em colônias de assentamentos ao redor do mundo, e por outros teóricos que promoveram assentamentos europeus fora da Europa, para justificar a expropriação de povos indígenas. Por exemplo, no início do século XVII, no contexto das reivindicações dos assentados contra o título nativo dos Mohegans de Connecticut, Locke poderia ser citado para se argumentar que os índios eram povos pré-civis que tinham menos direito às terras nas quais viviam do que os colonos ingleses mais industriosos (BULKLEY, 1725, "Prefácio", p. XV-LVI).[36] Esse argumento, designado de "agriculturalista", alcançou sua máxima influência na versão infletida pela economia política dos fisiocratas que o jurista suíço Emer de Vattel propagou em seu *Droit des gens* (1758). De acordo com essa versão, os povos que, "para se esquivarem do trabalho, preferem viver apenas da caça e de seus rebanhos", levavam um "modo de vida ocioso, usurpavam territórios mais extensos do que [...] necessitariam e, portanto, não teriam motivos para reclamar se outras nações, mais industriosas e demasiadamente estreitas, viessem a tomar posse de parte daquelas terras". Desse argumento seguia-se que "o assentamento de inúmeras colônias no Continente da América do Norte poderia, caso se confinasse a justos limites, ser extremamente legítimo" (VATTEL, 2008, I. vii. 81; p. 129-30). Os argumentos de Vattel tiveram uma grande difusão no mundo inteiro por meio dos circuitos de império nos séculos XVIII e XIX; sua força se fazia sentir quando, por exemplo, o *Sydney Herald* proclamou, em 1838, que para os aborígenes a Austrália era somente "[terra] comum – eles não aplicavam nenhum trabalho sobre a terra – não tinham mais domínio, mais direito, do que o do casuar ou do canguru" (*apud* IVISON, 2006, p. 197).[37] Essa era uma justificativa teórica para os fundamentos da propriedade num contexto imperial: certamente era lockiano na forma, mas não diretamente lockiano na origem.

---

36 Ver TULLY, 1993, p. 166-8; YIRUSH, 2011, cap. 4, "John Bulkley and the Mohegans".
37 Sobre a persistência de argumentos vattelianos no pensamento imperial britânico do século XIX, ver CLAEYS, 2010, p. 16-18, 108-9, 140, 202, 238, 263, 284-5.

Assim como essas reiterações imperiais dos argumentos de Locke, a terceira resposta, resposta textual, ao problema da identificação de Locke como teórico do império retoma os *Dois tratados sobre o governo*. As alusões a povos não europeus nos *Dois tratados* são quase exclusivamente retiradas das Américas. Há apenas duas referências passageiras à Ásia nos *Tratados*: a primeira, aos chineses como "um povo imenso e civilizado" (I. 141); a segunda, às deletérias consequências da monarquia absoluta que Robert Knox havia retratado em sua "última relação de *Ceilão*" (1680) (II. 2), que Locke adquiriu em 1681 (KNOX, 1680, p. 43-47; LOCKE, 1997, II, § 92, nota 2; p. 463).[38] De resto, os exemplos históricos e etnográficos que Locke emprega referiam-se aos "*Americanos*", quer dizer, americanos nativos, seguidos de referências ocasionais a assentados crioulos. Desse modo, no *Primeiro Tratado* Locke recorreu a exemplos do Peru,[39] do assentamento da Carolina e de "pequenas tribos" "em muitas regiões da '*América*'," e de nossas "recentes Histórias da *América do Norte*" para ridicularizar o patriarcalismo de Sir Robert Filmer (I. 57, 145, 154). Na mesma obra, ele aludiu duas vezes ao "colono", "homem das *Índias Ocidentais* que tinha a seu lado os próprios filhos, amigos ou companheiros, soldados a paga ou escravos comprados a dinheiro", a fim de separar duas formas de autoridade que Filmer havia fundido: a soberania política e o poder de fazer guerra (I. 130, 131).

As alusões ainda mais frequentes no *Segundo tratado* também se limitavam aos americanos nativos. Nessa obra, "um *índio*" permanece fora do alcance da lei positiva feita na Europa (II. 9). O encontro entre "um *suíço* e um *índio*" "nas florestas da *América*" acontece num estado de natureza e por isso em suas tratativas os dois estão obrigados apenas às leis de natureza (II. 14). As estruturas familiares dos índios são flexíveis e matrilineares: "naquelas regiões da *América*, quando o marido e a mulher se separam, o que acontece com frequência, os filhos são todos deixados com a mãe, seguem-na e ficam inteiramente sob seu cuidado e provisão" (II. 65). Um sistema de monarquia absoluta na Europa não atenuaria os instintos de um tirano do outro lado do Atlântico: "Quem fosse insolente e ofensivo nas florestas da *América* provavelmente não seria muito melhor num trono" (II. 92). Todas as sociedades políticas se iniciam, não com uma hierarquia natural, mas com o consentimento, "e se pudermos aceitar a palavra de *José Acosta*, ele nos diz que em muitas regiões da *América* não havia nenhuma espécie de governo" (II. 102). "Conforme o que foi dito, encontramos os povos da

---

38  Ver WINTERBOTTON, 2009, p. 515-38.

39  Locke empregou o mesmo exemplo de canibalismo peruano de Garcilaso de la Vega no *Ensaio*. Ver LOCKE, 1975, I. iv. 9; p. 75). A respeito de Locke e Garcilaso, ver FUERST, 2000, p. 349-405.

*América*", prossegue Locke, "que, vivendo fora do alcance dos gládios dos conquistadores e do domínio expansionista dos dois grandes impérios do *Peru* e *México,* gozavam sua liberdade natural" (II. 105). Esses povos "não tinham nenhuma tentação de aumentar suas posses de terra ou disputar maiores extensões de solo" e "os reis dos *índios* na América, que ainda é um modelo das primeiras eras da *Ásia* e *Europa*" são "pouco mais do que generais de seus exércitos" (II. 108). Não lhes faltava um meio de troca, mas "o wampompeque dos *americanos"* tinha tanto valor para "um príncipe *europeu* [como] o dinheiro de prata teria no passado para um *americano"* (II. 184).[40]

Quase metade das alusões de Locke aos "americanos" encontra-se reunida num único capítulo do *Segundo tratado,* o capítulo V, "Da propriedade". Sua primeira imagem da comunidade original e positiva que Deus deu à humanidade antes da invenção da propriedade privada é o "fruto ou caça que nutre o *índio* selvagem, o qual desconhece cercas e ainda tem as terras em comum" (II. 26). Esse é o mesmo índio a quem "a lei da razão torna dele o cervo que ele abateu" (II. 30). Esses bens mostram que "a maior parte das coisas realmente úteis à vida do homem, como as que a necessidade de subsistir fez os primeiros das comunidades do mundo buscarem, como ocorre hoje com os *americanos,* têm em geral curta duração" (II. 46). Por isso, "diversas nações dos *americanos* são [...] ricas em terras pobres em todos os confortos da vida" (II. 41), conforme se pode ver comparando-se "um acre de terra que [na Inglaterra] produz vinte alqueires de trigo e outro na *América* [...] de mesmo valor intrínseco natural", mas de produtividade muito diferente (II. 43). Quem quer que "plantasse no interior da *América,* em locais desertos", não conseguiria aumentar em muito suas posses; mesmo se conseguisse, "que valor alguém daria a dez mil ou a cem mil acres de terras excelentes, já cultivadas e também bastante abastecidas de gado, em pleno interior da *América,* onde não tivesse esperança de comércio com outras partes do mundo que lhe trouxessem dinheiro pela venda do produto" (II. 36. 48)? Foi justamente desse fato que Locke extraiu sua famosa conclusão: "Portanto, no início o mundo inteiro era a *América,* ainda mais do que hoje, pois nada semelhante ao dinheiro era conhecido em lugar algum" (II. 49).

A proeminência dessas alusões à América nos *Dois tratados* e sua concentração no capítulo "Da propriedade" eram em parte produto das contínuas relações de Locke

---

40 Sobre a comparabilidade das moedas correntes, incluindo o *"Wampompeak",* num contexto colonial, ver também LOCKE, *Further Considerations Concerning Raising the Value of Money,* 3ª ed. (1696). In: KELLY (ed.), 1991, II, 426; William Molyneux para Locke, 6 de junho de 1696, In: LOCKE, 1976, V, 653.

com a Carolina no início da década de 1680. Durante o verão de 1682, Locke estava residindo na casa do Conde de Shaftesbury bem no momento em que os proprietários da Carolina estavam em campanha para ressuscitar a prosperidade da Carolina e revisavam as *Constituições fundamentais* para tornar suas cláusulas mais atraentes para um leque maior de potenciais colonos. Uma cópia impressa de janeiro de 1682 das *Constituições fundamentais* sobrevive com as correções e anotações de Locke, fornecendo indícios de que a América – e, por extensão, um tipo especificamente colonial de assentamento – ocupava boa parte de seus pensamentos naquele verão (LOCKE, 1682; ARMITAGE, 2004, p. 614-615). Um exame mais detalhado da composição e data dos *Dois tratados* sugere que Locke iniciara o *Segundo tratado* no final de 1680 ou começo de 1681, deixara-o de lado por algum tempo e o retomara novamente no início de 1682, antes de completar o manuscrito no final daquele ano. Também parece provável que "Da propriedade" estivesse entre os últimos capítulos a serem escritos e que foi escrito em separado do restante do *Segundo tratado,* especulação que se enquadraria com os indícios internos de alusões à América naquele capítulo, bem como com os indícios externos do envolvimento de Locke com o destino da Carolina (MILTON, 1995, p. 389, 372-674). Ela também explicaria por que parece haver uma descontinuidade entre "Da propriedade" e os capítulos adjacentes "Da escravidão" e "Do poder paterno", cada um dos quais trata de poder e autoridade não políticos.

Ao compor "Da propriedade", Locke precisava apresentar uma justificativa da apropriação que desempenharia uma dupla tarefa, tanto na Inglaterra como na América. Locke afirmou que "Deus deu o mundo aos homens em comum, mas [...] não se pode supor que tivesse Ele a intenção de que permanecesse comum e inculto para sempre. Ele o deu para o uso dos diligentes e racionais (e o *trabalho* haveria de ser o seu *título* a isso), não para a fantasia e a cobiça dos litigiosos e contenciosos" (II. 34). Cada um possui um direito exclusivo a seu próprio corpo e também, portanto, ao trabalho desse corpo: "qualquer coisa que ele retire do estado que a natureza proporcionou e no qual a deixou, ele a mistura a seu *trabalho* e junta-lhe algo que é seu, transformando-a em sua *propriedade*" (II. 27). Apenas depois de a terra ser então convertida em propriedade ela poderia ser dividida "por pacto e acordo" nas regiões do mundo em que não se houvesse introduzido uma economia e a terra houvesse se tornada escassa. Assim, "vários Estados e reinos, [...] por meio de um *acordo positivo*, instituíram uma *propriedade* entre si próprios em diferentes partes e parcelas da terras", deixando que *"grandes extensões de solo"* permanecessem incultas e em comum, já que "seus habitantes não se uniram ao restante da humanidade no consentimento ao uso de seu dinheiro comum" (II. 45; ARMITAGE, 2009, p. 33-48).

A forma peculiar da teoria do trabalho no capítulo "Da propriedade" marca uma guinada no pensamento de Locke a respeito do método legítimo de apropriação individual a partir da comunidade original de bens oferecida por Deus à humanidade.[41] No final de 1677-8, Locke havia apresentado uma versão abertamente grociana do processo pelo qual a primitiva comunidade positiva havia cedido lugar ao regime de propriedade privada exclusiva. Locke argumentou que esse processo era baseado em contrato e que sua finalidade seria evitar um estado de competição anárquica por recursos:

> Portanto, os homens devem ou gozar todas as coisas em comum ou mediante pacto determinar seus direitos [.] Se todas as coisas permanecerem em comum, a carência, a rapina e a força inevitavelmente se seguirão em tal estado, e, como é evidente, não se pode ter felicidade que não seja compatível com fartura e segurança. Para evitar esse estado, o pacto deve determinar o direito das pessoas (LOCKE, 2007, p. 333).[42]

Essa versão contratualista das origens da propriedade somente poderia se referir aos acordos celebrados entre partes igualmente capazes de ingressarem em pactos umas com as outras. No contexto seiscentista das relações entre ameríndios e anglo-americanos, os imigrantes nem sempre reconheciam a igual capacidade dos povos indígenas de determinar direitos por meio de pacto. No entanto, as *Constituições fundamentais da Carolina* haviam reconhecido implicitamente a capacidade federativa e coletiva dos índios da Carolina ao mencionar duas vezes "tratados com os índios vizinhos" (§§ 35, 50), mas expressamente proibia os colonos de possuir ou reclamar qualquer terra por "compra ou doação" dos povos nativos (§ 112; LOCKE, 2007, p. 224).[43] A soberania dos índios (*imperium*), de acordo com a lei das nações, distinguia-se assim de seus direitos de propriedade (*dominium*), que não eram reconhecidos nem como um atributo de seu *imperium* sobre seu território, nem como atributos individualmente transferíveis.

O argumento de Locke em "Da Propriedade" assegurava, na melhor das hipóteses, que isso não seria incompatível com as justificativas para a apropriação sobre a qual a colônia da Carolina se fundava. No final do século XVII, havia um

---

41 Sobre as transformações nas teorias da propriedade, em particular em sua relação com o colonialismo, ver SHIMOKAWA (s/d).

42 "Moralidade" (c. 1677-8), Bod. MS Locke c. 28, fol. 140; ver TUCK, 1979, p. 168-169.

43 NA, PRO 30/24/47/3, fol. 66ʳ. Essa cláusula permaneceu inalterada em todas as revisões subsequentes das *Constituições fundamentais*.

leque limitado dessas justificativas. Por exemplo, a falta de crença dos ameríndios não bastava, por si só, para justificar o domínio, porque, como deixavam claro as *Constituições fundamentais,* "idolatria, ignorância ou equívoco não nos dão nenhum direito de expulsá-los ou maltratá-los [aos nativos da Carolina]"( # 97). Anos depois, o próprio Locke sustentou o mesmo argumento em sua *Carta sobre a tolerância* (1685): "Nenhum homem deveria ser privado de suas satisfações terrenas por conta de sua religião. Nem mesmo os *americanos* submetidos a um príncipe cristão devem receber punição corporal ou danos aos bens por não adotarem nossa fé ou forma de culto" (LOCKE, 1689, p. 34). Argumentos baseados na conquista também soariam implausíveis, pelas razões que o próprio Locke deixou claras no capítulo XVI do *Segundo tratado,* particularmente porque o direito de conquista, mesmo numa guerra justa, "*estende-se apenas às vidas dos* que aderiram à guerra, *não a seus patrimônios"* ou a seus descendentes (II. 182); acreditar no contrário seria negar dois direitos naturais básicos de "todo homem": à liberdade de sua própria pessoa e, "antes de qualquer outro homem, a *herdar,* juntamente com seus irmãos, os bens do seu pai" (II. 190, 191). Por todas essas razões, não seria legítimo nenhum apelo a um direito de conquista nas Américas como fundamento para o *imperium* ou *dominium* inglês.

O único argumento restante era a alegação (derivada originalmente do direito romano) de que o domínio cabia aos mais capazes de cultivar o máximo possível da terra (PANGDEN, 1998, p. 42-47; BENTON & STRAUMANN, 2010, p. 1-38), em cumprimento ao mandamento bíblico de sujeitar a terra (GÊNESIS 1: 28, 9: 1). Era precisamente esse o argumento subjacente aos direitos reivindicados pelos proprietários sobre a terra da Carolina, de acordo com os termos das concessões da coroa inglesa. Assim, a concessão original de 1629 havia designado a Carolina como região "*até aqui inculta... mas habitada, em alguns lugares, por certos bárbaros*". Carlos II reafirmou essa descrição na sua concessão de 1663, que incumbiu os Lordes Proprietários de "transportar nossos súditos e com eles fazer uma grande colônia [...] num certo país [...] em lugares da AMÉRICA *ainda não cultivados ou assentados,* e apenas habitados por alguns povos bárbaros que não possuem conhecimento de Deus Todo-Poderoso".[44] Esse argumento agriculturalista era a melhor justificativa para a expropriação colonial depois do gradual abandono de argumentos baseados no contrato, conquista e graça, e foi precisamente esse argumento adotado por Locke no *Segundo tratado.*

---

44  Concessão a Sir Robert Heath (30 de outubro de 1629) concessão aos lordes proprietários da Carolina (24 de março de 1663), PARKER, 1963, p. 64, 76 (ênfases minhas).

A América tornou-se mais relevante para os argumentos de Locke quando ele fez as revisões finais ao manuscrito dos *Dois tratados* algum tempo depois de 1698. As maiores mudanças e acréscimos foram feitos no capítulo "Da propriedade" e se deveram a sua experiência como Comissário da Junta Comercial no final de 1690. Primeiro, ele ampliou sua avaliação sobre os benefícios proporcionados pelo cultivo e cercamento da terra: "quem se apropria de terra por meio de seu trabalho não diminui, mas aumenta, os sortimentos comuns à espécie humana", na proporção de dez para um ou, mais provavelmente, "está mais próximo de cem para um. Daí pergunto: nas florestas selvagens e desertos da América deixados à natureza, sem nenhuma melhoria, nenhuma lavoura ou agricultura, mil acres proporcionam aos necessitados e infortunados habitantes tantos confortos da vida como dez acres de terra igualmente fértil em Devonshire, onde tudo é cultivado?" Poucos parágrafos depois, Locke fez um segundo acréscimo que converteu sua observação num princípio de razão econômica de Estado para Guilherme III e seus ministros. Ele havia originalmente concluído uma breve discussão sobre as múltiplas formas de trabalho que acompanham a produção de qualquer mercadoria com uma reflexão sobre a relativa insignificância da terra para o valor: "Tão reduzido [é o valor da terra] que, mesmo entre nós, a terra deixada inteiramente à natureza, que não sofreu nenhuma melhoria por pastagens, cultivo ou assentamento é chamada de inculta". Na revisão, ele continuou:

> Isso mostra que se deve preferir milhares de homens à amplidão de domínios e que o aumento de terras [*sic* mãos?], mais o correto emprego delas, constitui a grande arte do governo. O príncipe que for tão sábio e divino a ponto de instituir leis de liberdade para assegurar a proteção e o estímulo à honesta indústria da humanidade, contra a opressão do poder e a estreiteza do partido, em pouco tempo se tornará extremamente implacável para seus vizinhos.[45]

O estímulo à indústria era, para Locke, uma questão tão importante no âmbito interno, na Grã-Bretanha, como do outro lado do Atlântico, na América. O trabalho, conforme ele escreveu num ensaio sobre a legislação assistencialista dirigido à Junta Comercial, é "o encargo que recai sobre os industriosos". Um auxílio genuíno para os

---

45   John Locke, acréscimos manuscritos a [LOCKE], (1698), II. 37, 42; p. 193, 197; LOCKE, 1997, II, 42, p. 422 nº 2. Em relação às discussões recentes dessas passagens (mas que ignoram os indícios de sua datação e contexto), ver ANDREW, 2009, p. 511-519, e WARD, 2009, p. 521-523.

52pobres "consiste em encontrar-lhes trabalho e cuidar para que não vivam como parasitas do trabalho alheio". Um regime estrito de trabalho traria o benefício de fornecer educação para os filhos dos pobres, que teriam de trabalhar na escola, a fim de que não mais sejam "tão completamente alheias à religião e à moralidade como são à indústria", talvez como aqueles nativos na Carolina que, quase vinte anos antes, as *Constituições fundamentais* haviam julgado "inteiramente estranhos ao cristianismo", mas que, nem por isso, deveriam ser desapropriados ou maltratados (LOCKE, 2007, p. 228, 235, 238).[46]

Os elos entre as *Constituições fundamentais*, os *Dois tratados* e o "Ensaio sobre a legislação assistencial" sugerem duas conclusões a respeito de Locke como teórico do império, as quais reiteram os indícios extraídos de outras obras discutidas neste capítulo. A primeira é a de que ele não tinha uma visão universalista da superioridade inglesa, britânica ou europeia sobre o resto do mundo e seus povos. Tampouco ele pressupunha uma igualdade formal unicamente para os considerados povos "civis". De fato, conforme Locke afirmou numa passagem pouco discutida da *Carta sobre a tolerância*, mesmo um povo cristão, retirado de seu ambiente doméstico e colocado uma posição desconhecida e dependente, ficaria ainda mais vulnerável do que os "pagãos" entre os quais se fixasse:

> Um número insignificante e frágil de cristãos, destituídos de tudo, chega a um país pagão. Esses estrangeiros suplicam aos habitantes, pelo sangue dos homens, que os socorram com o necessário para sobreviver. Isso lhes é dado; concedem-lhes habitações e todos se reúnem, formando juntos o corpo de um povo. Assim religião cristã deita raízes nesse país e se espalha, mas não se torna de imediato a mais forte. Enquanto essas coisas permanecerem nessa condição, a paz, a amizade, a fé e a igual justiça preservam-se entre eles.

A caridade exige igual tratamento para pagãos e cristãos, e a fraqueza leva a uma frágil tolerância. Entretanto, as consequências da dominação e a pressuposição de retidão religiosa não produzem apenas intolerância, mas também desapropriação e destruição:

> Depois de muito tempo o magistrado se converte em cristão e com isso seu partido se torna o mais poderoso. Imediatamente então todos os

---

46 Setembro-outubro de 1697. NA CO 388/5, fols. 232r-48v (26 de outubro de 1697); Bod. MS Locke c. 30, fols. 86r-87v, 94r-95v, 111; BEIER, 1988, p. 28-41.

pactos devem ser rompidos, todos os direitos devem ser violados para que a idolatria seja extirpada. E, a menos que esses pagãos inocentes, observadores estritos das regras da equidade e da lei de natureza, e de modo algum ofensores das leis da sociedade – a menos, dizia eu, que renunciem a sua antiga religião e adotem uma religião nova e alheia, eles deveram ser expulsos das terras e possessões de seus antepassados, e talvez privados da própria vida.

A conclusão que Locke extraiu era atlântica na forma, mas mais geral em aplicação: "Pois a razão da coisa é a mesma, tanto na *América* como na *Europa*. Nem os pagãos de lá, nem os dissidentes cristãos daqui, podem ser licitamente privados de seus bens mundanos... tampouco quaisquer direitos civis devem ser modificados ou violados por conta de religião, num lugar como no outro" (LOCKE, 1689, p. 35-36).

Uma segunda conclusão se segue da primeira: a teoria de Locke era não hierárquica e inclusiva na medida em que todos os adultos humanos possuiriam a mesma racionalidade, porque a razão é igualmente a mesma "tanto na *América* como na *Europa*" (e na China, por exemplo). Como Locke escreveu no *Segundo tratado*, Deus deu a terra "ao uso dos industriosos e racionais", sendo o trabalho o meio de conseguir o título dela; porém, o oposto dos "industriosos e racionais" nessa passagem não eram os "ociosos" e os "irracionais", mas "os litigiosos e contenciosos", ou seja, qualquer um que excedesse "os *limites* fixados pela razão do que poderia servir para seu *uso*" e injustamente "desejasse o benefício dos esforços alheios, ao qual não tem direito" (II. 31, 34). Os racionais de fato têm direito à posse, mas apenas se eles exercem sua indústria e não invadem os frutos do trabalho alheio. Locke não justificava a desapropriação com base na incapacidade, fosse mental ou qualquer outra: se a acumulação fosse buscada dentro dos limites fixados pela razão, "pouco espaço poderia haver para querelas ou contendas acerca da propriedade assim estabelecida" (II. 31).[47] Por fim, ele não associou racionalidade aos europeus e irracionalidade aos povos indígenas. Se mais tarde algum colonialista assentado buscou um argumento para a desapropriação indígena baseado na sua suposta superioridade racional e inata, oposta à falta de indústria daqueles, somente com alguma dificuldade teórica e histórica ele poderia tê-la extraído do *Segundo tratado* de Locke.

---

47  Compare-se com Locke, *Some Considerations*. In: KELLY, 1991 (ed.). I, 292: "A natureza dotou de minas várias partes do mundo. Mas as riquezas se destinam apenas aos industriosos e frugais. Não importa quem mais as visite: é apenas com os diligentes e moderados que elas permanecem".

\*

Neste ensaio, procurei apresentar uma análise das concepções de império de Locke baseadas numa ampla investigação de seus escritos, em concordância com outras discussões recentes de suas posições sobre a escravidão, por exemplo.[48] Espero ter mostrado que o pensamento de Locke sofreu alterações e que o Locke histórico foi necessariamente mais complexo e não raro mais conflitante do que os lockianos posteriores – fossem estes seguidores ou intérpretes de sua obra – talvez tenham reconhecido. Os limites contextuais e conceituais das teorias de Locke deveriam nos recordar que diversas circunstâncias geraram, e exigiram, diferentes rasgos daquilo que às vezes se agrega como um "liberalismo" singular, do qual se sustenta hoje que Locke seja o progenitor. Por exemplo, há pouquíssimos indícios concretos da recepção de Locke entre os britânicos das Índias Orientais antes de meados do século XIX. É possível que tais indícios se resumam apenas à leitura que um funcionário da Companhia das Índias Orientais fez do *Ensaio* em Sumatra, em 1714; às obras de Locke na bagagem de Arthur Wellesley, futuro duque de Wellington em 1796; e ao conhecimento que Philip Francis possuía dos escritos econômicos. Em 1769, Warren Hastings manifestou a esperança de que houvesse "Lockes, Humes e Montesquieus em número suficiente em cada Departamento" para governar a Índia por meio da Companhia das Índias Orientais. Ele ficaria decepcionado, pelo menos em seu desejo de ter idiomaticamente administradores lockianos.[49]

Entretanto, não parece haver dúvida de que a forma da teoria política lockiana era bastante devedora de suas experiências como administrador colonial e servidor do Estado inglês. Essas experiências também impuseram limites a seu universalismo e muitas vezes obrigaram apropriações tardias de seus argumentos a se reformularem para se adaptarem a contingências coloniais posteriores. De fato, se quisermos empregar a fórmula anacrônica "liberalismo" para descrever as teorias políticas de Locke, devemos estar cientes de que havia diferentes traços de liberalismo imperial e colonial, e de que eles não eram necessariamente contínuos uns com os outros. E se o próprio liberalismo tiver de expor e eliminar os rastros de sua cumplicidade com o império, isso deverá acontecer de modos

---

48  Especialmente WALDRON, 2002, p. 197-206; FARR, 2008.
49  Joseph Collet a Richard Steele, 24 agosto de 1714. In: DODWELL (ed.), 1933, p. 99-100 ("Foi o Sr. Lock quem me ensinou, pela primeira vez, a distinguir entre palavras em coisas"); GUEDALLA. 1931, p. 55; PARKES & MERIVALE, 1867, I, 51-52; GUHA, 1996, p. 97-98; Warren Hastings a George Vansittart, 23 de dezembro de 1769, BL Add. MS 29125, fol. 22r (agradeço a Robert Travers por essa referência). Sobre a trajetória do "liberalismo" na Índia, ver BAYLY, 2011.

distintos e historicamente sensíveis, a fim de criar vários liberalismos pós-coloniais, alguns dos quais poderão se beneficiar fartamente de outros legados lockianos.[50]

## Bibliografia primária

BENTHAM, Jeremy. "Article on Utilitarianism" (8 de junho). *Bentham Papers,* University College London, XIV, 1829.

BULKLEY, John. "Preface". In: WOLCOTT, Roger. *Poetical Meditations, Being the Improvement of Some Vacant Hours.* New London: 1725.

CUMBERLAND, Richard. *A Treatise of the Laws of Nature* (1672), (ed. Jon Parkin). Indianapolis: Liberty Fund, 2005.

DE VATTEL, Emer. *The Law of Nations* (1758), (eds. Béla Kapossy and Richard Whatmore). Indianapolis: Liberty Fund, 2008.

DES MAIZEAU, Pierre (ed.). *A Collection of Several Pieces of Mr. John Locke, Never before Printed, or Not Extant in his Works.* 1720.

DODWELL, H. H. (ed.). *The Private Letter Books of Joseph Collet.* Londres, 1933.

GROTIUS, Hugo. *The Free Sea,* (ed. David Armitage). Indianapolis: Liberty Fund, 2004.

_____. *Commentary on the Law of Prize and Booty,* (ed. Martine van Ittersum). Indianapolis: Liberty Fund, 2006.

GOLDIE, Mark (ed.). *The Reception of Locke's Politics,* 6 vols. Londres: Pickering and Chatto, 1999.

KELLY, Patrick H. (ed.). *Locke on Money,* 2 vols. Oxford: Oxford University Press, 1991.

LEDERER, John. *The Discoveries of John Lederer.* Trad. Sir William Talbot. London, 1672.

LOCKE, John. *The Fundamental Constitutions of Carolina.* Londres, 1682.

_____. *A Letter Concerning Toleration.* Trad. William Popple. Londres, 1689.

_____. *Second Letter on Toleration.* Londres, 1690.

---

50 Ver em IVISON, 2002 uma tentativa distinta.

_____. *Two Treatises of Government*, 3ª ed. Londres, Christ's College, Cambridge, 1698.

_____. *Essays on the Law of Nature and Associated Writings*, (ed. W. von Leyden). Oxford: Oxford University Press, 1954.

_____. *An Essay Concerning Human Understanding*, ed. Peter H. Nidditch. Oxford: Oxford University Press, 1975.

_____. *The Correspondence of John Locke*, (ed. E. S. de Beer), 8 vols. até agora. Oxford: Oxford University Press, 1976.

_____. "Draft B". In: *Drafts for the Essay Concerning Human Understanding and Other Philosophical Writings,* (eds. Peter Nidditch and G. A. J. Rogers), 3 vols. previstos. Oxford: Oxford University Press, 1990-.

_____. *Some Considerations of the Consequences of the Lowering of Interest.* Clarendon Editions of the Works of John Locke, 2ª ed. Oxford: Oxford University Press, 1991 (1696).

_____. *Dois tratados sobre o governo*, (ed. Peter Laslett; trad. Julio Fisher), São Paulo: Martins Fontes, 1998.

_____. *John Locke as Translator: Three of the Essais of Pierre Nicole in French and English*, (ed. Jean S. Yolton). Oxford: Oxford University Press, 2000a.

_____. *Of the Conduct of the Understanding*, (ed. Paul Schuurman). Keele, 2000b.

_____. *Ensaios políticos,* (org. Mark Goldie, trad. Eunice Ostrensky). São Paulo: Martins Fontes, 2007.

LOUGH, John (ed.). *Locke's Travels in France, 1675-1679, as Related in his Journals, Correspondence and Other Papers.* 1953.

MARTYN, Henry. *Considerations upon the East-India Trade.* Londres, 1701.

NICOLE, Pierre. *Treatise Concerning the Way of Preserving Peace with Men.* 1671.

PARKER, M. E. E. (ed.). *North Carolina Charters and Constitutions, 1578-1698.* Raleigh, NC, 1963.

PARKES, Joseph & MERIVALE, Herman. *Memoirs of Sir Philip Francis, K.C.B.* 2 vols. Londres, 1867.

SHAFTESBURY, 3rd Earl. *The Life, Unpublished Letters, and Philosophical Regimen of Anthony, Earl of Shaftesbury*, (ed. Benjamin Rand). Londres, 1900.

TUCKER, Josiah. *A Series of Answers to Certain Popular Objections, Against Separating the Rebellious Colonies, and Discarding them Entirely*. Gloucester, 1776.

TUCKER, Josiah. *A Treatise on Civil Government, in Three Parts*. Londres, 1781.

## Bibliografia secundária

ANDREW, Edward. "A Note on Locke's 'The Great Art of Government'". *Canadian Journal of Political Science/Revue canadienne de science politique*, 42, 2009.

ANSTEY, Peter R. & HARRIS, Stephen A. "Locke and Botany". *Studies in History and Philosophy of Biological and Biomedical Sciences*, 37, 2006.

ARMITAGE, David (ed.). *Theories of Empire, 1450-1800*. Aldershot: Ashgate, 1998.

_____. *The Ideological Origins of the British Empire*. Cambridge: Cambridge University Press, 2000.

_____. "John Locke, Carolina, and the *Two Treatises of Government*", *Political Theory*, 32, 2004, p. 602-27;

_____. 'John Locke's International Thought'. In: HALL, Ian & HILL, Lisa (eds.). *British International Thinkers from Hobbes to Namier*. Basingstoke: Palgrave MacMillan, 2009.

ARNEIL, Barbara. *John Locke and America: The Defence of English Colonialism*. Oxford: Oxford University Press, 1996.

_____. "Citizens, Wives, Latent Citizens and Non-Citizens in the *Two Treatises*: A Legacy of Inclusion, Exclusion and Assimilation". *Eighteenth-Century Thought*, 3, 2007.

BAYLY, C. A. *Recovering Liberties: Indian Thought in the Age of Liberalism and Empire, 1800-1950*. Cambridge, 2011.

BEIER, A. L. "'Utter Strangers to Industry, Morality and Religion': John Locke on the Poor". *Eighteenth-Century Life*, 12, 1988.

BIEBER, Ralph Paul. "The British Plantation Councils of 1670-4". *English Historical Review*, 40, 1925.

BENTON, Lauren. "Legal Spaces of Empire: Piracy and the Origins of Oceanic Regionalism". *Comparative Studies in Society and History*, 47, 2005.

BENTON, Lauren & STRAUMANN, Benjamin. "Acquiring Empire by Law: From Roman Doctrine to Early Modern European Practice". *Law and History Review*, 28, 2010.

BOTELLA-ORDINAS, Eva. "Debating Empires, Inventing Empires: British Territorial Claims Against the Spaniards in America, 1670-1714". *Journal for Early Modern Cultural Studies*, 10, 2010.

CAREY, Daniel. "Locke, Travel Literature, and the Natural History of Man". *The Seventeenth Century*, 11, 1996.

_____. *Locke, Shaftesbury, and Hutcheson: Contesting Diversity in the Enlightenment and Beyond*. Cambridge: Cambridge University Press, 2006.

CAREY, Daniel & TRAKULHUN, Sven. "Universalism, Diversity, and the Postcolonial Enlightenment". In: CAREY, Daniel & FESTA, Lynn (eds.). *Postcolonial Enlightenment: Eighteenth-Century Colonialism and Postcolonial Theory*. Oxford: Oxford University Press, 2009.

CHILDS, St. Julien R. "Honest and Just at the Court of Charles II". *South Carolina Historical Magazine*, 64, 1963.

CLAEYS, Gregory. *Imperial Sceptics: British Critics of Empire, 1850-1920*. Cambridge: Cambridge University Press, 2010.

Farr, James. "Locke, Natural Law, and New World Slavery". *Political Theory*, 36, 2008, p. 495-522.

_____. "Locke, 'Some Americans', and the Discourse on 'Carolina'". *Locke Studies*, 9, 2009.

FINDLEN, Paula (ed.). *Athanasius Kircher: The Last Man Who Knew Everything*. Nova York: Routledge, 2004.

FUERST, James W. "Mestizo Rhetoric: The Political Thought of El Inca Garcilaso de la Vega". Tese de PhD, Harvard University, 2000.

GOLDIE, Mark. "Introduction". In: GOLDIE, Mark (ed.). *John Locke: Selected Correspondence*. Oxford: Oxford University Press, 2002.

GREENE, Jack P. (ed.). *Exclusionary Empire: English Liberty Overseas, 1600-1900*. Cambridge: Cambridge University Press, 2010.

GUEDALLA, Philip. *The Duke*. Londres, 1931.

GUHA, Ranajit. *A Rule of Property for Bengal: An Essay on the Idea of Permanent Settlement*. 2ª ed. Durham, NC, 1996.

HALEY, K. H. D. *The First Earl of Shaftesbury*. Oxford: Oxford University Press, 1968.

HONT, Istvan. *Jealousy of Trade: International Competition and the Nation-State in Historical Perspective*. Cambridge: Cambridge University Press, MA, 2005.

HSUEH, Vicki. *Hybrid Constitutions: Challenging Legacies of Law, Privilege, and Culture in Colonial America*. Durham, NC, 2010.

HUNDERT, E. J. "The Making of *Homo Faber*: John Locke between Ideology and History", *Journal of the History of Ideas*. 33, 1972.

ISRAEL, Jonathan. "Enlightenment! Which Enlightenment?, *Journal of the History of Ideas*. 67, 2006a.

\_\_\_\_\_. *Enlightenment Contested: Philosophy, Modernity, and the Emancipation of Man, 1670-1752*. Oxford: Oxford University Press, 2006b.

ITTERSUM, Martine Julia van. *Profit and Principle: Hugo Grotius, Natural Rights Theories and the Rise of Dutch Power in the East Indies, 1595-1615*. Leiden: Brill, 2006.

IVISON, Duncan. *Postcolonial Liberalism*. Cambridge: Cambridge University Press, 2002.

\_\_\_\_\_. "Locke, Liberalism and Empire". In: ANSTEY, (ed.). *The Philosophy of John Locke: New Perspectives*. Londres, 2003.

\_\_\_\_\_. "The Nature of Rights and the History of Empire". In: ARMITAGE, David (ed.). *British Political Thought in History, Literature and Theory, 1500-1800*. Cambridge: Cambridge University Press, 2006.

KAMMEN, Michael. "Virginia at the Close of the Seventeenth Century: An Appraisal by James Blair and John Locke". *Virginia Magazine of History and Biography*, 74, 1966.

LASLETT, Peter. "John Locke, the Great Recoinage and the Origins of the Board of Trade 1695-1698". In: YOLTON, John (ed.). *John Locke: Problems and Perspectives*. Cambridge: Cambridge University Press, 1969.

LENG, Tom. "Shaftesbury's Aristocratic Empire". In: SPURR, John (ed.). *Anthony Ashley Cooper, First Earl of Shaftesbury, 1621-1683*. Aldershot (no prelo).

LODGE, Paul (ed.). *Leibniz and His Correspondents*. Cambridge: Cambridge University Press, 2004.

MAIER, Charles S. *Among Empires: American Ascendancy and its Predecessors*. Cambridge: Cambridge University Press, 2006.

MARSHAL, John. *John Locke, Toleration and Early Enlightenment Culture*. Cambridge: Cambridge University Press, 2006.

MCCORMICK, Ted. *William Petty and the Ambitions of Political Arithmetic*. Oxford: Oxford University Press, 2009.

MEHTA, Uday S. "Liberal Strategies of Exclusion". *Politics and Society*, 18, 1990.

_____. *Liberalism and Empire: A Study in Nineteenth-Century British Liberal Thought*. Chicago: Chicago University Press, 1999.

MILTON, J. R. "John Locke and the Fundamental Constitutions of Carolina". *The Locke Newsletter*, 21, 1990.

_____. "Dating Locke's *Second Treatise*". *History of Political Thought*, 16, 1995.

MILTON, Philip. "Pierre Des Maizeaux, *A Collection of Several Pieces of Mr. John Locke*, and the Formation of the Locke Canon". *Eighteenth-Century Thought*, 3, 2007.

MURISON, Barbara C. "The Talented Mr Blathwayt: His Empire Revisited". In: RHODEN, Nancy L. (ed.). *English Atlantics Revisited: Essays Honouring Professor Ian K. Steele*. Montreal/Kingston, 2007.

MUTHU, Sankar. *Enlightenment Against Empire*. Princeton: Princeton University Press, 2003.

_____. *Empire and Modern Political Thought*. Cambridge: Cambridge University Press, 2012.

PAGDEN, Anthony. "The Struggle for Legitimacy and the Image of Empire in the Atlantic to *c*. 1700". In: CANNY, Nicholas (ed.). *The Oxford History of the British Empire*, I: *The Origins of Empire*. Oxford: Oxford University Press, 1998.

PAREKH, Bhikhu. "Liberalism and Colonialism: A Critique of Locke and Mill". In: PIETERSE, Jan Nederveen & PAREKH, Bhikhu (eds.). *The Decolonization of Imagination: Culture, Knowledge and Power*. Londres: Zed Books, 1995.

PITTS, Jenifer. *A Turn to Empire: The Rise of Imperial Liberalism in Britain and France*. Princeton: Princeton University Press, 2005.

_____. "Political Theory of Empire and Imperialism". *Annual Review of Political Science*, 13, 2010, p. 211-35.

POCOCK, J. G. A. "Josiah Tucker e Burke, Locke e Price". In: *Linguagens do ideário político*. São Paulo: Edusp, 2003.

PORTER, Andrew. "From Empire to Commonwealth of Nations". In: BOSBACH, Franz & HIERY, Hermann (eds.). *Imperium/Empire/Reich. Ein Konzept politischer Herrschaft im deutsch-britischen Vergleich*. Munique, 1999.

RIVERS, W. J. *A Sketch of the History of South Carolina to the Close of the Proprietary Government by the Revolution of 1719*. Charleston, SC, 1856.

SARTORI, Andrew. "The British Empire and Its Liberal Mission". *Journal of Modern History*, 78, 2006.

SCHAFER, Simon. "Newton on the Beach: The Information Order of *Principia Mathematica*". *History of Science*, 47, 2009.

SHIMOKAWA, Kiyoshi. "Property in the Seventeenth Century: Conventionalism, Unilateralism and Colonialism". In: ANSTEY, Peter R. (ed.). *The Oxford Handbook of British Philosophy in the Seventeenth Century*. Oxford, no prelo.

SCHULZ, Bart & VAROUXAKIS, Georgios (eds.). *Utilitarianism and Empire*. Lanham, MD, 2005.

STERN, Philip J. "'A Politie of Civill & Military Power': Political Thought and the Late Seventeenth-Century Foundations of the East India Company-State". *Journal of British Studies*, 47, 2008.

STOKES, Eric. *The English Utilitarians and India*. Oxford: Oxford Press, 1959.

TUCK, Richard. *Natural Rights Theories: Their Origin and Development*. Cambridge: Cambridge University Press, 1979.

_____. *The Rights of War and Peace: Political Thought and the International Order from Grotius to Kant*. Oxford University Press, 1999.

TULLY, James. "Rediscovering America: The *Two Treatises* and Aboriginal Rights". In: *An Approach to Political Philosophy: Locke in Contexts*. Cambridge: Cambridge University Press, 1993.

_____. *Public Philosophy in a New Key*. II, *Imperialism and Civic Freedom*. Cambridge: Cambridge University Press, 2008.

_____. "Lineages of Contemporary Imperialism". In: KELLY, Duncan (ed.). *Lineages of Empire: The Historical Roots of British Imperial Thought*. Oxford: Oxford University Press, 2009.

TURNER, Jack. "John Locke, Christian Mission, and Colonial America". *Modern Intellectual History*, 8, 2011.

VAUGHAN, Alden T. *Transatlantic Encounters: American Indians in Britain, 1500-1776*. Cambridge: Cambridge University Press, 2006.

WALDRON, Jeremy. *God, Locke, and Equality: Christian Foundations in Locke's Political Thought*. Cambridge: Cambridge University Press, 2002.

WARD, Lee. "A Note on a Note on Locke's 'Great Art of Government'". *Canadian Journal of Political Science/Revue canadienne de science politique*, 42, 2009.

WINTERBOTTOM, Anna. "Producing and Using the *Historical Relation of Ceylon*: Robert Knox, the East India Company and the Royal Society". *British Journal for the History of Science*, 42, 2009.

YIRUSH, Craig. *Settlers, Liberty, and Empire: The Roots of Early American Political Theory, 1675–1775*. Cambridge: Cambridge University Press, 2011.

# De um debate (histórico) a outro (historiográfico): sob(re) o impacto da Revolução Francesa na Inglaterra

Modesto Florenzano

"O maior acontecimento da história inglesa no fim do século XVIII deu-se na França"

G. K. Chesterton

## I

UMA VEZ DESENCADEADA a Revolução de 1789, enquanto os franceses se ocupavam em realizá-la e os alemães, alguns, de "mentalidade alargada", como Kant (autor da expressão), em pensá-la filosoficamente, eis que os ingleses se ocuparam em debatê-la politicamente e o fizeram com tal intensidade, profundidade e brilho, que, nas palavras de um historiador, eles produziram "talvez o mais crucial debate ideológico jamais travado em língua inglesa" (COPELAND, 1949, p. 148), e, nas palavras de outro, "talvez a última verdadeira discussão sobre os fundamentos políticos deste país... Questões tão grandes têm sido suscitadas em nossos dias [leia-se: década de 1950], mas não se pode pretender que tenham evocado uma discussão política do mesmo nível intelectual da inspirada pela Revolução francesa" (COBBAN, 1950, p. 31).

O advérbio "talvez" presente nas duas citações deve-se não apenas à prudência necessária ao historiador, mas também ao momento em que ambas foram escritas: metade do século XX, auge da Guerra Fria e do confronto ideológico comunismo-capitalismo, que produziu – como sabemos – sua própria guerra de ideias. Pois bem, visto agora, mais de cinquenta anos depois, aquele "talvez" pode ser com toda segurança substituído pelo advérbio "certamente". E, para sustentar tal certeza, basta lembrar aqui o que aconteceu com Thomas Paine, um dos grandes protagonistas do debate que empolgou a Inglaterra na década de 1790.

Diferentemente de Marx – que, uma vez estabelecido na Inglaterra, pôde escrever sua obra magna, *O Capital*, e outros escritos visando a combater o capitalismo e defender o socialismo, sem nunca sofrer, nem ele, nem Engels, qualquer tipo de repressão por parte do governo inglês –, Thomas Paine nunca criticou o capitalismo e a propriedade privada em seus escritos (segundo o historiador marxista Eric Hobsbawm, ele não passou de um revolucionário moderado), mas, mesmo assim, em 1792 foi julgado à revelia e condenado à morte por esse mesmo governo, por causa de seu livro *Os Direitos do Homem*. Essa sentença até hoje jamais foi revogada. Mas há mais sobre Paine que deve ser lembrado. Segundo o crítico literário inglês William Hazlitt (1778-1830), Paine "foi um autor tão grande e tão popular que o Governo [Pitt] viu-se obrigado a suspender a Constituição e ir à guerra para neutralizar os efeitos de sua popularidade"; nas palavras do ex-presidente dos Estados Unidos, John Adams (e inimigo político de Paine): "Não conheço nenhum outro homem no mundo que tenha exercido maior influência nos últimos trinta anos do que Tom Paine".[1]

Não é difícil explicar essa diferença de tratamento do governo inglês com relação a Paine e a Marx, e tal intransigência ajuda, de alguma maneira, a pensar melhor o debate da década de 1790, mais momentoso e crucial que qualquer outro subsequente, incluindo o(s) debate(s) ligado(s) ao conflito capitalismo-socialismo. De fato, na Inglaterra, o socialismo, tanto no século XIX como no XX, não representou um perigo sério para o sistema, ao passo que o radicalismo democrático que Paine mobilizou e expressou, caso não tivesse sido reprimido com violência e determinação pelo governo inglês, teria provavelmente levado, naquela conjuntura, a uma transformação das instituições políticas e sociais do país, com a eventual eliminação da Câmara dos Lordes, dos privilégios da aristocracia, da Igreja anglicana e a implantação do sufrágio universal masculino.

Difícil, para os historiadores, é explicar por que *the debate on France*, como eles também o chamam, acabou por não produzir, tudo somado e paradoxalmente, nenhuma alteração, nenhuma mudança política no regime inglês entre 1789 e 1832, ano do *Reform Act*. Antes de ouvir a opinião dos historiadores a respeito do que parece ter sido, aparentemente, uma espécie de jogo de soma zero, tratemos de resumir o debate.

---

[1]   *Apud*, respectivamente, FOOT, 1996, p. VII; e HAWKE, 1974, p. 7. Uma das biografias mais recentes e completas de Paine é a de KEANE, 1995.

Provocado, *involuntariamente*, por Richard Price, um autor hoje esquecido, mas na época muito consagrado, ao publicar o sermão *A Discourse on the Love of our Country*, proferido em novembro de 1789, o debate, pode-se dizer, foi *deliberadamente* lançado e pautado por Edmund Burke ao publicar em novembro do ano seguinte suas *Reflexões sobre a Revolução em França*, concebidas como uma resposta ao sermão, como uma crítica impiedosa ao radicalismo filosófico, religioso e político que Price expressava; por sua vez, *de caso ainda mais pensado*, coube a Thomas Paine, com a publicação de *Os Direitos do Homem*, em março de 1791 e de 1792, incendiar o debate, fazendo-o chegar a todos os rincões da Inglaterra e a toda a população letrada – a ponto de alguém afirmar, em 1793, "é difícil encontrar até uma velhinha que não esteja falando de política" (*Apud* THOMPSON, 1987, p. 133).

Dissemos *deliberadamente* no caso de Burke, porque houve quem o advertisse de que sua resposta a Price iria desencadear, nas palavras de um seu conhecido, "uma guerra de panfletos".[2] Quanto a Paine, dissemos *de caso ainda mais pensado*, porque é irresistível supor que este, tendo em vista o sucesso de seu genial panfleto anterior, *O Senso Comum*, e o papel que ele e seu texto desempenharam na Independência da América do Norte, não tenha imaginado fazer o mesmo com relação ao seu país natal.

II

As *Reflexões sobre a Revolução em França*, a acreditar no que diz o próprio autor no texto, foram escritas em forma de carta como resposta a um correspondente francês que queria saber a opinião de Burke sobre os acontecimentos na França. Embora seu correspondente tivesse existido de fato, Burke utilizou-o como mero pretexto para justificar e, ao mesmo tempo, escamotear o verdadeiro objetivo das *Reflexões*. A existência efetiva desse correspondente foi um verdadeiro achado para Burke: deu autenticidade à forma carta adotada para o livro e legitimidade à mistura dos assuntos ingleses com os franceses. A forma epistolar adotada por Burke, forma comum no seu tempo (e cujo modelo provinha da antiguidade clássica, constante fonte de inspiração e referência para Burke), servia, mais e melhor do que qualquer outro molde, à sua estratégia de simultaneamente obter a maior liberdade de movimento como autor e estabelecer a maior proximidade e comunicação possíveis com o leitor.[3]

---

2   Trata-se de Philip Francis, conhecido de Burke, que foi um dos poucos a ler as *Reflexões* ainda em forma manuscrita.

3   Sobre as *Reflexões*, há três indispensáveis edições críticas: O'BRIEN, 1968; POCOCK, 1989; CLARK, 2001.

Nas palavras de um estudioso, Burke

> queria atuar tanto sobre o sentimento social e religioso de sua audiência, como sobre o seu sentimento político; queria apelar tanto à sua emoção e preconceito quanto à sua razão... Ele não queria dar a impressão de ser um lógico calculista demonstrando uma verdade. Essa é a razão da forma solta que o livro tem (LOCK, 1985, p. 116).[4]

Noutros termos, Burke procurou esconder que escreveu as *Reflexões* como um intelectual e político engajado, como um "filósofo em ação" (como ele disse uma vez em 1770),[5] engajado em uma luta político-ideológica e partidária à qual tudo devia ficar subordinado, tudo, inclusive a história e os acontecimentos que a processavam.

Com as *Reflexões*, mais do que criar uma expressão clara, Burke quis criar uma impressão forte. Como afirmara já na sua segunda obra de juventude (*Uma investigação filosófica sobre a origem de nossas ideias do sublime e do belo*), "uma coisa é produzir uma ideia clara e outra é produzir uma ideia para afetar a imaginação". Reiterou essa ideia mais tarde, já na maturidade, em 1782 (*Speech on the Reform of Representation*), ao dizer: "Todo governo repousa sobre a opinião... a maneira de destruí-lo completamente é remover aquela opinião, retirar dele toda reverência, toda confiança nele depositada; e então na primeira explosão de descontentamento público e de tumulto popular ele vai ao chão"(*Apud* HAMPSHER-MONK, 1988, p. 469 e 473). Como bem observou Hampsher-Monk (1988, p. 472), para se apreender a importância e o sentido da retórica em Burke, é preciso ter em mente que no século XVIII a retórica ainda não havia perdido, como em nossa época, sua importância política:

> Essa visão da retórica como algo fortuito ou puramente estilístico, resultante de nossa perda de contato com a vitalidade política da tradição clássica, redundou no fracasso em captar o que deve ser visto como o papel integral ou mesmo constitucional desempenhado pela retórica na

---

[4] Este mesmo autor publicou mais recentemente LOCK, 1998 e 2006; trata-se, sem dúvida e pelo menos até o momento, da mais atualizada, extensa e rigorosa, em termos de pesquisa, biografia de Burke.

[5] "É tarefa do filósofo especulativo assinalar os fins próprios do governo. É tarefa do político, que é filósofo em ação, achar meios apropriados para alcançar esses fins e empregá-los com eficácia" (*apud* MACPHERSON, 1984, p. 43).

concepção da política de Burke e no consequente papel central ocupado pela opinião no seu pensamento e atividade política.

Burke sempre esteve convencido de que, para não se perder a reverência para com o governo e a confiança que nele se deposita (sem o que não poderia se manter), é fundamental, é imprescindível, que a política, isto é, a opinião, seja mantida na ignorância do exame da razão, do paradigma racional. Isso explica sua fúria contra Price, contra os *philosophes* e a Revolução Francesa, que advogavam o racionalismo na política. Burke pergunta-se: "O que seria do mundo se a prática de todos os deveres morais e se os fundamentos da sociedade tivessem as suas razões de ser esclarecidas e demonstradas para cada indivíduo?" E responde: veríamos "o fundamento de cada virtude e de todo governo solapado com muita eficiência". Estas afirmações foram feitas não durante ou às vésperas da Revolução Francesa, mas em 1756, em sua primeira obra de juventude, *A Vindication of Natural Society* (*Apud* HAMPSHER-MONK, 1988, p. 473).

Assim, quando a Revolução Francesa eclodiu e logo exibiu sua força político-ideológica irresistível, encontrou Burke preparado por muita experiência prática e meditação teórica para imediatamente mobilizar contra ela (e tudo o que a Revolução representava) uma guerra que, antes de tudo, deveria ser ideológica. Como declarou em uma carta, ele combatia com "pena ou voz (as únicas armas que possuo) em favor da ordem de coisas na qual nasci, e na qual espero apaixonadamente morrer" (LOCK, 2006, p. 492). Daí por que, para C. C. O'Brien,

> Burke apresenta certas características de ter sido, realmente, o primeiro propagandista moderno, ou seja, o primeiro a ter consciência da necessidade de um esforço organizado, adequadamente financiado e reforçado pela "ação estatal", com vistas a moldar a opinião pública em questões ideológicas e de política internacional. Ele foi o primeiro também a procurar organizar um tal esforço (O'BRIEN, 1968, p. 22).

Quem melhor soube captar a qualidade fora de série das *Reflexões* foi o poeta alemão Novalis que afirmou em 1794, depois de ler o panfleto: "Foram escritas várias obras anti-revolucionárias sobre a Revolução. Burke escreveu um livro revolucionário contra a Revolução" (*Apud* GERÁRD, 1970, p. 19).

À escala inglesa e europeia, os objetivos políticos de Burke com as *Reflexões* podem ser assim resumidos: desqualificar ideologicamente e isolar politicamente os radicais ingleses em geral. Os de Richard Price, em particular, consistiam em interferir na orientação do seu partido, anulando o peso e a influência de líderes como Fox e Sheridan, simpáticos à Revolução Francesa e defensores da reforma parlamentar; assustar, alarmar a aristocracia inglesa em particular, e a europeia em geral, quanto aos perigos de vida e morte que corriam com a Revolução Francesa, por causa de seu comportamento passivo, sua atitude de indiferença e até de simpatia (que não poucos estavam manifestando) com o campo reformista e revolucionário.

A publicação das *Reflexões*, em Londres, em 1º de novembro de 1790, tornou-se imediatamente, dentro e fora da Inglaterra, um fenômeno editorial e um acontecimento político sem precedentes. Praticamente todos os (já então numerosos) jornais e revistas ingleses noticiaram e resenharam com grande destaque o aparecimento do livro de Burke. Igualmente de toda a escala social da Ilha surgiram comentários, verbais ou escritos, sobre as *Reflexões*: do rei Jorge III, que teria dito que "nenhum homem que se considere um *gentleman* pode deixar de lê-lo", ao humilde e desconhecido operário John Butler que, em fevereiro de l791, publicou, às próprias custas, o panfleto contra Burke intitulado *Brief Reflections Upon The Liberty Of The British Subject* (LOCK, 1985, p. 133 e 147).

Logo o livro de Burke passou a circular por toda a Europa e também fora dela. O historiador francês Jacques Godechot chega a dizer que "no espaço de algumas semanas, as *Reflexões* de Burke fizeram *le tour du monde*" (GODECHOT, 1961, p. 73). A tradução francesa foi publicada quase que em simultaneidade com a edição original inglesa, aparecendo em Paris ainda em novembro, no dia 29 do mesmo ano, o que demonstra claramente o empenho de Burke em ver o seu *pamphlet* distribuído no próprio país palco da Revolução. O editor inglês das *Reflexões* "teve que trabalhar em caráter extraordinário para poder produzir (de acordo com uma estimativa atualizada) o notável total de 5.500 cópias em dezessete dias". Segundo cálculos de um dos biógrafos de Burke do século passado, "no primeiro ano, acima de l9.000 cópias foram vendidas na Inglaterra" e 30.000 "em poucos anos".[6] Diante de tantas edições e de uma tradução quase instantânea, *World*, um órgão de imprensa pró-governista, com humor tipicamente britânico, não deixou de estampar, referindo-se ao livro de Burke: "traduzido para o francês antes de estar acabado em inglês e com uma segunda edição antes de sair a primeira" (LOCK, 1985, p. 138). Alguns especialistas tentaram quantificar o total de escritos gerados, quer pelo debate mais geral sobre a Revolução Francesa, quer pela controvérsia mais restrita sobre as *Reflexões*. A estimativa mais precisa parece

---

6   Para esses dados ver a biografia, já citada, de LOCK, 1998 e 2006, vol. 2.

ser a de um *scholar* que, em pesquisa publicada em 1982, "identificou um total de 340 publicações que poderiam ser enquadradas na controvérsia Price-Burke-Paine".[7]

Seja como for, entre todas essas numerosas publicações somente a de Thomas Paine, *Os Direitos do Homem*, não caiu, com o tempo, no esquecimento e, quando de seu aparecimento, sua vendagem foi um recorde absolutamente extraordinário. Comparado com o de Paine, o sucesso editorial de Burke parece insignificante. A primeira parte de *Os Direitos do Homem*, publicada em Londres em fevereiro-março de 1791, exigiu nove edições em menos de três meses e a segunda parte, exatamente um ano depois, obteve um sucesso "verdadeiramente fabuloso". Segundo o historiador Edward Thompson, "aceitava-se amplamente o cálculo (num panfleto de 1793) de que haviam sido vendidos 200 mil exemplares naquele ano: isso numa população de dez milhões". Estimou-se que perto de um milhão e meio de cópias foram publicadas na Inglaterra durante a vida do autor, isto é, até 1809 (cf. FONER, 1984).

Aos contemporâneos, atentos ao debate, saltava aos olhos que os seus protagonistas principais eram Burke e Paine, com seus respectivos panfletos, como muito bem sintetizou o *Annual Register*, de 1794:

> Essas duas famosas performances fizeram reviver os partidos realista e republicano que dividiram esta nação no século passado, e que estavam adormecidos desde a Revolução de 1688. Eles agora voltam a carga com uma fúria e uma animosidade igual àquela que caracterizou nossos ancestrais durante as guerras civis no reinado de Carlos I *(Apud* CHRISTIE, 1984, p. 36).

Não surpreende, pois, que mais tarde, no século XX, dois historiadores tenham definido, respectivamente, as *Reflexões* como "o maior e mais influente *pamphlet* político jamais escrito" (COBBAN, 1950, p. 4), e *Os Direitos do Homem,* como o *pamphlet* político "mais amplamente conhecido, citado e bem-sucedido de todo levante revolucionário internacional" (PALMER, 1971, p. 220).

Diferentemente de todas as outras críticas às *Reflexões*, o livro de Paine não se limita a ser apenas uma refutação a Burke ("apresentarei outro sistema de princípios em oposição aos dele", afirma logo no início).[8] Além de exibir uma interpretação da

---

7   *Apud* CLARK, 2001, p. 98; trata-se de Gayle Trusdel Pendleton.
8   Sobre *Os Direitos do Homem* de Thomas Paine, há muitas edições disponíveis em inglês (e também em outras línguas); além da já mencionada de FONER, 1984, ver também: PHILP, 1995; FOOT & KRAMNICK, 1987.

Revolução Francesa e um comentário da história inglesa, o texto de Paine apresenta-se, mais ainda, como um tratado político independente (sobretudo a segunda parte), como uma teoria sobre a natureza social e política do homem, e, *last but not least*, como uma proposta, um programa concreto de construção de uma nova ordem, um novo tipo de Estado, racional, democrático e republicano.

O que mais assustou e escandalizou o *establishment* inglês ao ler o livro de Paine foi não tanto o fato de as instituições serem atacadas ou questionadas, mas o de serem desnudadas e ridicularizadas por meio de um estilo simples, direto e coloquial, oposto ao estilo alto, refinado, comumente usado. Como bem observaram dois contemporâneos do debate, a linguagem de Paine é "tão grosseira, que faz pensar que ele pretende degradá-la tanto quanto pretende degradar o governo"; ele "escreve desconfiado da gramática, como se a sintaxe fosse uma invenção aristocrática". Não admira, assim, que no julgamento, in *absentia* de Paine, em dezembro de 1792, o procurador geral do processo exortasse os jurados com as seguintes palavras: "os Srs. estão convidados a levar em consideração tanto *a* frase e o modo quanto o conteúdo" (LOCK, 1985, p. 159 e 160).

Com *Os Direitos do Homem*, Paine conseguiu fazer todas as instituições inglesas, que Burke tão engenhosamente justificara e exaltara nas *Reflexões*, parecerem, à luz da razão, da justiça e da utilidade, coisas injustificáveis, insuportáveis e absurdas, estando, por isso, com os dias contados: "Não creio que a monarquia e a aristocracia continuem por mais sete anos em qualquer país esclarecido da Europa", sentenciava, como se fosse a coisa mais natural do mundo, no prefácio à segunda parte do seu livro. Paine estava absolutamente convencido de que

> As Revoluções na América e na França lançaram um raio de luz sobre o mundo, que penetra o homem. Os enormes gastos dos governos levaram o povo a pensar, fazendo-o ter consciência da realidade; e uma vez que o véu começa a se rasgar, não pode ser consertado. A ignorância tem uma natureza peculiar: uma vez dissipada, é impossível restabelecê-la... Pelo que vemos agora, nenhuma reforma no mundo político deve ser considerada improvável. É uma época de revoluções, na qual tudo pode ser esperado... Uma vez que as revoluções começaram (e como a probabilidade é sempre maior contra uma coisa começar do que prosseguir depois de ter começado), é natural esperar-se que outras revoluções seguirão... Elas se tornaram assunto de conversa geral e podem ser consideradas como a *ordem do dia* (PAINE, 1989, p. 132, 99, 123 e 137).

Como se vê, o impacto da Revolução Francesa na Inglaterra encontrou Burke e Paine mais preparados, entre todos, para conquistar os corações e as mentes de seus respectivos públicos alvos, prontos para explorar todas as possibilidades que o acontecimento revolucionário oferecia para fortalecer seus respectivos e conflitantes partidos e campos de luta: em defesa e contra o chamado *establishment*. Para Burke, que já antes da Revolução Francesa se opusera a toda reforma eleitoral e parlamentar, não havia tempo a perder, tratava-se de soar o alarme, de impedir, por todos os meios, que os radicais e reformistas ingleses tivessem tempo de se fortalecer e vencer, impondo ao país mudanças que, fatalmente, levariam à ruína a velha constituição aristocrática. Para Paine, que já durante a guerra de Independência da América do Norte esperava que do conflito nascesse também uma "revolução" no governo da Inglaterra, agora que os direitos naturais do homem estavam sendo restaurados também na França, o seriam igual e inevitavelmente na Inglaterra; tratava-se apenas de precipitar sua implantação.

Se os panfletos de Burke e Paine fizeram que, na Inglaterra, todo o debate ficasse filtrado pelas suas obras, é porque, de um lado, conseguiram a rara façanha de terem alcançado todos os leitores por ambos imaginados e, de outro, anteciparam, premonitoriamente, os perigos e as promessas que a própria Revolução Francesa encerrava e que só no seu transcorrer iriam se manifestar. Ninguém foi mais longe do que Burke, num dos polos do espectro político-ideológico, na defesa do direito do passado governar o presente, negando, pois, o direito à Revolução; ninguém foi mais longe do que Paine, no polo oposto, na defesa do direito dos vivos romperem com os mortos, consagrando, pois, o direito à Revolução (permanente).

Com efeito, enquanto Burke afirma, nas *Reflexões*, que o Estado é "uma associação não só entre os vivos, mas também entre os que estão mortos e os que irão nascer" (BURKE, 1999, p. 113), procurando assim eliminar todo e qualquer direito à revolução, à possibilidade de ruptura institucional, Paine, ao contrário, concede todo direito à ruptura, à "revolução permanente" ao afirmar, em *Os Direitos do Homem*, que

> Nunca existiu, nunca existirá e nunca poderá existir um Parlamento, ou uma classe de homens, ou uma geração de homens, em qualquer país, com a posse do direito ou o poder de obrigar e controlar a posteridade até "*o fim dos tempos*" ou de impor para sempre como o mundo será governado, ou quem o governará... Toda idade e geração deve ser tão livre para agir por si mesma *em todos os casos* como as idades e as gerações que a precederam... O que toda uma nação escolhe para fazer, ela tem o direito de fazer... O Sr. Burke defende a autoridade dos mortos sobre os

direitos e a liberdade dos vivos... Como o governo é para os vivos, e não para os mortos, apenas os vivos têm algum direito sobre ele. O que pode ser pensado certo e achado conveniente numa época pode ser pensado errado e achado inconveniente em outra. Em tais casos, quem decide: os vivos ou os mortos? (PAINE, 1989, p. 34-37).

Quando dissemos há pouco que as *Reflexões* impuseram como que a pauta do debate, é porque, como acabamos de ver, Burke criou uma espécie de armadilha para Paine, obrigando-o a assumir a mais extremada posição, o que, em condições normais, muito provavelmente ele não faria. Não deixa de ser curioso que, vistas em perspectiva histórica, dessas duas posições absolutamente antagônicas sobre se o governo dever ser um consórcio só dos vivos, ou também dos mortos, é a de Burke que tem um sabor mais realista e atual, podendo ser lida como uma preocupação para com as gerações futuras, a qual é inexistente em Paine.

Como bem sugeriu a historiadora Gertrude Himmelfarb,

> o debate entre Burke e Paine definiu, para sua época e para a posteridade, maneiras diametralmente opostas de pensar sobre o homem, a natureza, Deus, a história, a moral, a lei, a autoridade, a sociedade e a política. Contudo, no tema da economia ambos declararam ser partidários do "sistema de liberdade natural" de Smith. É uma mostra da liberdade que permitia este sistema que estivessem de acordo nesse ponto, mas em nenhum outro (HIMMELFARB, 1988, p. 106).

E, segundo Pierre Manent,

> Burke vai o mais longe possível no sentido conservador, continuando a ser um liberal, enquanto Paine vai o mais longe possível no sentido democrático ou "radical" continuando, porém, ele também, a ser um liberal. O seu conflito, porquanto insolúvel, é interno à área liberal e, mais precisamente, contribui para definir tal área alargando-a (MANENT, 1989, p. 57).

Como quer que seja, e não obstante esse estreito (ou largo?) terreno comum entre Burke e Paine, seus panfletos tornaram-se, instantaneamente, as bíblias do patriciado e da plebe da Inglaterra, para usar dois termos que para Thompson caracterizam com mais propriedade a estrutura social inglesa do século XVIII. Enquanto, naturalmente, as *Reflexões* reuniram atrás de si os patrícios assustados com a Revolução (e a reforma) e se tornaram o texto fundador do moderno conservadorismo inglês, *Os Direitos do Homem* reuniram os plebeus desejosos de reforma (e Revolução), tornando-se o texto fundador do moderno radicalismo.

Paine tornou-se uma espécie de besta-fera para as classes proprietárias e para o poder. O Conde de Mornington, em sua correspondência com o ministro do interior em 3 de julho de 1791, perguntava

> por que o senhor ainda não mandou enforcar esse cafajeste de Paine devido a seu ignóbil libelo contra o Rei, os Lordes e os Comuns. Imagino que a extrema baixeza desse panfleto, ou a perfídia dos que desejam difundi-lo entre as pessoas comuns, lhe valeu numerosas edições... ele pode causar malefícios nos lugares onde a cerveja é vendida na Inglaterra e ainda nos locais de venda de uísque da Irlanda. Que eu saiba é de longe o livro mais traiçoeiro que jamais ficou impune; sendo assim dê-me o prazer de enforcar esse indivíduo, se o senhor conseguir agarrá-lo (*Apud* VINCENT, 1989, p. 208).

Depois que o livro foi proibido e o autor banido para sempre da Inglaterra, "de um extremo a outro do país foram organizadas queimas de exemplares de *Os Direitos do Homem*"; "mandou-se enforcar ou queimar sua figura em todas as cidades de mais de 5 mil habitantes"; [ainda em 1819] "um livreiro de Londres, Richard Carlile, e sua mulher foram arrastados aos tribunais e condenados a três e dois anos de prisão respectivamente, por terem posto à venda os volumes proibidos, demonstrando o perigo que ainda representavam aos olhos dos governantes britânicos dez anos após a morte de Paine" (*Apud* VINCENT, 1989, p. 211).

Burke, por sua vez, tornou-se a encarnação do inimigo do povo. Dele talvez se possa dizer que, junto com Malthus, está entre os homens mais insultados de sua época. Na "guerra de palavras" em que se envolveram, Burke e Paine recorreram a tudo, exceto, naturalmente, ao diálogo. Paine, em seu livro, ou se refere ao adversário com menosprezo ou o ignora completamente quando desenvolve seus próprios argumentos; Burke, de sua parte, nunca respondeu a Paine, ou melhor, em seu *An appeal from the new to the old whigs*, de agosto de 1791, considera que a única refutação possível às ideias do adversário é "a refutação da justiça criminal", antecipando-se assim, e contribuindo para, à decisão que um ano depois seria adotada pelo governo inglês contra Paine.[9] Eis Paine em sua crítica mais arrasadora ao conservador Burke:

> Nenhum gesto de compaixão, nenhum reflexo de piedade que eu pudesse encontrar em todo o seu livro, concedeu ele àqueles que se consumiam nestas miseráveis vidas, uma vida sem esperança na mais miserável das prisões. É doloroso ver um homem empregando seus talentos para se corromper a si mesmo. A natureza foi mais bondosa ao Sr. Burke do que ele a ela. Ele não é afetado pela realidade de desgraça que tocava seu coração, mas pela sua semelhança ostentosa que chocava sua imaginação. Ele tem pena da plumagem, mas esquece o pássaro que morre. Acostumado a beijar a mão da aristocracia que o roubou de si mesmo, ele degenera numa composição de arte, e a genuína alma da natureza o abandona (PAINE, 1989, p. 43).

Burke, por sua vez, num escrito publicado também em 1791, assim desqualifica, a partir de um *philosophe*, em particular, Rousseau, o revolucionário, em geral:

> [ele] esgota todo o estoque de sua retórica poderosa na expressão da benevolência universal, enquanto seu coração é incapaz de acolher uma centelha da comum afeição parental. Benevolência para com toda a espécie, e ausência de sentimento para todos os indivíduos com os quais os professores entram em contato, formam o caráter da nova filosofia... Ele se derrete de ternura por aqueles que apenas o tocam pela mais remota relação, mas, sem nenhuma dor natural, desfaz-se como se fossem restos inaproveitáveis, do produto dos seus fastidiosos amores, e envia seus filhos ao orfanato. O urso ama, lambe e forma sua cria, mas ursos não são filósofos (HOLDSWORTH e ROGERS, 1842, p. 482-3).

É óbvio que o impacto e a influência da Revolução Francesa na Inglaterra, no conservadorismo de um lado, e no radicalismo de outro, não teriam deixado de ocorrer se Burke e Paine não tivessem escrito as *Reflexões* e *Os Direitos do Homem*. Que Burke, diante de tudo o que defendeu e escreveu antes, não poderia simpatizar com a Revolução Francesa, igualmente parece evidente, pelo menos a partir de 1791, embora não antes

---

9  Cf. LOCK, 2006, que, ademais, menciona o fato de Burke, entre todos os que criticaram as *Reflexões*, só ter lido o livro de Paine.

(de onde o estranhamento e a surpresa de muitos, com o aparecimento das *Reflexões* em 1790). Que Paine chegaria independentemente das *Reflexões* a alguma coisa semelhante a *Os Direitos do Homem*, parece evidente, basta pensar em seu *Senso Comum* e em sua atuação na Independência da América do Norte. Mas, para prestar tributo ao gênio político e literário de Burke e Paine, e para não diluir no contexto ou processo histórico, como fazem muitos, a importância, crucial e decisiva, dos dois livros, basta apenas imaginar como teria sido, política e ideologicamente, a Inglaterra na década de 1790, sem as *Reflexões* e sem *Os Direitos do Homem*. Como mostra um contemporâneo, alinhado no campo radical, que disso se deu conta ao escrever a Burke, em abril de 1791, para agradecê-lo, ironicamente, pelas *Reflexões*: "Se você não a tivesse escrito nós não teríamos sido abençoados com a magnífica resposta de Paine a você, que é um livro que irá abrir os olhos do povo da Inglaterra (*Apud* FENESSY, 1963, p. 229).

## III

De um debate, qualquer que seja ele, espera-se que termine ou vencido por um dos contendores, ou empatado. O que não se espera, obviamente, é que ele não termine! Cabe, portanto, perguntar como terminou *the debate on France*: quem o venceu? Se não há necessidade de lembrar que os julgadores do debate são os historiadores, é preciso, contudo, ressaltar que, como o próprio nome sugere, "o debate sobre a França", tal como visto pelos próprios contemporâneos, foi e continua a ser considerado pelos historiadores como parte constitutiva do contexto histórico marcado pela Revolução Francesa. Em outros termos, abordar *The debate on France* significa também, e não menos, abordar o impacto da dinâmica revolucionária francesa na Inglaterra.

No início da década de 1780, parecia possível que os dois movimentos em curso na história inglesa, o econômico (da Revolução Industrial) e o político (da Reforma Parlamentar), iriam decolar simultaneamente. Mas, para o bem ou para o mal, não foi isto que aconteceu. Com efeito, enquanto o movimento da economia entrou naquilo que, desde os anos de 1950, se chama de *take-off into self-sustained growth*, o movimento da reforma emperrou. Nas palavras de um historiador atual, "o movimento pela reforma parlamentar minguou na segunda parte dos anos 1780" (O'GORMAN, 1997, p. 231). Assim, concretamente, a Inglaterra, goste-se ou não, passou incólume, sem nenhuma mudança do ponto de vista político-institucional, pela dupla revolução que sacudiu os dois lados do canal da mancha, ou seja, a Revolução Francesa e a Revolução Industrial. Mais precisamente, na Inglaterra, como bem notou um historiador, "a Revolução Francesa conseguiu – o que nem Wilkes, nem o liberalismo religioso, nem a Guerra com a América do Norte tinham conseguido – criar, pela primeira vez na história política inglesa, um partido da ordem" (WARD, 1965, p. 730). Na feliz formulação de outro historiador, em 1793, a Inglaterra, tal como a França, também conheceu uma *levée en masse*, mas a do *people of quality*, isto é, não para salvar a Revolução, mas para salvar-se da Revolução (PALMER, 1962, p. 483).

Durante pouco mais de cem anos, de meados do século XIX – quando a ciência da História se constitui no Ocidente (e na Inglaterra com o seu primeiro grande historiador, Thomas Babington Macaulay) – até o último quartel do século XX, os historiadores ingleses de todos os matizes teóricos e ideológicos consideraram que a Revolução Francesa, em vez de apressar a reforma parlamentar e eleitoral na Grã-Bretanha, que vinha amadurecendo desde pelo menos a década de 1770, teve o efeito, paradoxal, de congelá-la, adiando-a por meio século, até o *Reform Act* de 1832. No século XX, ninguém insistiu tanto nessa interpretação, que é de certa forma ao mesmo tempo liberal-radical e socialista-marxista, como o historiador Thompson. No ensaio intitulado *The Peculiarities of the English* (reiterando o que já havia afirmado em *A Formação da Classe Operária Inglesa*), sentencia sobre o velho e corrupto regime oligárquico: "Dificilmente teria passado do século XVIII se a Revolução Francesa não tivesse ocorrido, providencialmente, para salvá-lo" (THOMPSON, 1980). Mas todos esses mesmos historiadores, implícita ou explicitamente, também consideraram que os radicais e/ou reformadores, derrotados no terreno político, venceram o debate no terreno moral e intelectual.

Mas eis que, a partir dos anos 1970, essa vitória dos radicais no debate foi questionada por historiadores ingleses representando um novo conservadorismo. Eles produziram uma interpretação revisionista que diluiu ao máximo a importância da Revolução Francesa no curso da história inglesa e refutou o consenso até então vigente sobre o assunto entre historiadores liberais, socialistas e mesmo conservadores. Para J. Cannon, um desses historiadores revisionistas, a Revolução Francesa "em seus primeiros estágios deu um enorme estímulo à reforma, provocando entusiasmo em grupos que nunca antes tinham mostrado interesse. Mas isto, por sua vez, estimulou a repressão, que teve êxito em apagar o movimento da reforma". E acrescenta: "os historiadores tenderam a escrever como se a ausência da Revolução tivesse significado uma não obstrução à reforma sem se dar conta de que, da mesma maneira, isto teria significado um não encorajamento inicial à reforma". Cannon conclui: "os eventos de 1789-1799 apontam para uma conclusão algo diferente – que o movimento de reforma esmoreceu não porque foi apanhado pela engrenagem da revolução mas por causa de sua fraqueza" (CANNON, 1973, p. 139-142).

Para H. T. Dickinson, outro desses historiadores revisionistas,

> é errado pensar que os radicais teriam tido êxito se não houvesse ocorrido a reação conservadora ante a Revolução Francesa. Os historiadores que estudam os começos do radicalismo britânico têm mostrado a frequente tendência a acreditar que os argumentos para a reforma extensiva do Parlamento em fins do século XVIII não tinham resposta e que ter-se-iam introduzido mudanças radicais se não tivesse ocorrido o pânico por causa dos excessos da Revolução Francesa... mas custa-nos acreditar que os radicais tenham tido alguma oportunidade de sistematizar suas propostas em algum momento do século (DICKINSON, 1981, p. 289-290).

Este último historiador vai ainda mais longe e ataca o próprio pressuposto, de caráter moral, que fundamentava o consenso historiográfico sobre o tema e sem o qual não se poderia sustentar a tese do congelamento ou adiamento da reforma, a saber, o de que os radicais perderam (em termos políticos concretos) a luta pelo poder, mas ganharam (em termos morais e ideológicos) o debate intelectual sobre a reforma. Ganharam porque, tanto protagonistas como historiadores acredita(va)m no pressuposto assim formulado pelos próprios radicais: "nada que é moralmente errado pode ser politicamente certo". Mas para ele, Dickinson, ao contrário, é possível afirmar, e com bastante força, que a derrota dos radicais deveu-se ao "peso dos argumentos de seus opositores e ao clima de opiniões conservadoras entre os que tinham consciência da política, e não apenas às medidas repressivas e às forças da ordem". Em suma, para esse historiador, os defensores da ordem foram capazes de elaborar, face aos radicais, "uma ideologia conservadora bastante atraente, duradoura e com vasto poder intelectual" (DICKINSON, 1981, p. 291).

Ainda outro historiador, dessa mesma corrente revisionista, Ian R. Christie, critica a noção de *An age of Revolution* no fim do século XVIII (noção sustentada e popularizada por historiadores consagrados como R. Palmer, J. Godechot e E. Hobsbawm), uma vez que, a seu ver,

> o que quer que tenha acontecido na França, não se deve considerar a história britânica do final do século XVIII no contexto de uma "idade da revolução". A proposição de um tal contexto cria expectativas sobre a experiência britânica, uma presunção de que uma revolução poderia ter acontecido mas por alguma razão não aconteceu. Penso que estas expectativas não se justificam... É possível concluir que, talvez, alguns limitados elementos de uma patologia revolucionária estiveram presentes.

Mas, na maior parte, a situação na Inglaterra precisa ser considerada como única, e explorada desse ponto de vista (CHRISTIE, 1984, p. 25).

Christie refuta, portanto, que a Inglaterra tenha chegado, em algum momento daquelas duas décadas, a viver uma situação revolucionária: seja em 1780, como acreditava o historiador liberal H. Butterfield (com sua bela fórmula "*our French Revolution is in fact that of 1780 – the revolution that we escaped*"),[10] seja em 1792-93, como acreditava o socialista Thompson (ao falar em "onda revolucionária", em "crescimento de uma onda radical geral").[11] Ele endossa as posições de Dickinson e, parafraseando-o, afirma: "há uma falácia na suposição generalizada de que os reformadores radicais na Inglaterra venceram na argumentação intelectual, mas foram derrotados pela força à disposição de seus oponentes" (CHRISTIE, 1984, p. 159).

Esses historiadores revisionistas não ignoram a existência de um consenso historiográfico sobre o paradoxo do impacto da Revolução Francesa na Inglaterra, mas, ao mesmo tempo, procuram relativizar ao máximo a relevância desse impacto. Eles se recusam a reconhecer que o movimento radical pelas reformas foi o vencedor do debate, bem como consideram que ele foi derrotado nos seus próprios termos, isto é, no terreno intelectual e ideológico. Em outras palavras, ao argumento formulado pelos próprios radicais ingleses, e depois endossado pela historiografia, de que o movimento pelas reformas – e eventualmente de uma revolução política – na Inglaterra foi derrotado por obra da repressão desencadeada pelo governo Pitt, por obra do que os próprios protagonistas chamaram de "o Reinado inglês do Terror", os historiadores revisionistas opuseram o contra-argumento de que os radicais perderam porque eram poucos, isolados, divididos e, *last but not least*, porque foram inferiores, intelectualmente falando, aos conservadores.

Como era de esperar, essa (re)interpretação revisionista e (neo)conservadora não deixou de suscitar objeções e críticas por parte de historiadores que, independentemente de suas próprias posições político-ideológicas, continuam a acreditar no paradigma clássico. E a reafirmá-lo, atualizá-lo, como se pode ver em três coletâneas que tratam do tema. Na organizada por Malcom Thomis, lê-se na Introdução que

---

[10] "Nossa Revolução Francesa é, de fato, a de 1780 – a revolução de que escapamos" (*Apud* PARES, 1950, p. 526-29).

[11] THOMPSON, 1987.

Os historiadores não devem, no geral, confundir o movimento de reforma com o revolucionário, mas devem ser capazes de ver como poderia ter sido confundido, como na verdade foi confundido por muitos contemporâneos. Os reformadores políticos produziram ao longo desse período seja uma ideologia, seja uma organização, que eram revolucionárias para seu tempo e que poderiam ter tomado a direção da revolução política (THOMIS, 1977).

Na coletânea organizada por Ian Small, esse historiador chama a atenção para a existência de dois tipos de impactos exercidos pela Revolução Francesa na Inglaterra: um, *self-conscious*, operando no campo da política, e outro *subconscious* que, embora mais amplo, é menos fácil de ser identificado de imediato e afeta uma inteira variedade de campos do pensamento e da linguagem, particularmente a criação de neologismos e a "criação de uma nova linguagem da política, a qual por sua vez viabiliza e articula as mudanças na sensibilidade e na civilização" (SMALL, 1989).

Por sua vez, o historiador Mark Philp considera

O debate de panfletos como um divisor de águas no desenvolvimento do pensamento político liberal e conservador britânico, e, também, como um importante momento no crescimento da imprensa popular e na evolução de um estilo literário político popular... O caráter inovador de muitas das obras em debate, sua inventividade retórica e poder, seu impressionante volume e circulação maciça, asseguraram que o debate, de uma maneira ou de outra, penetrasse em toda a sociedade britânica... O governo britânico teve que fazer frente a uma pressão difusa e organizada em prol da reforma parlamentar, e a um público que havia sido tão encorajado a flertar com o republicanismo por meio das obras de Paine, que a elite política e social viu-se na necessidade de se organizar numa escala sem precedente em defesa do *status quo* e da constituição [...]. O que forçou o debate a entrar no campo da luta política concreta foi a recusa do governo em contemplar a reforma. Os radicais não tinham estratégia contra a recusa do governo em negociar ou fazer concessões, exceto a de tentar forçá-lo a prestar atenção e ao tentar fazer isso eles se encontraram excedendo os limites da legalidade. Somente é justo falar que os radicais perderam o debate se também se reconhece que é difícil vencer uma contenda quando o outro lado não quer jogar (PHILP, 1991).

Estando assim as coisas, desse debate entre historiadores ingleses do século XX, sobre o debate de seus antepassados do século XVIII, pode-se extrair a seguinte moral da história ou conclusão: *the debate on France*, que parecia terminado e vencido pelos derrotados, está reaberto e parece, agora, empatado. Mas duas coisas são certas: primeiro, esse debate sempre estará sujeito a reviver, porque é da própria natureza da história, enquanto historiografia, que assim seja; segundo, por mais que o debate reviva, os conservadores poderão, quando muito, empatá-lo, como é o caso agora, mas não poderão vencê-lo, pela simples razão de que sua vitória política foi conquistada graças às armas não da crítica mas do Estado, ou seja, com o concurso decisivo de um poder armado externo ao debate.

### Bibliografia primária:

BURKE, Edmund. *Reflexões sobre a Revolução em França*. Brasília: Editora UNB, 1982.

_____. *Reflexions on the Revolution in France*. Ed. Francis Canavan, Selected Works of Edmund Burke. Indianapolis: Liberty Fund, 1999; vol. 2

PAINE, Thomas. *Os Direitos do Homem: uma resposta ao ataque do Sr. Burke à Revolução Francesa*. Petrópolis: Vozes, 1989.

### Bibliografia secundária:

CANNON, John. *Parliamentary Reform 1640-1832*. Cambridge: Cambridge University Press, 1973.

CHRISTIE, Ian R. *Stress and Stability in Late Eighteenth-Century Britain. Reflections on the British Avoidance of Revolution*. Oxford: Clarendon Press, 1984.

CLARK, Jonathan C. D. *Edmund Burke – Reflections on Revolution in France*. Stanford: Stanford University Press, 2001.

COBBAN, Alfred. *The Debate on the French Revolution 1789-1800*. Nova York: Gilford Press, 1950.

COPELAND, Thomas. *Our Eminent Friend Edmund Burke. Six Essays*. New Haven: Yale University Press, 1949.

DICKINSON, H. T. *Libertad y Propriedad. Ideologia Política Británica del Siglo XVIII*. Buenos Aires: Eudeba, 1981.

FENESSY, R. R. *Burke, Paine and the Rights of Man*. Haia: Martinus Nijhoff, 1963.

FONER, Eric. *Thomas Paine Rights of Man*. Londres: Penguin Books, 1984.

FOOT, Michael. *Thomas Paine: Life and Works*. Londres: Routledge/Thoemmes Press, 1996.

FOOT, Michael e KRAMNICK, Isaac. *The Thomas Paine Reader*. Londres: Penguin Books, 1987.

GERÁRD, Alice. *La Révolution Française, mythes et interprétations 1789-1970*. Paris: Flammarion, 1970.

GODECHOT, Jacques. *La Contre-Révolution, Doctrine et Action 1789-1804*. Paris: PUF, 1961.

HAMPSHER-MONK, Ian. "Rhetoric and Opinion in the Politics of Edmund Burke". *History of Political Thought*, 9, 1988.

HAWKE, David Freeman. *Paine*. Nova York: Harper & Row Publishers, 1974.

HIMMELFARB, Gertrude. *La Idea de la Pobreza. Inglaterra a principios de la era industrial*. México: Fondo de Cultura, 1988.

HOLDSWORTH, Samuel & ROGERS, Henry (org.). *The Works of Edmund Burke*. Londres, 1842.

KEANE, John. *Tom Paine. A political Life*. Londres: Bloomsbury, 1995.

LOCK, F. P *Burke's Reflection on the Revolution in France*. Londres: Routledge, 1985.

_____. *Edmund Burke 1730-1797*, 2 vols. Oxford: Clarendon Press, 1998/2006.

MACPHERSON, C. B. *Burke*. Madri: Alianza Editorial, 1984.

MANENT, Pierre. "Il Liberalismo Francese e Inglese". In: FURET, François (org.). *L'Eredità della Rivoluzione Francese*. Roma: Laterza, 1989.

O'BRIEN, Conor Cruise. *Edmund Burke – Reflections on Revolution in France*. Londres: Penguin Classics, 1968.

O'GORMAN, Frank. *The Long Eighteenth Century. British political & social history 1688-1832*. Londres: Arnold, 1997.

PALMER, Robert R. *The Age of Democratic Revolution*, vol. 2. Princeton: Princeton University Press, 1962.

_____. *The World of the French Revolution*. Nova York: Harper & Row Publishers, 1971.

PARES, Richard. "George III, Lord North and the People, 1779-1780 by Herbert Butterfield". *The English Historical Review*, 65. 1950.

PHILP, Mark. "Introduction". *The French Revolution and British Popular Politics* (v.a.). Cambridge: Cambridge University Press, 1991.

_____. *Paine* (coleção The World Classics) Oxford: Oxford University Press, 1995.

POCOCK, J. G. A. *Edmund Burke – Reflections on Revolution in France*. Indianápolis: Hackett, 1989.

SMALL, Ian. "Introduction". In: vários autores. *The French Revolution and the British Culture*. Oxford: Oxford University Press, 1989.

THOMIS, Malcolm. "Introduction". In: vários autores. *Threats of Revolution in Britain 1789-1848*. Londres: MacMillan, 1977.

THOMPSON, Edward P. *The Poverty of Theory and Other Essays*. Londres: Merlin Press, 1980.

_____. *A Formação da Classe Inglesa (I: A árvore da liberdade)*. São Paulo: Paz e Terra, 1987.

VINCENT, Bernard. *Thomas Paine o Revolucionário da Liberdade*. São Paulo: Paz e Terra, 1989.

WARD, W. R. *The New Cambridge Modern History*, vol. VIII. Cambridge: Cambridge University Press, 1965.

# Supressão e criação revolucionária do tempo[1]

Frédéric Brahami

A CARTA CONSTITUCIONAL de 1814 apresenta a Restauração monárquica como um evento que teria "buscado reatar a cadeia dos tempos". Nela, a sociedade é pensada, assim, como um *continuum* temporal, o qual "os desvios" revolucionários haviam rompido. De fato, durante muito tempo a Revolução Francesa foi interpretada, não somente por seus inimigos, mas mesmo por seus partidários, como uma *ruptura* da cadeia dos tempos; ela foi percebida por seus contemporâneos e por seus herdeiros como um rompimento do tempo; tempo que ela fez justamente aparecer, brutalizando-o, como constitutivo do social.

Os pensadores do começo do século XIX dramatizaram ao extremo o acontecimento revolucionário: eles viram na Revolução Francesa algo além de uma simples mutação política ou mudança de regime social; a seus olhos, ela foi um acontecimento colossal e trágico. Durante muito tempo no século XIX, filósofos e historiadores caracterizaram a Revolução como um acontecimento único na História, um acontecimento de tal amplitude que nada de parecido jamais ocorrera. Assim, Rémusat escreveu, em 1860, que a Revolução é "sem exemplo nos anais do mundo" (RÉMUSAT, 1860, Préface, p. III). Em sua *História da Revolução Francesa*, Michelet diz que a França sacrificou 10 milhões de seus filhos para trazer a liberdade ao mundo. Decerto tal número (quase metade da população francesa da época) não é um erro de distração! Ele denota alucinação, pois reaparece várias vezes no texto. É claro que o acontecimento revolucionário assumira proporções gigantescas no espírito dos homens de então. A Revolução foi

---

[1] Tradução de Felipe Freller.

apreciada como um acontecimento metapolítico, meta-histórico, um acontecimento que transtornou a alma humana até seu fundo.

Por que tal ênfase? Portalis (entre tantos outros) permite compreender o que, no governo revolucionário, traumatizara seus contemporâneos:

> Irmão se punha em guarda contra irmão, amigo contra amigo; afastava-se dos conhecidos como dos desconhecidos. Evitava-se o encontro a sós, as conversas gerais; tudo inspirava desconfiança, até os seres mudos e inanimados. Lançavam-se olhares inquietos sobre os lambris e sobre as paredes, temia-se até ser si mesmo: mudava-se de nome, disfarçava-se sob figurinos grosseiros e nojentos; e cada um temia parecer-se consigo mesmo (PORTALIS, 1820, p. 497).[2]

Destruição de afetos sociais, amicais, familiares e, finalmente, destruição do próprio sujeito: quando se desconfia de seu irmão e tem-se medo até de ser si mesmo, é certo que a sociedade e o espírito estão literalmente *dissolvidos*. Logo, essa revolução é sem igual, única nos anais do mundo, porque ela porta em si o risco de uma dissolução social, risco que denunciam e temem não somente os contrarrevolucionários (como Burke, Bonald ou Maistre), não somente os conservadores (como Guizot ou Portalis), e até mesmo os liberais (como Royer-Collard, Jouffroy ou Rémusat), mas também os progressistas, como Comte e mesmo Proudhon. Assim, Comte vê na recusa moderna de toda autoridade uma "fatal tendência a uma iminente *dissolução*" (COMTE, 1839, 46ᵉ leçon, II-15; itálico meu) social. E ele teme "essa desordem que, se pudesse se prolongar, não teria outra saída senão *a inteira dissolução das relações sociais*" (COMTE, 1970, p. 344; itálico meu). Quanto a Proudhon, ele escreve, muito tempo depois, em 1858, que "o *ceticismo*, depois de devastar a religião e a política, abateu-se sobre a moral: é nisso que consiste a *dissolução* moderna" (PROUDHON, 1930, p. 251). Ceticismo, crítica, filosofia das Luzes, tantos sinônimos, no século XIX, para designar e denunciar um *espírito* que se supõe ser a causa mais profunda da Revolução Francesa e da sociedade brutalmente egoísta dela resultante.

Desse modo, não se deve perder de vista que os homens que herdaram a Revolução Francesa não a percebiam, absolutamente, como nós. Enquanto para nós a Revolução Francesa marca o *nascimento* de um mundo novo (o mundo contemporâneo), um mundo que se reconhece em um "projeto de autonomia", fundado sobre a extensão

---

2   Essa obra foi escrita em 1796, durante o exílio de Portalis na Alemanha.

máxima do império do direito, para os homens que a conheceram ou que guardaram dela uma memória viva, a Revolução francesa foi antes um apocalipse: a morte de um mundo, e mesmo a morte da humanidade, de modo nenhum a entrada do novo mundo. É apenas a partir dos anos 1820 que ela deixa de ser satanizada; e o medo que ela suscita dura bem mais tempo. Numerosos textos escritos no segundo terço do século XIX mostram, com efeito, que só o nome de Comitê de Salvação Pública ainda suscitava pavor e terror.

Portanto, uma revolução única, uma revolução que havia destruído a sociedade rompendo a continuidade, uma revolução que portava em si a dissolução social e o deslocamento dos espíritos. Evidentemente, essa visão se enraizava na experiência traumatizante do Terror. O que foi traumatizante no Terror não foi a violência como tal, mas o fato de se considerar essa violência o resultado dos princípios da liberdade. Todos parecem pensar que, sem o 9 Termidor, a França estava condenada ao extermínio.[3] Assim, a Revolução Francesa oferecia a seus contemporâneos o paradoxo absolutamente ininteligível de uma sociedade que se arranca da servidão com entusiasmo, que conta apenas consigo mesma para assumir seu destino, que tenta implementar a soberania do povo que está nela, que faz surgir o povo como sujeito do político e que produz, *nesse mesmo ato de emancipação total*, a negação total da liberdade e a destruição do povo.

Diz-se com frequência e acerto que esse medo da dissolução social no século XIX é um medo da democracia. É verdade para um Burke, um Maistre ou um Guizot e para os conservadores em geral, mas há algo mais profundo, e mais inquietante, quando se vê tal temor até mesmo entre os progressistas e os socialistas. É olhando o que os textos dos historiadores e filósofos do século XIX dizem da relação entre tempo e Revolução que se pode esperar compreender o que está verdadeiramente em jogo aqui.

I

Em primeiro lugar, todos os historiadores percebem que, aos olhos de seus próprios atores, a Revolução Francesa foi um momento de aceleração vertiginosa do tempo, aceleração que vem da extraordinária fecundidade política desse momento excepcional, de sua incrível intensidade. Lamartine escreve que "A Revolução havia durado apenas cinco anos. Esses cinco anos são cinco séculos para a França. Nunca talvez [...] um país produziu, num espaço de tempo tão curto, uma erupção equivalente de ideias,

---

3   Michelet não hesita em falar "desse trágico ano de 1794, no qual a França havia quase acabado de se exterminar a si própria" (MICHELET, 1952, vol. 1, p. 562).

homens, naturezas, temperamentos, gênios, talentos, catástrofes, crimes e virtudes" (LAMARTINE, 1847-1848, p. 376-377). Observação semelhante fez Michelet: o esgotamento mental e mesmo físico dos Constituintes se explica quando se percebe que essa Assembleia, "em dois anos e meio, vivera vários séculos" (MICHELET, 1952, vol. 1, p. 725). Saint-Just, ainda segundo Michelet, considerava que a Revolução havia durado não cinco anos, mas cinco séculos.[4] Louis Blanc escreve que "se vivia então um século num ano" (BLANC, 1878, p. 771). Esse sentimento não é uma interpretação posterior dos historiadores, ele é o que testemunham os homens que atravessaram a Revolução. Do mesmo modo, o abade Morellet, enciclopedista amigo de Voltaire, em suas *Memórias* redigidas entre 1797 e 1800, fala de um tempo tão denso "que se acredita ter-se vivido anos em um mês e meses em um dia, como um quarto de hora de um sonho penoso parece, ao despertar, ter preenchido toda a duração de uma longa noite" (MORELLET, 2000, p. 339). E desde 1795 Boissy d'Anglas já constatava que "nós consumimos seis séculos em seis anos".[5] Assim, todas as penas, historiadores, testemunhas, memorialistas, dizem a mesma coisa: o tempo acelerou vertiginosamente e condensou. Acelerou tanto que, como nota Michelet, "*o tempo, nesses anos, mudou de natureza*, suas medidas comuns perderam todo o significado" (MICHELET, 1952, vol. 2, p. 749; itálico meu).

Mas, na verdade, essa aceleração esconde algo muito diferente, muito mais radical, algo a que Michelet é muito sensível: não uma aceleração vertiginosa do ritmo temporal, mas uma verdadeira *supressão* do tempo. Ela oferece um espetáculo jamais visto: "coisa terrível, jamais vista: não mais sucessões, não mais transições, não mais duração, não mais anos, não mais horas nem dias, suprimido o tempo!" (MICHELET, 1989, p. 290). O tema reaparece frequentemente em seu texto:

> Não havia mais nem século, nem ano, nem mês, nem dia, nem hora... O tempo não existia mais, o tempo havia perecido. A Revolução, para se pôr mais à vontade, parecia ter começado por *exterminar* o tempo. Livre do tempo, ela seguia sem contar (MICHELET, 1952, vol. 1, p. 1172; itálico meu).

Até onde sei, foi Edgar Quinet o primeiro a iluminar esse ponto. Em 1845, Quinet ministra no Collège de France um curso, que será publicado no mesmo ano, sobre *O cristianismo e a Revolução francesa*. Para ele, o que define propriamente a Convenção

---

4   Para Saint-Just, Robespierre era "o único homem que havia vivido a idade mesma da Revolução, seus cinco séculos em cinco anos" (MICHELET, 1952, vol. 2, p. 849).

5   Relatório à Convenção sobre seu projeto de Constituição, 13 de junho de 1795.

é o fato de esta ter suprimido o tempo: "seu gênio é de *suprimir o tempo*. Ela não deixa nada para o dia seguinte, para a ação dos anos; ela não se concede nem mesmo os sete dias para fazer o mundo. [...] mal um ideal se formou na cabeça colossal da Convenção, ela já pretende realizá-lo incontinente" (QUINET, 1984, p. 242-243; itálico meu). Mas Quinet vai ainda mais longe: com efeito, seria possível banalizar o alcance da expressão "suprimir o tempo", conferindo-lhe um sentido metafórico, como se quisesse dizer que a Convenção ignorava, desprezava ou desdenhava o tempo, isto é, era indiferente às pressões circunstanciais, que ela não temera impor brutalmente o que, em tempo normal, deveria levar meses ou anos para se pôr em prática. Mas isso é muito pouco. Pois, nas mesmas páginas, Quinet diz muito claramente que a Convenção não se contenta em suprimir o tempo: *ela o cria*, ela inicia uma temporalidade antinatural, ela começa absolutamente uma série temporal que vai contra o curso natural do tempo. É em sua prática da guerra que este traço sobressai com mais evidência:

> Em virtude do mesmo princípio de infalibilidade e de onipotência, a Convenção decreta que tal cidade será tomada, que uma vitória será conquistada tal dia.[6] [...] em sua grandeza, ela sente um Deus de cólera se agitar em seu seio. O que ela quer, é preciso que ela o imponha ao universo; ela vive de milagres. Danton ordenaria, se necessário, como Josué, ao sol que parasse. Eis agora por que o culto da Razão e o da Natureza não representam a Convenção; *ela se eleva, em sua fé, igualmente acima da natureza e da razão que ela desconcerta*. Ela exige prodígios de seus generais. Convencida de que ela lhes comunica a força de produzi-los, tudo o que aqueles chamam de impossibilidade, ela chama de traição (QUINET, 1984, p. 241-242; itálico meu).

Louis Blanc foi sensível a esse aspecto revelado por Quinet. Na conclusão de sua monumental *História da Revolução Francesa*, ele escreve:

> Nada mais característico do que o decreto de 16 de Messidor (4 de julho): uma ordem às guarnições estrangeiras de Condé, Valenciennes, Landrecies e do Quesnoy de se renderem à discrição vinte e quatro horas depois do aviso, do contrário não lhes será permitido capitular e serão passadas a fio de espada. [...]

---

6   Michelet se lembrará do tema, sem o sublinhar demais: "Escreveu-se a Saint-Just: 'Tu vencerás tal dia'. Ele venceu" (MICHELET, 1952, vol. 2, p. 904).

Desde que há guerras no mundo, era a primeira vez que uma assembleia ordenava ao inimigo reconhecer-se vencido de antemão, sob pena de morte.

E era a primeira vez também, desde que há no mundo assembleias deliberativas, que se via uma assembleia publicar decretos deste gênero: "Em tal momento, tal cidade será tomada – em tal data, tal batalha será vencida" (BLANC, 1878, p. 766).

Para Quinet, Michelet ou Louis Blanc, é a *vontade* que cria um tempo que não somente ignora, mas *anula* a ordem do curso "natural" do tempo: não é mais a batalha efetiva, tal como realmente ocorreu, que decide a sorte das nações, é a vontade absoluta da assembleia que decide *a priori* a sorte da batalha. O saber militar, a contingência, as circunstâncias, os costumes, o real, tudo isso é anulado e deve ser recriado para responder às exigências da vontade.

Creio que é necessário levar esses textos a sério, entendê-los ao pé da letra, para tentar compreender o que neles se diz de nossa modernidade política e de suas tensões. De bom grado, nós nos vemos inscritos num projeto político, social e individual de autonomia, projeto segundo o qual cabe aos homens, tanto em sua individualidade como em seu conjunto, assumir seu destino, ser mestres de seu futuro, encontrando apenas em si mesmos a fonte de toda autoridade. A exigência de autonomia se tornou tão imperiosa que ela não se contenta mais em denunciar como ilegítima toda autoridade sobrenatural que pretenda impor sua lei aos homens; ela denuncia ainda como inaceitável tudo o que pretende se impor, a título de um fato natural incontestável, ao indivíduo e à sociedade. Não é somente contra o sagrado, mas também contra a natureza que se erige a autonomia, pois, por mais enraizada que seja na substância mesma do corpo social, a heteronomia não é nunca percebida como uma condição neutra, mas sempre como uma subjugação ou uma alienação a destruir. Ora, a Revolução Francesa aparece, justamente, como a primeira realização política desse projeto de autonomia, ainda bastante imperfeito, certamente, mas também bastante real.

A autonomia nos aparece como um *projeto* e não como um *estado plenamente realizado* porque nós estamos mergulhados em uma heteronomia objetivada em sua facticidade pelas ciências humanas, que nos informam sobre múltiplos determinismos que fazem de nós o que nós *somos* (as "pressões" econômicas, sociológicas, psicológicas). Mas, ao mesmo tempo, essa heteronomia (todo esse determinismo social) é desqualificada em seu valor pela exigência de autonomia. Além disso, a temporalidade na qual nós vivemos é dupla, como é duplo o regime discursivo no qual nós nos situamos: do lado do presente, a objetividade dos determinismos; do lado do futuro, os ideais. O desafio consiste, para os progressistas, em afinar esses dois regimes discursivos, mostrando que a cerca dos determinismos não é total, e que a abertura dos ideais não é utópica. É absolutamente necessário que sinais da efetividade da liberdade se mostrem no seio mesmo da brutalidade dos fatos, da violência da História e das relações sociais. O projeto de autonomia exige, portanto, que a sociedade seja dinamizada por um princípio imanente de emancipação, capaz de abrir seu caminho contra todos os obstáculos, ao mesmo tempo que uma *vontade* deve acompanhar essa dinâmica. Sem a imanência de uma autonomia incoativa no corpo social, a vontade política se faz voluntarismo abstrato, utopia assassina, *rompimento do tempo*; sem vontade política, a dinâmica social se nega como emancipação, a qual não pode ser senão obra de um sujeito. Um saber da sociedade deve informar a vontade política. Mas qual é a função desse saber, disputado pela sociologia, psicologia e filosofia? Como ele se articula com o querer? Deve ele circunscrever o círculo das pressões, a fim de liberar o espaço no qual o sujeito possa se afirmar, ou deve ele ceder seu objetivo à vontade? No primeiro caso, o saber, determinando simplesmente as condições nas quais a vontade pode se exercer sem efeitos devastadores, não habita o político. Ele diz não o que se deve querer, mas somente o que não se pode seriamente querer. No segundo, o saber determina não tanto os limites da ação política quanto seu conteúdo; ele designa a esta sua finalidade. O verdadeiro sujeito político é então o saber, não sendo a vontade, na realidade, mais do que o órgão de um processo de emancipação que não depende em si mesmo da vontade. Nós estamos presos, desse modo, entre duas exigências igualmente imperiosas, e, no entanto, incompatíveis: a exigência de uma liberdade que se compreende a si mesma como vontade e se constrói pelo direito (e notadamente pelos direitos do homem); a exigência de um saber da sociedade que, na pior das hipóteses, anula o querer, e, na melhor, subordina-o. A meu ver, a tensão contemporânea da articulação entre a vontade política e os saberes da sociedade se enraíza na experiência revolucionária da supressão do tempo e de sua recriação voluntarista.

## II

A Revolução Francesa foi depositária de grandes expectativas porque ela quis (é assim que ela foi entendida) *criar* uma ordem social absolutamente nova. Assim Portalis opõe as revoluções precedentes à Revolução Francesa. Nas revoluções precedentes, não se quisera tudo destruir para tudo recriar: "Mudava-se a distribuição do edifício, mas não se queimavam seus materiais; propunha-se ordenar melhor o todo, mas não se tinha a louca pretensão de criar tudo do nada" (PORTALIS, 1820, p. 482). A Revolução Francesa, ao contrário, foi uma revolução total porque é (segundo ele) o último momento de uma destruição prévia do espaço público: "nos séculos que nos precederam, não se podia atacar as leis sem encontrar a mais forte resistência nos preconceitos, nas opiniões e nos costumes, ao passo que, em nossos dias, os costumes, os preconceitos, as opiniões haviam mudado antes das leis" (PORTALIS, 1820, p. 484).

O jovem Guizot exprime esse ponto de modo perfeitamente claro:

> Esses criadores mortais se apropriaram da sociedade como o Eterno se apropriara do caos, e reivindicaram a potência da palavra divina. Instituições políticas, leis civis, religião, filosofia moral, relações comerciais, diplomáticas, domésticas, as opiniões, os interesses, os hábitos, os costumes, o Estado, as famílias, os indivíduos, tudo precisou ser reconstruído; tudo havia sido até então o produto de uma força cega; tudo devia ser obra da razão (GUIZOT, 1816, cap. 3, p. 37-38).

A onipotência criadora da qual se creem investidos os revolucionários: eis o esquema propriamente *teológico* que exige ao século XIX a exegese do acontecimento, à direita como à esquerda, no conservador Burke como no socialista Louis Blanc. Supunha-se, assim, que o caráter intrinsecamente terrorista da Revolução viria de sua vontade criadora. Os revolucionários haviam pretendido pôr em prática a *potentia dei absoluta*. Ora, a criação, entendida no sentido propriamente teológico de criação *ex nihilo*, não é um processo causal. O criado é o que vem a ser sem ter sido causado, pois o conceito de causalidade implica que não haja nada no efeito que não esteja de alguma maneira na causa. Se alguma coisa no efeito não estivesse envolvida na causa, um hiato ontológico se instauraria entre a causa e seu efeito, no qual se aboliria toda ciência. Criação não é o nome de um conceito, mas de um dogma. Também, a criação *ex nihilo* envolve um componente de milagre: alguma coisa é, que não emana de Deus, não é engendrada por Deus; é produto *do nada*, logo se origina totalmente da divindade, à qual o nada é, contudo, totalmente exterior. Não se pode pensar o labirinto da criação senão como o fruto de uma onipotência absoluta da vontade divina. Só Deus cria. Entretanto, nem tudo é Deus quem cria, mas somente aquilo cuja vontade não se origina de nenhuma razão constitutiva de sua essência, pois então sua vontade seria limitada por verdades que se impõem a ela como uma fatalidade. Se Deus é verdadeiramente onipotente, nada o ata – nem mesmo o princípio de identidade. Portanto, pensamos que A é A não porque isso seja algo verdadeiro em si mesmo; ao contrário, só é verdade que A é A porque Deus decidiu que nós não poderíamos pensar de outra maneira. Isso vale ainda para o bem e o mal: Deus nos ordenou amar ao próximo não porque isso seja um bem em si mesmo; ao contrário, isso é bom porque ele arbitrariamente decidiu assim nos ordenar. A vontade divina *decreta* o ser, a verdade e o bem sem razão, porque ela institui sozinha a razão; senão, se Deus criasse em virtude do que o entendimento lhe impõe como o bem em si ou a verdade, sua vontade seria apenas executora, e Deus seria o administrador do Styx lógico.

A criação não é uma produção, mas uma instituição: Deus institui o ser ao mesmo tempo que a verdade e o bem. Além disso, quem quer que pretenda criar deve necessariamente partir do nada; e quando alguma coisa já está ali, quando algo real está dado, deve-se imperativamente arrasá-lo primeiro. É por isso que Burke via nesse texto que Rabaut Saint-Étienne publicara em 1788 a essência mesma de uma Revolução que quer criar *ex nihilo* uma sociedade conforme aos direitos naturais do homem:

> Todos os estabelecimentos na França coroam a infelicidade do povo. Para torná-lo feliz é preciso renová-lo, mudar suas ideias, mudar suas leis, mudar seus costumes [...], mudar os homens, mudar as coisas, mudar as palavras, [...] *destruir tudo*, sim, destruir tudo, já que tudo deve ser recriado (SAINT-ÉTIENNE, 1788).[7]

Além disso, quando os contrarrevolucionários denunciam o *satanismo* dos revolucionários, eles querem dizer que a filosofia das Luzes (que é a seus olhos a teoria que a Revolução Francesa se contenta em aplicar) não é a secularização do poder, sua dessacralização, mas, ao contrário, a usurpação da onipotência divina. Pretendendo criar uma nova sociedade *ex nihilo*, os revolucionários não teriam tanto afastado Deus, para fazer advir a autonomia, como tomado seu lugar.

Compreende-se que o Terror tenha retrospectivamente servido para denunciar no voluntarismo da filosofia da idade clássica a causa da catástrofe que foi a Revolução Francesa. Do mesmo modo, é todo o jusnaturalismo que vai se encontrar invalidado *a posteriori* de fato pelo Terror, invalidado como uma filosofia que funda a liberdade sobre a natureza humana contra a História, sobre o direito contra o dever, sobre o indivíduo desligado de todo pertencimento social contra a comunidade. Hobbes foi o primeiro a fazer do homem um Deus; Hobbes que, com efeito, distingue os corpos políticos "naturais",

---

7   Citado em: BURKE, 1997, p. 166.

engendrados pela força, do corpo político instituído *voluntariamente*, "corpo político artificial e arbitrário, que tem alguma relação e semelhança com uma criação, a qual se faz *por uma potência divina tirando a coisa criada de seu primeiro nada*" (HOBBES, 1977, p. 57; itálico meu).[8] Essa posição absolutista é retomada no *Leviatã*, no qual ele próprio formula a tese geradora por meio de uma analogia sem nenhuma ambiguidade: "os *pactos* e *convenções* mediante os quais as partes deste Corpo Político foram criadas, reunidas e unificadas assemelham-se àquele *Fiat*, ao *Façamos o homem* proferido por Deus na Criação" (HOBBES, 2003b, p. 12; os itálicos são de Hobbes).

Por maior que tenha sido a diversidade dos pertencimentos "filosóficos" dos atores da Revolução, eles não podiam ler o que se passava sob seus olhos senão pelo prisma deformante das categorias políticas elaboradas nos séculos XVII e XVIII, as quais repousavam todas sobre o conceito de obrigação (BERNARDI, 2007). Esse conceito de obrigação se desenvolvera, evidentemente, de modos muito diferentes em uns e em outros, mas, por trás das diferenças, havia esta tese, massivamente compartilhada: o que constitui o povo como tal é o fato de a vontade comum exprimir, de uma maneira ou outra, a vontade de cada cidadão. O povo só podia ser pensado como a resultante de uma obrigação fundadora pela qual cada um se ligaria ao todo apenas depois da soberania que sua vontade lhe dava primeiro sobre si. Além disso, seria só por sua *vontade* que o povo entraria em posse de si mesmo e se faria sujeito do político. Ora, foi precisamente a esse esquema voluntarista que a convulsão popular, as reações dos privilegiados e finalmente o Terror puseram fim: manifestamente, o corpo social, em sua realidade complexa, não correspondia às categorias que haviam se desenvolvido na esteira de Hobbes. O quadro de inteligibilidade política que fazia do povo o verdadeiro chefe (desde o famoso "mesmo nas monarquias o povo é soberano"[9] até a indivisibilidade da vontade geral em Rousseau) – sob a condição de que cada um quisesse ordenar sua vontade conforme à do todo e reconhecesse na do todo a sua própria –, este quadro tornava incompreensível aos revolucionários que o povo assim concebido resistisse à liberdade. Que fosse necessário aterrorizar uma parte do povo para realizar a liberdade do todo era, pois, impensável nas categorias clássicas que haviam forjado o conceito de povo como vontade total resultante das vontades individuais. O conceito de povo perdeu toda consistência no instante mesmo em que ele nascia, no instante sobretudo em que os próprios atores da Revolução pensavam agir em função desse esquema. Para

---

[8] Cito esta edição porque é ela que praticavam os leitores franceses no século XVIII. Existe uma excelente edição deste texto – ver HOBBES, 2003a, p. 226.

[9] HOBBES, 2010, XII-8, p. 248.

dizer em outros termos: a Revolução como *experiência* destruiu a revolução que havia ocorrido na filosofia clássica.

## III

No período que se seguiu à Revolução e durante uma longa parte do século XIX, foi de certa forma a violência feita ao tempo social pela vontade política absoluta que alimentou o pensamento dos teóricos. Aos olhos dos contemporâneos da Revolução Francesa, o absolutismo dos princípios só pôde se encarnar destruindo a sociedade. A lição foi ouvida e fez surgir a exigência de um pensamento social atento à potência dos costumes, das crenças e das práticas imemoriais. Tornava-se evidente, por causa do Terror, que o *povo* real, tanto o que fizera as grandes Jornadas como o que permanecera preso aos preconceitos ancestrais, não tinha nada a ver com a ficção metafísica elaborada pelos filósofos da idade clássica. O povo não resulta da vontade, ele é um dado, ele tem sua inércia própria, seu espírito, sua inteligência, sua espontaneidade, seus valores, suas crenças, que convém antes de tudo respeitar e compreender.

A sociologia nasceu dessa experiência, desse traumatismo provocado pela violência da vontade. Ela se construiu pouco a pouco, em Bonald, Saint-Simon e Comte, como um saber cujo objeto consistia em apreender como o espírito dos indivíduos é posto em forma por relações sociais pré-existentes e determinantes. Revelando-se a vontade criadora, na experiência, vontade destruidora, o pensamento pós-revolucionário, que é ainda o nosso (na minha opinião), reagiu subordinando o político ao social. Eu creio que, em tudo o que se poderia agrupar sob o nome de *saberes da sociedade*, há algo profundamente antipolítico, profundamente refratário ao perigo que constitui o político. Pois o político é a vontade e toda vontade tende a se emancipar. Portadora da autonomia, a vontade só existe na medida em que não é a conclusão necessária de um saber. Com efeito, seja qual for a luz que esse saber lance, a vontade só é vontade se aceitarmos que ela se decide sem ter sido integralmente determinada; e essa parte de indeterminação, por menor que seja, basta-lhe para se arrancar de toda ancoragem no real. É que todo querer é começo, todo querer inicia uma temporalidade que rompe a duração própria do movimento social, e quebra sua inércia. Assim, ou a vontade, que define o político entre os modernos, exerce-se no absolutismo que a constitui, sob o risco de brutalizar o corpo social sobre o qual se aplica, ou ela só se decide em função de um saber – mas então ela não é nada. No século XIX, a revolução insistiu, os povos a continuaram. O que significava que os princípios postos em prática na Revolução Francesa haviam trabalhado a História, logo, que eles eram fecundos, portadores de uma racionalidade que pedia para se encarnar. A Revolução, inicialmente interpretada como uma ruptura da cadeia dos tempos, tornou-se, por sua vez, uma tradição. No século XIX, e mais ainda nas revoluções do século XX (e talvez nas revoluções árabes atuais), fazer a revolução não queria mais dizer suprimir o tempo das velhas crenças, dos velhos preconceitos, das velhas instituições, para introduzir no real *a eternidade* de princípios abstratamente racionais, mas passou a querer dizer: seguir o movimento da História, acompanhá-lo, produzir o futuro. No século XIX, mas mais ainda no XX, uma síntese fantástica foi elaborada: fez-se a Revolução em nome da ciência social. Nós não podemos mais crer nela, e estamos ainda na situação ambígua em que se encontravam nossos pais após a Revolução de 1789-1793.

### Bibliografia primária

BLANC, Louis. *Histoire de la Révolution Française*, vol. 2. Lacroix: Paris, 1878.

BURKE, Edmund. *Reflexões sobre a Revolução em França*. Trad. port. Renato de Assumpção Faria, Denis Fontes de Souza Pinto e Carmen Lidia Richter Ribeiro Moura. Brasília: Editora UnB, 1997.

COMTE, Auguste. *Cours de Philosophie Positive*. Paris, 1839.

_____. *Écrits de Jeunesse* (ed. Paulo E. Berredo Carneiro e Pierre Arnaud). Paris/La Haye: Mouton, 1970.

GUIZOT, François. *Essai sur l'histoire et sur l'état actuel de l'instruction publique en France*. Paris, 1816.

HOBBES, Thomas. *Le corps politique*. Trad. fr. Sorbière, présentation Louis Roux, Publications de l'Université de Saint-Étienne, 1977.

_____. *Éléments de la loi naturelle et politique*. Trad. fr. Dominique Weber. Paris: Poche, 2003a.

_____. *Leviatã*, (org. Richard Tuck; trad. port. João Paulo Monteiro, Maria Beatriz Nizza da Silva e Claudia Berliner). São Paulo: Martins Fontes, 2003b.

_____. *Du citoyen*. Trad. fr. Philippe Crignon. Paris: GF, 2010.

LAMARTINE, Alphonse de. *Histoire des Girondins*, vol. 8. Paris: Furne, 1847-1848.

MICHELET, Jules. *Histoire de la Révolution Française*, 2 vols. Paris: Gallimard, 1952.

_____. *História da Revolução Francesa: da queda da Bastilha à festa da Federação*. Trad. port. Maria Lucia Machado. São Paulo: Companhia das Letras, 1989.

MORELLET, André. *Mémoires*, éd. J.-P. Guiccardi. Paris: Mercure de France, 2000.

PORTALIS, Jean-Étienne-Marie. *De l'usage et de l'abus de l'esprit philosophique durant le XVIII<sup>e</sup> siècle*, vol. 2. Paris, 1820.

PROUDHON, Pierre-Joseph. *De la justice dans la Révolution et dans l'Église* (1858), vol. 1. Paris: Marcel Rivière, 1930.

QUINET, Edgar. *Le christianisme et la Révolution française* (1845). Paris: Fayard, 1984.

RÉMUSAT, Charles de. *Politique Libérale ou Fragments pour servir a la défense de la Révolution Française*. Paris, 1860.

SAINT-ÉTIENNE, Rabaut. *À la nation française, sur les vices de son gouvernement, sur la nécessité d'établir une constitution*. 1788.

## Bibliografia secundária

BERNARDI, Bruno. *Le principe d'obligation*. Paris: Vrin/EHESS, 2007.

# PARTE III

## Gêneros da reflexão

# Caridade e Exclusão: entre Dante e Marx[1]

Bruce Gilbert

Quando era estudante, eu supunha que a filosofia mais recente era a melhor. No entanto, quanto mais estudo e ensino filosofia, mais me convenço de que a mais importante base de conhecimento filosófico foi estabelecida há muito tempo. Obviamente, realizei essa descoberta com Platão e com Aristóteles, porém recentemente meu encanto intelectual está voltado para Dante Alighieri e Tomás de Aquino. Proponho neste artigo que em uma curta passagem do Purgatório, na *Divina Comédia*, Dante nos oferece uma pista sobre a identidade de dois domínios ontológicos da realidade humana. Especificamente, demonstrarei que a propriedade privada é determinada pela esfera que reúne "aquilo que, ao ser compartilhado, é diminuído" – a esfera da "exclusão", ao passo que a propriedade comum é governada pela lógica da esfera que reúne "aquilo que, ao ser compartilhado, se prolifera", ou seja, a esfera da "caridade". Ser livre e feliz na esfera da caridade é ser humano e, portanto, nós sentimos um imperativo de governar a esfera da propriedade privada de acordo com a lógica da propriedade comum. Ilustrarei esse argumento por meio de um estudo sobre a teoria da exploração de Karl Marx (2010).

---

[1] Tradução de Leandro de Pádua Rodrigues. Optamos por traduzir "you", a segunda pessoa, por "você", correspondendo-lhe o pronome pessoal oblíquo "o". Essa opção pelo gênero masculino visa tão-só a tornar o texto mais legível.

## O reino da exclusão e o reino da caridade.

Como se sabe, *A divina comédia* é uma viagem pelo Inferno, Purgatório e Paraíso. O próprio Dante é o peregrino guiado no Inferno e no Purgatório pelo maior dos poetas (já que Dante não conhecia Homero): Virgílio. Na cena que é importante para os nossos propósitos, Dante está sendo conduzido do círculo da inveja para o círculo da raiva no Monte do Purgatório, quando ele pergunta ao seu guia por que, no canto anterior, um homem havia indagado retoricamente: "Minha semente essa palha me sorte! /Oh, gente, por que teus desejos pôr/onde exclusão pretendes de consorte?" (DANTE, 2008, p. 96, Purgatório)? Virgílio responde que não precisamos extinguir nossos desejos para purificar nossas almas, mas devemos reorientá-los por completo. Especificamente, Virgílio diz (DANTE, 2008, p. 101, Purgatório):

> Porque de um bem comum que alguém deseja,
> Repartido, de um tanto ora o senhor,
> Já tem, e dos restantes teme a inveja.
>
> Mas se fosse elevado só pra o amor
> da esfera superior nosso querer,
> não teríamos no peito tal temos;
>
> lá, por quantos mais "nosso" se disser,
> mais cada um vai possuir de bem,
> por caridade a mais no claustro arder.

Virgílio ensina a Dante que o desejo pode buscar duas espécies de coisas. A primeira espécie é constituída por aquilo que é "diminuído ao ser compartilhado". Virgílio se refere às coisas materiais tal como a comida ou o dinheiro. Inevitavelmente, se eu der um pouco do meu dinheiro para você, eu terei uma quantidade menor. É importante destacar que ser humano não é apenas experimentar o reino das coisas que são diminuídas ao serem compartilhadas, mas também estar preso na armadilha desse reino. Mesmo se propuséssemos que uma rigorosa purificação da alma pudesse nos curar desse tipo de desejo, tal como a pretendida pela alma de Dante, nós nunca poderíamos apagar a indelével característica das coisas que são diminuídas ao serem compartilhadas. Se eu dividir a minha cama com você, terei menos espaço; igualmente, se dividir o meu pão com você, terei uma quantidade menor para comer. Em outras palavras, Dante pressupõe um tipo de argumento transcendental: ser humano é, desde sempre, estar familiarizado com um reino no qual compartilhar algo é também diminuir a sua quantidade. Trata-se de coisas finitas tal como comida, dinheiro, espaço, honra, orgulho e poder. Uma vez nesse reino ter algo é excluir alguém de sua posse, designá-lo-ei de reino ontológico da exclusão.

Devemos observar outras características do reino da exclusão. Poderíamos dizer que esse domínio das coisas, cuja posse exige a exclusão de outras pessoas, é o reino da *particularidade*, pois se refere às coisas que, sendo *minhas,* não podem ser *suas.* Nesse reino, aquilo que é meu não pode ser apropriadamente seu. Em outras palavras, esse reino é aquilo que, no estado de natureza, os filósofos chamam de *posse*, e, no estado de direito, de *propriedade privada*. Quando meramente eu *possuo* algo, ele é meu e não seu. A posse individual de algo é garantida, em última instância, por meio de meu próprio poder. Eu posso excluí-lo de algo que eu possua, na medida em que eu pessoalmente tenha o poder para agir dessa forma.

Entretanto, no estado de direito, aquilo que adequadamente é meu e não seu é reconhecido enquanto tal sob as leis e, por conseguinte, não é mais uma questão de posse, mas sim de *propriedade privada*. Assim, no que diz respeito à propriedade privada, eu tenho um *direito* de excluí-lo do uso de algo. Esse direito não é garantido pela minha força pessoal numa eventual competição contra a sua força, mas pela comunidade dos seres humanos que, por meio do consenso comum, reconhecem meu direito. Dizer que eu tenho propriedade privada, portanto, é dizer que toda a comunidade reconhece o meu direito de excluir outros membros do usufruto de algo. A comunidade articula esse direito de excluir por meio daquilo que chamamos de *lei*. Idealmente, nós consentimos com leis em geral, incluindo a lei que me permite ter a minha parte das coisas "que são diminuídas ao serem compartilhadas" – propriedade privada. Nesse sentido, a lei de propriedade privada funciona para regular a quantidade que por direito possuo "daquelas coisas que são diminuídas ao serem compartilhadas". Presume-se que isso seja garantido com base em certos princípios de justiça distributiva.

Para sumarizar, podemos dizer que existe um reino ontológico no qual aquilo que é compartilhado é diminuído. Esse é o reino da exclusão e é a esfera da particularidade, da posse e da propriedade privada. A lei determina o fenômeno humano que regula essa esfera, repartindo para cada membro da comunidade uma quantidade desses recursos finitos. Nós chamamos isso de reino ontológico da exclusão.

Mas Dante diz que existe um outro reino. Segundo ele argumenta, sempre haverá motivo para inveja se investirmos nossos desejos no que é diminuído ao ser compartilhado. Em vez disso, deveríamos fazer o seguinte (DANTE, 2008, p. 101, Purgatório):

> lá, por quantos mais "nosso" se disser,
> mais cada um vai possuir de bem,
> por caridade a mais no claustro arder
>
> ...
>
> Tanto se entrega quanto acha calor;
> Quanto mais caridade assim se estende,
> Sobre ela cresce o Eterno Valor
>
> Quanto mais gente lá em cima se estende,
> Mais há pra bem amar, e ama-se mais;
> Tais como espelhos que um do outro esplende.

Ou seja, soma-se ao que é diminuído ao ser compartilhado um reino de coisas que, ao serem compartilhadas, *realizam-se, cumprem-se e se tornam presentes*. Noutras palavras, se, para me tornar completo no reino da propriedade privada, devo excluir outros homens, no outro reino *necessito dos outros homens* para tornar-me completo. Se, no reino da propriedade privada, compartilhar algo implica sua diminuição, compartilhar algo é uma condição necessária nesse reino. Dante identifica o amor cristão como exemplo desse novo reino e talvez ele esteja certo ao fazê-lo. Portanto, esse será o reino da caridade a que se refere o termo em latim para a palavra grega *ágape*.

Analisarei mais de perto o reino da caridade. É provável que o amor cristão seja o melhor exemplo desse reino – aquilo que ao ser compartilhado floresce. Mas existem outros exemplos. Concentrarei minha análise sobre a linguagem. Quando digo algo para você, minha própria intenção ou projeto só será realizado se, e apenas se, você me compreender. Se a linguagem não for compartilhada, minha intenção fracassará. Podemos perceber que a lógica do reino da caridade é o oposto da lógica do reino da exclusão. Ao dizer algo que você entenda, o meu "eu" e o seu "eu" se tornam um "nós". Estabelecemos uma comunidade de compreensão mútua. Ao ser compartilhada, a língua não é diminuída pela realização de sua própria natureza.

No entanto, devemos submeter a teste esse estudo sobre o reino da caridade. Se, ao estabelecer uma comunidade ou uma associação, ao invés de diminuir algo ao compartilhá-lo, nós realizamos algo ao compartilhá-lo, o que dizer das nossas partes que nos são únicas? De fato, talvez possa parecer que o reino da caridade exclui as características que nos tornam singulares. Se assim o fosse, nossa singularidade de seres humanos recuaria para dentro do reino da exclusão e nós precisaríamos das categorias "particularidade exclusiva" e "propriedade privada" para nos envolvermos nesse reino.

Porém, olhemos para a nossa singularidade com maior cuidado. Como me expresso como singular e único? Penso nisso nas minhas reflexões, falo sobre isso por meio de minhas ações e palavras. Meus pensamentos, ações e palavras são modalidades de expressão e, por isso, de linguagem. A linguagem, como argumentei anteriormente, é um exemplo do que prolifera ao ser compartilhado. Novamente, quando lhe falo sobre a minha singularidade, só me sentirei reconhecido e amparado se você entender o que eu disse. É óbvio, assim, que minha singularidade só se realiza verdadeiramente quando compreendida por você. Minha singularidade só se realiza quando deixar de cair na armadilha representada pelo meu "eu", se estendendo pelo abismo entre "você" e "mim" para formar um "nós". Por outro lado, a comida que me alimenta necessariamente exclui a você; os anseios privados que articulo com você só serão compreendidos se você me entender. O reino da singularidade se estende em direção a outros e busca a sua compreensão. Tal como é, esse reino cumpre e realiza algo ao ser compartilhado, em vez de reduzi-lo. É notável que eu só consiga ser realmente eu mesmo como ser único se puder comunicar essa singularidade a você. Além disso, em princípio, em tais momentos de partilha eu posso estar completamente presente, pois você e eu podemos falar não apenas daquilo que nos torna diferentes, mas daquilo que nos torna o mesmo ou parecidos. É preciso dizer que isso não é um tipo qualquer de linguagem, mas uma linguagem que busca a verdade – o tipo de linguagem que alguém encontra num diálogo platônico, num excelente romance ou numa autêntica conversa entre duas ou mais pessoas.

A linguagem é, portanto, um bom exemplo do reino ontológico da caridade. Se quiséssemos, poderíamos desenvolver a mesma análise com relação ao amor, à arte, à ciência e à filosofia, que de fato são importantes espécies de linguagem. Mas, em vez de seguir esses elementos interessantes, olhemos mais de perto para o estatuto do reino da caridade, em especial para duas importantes características. Primeiramente, se minha capacidade de excluí-lo está no reino da *particularidade* (eu em oposição a você), o reino da lei é o reino da *universalidade*. Realidades caridosas, como a linguagem, ocorrem na medida em que nós nos unimos, ou seja, nós nos *universalizamos*. Em segundo lugar, se aquilo que é diminuído ao ser compartilhado é próprio para mim, mas não para você, então o reino da caridade é próprio para nós dois. É-nos próprio em *comunidade*, ou seja, é-nos próprio em *comum* – é *propriedade comum*.

Para resumir o exposto, o reino ontológico da caridade nomeia as características de nossa realidade que, ao serem compartilhadas, florescem e se proliferam.

Esse reino inclui o amor e a linguagem, sendo governado pela lógica da universalidade e propriedade comum.

Munidos da compreensão sobre o reino ontológico da exclusão e da caridade, passemos, por fim, a questões de filosofia política. Normalmente, pensamos a política como o reino da justiça, da lei ou do direito. A justiça distributiva determina como os bens de uma sociedade devem ser alocados entre os seus membros, a justiça processual determina como se conduzem decisões dessa natureza, enquanto a justiça retributiva determina como alguém deve responder a transgressões da lei. Devido a razões que se tornarão claras em breve, analisemos a justiça distributiva. Seja qual for a definição de justiça distributiva, só é possível executá-la de acordo com as leis. Portanto, em qual lugar as leis da justiça distributiva se localizam no interior da lógica da exclusão e da caridade?

Pode parecer óbvio que elas estejam no reino da exclusão. Afinal de contas, na sociedade, a distribuição aloca recursos finitos para algumas pessoas e não para outras. Já sabemos que esses recursos são finitos, pois os recursos infinitos não exigem justiça na sua distribuição, porque todos já possuem mais do que necessitam. De fato, as leis da justiça distributiva são implementadas para resolver ou prevenir conflitos relacionados à distribuição de recursos relativamente escassos. Como as leis da justiça distributiva tratam dos recursos que diminuem ao serem compartilhados, não encontramos problemas para decidir que essas leis pertencem, por conseguinte, ao reino ontológico da exclusão.

Porém, se olhamos mais de perto, notamos que isso não é completamente verdade. Afinal de contas, é certo que a própria lei não se localiza no interior do reino da exclusão, pois a lei, em si mesma, não é diminuída ao ser compartilhada. Pelo contrário, a lei se realiza enquanto tal ao ser compartilhada. Com efeito, só se pode dizer que a lei é lei se as pessoas governadas consentem em aderir a ela. A lei não é diminuída ao ser compartilhada, ao contrário, somente se realiza enquanto tal quando é compartilhada. Agora, a lei aparece localizada no interior do reino ontológico da caridade.

Chegamos então à conclusão de que as leis da justiça distributiva estão presentes entre os dois reinos ontológicos, sobrepondo-se um ao outro. Enquanto leis, elas são próprias do reino da caridade, mas, como distribuição, são próprias do reino da exclusão.

Agora, avanço no sentido de propor uma hipótese: muitos conflitos políticos são determinados em função de qual dos dois reinos ontológicos governará a justiça distributiva. Parece-me que a negociação desses conflitos pode gerar três possíveis resultados. Diante dessa disparidade entre as lógicas da vida, temos essencialmente três tipos de comportamento que podemos adotar.

Em primeiro lugar, resignamo-nos ao antagonismo mútuo dos dois reinos. Aceitamos, por exemplo, que no trabalho nossa vida é governada pela lógica da exclusão. Noutros termos, aceitamos que a vida é necessariamente competitiva, difícil e estressante. Chegamos até mesmo ao ponto de comemorar a existência dessas qualidades em nós, as quais são tão cultivadas pelo nosso mundo. Envolvemo-nos em ações direcionadas a outros que seriam totalmente inaceitáveis no reino da caridade. Porém, com amigos e com a família, empenhamo-nos de acordo com a lógica da caridade – apropriamo-nos do afetuoso discurso do amor e da amizade. Em resumo, toleramo-nos ou até mesmo comemoramos as formas necessárias de alienação numa esfera, enquanto compensamos em outra esfera. Aceitamo-nos como seres divididos, existindo de acordo com duas formas diferentes de realidade. De maneira aproximada essa é a atitude do liberalismo filosófico, do capitalismo e da democracia representativa.

Em segundo lugar, é possível esforçar-se em impor a outros a lógica da liberdade concreta. Ou seja, alguém pode tentar negar a alienação necessária desses reinos, pronunciando-se em defesa de uma postura comunitarista. Essa visão reivindica que a nossa autoalienação é desnecessária e que pode ser superada por meio de ações realizadas com autoconsciência. De maneira igualmente aproximada, essa é a atitude que se encontra em projetos utópicos, desde o livro de Thomas More até concepções de democracia participativa, ou até a noção de Marx exposta no Capítulo LXVIII ("A fórmula trinitária"), segundo a qual o comunismo visava iniciar um reino de perfeita liberdade nas esferas econômicas e políticas.

Em terceiro lugar, é possível reconhecer a necessidade dessas formas de alienação, tal como faz o liberalismo, e, ao mesmo tempo, fazer justiça nos moldes propostos pelo idealista utópico. Esse impulso assume a seguinte forma: os reinos da alienação devem responder, o máximo possível, à esfera da caridade, por mais que eles fracassem em realizar a liberdade completa desse reino.

Existirá algum meio de determinar qual dessas três posturas de justiça deve prevalecer? Ou será que as sociedades devem necessariamente oscilar entre elas, com a posição de cada pessoa e/ou classe socioeconômica sendo determinada pelo cálculo de utilidade apropriado a cada uma das posturas? Capitalistas tenderão a favorecer o liberalismo, porque significa que eles poderão acumular uma porção maior de recursos finitos, enquanto o pobre e a classe trabalhadora tenderão para o comunismo ou para o socialismo pela razão contrária – isto é, terão uma quantidade maior de recursos finitos. Apesar disso, gostaria ainda de sugerir que a lógica interna dos dois reinos ontológicos favorece a terceira opção.

Começaremos com o conceito de lei na democracia e em particular a lei que protege a propriedade privada. Já apontamos que a lei em si mesma faz parte do reino ontológico da caridade, pois se realiza ao ser compartilhada. Também notamos que nesse reino as coisas são propriedade comum – elas só se realizam quando todos nós, conjuntamente, as realizamos. Mas isso nos leva a uma estranha conclusão: *a lei da propriedade privada é propriedade comum*. Ou seja, cada um tem o direito de determinar, dentro do reino do processo democrático de decisão, como dividiremos nossos recursos finitos. A pressuposição é a de que todos nós temos o direito de possuir uma quantidade desses bens. Até este ponto, demonstramos que a propriedade privada pressupõe a propriedade comum. Qual é a definição formal do termo "propriedade comum"? Algo é propriedade comum se eu tenho o direito de não ser excluído de possuir uma quantidade dessa propriedade. Um parque público é propriedade comum na medida em que todos os cidadãos têm o direito de não ser excluídos da possibilidade de fazer um piquenique aí. Se presumimos que, numa democracia, (a) as leis são criadas pela vontade dos governantes, então (b) as leis que alocam a quantidade da riqueza comum estão, na verdade, dividindo qual é a propriedade comum de cada um.

Além disso, há um chamado da consciência para dividir essa propriedade comum em quantidades conformes com as necessidades e a contribuição de cada pessoa. Devemos examinar esse chamado da consciência dentro das considerações da teoria da exploração na obra de Karl Marx.

Se quatro de nós gastarmos conjuntamente oito horas fazendo um pão e o vendermos por vinte reais, então esperaremos que cada um de nós receba cinco reais, pois teremos concebido aqueles vinte reais como nossa propriedade comum. Teríamos a expectativa de que nós quatro receberíamos uma quantidade igual da propriedade comum. Haveria exploração se um de nós encontrasse um modo de forçar os outros três a fazer todo o processo de produção do pão, enquanto ao que não trabalhou restassem os vinte reais. Claro que ele teria de nos pagar uma quantidade de dinheiro suficiente para nos manter trabalhando, porém a quantidade de dinheiro que sobrasse para ele teria sido paga sem que houvesse contribuição com trabalho. Isso é exploração.

Poucas pessoas, sejam quais forem suas crenças políticas, não achariam esse cenário bastante problemático. Por que isso ocorreria? A razão está na categoria ontológica de caridade, encontrada na *Divina Comédia*. Todo ser humano sabe que nossa maior felicidade e autorrealização e, portanto, nossa maior liberdade, encontra-se nas esferas da vida nas quais a lógica da caridade é validada – com a família, com os amigos, na sensação da música, da arte e outras atividades compartilhadas. Achamo-nos mais felizes nesses ambientes, pois nossa singularidade de pessoas é expressada por meio do cultivo de um espaço comum. Todos nós, desde Milton Friedman a Che Guevara, ficaríamos horrorizados se essa esfera ontológica da caridade fosse invadida pela lógica da exclusão. Quando reunimos nossos amigos e família, todos nós aplicamos o princípio da justiça de Marx, o qual está presente na lógica da caridade: "de cada qual, segundo sua capacidade; a cada qual, segundo suas necessidades" (MARX, 1996, p. 215). Nossa verdadeira felicidade é a que surge do princípio da justiça e que nos direciona incessantemente para esse mesmo princípio.

Retornemos a uma explicação mais formal da teoria da exploração de Marx. Segundo o autor, na Seção III do Livro I ("A produção da mais valia-absoluta"), o exemplo mais ilustrativo da exploração é o feudalismo (MARX, 2010). Uma família de servos feudais trabalha na terra de seus senhores, por exemplo, durante dois dias. Nos outros cinco dias, eles não são explorados, pois desfrutam os benefícios advindos do seu trabalho. Mas tudo o que produzem nos dois dias de trabalho destina-se ao senhor de terras. Esses dois dias de trabalho são exploração do trabalho, pois os que criaram o valor não têm a oportunidade de desfrutá-lo. É normal, portanto, que a classe econômica que controla os meios de produção e/ou tem o poder para fazê-lo force outra classe a realizar o trabalho, explorando-a. No feudalismo, essa força advém da espada, mas no capitalismo ela surge porque os trabalhadores, que não detêm os meios de produção para produzir sua própria riqueza, são forçados a vender sua força de trabalho para outros. Um capitalista nunca entraria num contrato de compra da força de trabalho se esse trabalhador não recebesse menos do que o valor que produz. A diferença entre o salário do trabalhador e o novo valor que ele produz é o valor da mais-valia, expropriada pelo capitalista. É precisamente a mesma lógica fundamental que governa a exploração dos servos por seus senhores feudais. A classe exploradora, em ambos os casos, basicamente se tornará parasitária. Ela viverá do valor produzido por outra classe, sem produzir qualquer forma de valor. A exploração funciona de acordo com o reino ontológico da exclusão.

Há alguma razão para não introduzir o reino ontológico da caridade entre amigos e família, mas não entre concidadãos? Não existe. Talvez possa haver maior dificuldade em introduzi-lo numa economia de larga escala – é mais difícil assegurar que cada cidadão contribua com o seu trabalho de acordo com sua máxima habilidade. Porém, dificuldades em implementar algo nunca devem servir de pretexto para injustiça.

Claro que o próprio Marx não teria usado esses termos. Ele expressou seus argumentos com base na teoria do valor trabalho (MARX, 2010) e não com base em categorias morais. Observe-se, ainda, que não me considero um marxista; inclino-me mais para as reflexões de Dante e o próprio Marx muitas vezes condenava a exploração com base na moralidade e na justiça, mas, mesmo assim, rejeitava formalmente essa estratégia. Talvez ele não pudesse evitar esse comportamento, pois ele também se sentia atraído pelo chamado da liberdade humana, que se encontra no reino ontológico da caridade. Além disso, Marx tentava organizar o máximo possível o reino da exclusão de acordo com os princípios da caridade.

Nossa mais profunda verdade e liberdade, nossa mais profunda felicidade como seres humanos, é criada no reino da caridade e entretanto, tragicamente, precisamos enfrentar a inevitável exclusividade de partes da experiência humana. É a verdadeira alegria do Paraíso, o paraíso aqui na terra que criamos nos reinos da caridade e que cada um e todos nós desfrutamos, o que nos convoca a reconhecer não apenas que toda propriedade é propriedade comum, mas a governar, na medida do possível, o reino da exclusão como se fosse o reino da caridade. De fato, é nos reinos da caridade que vivemos e no qual os bens finitos são partilhados. Podemos pensar que isso deveria acontecer como uma forma de social-democracia na qual o mercado capitalista e seus sistemas de exploração são tolerados apenas a fim de se gerar uma grande quantidade de riqueza que possa então ser redistribuída como propriedade comum, revertendo-se, por meio dessa redistribuição, os efeitos da exploração. Ou ainda podemos imaginar formas mais vigorosas de socialismo que busquem eliminar por completo a exploração. Não me proponho a entrar nesse debate aqui, mas apenas concluir que o debate deve ocorrer segundo os princípios do reino da caridade de Dante.

## Bibliografia

ALIGHIERI, Dante. *A Divina Comédia*. Trad. Italo Eugenio Mauro. São Paulo: Editora 34, 2008.

HEGEL, Georg W. F. *A Fenomenologia do Espírito*. Trad. Paulo Meneses. Petrópolis: Editora Vozes, 1988.

MARX, Karl. *Critique of the Gotha Programme*. In: *Later political writings*. Trad. Terrell Carver. Cambridge: Cambridge University Press, 1996, p. 208-226.

_____. "Salário, Preço e Lucro". In: *Trabalho assalariado e capital & Salário, preço e Lucro*. São Paulo: Expressão Popular, 2006.

_____. *O Capital* (Livro III: *Crítica da economia política – o processo global de produção capitalista)*. Trad. Reginaldo Sant'Anna. São Paulo: Civilização Brasileira, 2008.

_____. *O Capital* (Livro I: *Crítica da economia política)*. Trad. Reginaldo Sant'Anna. São Paulo: Civilização Brasileira, 2010.

# AÇÃO DRAMÁTICA E MODELOS TEÓRICOS PARA PENSAR A POLÍTICA[1]

Eduardo Rinesi

ATENTO AO TEMA GERAL deste livro sobre teoria, discurso e ação política, pensei que poderia ser interessante apresentar algumas considerações sobre esse tipo específico de ação, que, se bem me recordo, Jürgen Habermas chama, em algum lugar, de "ação dramatúrgica", que é a ação cujo paradigma é o modelo do drama teatral. Ocorreu-me que poderia ser interessante desenvolver isso, tomando como objeto desta intervenção um livro e um filme. O livro é um ensaio excelente de Christoph Menke, *Die Gegenwart der Tragöedie*, publicado em 2005, com tradução para o espanhol três anos depois. O filme é uma clássica e brilhante comédia de Ernst Lubitsch, *Ser ou não ser*, filmada pelo cineasta polonês durante seu exílio norte-americano, em 1942.

## I

O título do livro de Menke anuncia a ideia que organiza sua exploração pelo mundo das grandes tragédias antigas e modernas (especialmente de duas delas: *Édipo Rei*, de Sófocles, e *Hamlet*, de Shakespeare): uma crítica à pretensão de que a modernidade seria uma época não trágica, ou pós-trágica, de que a modernidade suporia, para citar o título do célebre estudo de George Steiner, *A morte da tragédia*, e de que, portanto, nossa época, nós mesmos, seríamos essencialmente estrangeiros a respeito do tipo de experiência que a tragédia nos proporciona. Menke começa por indicar que nosso presente *é* trágico e que, portanto, o conteúdo experiencial da tragédia *tem*

---

[1] Tradução de Christiane Cardoso Ferreira.

significado para nós. Seu percurso, como eu antecipava, começa por um exame muito cuidadoso de *Édipo Rei* e, logo após um "entreato teórico" de altíssima importância, adentra o mundo da tragédia moderna e contemporânea. A resenha que farei deste percurso será necessariamente parcial e tendenciosa, e, por outro lado, será interrompida antes de chegar ao fim do caminho proposto pelo filósofo alemão, pois é a sua análise de *Hamlet* o que, particularmente, interessa-me comentar.

  Comecemos pelo princípio: Édipo. Sua desgraça, como sabemos, por meio de sua ação, por meio do que ele mesmo *faz* como agente, forja seu próprio destino de infortúnio. De fato, o destino não sobrevém a Édipo, nem se lhe impõe, por assim dizer, *de fora*, mas é o resultado de sua própria ação. Melhor: de seu próprio conhecimento. Melhor ainda: de seu próprio julgamento. Porque é disso que se trata para Édipo, diz Menke: ante a miséria da cidade e a sentença do oráculo que havia mandado consultar (e que interpreta como uma crítica à passividade dos tebanos frente ao assassinato do rei Laio), Édipo decide iniciar uma investigação que segue todos os passos de um típico processo judicial e que, como tal, deve terminar numa sentença e numa condenação, e se institui a si mesmo como *juiz* desse processo. "Judicializa" o oráculo – diz Menke –, decifrando-o não em seus próprios termos rituais, mas em termos legais (enquanto o oráculo falava de "mácula", de "expiação" e de "purificação da cidade", observa Menke, Édipo fala de "lei", "crime" e "castigo"), e propondo-se a conhecer a verdade do ocorrido e a castigar o culpado do assassinato.

  É interessante notar que, ainda investido desse papel de "juiz" nomeado por ele mesmo, Édipo "retrocede", por um momento, do plano judicial ao terreno do ritual, do sagrado, do sacerdotal, quando, diante de toda a cidade, *maldiz* o culpado pelo crime que investiga: o assassinato de Laio. Essa *maldição* é importante, observa Menke, porque *muda o status* daquele a quem se julga, a quem ele mesmo está julgando e, portanto, do julgamento mesmo e do seu resultado: já não se trata, depois dessa maldição, de descobrir a identidade de um criminoso, mas a de um maldito. Quando, como consequência de sua investigação, Édipo finalmente descobre a verdade que perseguia, que é ele mesmo o assassino que buscava, *sua própria maldição o alcança de modo inexorável*. E já não havia maneira (como ele mesmo compreende muito bem) de escapar dela: o argumento chicaneiro, civil-burguês, digamos, segundo o qual ele "não sabia" o que estava fazendo, poderia ter validade se fosse o caso do julgamento de um criminoso, *mas não vale ao se tratar de julgar um maldito*, um réprobo, um condenado que, *como tal*, é a mácula que contamina e desgraça a cidade e, portanto, *deve* ser castigado.

  Repetindo, então: é o próprio Édipo, por meio de sua ação, de seu conhecimento e de seu julgamento, que se condena, que produz sua própria desgraça. Essa ironia é o que Menke chama de *ironia trágica*, conceito fundamental em todo o seu percurso e que sintetiza o essencial da experiência que nos proporciona a tragédia. Primeira questão. E a segunda: dessa desgraça – que, finalmente, alcança Édipo, como consequência de sua própria ação – *Édipo não pode aprender nada*. Pelo menos não pode aprender nada que lhe sirva no futuro. De fato, não é possível (como queria o crédulo otimismo segundo o qual os homens aprendem da dor e por meio da dor, e a dor, por isso mesmo, redime-se e se justifica enquanto puder ser trocada pela aprendizagem que procura), não é possível que Édipo "aprenda a lição" com sua própria desgraça, que é "trágica" *exatamente porque dela não há nada o que aprender, ou somente se pode aprender quando já é tarde demais* (diz Creonte, em *Antígona*: "Ah, hoje sei quão infeliz eu sou" [SÓFOCLES, 2008, 1271-2]).[2] Por isso, a prudência que a tragédia nos ensina é, segundo Menke, uma *metaprudência*: o conhecimento de sua aporia, o saber sobre sua inutilidade e, portanto, sobre a fragilidade da fé na justiça do mundo.

## II

Deixemos isso e passemos a outro assunto: por que – poderíamos nos perguntar – atua Édipo como atua (ou por que Hamlet, ou qualquer outro, atua como o faz)? Conhecemos algumas das respostas "históricas" ou "psicológicas" que costumam dar a essas perguntas. Conhecemos as *explicações* históricas ou psicológicas do comportamento desses e de outros personagens dramáticos: Édipo se propôs a buscar a verdade da forma como o fez, por meio de um processo judicial que deveria seguir determinados passos e regras, porque esse era o tipo de processo judicial que havia em Atenas em sua época ou, quiçá, na época de Sófocles; Hamlet fez o que fez porque, no fundo do seu coração, sentiu tal ou qual coisa... O problema com essas explicações que nos remetem a algum outro lugar diferente da superfície constituída pela ação dos personagens que se busca "compreender", afirma Menke, é que são explicações que *não explicam nada*. Elas tratam de explicar as condutas dos personagens dramáticos mergulhando em suas profundidades subjetivas ou penetrando em seus entornos históricos, mas os personagens dramáticos *não têm* nem um nem outro. São, por assim dizer, *pura superfície*. Não são outra coisa, não têm outro ser, além do ser que lhes dão as ações que realizam e o texto que representam.

---

2   No original, "By sorrow schooled". Utilizamos a edição brasileira d'*A trilogia tebana,* trad. de Mário da Gama Cury. Rio de Janeiro: Zahar, 2008.

Aproximamo-nos, assim, de uma das teses fortes do livro de Menke. O que acabamos de dizer significa que os personagens dramáticos *atuam*: realizam seu próprio ser (são) *por meio de suas ações e à medida que* (e somente à medida que) *atuam*. Ao mesmo tempo, essas suas ações não são mais do que a pura execução de um texto que as precede e as solicita. Seria possível, então, dizer que o texto do personagem é (como) seu *destino*, do qual o personagem não pode escapar, mas que somente se realiza *por meio da ação do próprio personagem*. O personagem, atuando, realiza o destino que lhe estava reservado no e pelo texto que essas suas ações representam. Por isso, Menke pode dizer que o trágico do destino representado na tragédia se mostra e se pensa como uma autorreflexão sobre a própria *forma* dramática: o personagem dramático (o herói) fala e atua por si mesmo e todo o seu ser se esgota nesse atuar e falar que são inteiramente seus, mas, assim, somente repete o que ele, em certo sentido, *já é*: tudo o que faz e diz está sob o poder de uma prescrição que não pode evitar. Essa é a natureza das histórias trágicas, mas também da *forma* teatral da tragédia, que é homóloga àquela: a tragédia é autorreflexão.

## III

A arte da tragédia nos apresenta um destino trágico e nos proporciona uma experiência trágica – um tipo de experiência que, em princípio, deveria nos causar, e, de fato, causa, um certo *desprazer*. Uma certa angústia, um certo desespero, uma certa dor. Gostaríamos, de fato, que não existisse o trágico que nos mostra e nos faz experimentar a tragédia. No entanto, observa Menke, a tragédia (a experiência de ver uma tragédia, de assistir à representação de uma tragédia), longe de ser uma experiência lamentável, é uma experiência prazerosa. Como é possível? Como pode nos provocar prazer assistir a uma manifestação artística que nos põe diante da evidência do que dificilmente suportamos? Para responder a essa pergunta, Menke começa constatando que a tragédia somente pode ser percebida *como* tragédia a partir de uma posição *distanciada*: a distância com relação à ação é a condição para reconhecer o trágico dessa ação. Nunca o personagem da ação dramática, *em seu* atuar, imerso como está na situação dramática, percebe o caráter trágico dessa situação e dessa ação. A possibilidade de perceber esse caráter trágico de uma situação ou de uma ação comporta uma *ruptura* com a ação.

Pois bem, é essa mesma ruptura com o mundo da ação que nos permite perceber a tragédia como tal, o que, ao mesmo tempo, evita, nos poupa o sofrimento que essa tragédia provoca. O espectador não está *imerso* na situação dramática e isso não apenas o salva de padecê-la como um sofrimento, mas está na base do prazer que a tragédia lhe provoca. De fato, *vista de fora*, a tragédia nos provoca prazer por uma das duas vias ou razões: ou bem (e a isso Menke chama de modelo clássico da compreensão da tragédia) a *contemplação* da *beleza* da representação do trágico nos provoca prazer, como se a situação teatral permitisse uma "suspensão estética" do trágico, ou bem (e isso expressaria o modo "moderno" de compreender a tragédia) a *reflexão sobre a própria ação de representar* nos provoca prazer. Em suma, a primeira opção nos conduz a uma ideia de tragédia como uma encenação da luta (ou pelo menos a tensão) entre o belo (que é a "obra") e o trágico (que é a *práxis* representada), e a segunda nos conduz a uma ideia da tragédia como encenação (sempre indeterminada: essa é a dificuldade e também a graça) da diferença entre *práxis* e representação, entre fazer e mostrar, entre – digamos hamletianamente – "ser" e "não ser".

Diferença sempre indeterminada, ou melhor, sempre incerta: nunca está claro qual é o limite exato entre esses dois lados da experiência da representação. No teatro, diz Menke, a ação de representar ocorre no momento atual (diferente do que ocorre no cinema, onde a ação de representar ocorre *antes*), os corpos dos atores expressam uma atualidade que nunca desaparece de todo no papel que estão representando: "a saliva que cospe ao falar, o suor e os suspiros ao andar, pertencem somente ao ator ou representam o cuspir, o suor e os suspiros do personagem representado?" Como saber? Como precisar? A diferença entre ser e não ser, entre ser e parecer, entre atuar e representar a ação, é ambígua. A representação é um problema complicado e, por isso, merece que *reflitamos* sobre ela, coisa que a própria experiência estética torna possível, oferecida por meio do teatro, e é especialmente promovida por certo *tipo* específico de teatro, certo *tipo* específico de tragédia. Menke as denomina "tragédia da representação" ou *metatragédias*, que são as tragédias que *tratam*, que têm como tema, a relação entre representação teatral e *práxis*. Evidentemente, *Hamlet* é o exemplo por antonomásia.

## IV

Voltemos a falar qual é o núcleo da experiência trágica: a tensão entre a ação dos personagens e seu destino inexorável, e a circunstância de que e a circunstância de que é justamente quando age, quando pratica uma ação ou série de ações – todas inteiramente suas – que o heróis trágico encontra o destino do qual não pode escapar, que, como se diz, estava "reservado" a ele. Em outras palavras, a tensão entre *liberdade* e *determinação*, que é a *mesma* tensão que constitui o *paradoxo do comediante*, *do ator* (por isso, repetimos, a *forma* teatral da tragédia é homóloga ao seu conteúdo e permite refletir sobre ele), e a *ironia*, a *ironia trágica*, em razão da qual a ação que com total liberdade realiza o herói é a que também provoca a sua desgraça. Assim ocorreu com Édipo, e *assim ocorre também com Hamlet*. De fato, é o que Édipo "faz" o que, como vimos, precipita o seu destino. O que Édipo "faz"? Já dissemos anteriormente: *julga*. Édipo *julga* e esse julgamento que produz, do qual é *sujeito*, o alcança inexoravelmente como *objeto* (essa é a ironia) e o arruína. Pois bem, da mesma forma que acontece com Édipo, ocorre também com Hamlet, pois o que ele faz se volta contra ele e produz sua desgraça. Mas o que é que Hamlet *faz*?

Menke nos diz, praticamente desde o começo da obra, que a partir do seu primeiro encontro com o espectro do pai, o que Hamlet *faz* é *buscar fundamentos, tratar de conquistar uma certeza, buscar uma fonte segura e firme para o seu saber*. O espectro contou sobre as circunstâncias da morte de seu pai e sobre a identidade de seu assassino, que não poderia ser outro, se é certo o que a estranha aparição lhe falou, senão seu tio, aparentemente tão amável, aflito e respeitado. De fato, o contraste entre essa possível verdade revelada e a sonora aparência cotidiana é o que primeiro chama a atenção de Hamlet, que, tão logo o espectro se despede, apressa-se em tomar notas no seu caderno (a cena é curiosa e quase cômica, observa Menke, e eu lhes peço que registremos essa observação dele sobre a *comicidade* de Hamlet: como se o príncipe temesse esquecer de algo tão fundamental!). Hamlet pega seu caderno e escreve: "[...] é possível sorrir, sorrir e ser velhaco!" [1.5.108].[3] Assim, a possibilidade de as aparências enganarem, a possibilidade de o rosto que o mundo nos apresenta diariamente não ser seu rosto verdadeiro, assalta e angustia o príncipe desde o começo da obra. Na realidade, desde antes de seu encontro com o espectro na esplanada do castelo.

Já na segunda cena desse primeiro ato, quando sua mãe lhe pergunta por que parecia tão triste, Hamlet se saíra com uma discurseira contra as "aparências", condenando as manifestações *externas* de dor (o traje de rigoroso luto, o suspiro de alento engasgado, o rio transbordante dos olhos, a expressão abatida do semblante), que são coisas que "podem ser representadas pelo homem" [1.2.84],[4] sugerindo, aliás com bastante irreverência, que sua própria mãe poderia estar fingindo, por meio dessas aparências, a dor que proclamava. Por certo, essa diatribe de Hamlet contra as aparências antecipa

---

3   Em inglês, "That one may smile, and smile, and be a villain". [1.5.106]. *Obra completa,* vol I e II. Trad. de Bárbara Heliodora. Rio de Janeiro: Nova Aguilar, 1995. Como o leitor pode observar, os versos da edição brasileira nem sempre coincidem inteiramente com o original utilizado pelo autor (N. da T.).

4   "For they are actions that a man might play" [1.2.84]; em espanhol: "que cualquiera puede fingir" [1.2.84].

sua raiva pela bela Ofélia, a quem, a certa altura do diálogo em que a jovem serve de isca para uma armadilha preparada pelo rei e pelo pai para o príncipe, enquanto estes escutam por trás das cortinas, Hamlet grita, indignado: "Disseram-me também que fazeis uso de pinturas. Deus vos concedeu uma face e fabricais uma outra" [3.1.144-6].[5] Esse tópico é, por certo, um *leitmotiv* de *Hamlet*, para não dizer que é de todo o Shakespeare, e não somente dele: o mundo, o espetáculo que o mundo oferece à percepção de nossos sentidos pode ser pura aparência, pode ser falsidade, mentira, engano.

Mas, se é assim, se é possível que as coisas não sejam o que parecem ser, o pobre Hamlet também é obrigado a considerar outra possibilidade: e se a misteriosa aparição noturna que luzia, tão parecida com seu pai, não fosse, ela mesma, mais que uma aparência ou um engano? Não é possível ter certeza: "O espírito que vi bem poderia ser o demônio, pois o demônio tem o poder de assumir um aspecto agradável" [2.2.609-11].[6] Hamlet não pode descartar a possibilidade de que, afinal de contas, talvez não seja o sorriso de Cláudio que o engane, mas a própria aparência do espectro. Como saber com toda a certeza? Hamlet decide, então, que precisa de uma prova mais concreta do que essas meras aparências, para saber como deve atuar. "Quero ter mais seguras provas" [2.2.614-5].[7] E, então, recorda algo que ouviu dizer: Ouvi dizer – diz – "que certos criminosos, assistindo a um espetáculo, sentiram-se de tal modo impressionados *com a sugestão que lhes apresentava a cena*, que imediatamente revelaram os crimes que haviam praticado" [2.2.599-603] (itálicos meus).[8] Com essa ideia em mente, Hamlet desenha seu plano, prepara uma armadilha para o rei, submete-o ao seu "experimento", prepara o que Menke chama de "seu detector de mentiras": a peça dentro da peça, *A ratoeira*.

## V

A cena da peça dentro da peça é, por muitas razões, a cena central de *Hamlet*, e sobre ela há milhares de páginas escritas, das mais interessantes e importantes. Nada do que ocorre ali é simples, nada é fácil de entender. Contudo, Menke não se detém

---

5   Em inglês, "I have heard of your paintings too, well enough;/God has given you one face, and you make your-/selves another". [3.1.137-8].

6   Em inglês, "The spirit that I have seen/May be the devil: and the devil hath power/T'assume a pleasing shape". [2.2.551-3].

7   Em inglês, "I'll have grounds/More relative than this". [556-7].

8   Em inglês, "I have heard/That guilty creatures sitting at a play/Have by the very cunning of the scene/Been struck so to the soul, that presently /They have proclaim'd their malefactions". [542-5].

nessas sutilezas, nem considera muito os debates que essa cena fundamental tem gerado, pois o que lhe interessa é algo mais simples. Muito simples e muito fundamental. Menke constata o fato de que, exatamente *como Hamlet esperava que ocorresse*, Cláudio reage diante da peça. O experimento tem, digamos, êxito: Hamlet provoca Cláudio com sua peça e Cláudio, por sua vez, *acusa o recebimento* do impacto a que fora exposto. Evidentemente que, aqui, poderiam ser abertas muitíssimas discussões: se Cláudio reage à peça ou às insolentes glosas e comentários que faz Hamlet à obra; se Cláudio reage diante da obra falada, sendo que não havia reagido ao *show* mudo que a precedera, porque *não havia visto* esse *show* mudo (nesse caso, *por que razão não viu esse show mudo? O que estava fazendo enquanto ocorria esse show mudo a poucos metros de seus olhos?*), ou porque esse *show* mudo não teve nenhum sentido para ele; se Cláudio reage porque compreende que foi descoberto (interpretando o assassinato representado na peça como o do rei nas mãos de seu irmão) ou porque compreende que está sendo ameaçado (interpretando esse assassinato, *como o próprio Hamlet o convida a fazer*, como o de um rei nas mãos *de seu sobrinho*)...

Todas essas discussões são muito interessantes, mas Menke não ingressa nelas porque o que quer dizer é algo muito mais simples. O que quer dizer é que, do ponto de vista das "provas contundentes" que buscava Hamlet com seu experimento, a reação de Cláudio *não tem nenhuma consequência, não pode comprovar a Hamlet nada de certo e consistente*. De fato, é evidente que nós *não podemos saber* se é verdade que, no teatro, o público reage de modo totalmente espontâneo ante os impactos que recebe (teoria interessante, mas não comprovada, na qual Hamlet confia um pouco ingenuamente, pois só a conhece de ouvido: "Ouvi dizer..."). E se não podemos saber isso, se não podemos saber se a reação de Cláudio é espontânea ou fingida, então não podemos saber nada, pois não podemos saber se nessa ocasião Cláudio (que *talvez* – não sabemos – seja um mentiroso) não está mentindo de novo. A confiança de Hamlet em *A ratoeira*, escreve Menke, se parece "à tentativa de solucionar o paradoxo do cretense, perguntando novamente ao cretense se ele *realmente* crê que todos os cretenses mentem" (MENKE, 2008, p. 199). Para saber se o espectro diz a verdade, Hamlet indaga *se* o espectro diz a verdade aos que não dizem a verdade. Desse modo, o suposto êxito do experimento é tão incerto como a verdade das palavras do espectro que esse êxito presumidamente garante. E Menke termina com uma frase que nos interessa para o que segue: a tentativa de Hamlet – diz – é paradoxal, desesperada e *cômica*. A comédia aparece, assim, como começávamos a suspeitar acima, no coração mais obscuro e atormentado da tragédia.

## VI

Menke tem uma ideia interessante sobre *Hamlet* (talvez um pouco esquemática, ou seja, possivelmente mais complexa, mas isso não importa muito aqui), ao dividir a peça em duas metades, separadas entre si pela representação de *A ratoeira*. Os *temas* dessas duas partes da peça são distintos: o tema da primeira parte, segundo Menke, é este que acabamos de considerar, o da impossibilidade de saber algo, de não saber nada *certo* num mundo em que todos atuam. Nessa primeira parte, Hamlet se preocupa, sobretudo, em observar a ação *dos demais* (de sua mãe, de seu tio, do espectro de seu pai, de Ofélia...), seu problema é o problema da *representação* (ou seja, é o problema da relação entre o ator e o papel que representa) e sua suspeita é a suspeita de uma *hipocrisia universal*. Essa primeira parte é trágica porque está animada por uma forma de *ironia trágica,* denominada por Menke de "ironia do ator", que tem numerosas manifestações na obra, mas que se expressa de maneira particularmente visível nessa cena da representação de *A ratoeira* que estamos considerando.

Pois bem, a ideia de Menke é que Hamlet não deixa de compreender, de certa maneira, essa ironia que fere de modo incurável, como vimos, a "prova" que tentou obter para ter argumentos sólidos, baseados no conhecimento, para, então, atuar. É essa compreensão que nos conduz à segunda metade da obra, na qual o problema (o problema de Hamlet e o problema de *Hamlet*) é outro. De fato, depois de compreender, mesmo que indevidamente, que *o conhecimento nunca pode ser uma base firme para a ação*, porque na realidade, num mundo de aparências *nunca é possível saber nada*, Hamlet não tem outro remédio senão reconhecer que estamos (que ele mesmo está, que *todos* estamos) mais sujeitos do que ele havia desejado aos "dardos e setas de uma ultrajante fortuna" [3.1.58],[9] sobre a qual nos falará em seguida, em seu monólogo mais famoso. *A fortuna,* ou seja, *o destino* (que, às vezes, Hamlet nomeia com uma palavra mais cristã: *providência*) passa a ser, então, o problema fundamental da peça e de seu protagonista, além de ser o objeto da ironia trágica que caracteriza a segunda parte da obra.

Por conseguinte, nessa segunda parte, Hamlet já não se preocupa tanto em observar a ação dos demais, mas em observar *sua própria ação*; seu problema já não é o problema da representação (ou seja, da relação entre o ator e seu papel), mas o problema do *destino* (isto é, da relação entre as intenções do sujeito da ação e o resultado dessas ações); e sua suspeita já não é a suspeita de uma hipocrisia universal, mas a suspeita do que Menke chama de um *determinismo universal:* a suspeita de que existem forças superiores às do homem e que este não tem poder para controlar: "Existe uma providência

---

9   Em inglês, "The slings and arrows of outrageous fortune". [3.1.58].

especial na queda de um pardal. Se for agora, não está para vir; se não está para vir, é esta a hora; e se é esta a hora, virá de qualquer modo. Tudo é estar prevenido" [5.2.118-22].¹⁰ Isso Hamlet disse a Horácio pouco antes de travar um duelo com Laertes, no qual ambos perderão a vida. É, sobretudo, o diálogo entre os duelistas, antes do confronto, que Menke nos convida a considerar: Hamlet, ali, se desculpa com seu amigo porque, diz, *não quis lhe causar danos:* não quis fazer o que fez. Esse diálogo, essa desculpa, resume, de certo modo, para Menke, o *tema* desta segunda parte de *Hamlet:* a inversão do propósito da ação no resultado da ação.

Por isso, essa segunda parte de *Hamlet* também é trágica, pois também está animada por uma forma de *ironia*. Contudo, já não se trata da *ironia do ator*, da ironia que consiste não poder saber a ciência certa, se somos donos da interpretação adequada das ações dos outros, porque os outros sempre podem simular qualquer ação, mas, sim, da *ironia do destino*, da ironia que consiste em saber, perfeitamente, que não podemos ser os donos do sentido de *nossas próprias ações*, pois o destino sempre pode inverter qualquer uma delas. É evidente que é a tragédia que representa a presença dessas formas da ironia na vida dos personagens dramáticos, mas eu gostaria de retomar um fio que deixei insinuado na minha apresentação do argumento de Menke: que, em mais de um momento, assinalava a *comicidade* de algumas situações que *Hamlet* nos apresenta. De fato, podemos nos perguntar, não é clara também a proximidade que essa tragédia tem, essas duas formas de tragédia, com as formas cômicas que, muitas vezes, assumem a imagem de alguém rodeado de outros e que não sabe se lhe mentem ou se lhe dizem a verdade, ou a de alguém que, cada vez que quer dizer algo, termina fazendo tudo ao contrário? Estamos, mais uma vez, diante do problema da proximidade entre a tragédia e a comédia. Vejamos isso mais de perto.

## VII

A tragédia, diz Menke, "é o desdobramento entre o trágico e a representação" (MENKE, 2008, p. 13). Já vimos isso. Já vimos que é justamente porque a experiência do destino (que é o núcleo do trágico) pode *se estetizar*, deixando para nós, *espectadores*, numa reconfortante distância do núcleo desesperador da ação do herói, que a tragédia pode não apenas provocar desprazer, como nos agradar e nos confortar. O trágico nos mostra escravos de um poder superior insuportável; a representação, entretanto, nos

---

10   Em inglês, "There's a special providence in the fall of a sparrow. If it be now, 'tis not to come; if it be not to come, it will be now; if it be not now, yet it will come: the readiness is all". [5.2.192-5].

mostra livres e, por assim dizer, donos da situação. De modo que se pode dizer que a tragédia (que nos mostra o trágico sob a única forma em que o trágico nos parece visível, tolerável ou, inclusive, agradável: sob a forma da representação, ou seja, de maneira lúdica e teatral) *traz consigo sua própria morte* (MENKE, 2008, p. 162), ou pelo menos, porta consigo, menos drasticamente, o princípio – que ao mesmo tempo a complementa e a nega – da liberdade. *Que é a essência da comédia.* De fato, a comédia, diz Menke, "reflete a liberdade estética do ato de representar na ação representada" (MENKE, 2008, p. 164). É um *canto à liberdade*, poderíamos dizer, do mesmo modo que a tragédia é um lamento pelo inefável destino.

Embora a tragédia seja um lamento pelo inefável destino e a comédia seja um canto à liberdade, isso não quer dizer que a comédia seja *o outro* em relação à tragédia, pois a própria tragédia (que é a expressão do trágico sob um formato necessariamente lúdico e teatral) *a supõe já, desde o início, como uma parte ou uma dimensão necessária de si mesma*. Por isso é que, diz Menke, com a tragédia começa sua paródia, que a tragédia nasce, por assim dizer, ferida de morte pelo princípio da liberdade cômica que a habita desde o primeiro instante. Assim, se mesmo nas mais "elevadas" e tremendas tragédias de Shakespeare, é possível detectar (como o fizemos) o que Schlegel chamava de "interrupções cômicas", que tinham o propósito de "colocar em evidência a perspectiva do jogo ou da representação"(MENKE, 2008, p. 166), de chamar a atenção sobre o caráter lúdico da tragédia que se estava assistindo, esse princípio de liberdade, esse princípio travesso, zombador, infantil e alegre – como dizia Nietzsche – da arte cômica, pode se emancipar das determinações trágicas que, na tragédia, oprimiam-no, tornar-se independente delas e tornar-se uma coisa diferente. A comédia, poderíamos dizer, então, nasce do seio da tragédia e a complementa.

Quero dizer com isso (com a ideia de uma complementação entre tragédia e comédia) duas coisas. Primeiro: mais do que falar da tragédia e da comédia como coisas distintas e opostas, seria preciso falar de um *trajeto* (de um *processo*, diz Menke, deixando claro que é um processo de mão dupla, de dupla direção) que vai entre uma e outra, como entre os polos de uma tensão, e que constitui a ambas, que é a tensão entre a força do destino e a força da liberdade. Se pensarmos um pouco, essa caracterização da tragédia não é tão distinta da que se pode propor também, em outras palavras, quando se diz que há tragédia quando os deuses se impõem aos homens, os mortos aos vivos, os pais aos filhos ou os velhos aos jovens, e que há comédia quando os homens se impõem aos deuses, os vivos aos mortos, os filhos aos pais e os jovens aos velhos. De fato, os deuses, os mortos, os pais e os velhos são outros nomes para o destino: para as forças incontroláveis, superiores a nós, que nos dominam e nos escravizam. Enquanto os homens, os vivos, os filhos e os jovens são outros nomes para a liberdade: para as forças (para a força da ação) que nos fazem donos de nós mesmos.

A outra coisa que quero dizer com essa ideia de complementação entre tragédia e comédia é que a vida nunca tem apenas uma dessas formas. Que a vida (porque o que estamos pensando, aqui, é se a tragédia e a comédia, ou melhor, se uma reflexão sobre a tragédia e a comédia serve para pensarmos a vida) sempre tem um pouco de ambas, é sempre (e por isso os dramas de Shakespeare são tão úteis para pensá-la, pois neles ocorre o mesmo) uma mistura, uma combinação de tragédia e de comédia, de destino e de liberdade. Evidentemente, essa mistura ou combinação pode assumir diferentes formas. Pode-se supor que, no interior do que o velho Hegel chamava, em sua *Estética*, de "drama" (gênero literário ao qual, segundo o filósofo alemão, pertenciam, como subgêneros distintos, a tragédia e a comédia), na realidade, sempre se combinam, em certas proporções e segundo formas diferentes, essas duas maneiras opostas de pensar a relação entre a soberania dos homens e o capricho dos deuses, que são esses subgêneros da tragédia e da comédia, as quais raramente se apresentam não contaminadas uma pela outra. Também se poderia supor outra possibilidade: os dois formatos, mais que contaminados ou misturados, apresentam-se muitas vezes sobrepostos, como num jogo de caixas chinesas ou de bonecas russas que pudessem portar, alternativamente, o rosto jovial da comédia e a expressão abatida da tragédia.

## VIII

Em *Ser ou não ser*, a comédia filmada por Ernst Lubitsch durante seu exílio norte-americano, em 1942, temos uma situação deste último tipo: sobre uma tremenda tragédia (a tragédia da invasão nazista na Polônia), Lubitsch constrói uma ficção cuja *forma* é de uma comédia, e cujo *tema*, ou, pelo menos, um dos temas, é da mesma relação entre tragédia e comédia (ou seja, repetimos, entre destino e liberdade, entre destino e representação, entre destino e atuação), que é o tema do qual também nos ocupamos. Porque *Ser ou não ser*, que, desde o título, reenvia-nos ao universo conceitual de *Hamlet* e de todos os seus problemas é, de fato, uma comédia sobre a questão da atuação. Nela, um grupo de atores poloneses que representa *Hamlet* e que está ensaiando uma sátira sobre o nazismo, na qual deve representar os papéis de um grupo de oficiais alemães, é surpreendido pela invasão das tropas nazistas em Varsóvia e não somente deve renunciar ao projeto de pôr em cena a farsa que ensaiava, mas se vê obrigado a empregar sua arte de atuar (já não no cenário, mas representando diversos, desopilantes e arriscados papéis em meio aos próprios oficiais do exército invasor) para confundir o inimigo, salvar sua pele e conseguir sair, são e salvo, do país.

Assim, é um *filme* sobre atores e soldados, e isso também nos leva em linha reta a *Hamlet*, que, num sentido importante, é uma peça sobre atores e soldados. Na tragédia de Shakespeare, a grandeza dos personagens é, para Hamlet, medida da sua própria miséria e das suas próprias vacilações (a falta de sentimentos que se censura no monólogo posterior ao encontro com o ator e a falta de sentido de honra que se censura no monólogo posterior ao seu encontro com o soldado), e que, diferentemente, na comédia de Lubitsch, aparecem contrapostos: os atores (os quais, evidentemente, não deixam de manifestar baixezas, arrogâncias e mesquinharias) são os que, por meio de sua arte, de sua astúcia e de suas artimanhas conseguem escapar de sua situação e resolvê-la; os soldados, ao contrário, são os que forjam sua própria derrota por meio da força bruta, de pusilanimidades e de covardias. Num sentido importante, poder-se-ia dizer que *Ser ou não ser* é uma paródia que apela ao recurso típico do humor, da risada irreverente diante dos poderes mais odiosos, representados aqui pelos soldados nazistas, como modo de desacreditá-los, de ridicularizá-los, de debilitá-los, dirigindo a eles a poderosa força da piada e do escárnio, e são os atores, em contrapartida, os que têm a missão de levar isso adiante.

Sem dúvida, *Ser ou não ser* é mais que apenas isso. É uma reflexão aguda e muito sofisticada sobre o teatro e a representação, e também sobre a questão, tipicamente shakespeareana, hamletiana, *do próprio mundo como teatro, da vida como representação.* Quando o exército alemão entra em Varsóvia, os atores da companhia, escondidos no sótão do teatro, comentam entre eles a respeito da comédia sobre a Gestapo que haviam ensaiado e que não podiam apresentar: "Pelo menos já não precisamos nos preocupar com a comédia. Os alemães vão representá-las agora". Como diz Antonio no começo de *O mercador de Veneza,* o mundo é "um palco onde cada homem deve representar um papel" [1.1.78];[11] nesse sentido, agora seriam os nazistas os invasores que fariam o papel que lhes estava reservado. *Contudo, se as coisas fossem assim, se o mundo fosse um cenário onde estivéssemos condenados a representar sempre e inexoravelmente o papel que nos corresponde, que nos está reservado, então, essa* atuação *só poderia nos assegurar – disso, como vimos, se trata a tragédia – o destino que, desde sempre, está escrito para nós.* Talvez um outro modo de dizer o que estamos tentando dizer é que há liberdade e

---

11   Em inglês, "A stage, where every man must play a part". [1.1.78].

a vida, não é sempre uma tragédia, pois, às vezes, podemos representar o papel que *não* está reservado para nós e nos tornarmos livres por meio dessa atuação.

*Ser ou não ser* trata exatamente disso. Sabe-se, inclusive, que entre os membros da companhia de atores está um respeitado professor polonês, de sobrenome Siletsky, que parece abraçar ativamente a causa patriótica, mas, na realidade, é um espião dos nazistas *fingindo ser um professor* e colheu uma importante informação sobre as atividades da resistência, informação que agora colocará nas mãos do coronel alemão responsável pela situação em Varsóvia. O primeiro ator da companhia, Joseph Tura, decide, então, representar o papel desse coronel nazista, de sobrenome Ehrnhardt, e consegue que o espião, enganado, compareça diante dele e não do *verdadeiro* coronel, que, portanto, não recebe o relatório secreto. Claro que é preciso enganar, também, o verdadeiro coronel, que está esperando ansiosamente o professor Siletsky, e para tanto, *o mesmo ator*, após ter enganado e matado o espião, decide encarnar o papel deste, e se apresenta, disfarçado de Siletsky, ao verdadeiro coronel Ehrnhardt, aquele do qual havia se fantasiado para entrevistar o Siletsky verdadeiro. Como num espelho, a repetição invertida de ambas as cenas (já dizia Bergson, em *O riso*, que a repetição e a inversão eram dois recursos cômicos por excelência) é, por certo, desopilante.

Evidentemente que os enganos, as falsificações e as imposturas não acabam aqui, e alcançam, no *filme*, todas as formas imagináveis, incluindo situações muito divertidas de infidelidade matrimonial shakespeareana, "peças dentro de peças" e dois momentos memoráveis em que um dos atores da companhia imita ou representa Hitler, uma vez para testar, sem muito sucesso, diante de um espontâneo público de rua, quão convincente era seu disfarce; e a outra para fazer uma arriscada armadilha, que, para sorte dos protagonistas, tem um desenlace mais feliz, para os próprios oficiais e soldados do exército do Führer. Cada uma dessas cópias, dessas representações, dessas atuações, mereceria ser comentada longamente, pois são todas muito interessantes. Contudo, para os fins que eu gostaria de sugerir aqui, talvez baste dizer que se o mundo não tem por que apresentar sempre o aspecto triste do modo como o apresentava o abatido mercador Antônio, e se as coisas não têm por que terminar sempre tão mal como terminam para ele, é porque nesse grande palco que é o mundo às vezes conseguimos nos adequar para representar papéis diferentes dos que parecemos condenados a ter de repetir. Parece-me que é disso que tratamos quando falamos de comédia.

## IX

Mas não se trata de reintroduzir, ingenuamente, uma simples dicotomia entre determinação e liberdade (determinação do destino ou do texto dramático, liberdade da ação ou da atuação) e dizer que há tragédia quando, dessa oposição, triunfa o destino ou o texto; e que há comédia quando termina impondo-se a liberdade do herói ou do ator, pois já vimos que as coisas nunca são simples. De fato, na tragédia, o herói *é perfeitamente livre* para atuar como o faz e é justamente no exercício dessa liberdade que termina por *conquistar, livremente, o destino que lhe estava reservado*. Analogamente, o ator é perfeitamente livre no momento em que atua, mas essa liberdade somente pode ser a liberdade para executar um roteiro, o qual ele nunca é encarregado de escrever. Quando, em *Ser ou não ser*, o ator Tura, decidido a encarar o papel mais difícil de sua carreira, representar um oficial nazista na perigosa cena em que deveria receber o espião que lhe traz as notícias sobre a resistência, diz ao diretor da companhia que pensa em atuar superlativamente, "superando a si mesmo", o diretor lhe recomenda não fazê-lo e se ater estritamente ao seu papel, ao papel que lhe fora desenhado na obra (na "obra dentro da obra", poderíamos dizer) que foi escrita para enganar os oficiais do exército invasor. E não podemos deixar de recordar as recomendações desse verdadeiro "diretor de atores" que é o bom príncipe Hamlet quando, antes de pôr em cena *A ratoeira* diante da corte e do casal real, dá as célebres recomendações aos comediantes:

> Sê em tudo moderado, pois até no próprio meio da torrente, tempestade e, poderia dizer, torvelinho de tua paixão, deves manter e mostrar aquela temperança [...] Que a ação responda à palavra e a palavra à ação [...] porque tudo o que a ela se opõe afasta-se da arte dramática... [3.2.6-23][12]

Vale dizer que a liberdade dos atores é total, mas essa liberdade é apenas a liberdade para representar adequadamente *um texto*. No *Tema do traidor e do herói*, de Borges, é narrada uma incrível revolução que assume a forma de uma magna encenação coletiva, levada adiante com uma minuciosa precisão, por milhares de atores e de extras, onde cada qual repete uma parte precisa de um roteiro preparado de antemão e que deve terminar com o castigo exemplar de um traidor da causa da revolução e,

---

[12] Em inglês, "... but use all gently: for in the very torrent, tempest, and, as I may say, the whirlwind of passion, you must acquire and beget a temperance [...] suit the action to the word, the word to the action [...] for any thing so overdone is from the purpose of playing...". [3.2.6-23].

simultaneamente, com a Irlanda emancipando-se da Inglaterra. O problema é que tal performance exigia a elaboração de um roteiro enorme, com milhares de diálogos dos mais complexos aos mais banais e simples, tarefa ciclópica que, excedendo a capacidade de qualquer um dos conspiradores, obrigou-os a tomarem emprestado outros textos que já haviam sido escritos e partes da letra da representação que preparavam. Isso explica por que as palavras pronunciadas por um mendigo no dia do desenlace dos fatos foram antecipadas por Shakespeare numa cena de *Macbeth*, ou por que outras ouvidas naquelas horas correspondiam a *Júlio César*: o roteirista dessa magna representação – capaz de colocar em cena, de maneira perfeitamente teatral, o levante que acabou conquistando a independência do país – tomou emprestado (magnífica ironia) das obras do teatro do inimigo inglês parte da "letra" que preparou para que os conspiradores repetissem no curso da revolução.

Menciono esse célebre conto de Borges porque, em certo sentido, seu tema é o mesmo do *Ser ou não ser:* o mundo como teatro e também o teatro, especificamente o teatro de Shakespeare, como modelo para o mundo, para a vida, para a ação *política* do mundo "real". Tanto no conto de Borges como no filme de Lubitsch, a ação política ocorre de uma maneira irônica, paradoxal e cômica, porque a ironia não é, aqui, a ironia trágica em virtude da qual, no exercício da liberdade, se conquista um destino que nos esperava desde sempre; é a ironia redentora que coloca um texto para fazer um papel diferente do que fazia. Não é a ironia de um sujeito que, ignorante de si, termina, no uso de sua liberdade, submetendo-se à determinação de um texto inefável, mas é a ironia de um texto que, colocado para jogar numa cena diferente, termina servindo a uma finalidade libertadora. No conto de Borges, o texto (ou *os* textos) do "inimigo inglês" serve à causa da libertação contra a Inglaterra e é como se esse serviço inesperado que esses textos prestam para tal causa os salvassem, os redimissem e os justificassem.

Pois bem, o que queria dizer, já quase para encerrar, é que no filme de Lubitsch também existe um texto clássico que funciona como parte fundamental da estratégia dos conspiradores e, de certo modo, também como *leitmotiv* de todo o relato, e esse texto também é de Shakespeare. Um texto de Shakespeare cuja interpretação, por parte de um pobre ator da companhia cansado de representar papéis secundários e em busca de *sua* própria realização como artista, de *sua* própria redenção, serve, ao mesmo tempo, à salvação do grupo de atores conspiradores e à gloriosa justificação desse ator de segunda linha. É um ator judeu, que desde o começo da peça se queixa amargamente de ter de representar, em Hamlet, o papel de um dos sentinelas do palácio, de ter, apenas, que portar consigo uma pobre lança durante alguns trechos da obra. "— Ah!" – se lamenta junto ao seu companheiro – "Não dou para isso! Dou para representar

Shylock! Poderei chegar a representar Shylock algum dia? Pois parece que Shakespeare estava pensando em mim quando escreveu seus versos!". Então, com uma tristeza infinita, com uma dor enorme, recita o famoso monólogo do agiota:

> Então, um judeu não possui olhos? Um judeu não possui mãos, órgãos, dimensões, sentidos, afeições, paixões? Não é alimentado pelos mesmos alimentos, ferido com as mesmas armas, sujeito às mesmas doenças, curado pelos mesmos meios, aquecido e esfriado pelo mesmo verão e pelo mesmo inverno que um cristão? Se nos picais, não sangramos? Se nos fazeis cócegas, não rimos? Se nos envenenais, não morremos?...[13]

O pobre ator judeu volta a pronunciar o mesmo monólogo, com a mesma voz de tristeza, talvez ainda mais acentuada, mais uma vez acompanhado pelo mesmo amigo, quando as tropas alemãs já haviam invadido a Polônia, e ambos tinham motivos para suspeitar que talvez nunca mais pudessem voltar a atuar. "Agora é certo que nunca poderei representar o Shylock", lamenta o ator, como prólogo a essa nova e queixosa repetição do mesmo texto.

Mas o ator terá, sim, sua oportunidade: poderá repetir uma vez mais, porém, agora não apenas em frente à solitária presença de seu amigo, nem diante da sala cheia de um teatro, mas diante da mais temível audiência, constituída pelas ferozes tropas alemãs, o famoso monólogo de Shylock. Como no conto de Borges, trata-se de uma passagem, de um dos muitos textos (aqui tomado emprestado, como no conto, da grande literatura shakespeariana) que formam o roteiro que a *trupe* de atores deve representar para tornar possível seu engano e, ao final, sua fuga. A intempestiva aparição do ator judeu e sua inesperada e insolente recitação desse monólogo de condenação ao preconceito antissemita provoca, de acordo com o que esperavam os atores, um efeito de confusão, um desconcerto e um ruído, que o resto dos membros da companhia, cumprindo cada qual o seu papel, conforme o planejado, aproveita para tornar possível, com uma série de esquemas que não vêm ao caso, o êxito de sua representação. Fazendo-se passar por um grupo de altos oficiais escoltando o Führer (e um deles, fazendo-se mesmo de Führer), os atores conseguem burlar a acirrada vigilância das tropas invasoras e sair sãos

---

13   Em inglês, "Hath not a Jew eyes? Hath not a Jew hands, organs, dimensions, senses, affections, passions? Fed with the same food, hurt with the same weapons, subject to the same diseases, heal'd by the same means, warm'd and cool'd by the same winter and summer, as a Christian is? If you prick us, do we not bleed? If you tickle us, do we not laugh? If you poison us, do we not die?". [3.1.46-52].

e salvos de Varsóvia. Os atores derrotaram os soldados, a representação bateu, ao que parecia, uma força enorme e invencível; os homens, sua astúcia e sua vontade de viver dobraram os deuses da guerra e da morte.

## X

Não estou certo de que estas apressadas reflexões tenham uma moral da história ou uma conclusão que justifique minha insolência de apresentá-las no estado em que estão. A verdade é que faz tempo que venho dando voltas em torno desse problema, que podemos chamar de modelo do drama para pensar o mundo da ação política, e descubro que é um tema enorme e cheio de matizes. Durante bastante tempo pensei (e continuo pensando, é claro), que o mundo da tragédia oferece uma chave interpretativa útil para pensar as ações dos homens. Isso por duas razões: porque a tragédia tematiza esse núcleo essencial e irredutível da vida individual e coletiva dos homens que é o conflito; e porque a tragédia expressa o que é insanamente frágil e instável na condição humana e no mundo político. Porém, fui descobrindo que a tragédia não nos permite, apenas, explicar a complexidade da vida dos homens, nem das sociedades, pois, se é verdade que essas vidas estão sempre expostas à fúria dos deuses, do destino ou da contingência, não é menos verdade que os homens, às vezes, conseguem enfrentar com êxito essas forças tão potentes e até mesmo derrotá-las. Esse é o tema da *comédia*, em que as coisas aparecem invertidas e os homens, os vivos, os jovens, os filhos, são os que conseguem impor-se.

De tal modo que é possível que seja no diálogo, cheio de tensões, entre essas duas antigas formas literárias, a tragédia e a comédia, que poderemos encontrar recursos teóricos mais adequados para pensar o mundo da ação política. Se tivesse que dizer rapidamente, é sobre essa suspeita que venho trabalhando nos tempos livres, que não têm sido muitos, nestes últimos anos, desde a defesa da minha tese de doutorado sobre política e tragédia, há uma década, na querida Faculdade de Filosofia, Letras e Ciências Humanas da Universidade de São Paulo. E foi no caminho da exploração dessa suspeita que me encontrei com estas duas magníficas inspirações as quais quis, aqui, discutir um pouco com vocês: o livro de Menke, que mostra a profunda e essencial imbricação entre a tragédia e a comédia, e o filme de Lubitsch, que colocaria junto a *Dezoito Brumário*, de Marx, ou o *Tema do traidor e do herói*, de Borges, entre os grandes exercícios de reflexão sobre a tragédia e a comédia da ação política, sobre a ação política pensada sob o formato e com o modelo do teatro.

## Bibliografia

MENKE, Christoph. *La actualidad de la tragedia: ensayo sobre juicio y representación*, Remei Capdevila Werning. Madri: Visor, 2008.

SHAKESPEARE, William. "Hamlet". In: *William Shakespeare: Obra Completa*, vol. 1. Trad. de Bárbara Heliodora. Rio de Janeiro: Nova Aguilar, 1995.

\_\_\_\_\_. "O mercador de Veneza". In: *William Shakespeare: Obra Completa*, vol. 2. Trad. de Bárbara Heliodora. Rio de Janeiro: Nova Aguilar, 1995.

\_\_\_\_\_. "Hamlet, Prince of Denmark". In: *The complete works of William Shakespeare"*, (ed. Oxford), Londres: Wordsworth Editions, 1996.

\_\_\_\_\_. "The merchant of Venice". In: *The complete works of William Shakespeare"*, (ed. Oxford), Londres: Wordsworth Editions, 1996.

SÓFOCLES. "Antigone". *Sophocles*. Trad. F. Storr, vol. 76(1), Great Britain. Cambridge: Harvard, 1956.

\_\_\_\_\_. "Oedipus the king". *Sophocles*. Trad. F. Storr, vol. 76(1), Great Britain. Cambridge: Harvard, 1956.

## Referência filmográfica

Ernst Lubitsch. *Ser ou não ser (To be or not to be)*, 1942, EUA. Roteiro: Melchior Lengyel & Edwin Justus Mayer, 99min, United Artists.

# COTAS PARA MULHERES NO LEGISLATIVO E SEUS FUNDAMENTOS REPUBLICANOS

Maria Aparecida Azevedo Abreu[1]

> "Para desejar a liberdade republicana, é preciso desejar a igualdade republicana; para realizar a liberdade republicana, é preciso realizar a comunidade republicana"
>
> Philip Pettit

## Introdução

A DISCUSSÃO TEÓRICA QUE será empreendida neste artigo tem como ponto de partida uma questão do debate político atual que é a participação política das mulheres nas câmaras de representantes e a adoção de medidas legislativas que obriguem os partidos a reservarem lugares em suas listas de candidatos para a ocupação das cadeiras nessas mesmas câmaras. O debate atual é bastante informado acerca de experiências internacionais e da aplicação de diversos dispositivos institucionais que estruturam os respectivos sistemas eleitorais necessários para implementá-las (ARAÚJO, 2001; IDEA, 2009). No entanto, questionamentos acerca da eficiência e da legitimidade, principalmente jurídica, desses dispositivos são também frequentes.

A posição tomada aqui será a de que há um fundamento último, de cunho normativo, que justifica a aplicação de medidas legislativas para que haja uma maior participação das mulheres nas câmaras de representantes. Nesse aspecto, também muito

---

[1] Gostaria de agradecer imensamente a leitura e os comentários de Ricardo Silva bem como a Alexandre Arbex e Luciana Jaccoud, pesquisadores do IPEA.

foi debatido, principalmente no âmbito da representação política e da necessidade de pluralidade de representação nos sistemas representativos proporcionais. E nesse âmbito, o questionamento da legitimidade dessas medidas se dá com um argumento bastante forte e nobre: o da supremacia da vontade do eleitor e da liberdade deste. Além disso, outro questionamento é feito, a partir da ideia da representação como representação de interesses: haveria interesse específico das mulheres – na medida em que difere do dos homens? Sendo este admitido, as mulheres seriam as melhores representantes de seus direitos (SAPIRO, 1998)? A riqueza desse debate mobilizou diversas teóricas feministas em estudos dentre os quais os mais conhecidos talvez sejam os de Anne Phillips (1991; 1998).

Um dos pontos que podem ser observados nesse debate, independentemente da posição que se ocupe nele, é que a discussão acerca da representação de interesses, e mesmo da representação em geral, se assenta, em sua mais profunda instância, em uma discussão sobre o direito das mulheres de serem representadas. As mulheres terão esse direito se elas tiverem seus interesses específicos,[2] pois, do contrário, elas poderão ser representadas por meio da representação universal, que poderia ser masculina ou feminina.

A proposta aqui é deslocar um pouco essa questão para uma outra: não teriam as mulheres liberdade de serem representantes?

A resposta mais previsível e imediata a essa questão seria: ora, mas não há nenhum obstáculo para que as mulheres sejam representantes, basta que elas se candidatem. No entanto, os dados existentes nos diversos países – considerando todos os parlamentos do mundo, as mulheres ocupam apenas 19% das cadeiras e o Brasil se encontra abaixo da média mundial, com 8,9% das cadeiras da câmara dos deputados ocupadas pelo sexo feminino – indicam que, ou se assume que as mulheres realmente não se interessam por política,[3] o que remontaria à defesa de uma inclinação feminina diferente da masculina (que seria universal), ou é necessário admitir que há "algo de errado" com a representação no que diz respeito à liberdade das mulheres.

Assumindo esta última opção, deve ser examinado em que importaria a defesa dessa liberdade. Em primeiro lugar, como em todos os lugares o número de cadeiras em

---

2   A relação entre direito e interesse é praticamente constitutiva da noção de direito subjetivo e de sua proteção no processo judiciário. A este respeito, ver FERRAZ JR., 1995; CINTRA, GRINOVER e DINAMARCO, 1996.

3   Essa possibilidade não encontra amparo na realidade se verificarmos a participação de mulheres na esfera política mais local, como associação de moradores ou movimentos comunitários (BRASIL/SPM, 2009; IPEA, 2010).

disputa é limitado, um número de homens deixará de ocupar o lugar de representante, para que o mesmo número de mulheres possa ocupá-lo. Será travada, portanto, uma disputa pelo poder. E aqui temos de apontar a principal diferença desse enfoque para o enfoque dos interesses e do direito: o poder aqui é um recurso limitado, enquanto direitos e interesses podem ser acumulados.[4] Daí, portanto, a dificuldade de as mulheres virem a ocupar esses lugares, já ocupados. Nessa situação, mulheres e homens estão em conflito, pois disputam recursos escassos. A solução de medidas legislativas é uma interferência nessa disputa, buscando fazer com que a balança penda um pouco menos para o lado dos homens.

Mas quais seriam os fundamentos para a situação atual, de intensa desigualdade entre homens e mulheres na representação legislativa e em outras esferas de poder? Por que, então, estaria reservado aos homens esse reino da representação? Há um debate bastante vasto, que está voltado para a cisão presente em nosso mundo social entre os espaços público e privado, em que este estaria reservado às mulheres e aquele, aos homens (ELSHTAIN, 1993; PATEMAN, 1988). Essa divisão, com seus diversos matizes ao longo da história, seria o plano imóvel no qual desigualdade entre homens e mulheres na esfera política e outras desigualdades se colocariam em movimento.

Cisão entre espaço público e privado, poder e liberdade são, portanto, aspectos centrais a serem abordados no enfrentamento da questão inicialmente colocada e nos remetem às raízes do pensamento político e a Hannah Arendt, autora que colocou estes temas como pilares de sua obra. Ao mesmo tempo, remete também a uma disputa que se tornou central no pensamento político contemporâneo, que é a disputa entre republicanos e liberais sobre diversos conceitos, entre eles o de liberdade. Tomando a obra de Arendt como referência, pretende-se mostrar como a crítica feminista à sua obra ajuda a iluminar as tensões entre liberalismo e republicanismo ali presentes e em todo o debate entre as duas correntes. A partir daí, pretende-se esboçar outros pontos

---

[4] De acordo com Celi Pinto, em palestra conferida no IPEA intitulada "A derrota que se repete: as mulheres nas eleições para o legislativo em 2010", cuja transcrição ainda será publicada pela mesma instituição. No contexto brasileiro, medidas legislativas tímidas foram tomadas para que fosse aumentada a participação das mulheres. Tal timidez teve seu reflexo nos resultados das últimas eleições: o número de mulheres na câmara federal de representantes permaneceu o mesmo.
Nesse sentido, ainda, as cotas para mulheres no legislativo e em outras esferas de poder são ações afirmativas de característica diferente das cotas em universidades, por exemplo. Nesses casos, aqueles que tiveram suas potenciais vagas cedidas para as cotas podem estudar em outra universidade e obter formação semelhante. No caso da esfera de poder, não há como ter espaço para todos. Para que haja igualdade de sexo, alguns homens vão ter de perder espaço para mulheres.

de diferenciação entre os pensamentos liberal e republicano para além do conceito de liberdade, de forma a tentar resgatar um aspecto central da política, que é o conflito. Por fim, serão indicados caminhos normativos para o enfrentamento do problema inicial, a partir de uma defesa da corrente republicana do pensamento político.

## Hannah Arendt e a revisão feminista

Hannah Arendt não foi uma autora feminista (YOUNG-BRUEHL, 1995; PITKIN, 1995), na medida em que não reivindicava a condição de mulher enquanto escrevia seus textos de teoria política. Reivindicava, sim, a condição de teórica política (e não cientista, ou filósofa) (ARENDT, 1993 [1964]) e de judia (KAPLAN, 1995; BENHABIB, 1995). Isso não é novidade e não tornaria, por si só, sua teoria inutilizável pelas teóricas feministas. No entanto, o que várias críticas a sua obra apontam é que toda a sua construção teórica é permeada por um modo androcêntrico de ver o mundo e a política e, mais do que isso, a forma como organizou epistemologicamente as categorias centrais de sua obra – público e privado (PHILLIPS, 1991) – contribuíram para a formação de uma teoria não só não feminista, como antifeminista (RICH, 1979; O'BRIEN, 1981).

Essas críticas possuem diversas intensidades e talvez a que atinja mais amplamente a obra da autora é a que se opõe à divisão rígida entre os espaços público e privado (FRASER, 1989; PHILLIPS, 1991) e a maior valorização das atividades exercidas no espaço público, especialmente da ação política. Hannah Arendt, ao se apropriar de toda a tradição política, como ela própria define o seu esforço em diversas passagens de sua obra, reafirmou a divisão ontológica que permitiu ao pensamento político atribuir à esfera privada as atividades do dia-a-dia e da sobrevivência (ARENDT, 1981), que seriam atributos mais comumente considerados como femininos, e à esfera pública o discurso, o poder e o agir político, atividades consideradas mais típicas dos homens.

É verdade que a atribuição dessas atividades a homens e mulheres não está presente na obra de Hannah Arendt. No entanto, ao ela pressupor como fundamento normativo primordial a cisão rígida entre essas duas esferas e não enfrentar a divisão sexual do trabalho propiciada por essa mesma cisão, teria contribuído para reforçar as correntes androcêntricas do pensamento político. Várias teóricas buscaram "resgatar" a obra da autora dessas críticas, procurando apropriar-se de aspectos fecundos contidos em seus textos. Mas é inegável que parte da crítica procede, e é esta parte procedente que será investigada mais detidamente neste texto.

## A dicotomia público/privado

A opção normativa de Arendt pela dicotomia entre público e privado foi o principal alvo da crítica feminista à sua obra (Fraser, Phillips e, de maneira mais radical, Rich). Essa crítica, inclusive, pode ser considerada uma extensão da crítica ao pensamento político ocidental em geral feita por Elshtai e da crítica ao liberalismo contratual feita por Pateman. Nessas duas críticas, assume-se que mesmo autores que não necessariamente atribuíram determinadas atividades a homens e mulheres, ao estabelecerem um mundo dividido entre público e privado, e ao fundarem a organização social num contrato de submissão, teriam implicitamente construído os alicerces para a dominação masculina sobre as mulheres e a divisão das atividades humanas em atividades femininas e masculinas.

No caso de Hannah Arendt a construção normativa mais sistematizada da divisão entre público e privado se dá em *A Condição Humana*. Nesse livro, a qualificação das duas esferas é bastante contundente: à esfera privada estariam ligadas as atividades necessárias à sobrevivência e à reprodução da vida, à esfera pública estariam as atividades que produzem tudo aquilo que dura, como os artefatos e as instituições, e também seriam exibidos as ações e os discursos humanos. Nessa divisão, há maior valorização das atividades realizadas na esfera pública, principalmente a ação política, pois é esta que diferencia os seres humanos dos demais seres vivos da Terra.[5] A ação política, com a sua inerente pluralidade, seria, portanto, a condição humana por excelência. No entanto, tal divisão tem como primeiro fundamento histórico e prático o fenômeno mais bem explicado em *As Origens do Totalitarismo*. Nessa obra, a autora deixa claro que a preservação da esfera privada e a não invasão de uma esfera por outra é necessária para que não tenhamos mais experiências totalitárias. Reservar uma esfera para a ação, em que os homens são julgados pelos seus feitos, e não por serem isso ou aquilo, e uma esfera privada para as relações familiares e a memória individual, é o requisito primeiro e fundamental da dignidade humana, rompido pelo totalitarismo. Essa divisão entre esfera privada e esfera pública, proibindo esta de invadir a primeira é tipicamente liberal, ainda que Hannah Arendt não se filie a essa corrente. Além disso, a autora desconsidera que os assuntos mais corriqueiramente enfrentados pelos conflitos entre homens

---

[5] Nesse sentido é que se trava o debate feito pela autora com Marx. De acordo com ela, um dos principais equívocos da teoria de Marx teria sido colocar o trabalho (*work*) como a atividade determinante da condição humana, ou seja, que diferencia o homem dos animais. A respeito do debate entre Marx e Arendt, ver WAGNER, 2000.

e mulheres se deem justamente na esfera privada e, para enfrentá-los, é necessário que o Estado, ou a esfera pública, intervenha ao menos nesses assuntos privados.[6]

Mas a sombra totalitária não é a única justificativa para a rígida separação entre público e privado na obra da autora. Tal exigência normativa se dá pela ameaça que ela enxerga naquilo que ela chama de "sociedade de massas", em que os seres humanos adentram na esfera pública apenas para consumir. Nesse caso, é perniciosa a invasão da esfera pública pela esfera privada, e mais uma vez, a ameaça de uma sociedade totalitária, não com a extinção da esfera privada e a totalização dos assuntos do Estado, mas com a totalização do que ela denomina de esfera social. A conceituação dessa esfera não é explícita em *A Condição Humana,* mas está presente no seu artigo "Reflexions on Little Rock":

> a sociedade é essa esfera curiosa, um tanto híbrida, entre o político e o privado em que, desde o início da era moderna, a maioria dos homens tem passado a maior parte da vida. Pois cada vez que abandonamos as quatro paredes protetoras de nosso lar cruzamos o limiar do mundo público, entramos não na esfera política da igualdade, mas na esfera social. Somos impelidos a entrar nessa esfera pela necessidade de ganhar a vida, atraídos pelo desejo de seguir a nossa vocação ou incitados pelo prazer da companhia; uma vez lá dentro, nos tornamos sujeitos do velho adágio "o semelhante atrai o semelhante" que controla toda a esfera da sociedade na variedade inumerável dos seus grupos ou associações (ARENDT, 1981, p. 273).

Nessa esfera, diversas atividades são realizadas, como a diversão, aquelas desenvolvidas no mercado de trabalho, a busca pelos interesses que movem as associações.

Mais uma vez, em nenhum momento Hannah Arendt atribui as atividades ditas "sociais" a mulheres ou a homens. No entanto, vários estudos da área de igualdade de

---

[6] Mary Dietz (1995) procurou afastar essa crítica chamando a atenção para o fato de que, embora para a autora haja uma estrita separação entre público e privado, ela parte de uma visão tripartite das atividades: *labor, work* e *action,* em que somente as duas primeiras são objeto de divisão sexual, cabendo o labor para as mulheres e o trabalho ou fabricação para os homens. A ação política, atividade humana por excelência, praticada nesse âmbito igualitário da política, estaria possibilitada igualmente para homens e mulheres. Embora a argumentação de Dietz seja bastante engenhosa, ela não leva em consideração que a divisão entre público e privado é defendida por Hannah Arendt como um referencial normativo. Para ela, é necessário que o mundo tenha essa divisão para que experiências totalitárias sejam evitadas. Já em relação às atividades, ao contrário, é feita em um referencial descritivo.

gênero apontam que as mulheres, na esfera pública, estão mais presentes nas áreas ditas "sociais" (DELPHY, 1994 e MIGUEL, 2000). Como se sabe, e isso foi apontado inclusive por Habermas, Arendt dá a estas áreas o status de "administrativas" e, nessa condição, não fariam parte da esfera política e não ensejariam a emergência da liberdade e do poder. Seriam, então, atividades necessárias, mas não confeririam o atributo que dá sentido à política, que é a liberdade.[7]

Além dessa divisão entre público e privado, convém também retomar a concepção de lei presente na obra de Arendt. Tomada em seu sentido amplo, abrangendo as instituições de um modo geral, a lei é aquilo que estrutura o espaço político, mas não é produto dele (ABREU, 2004). Nesse aspecto, é necessário dizer que o espaço político é uma espécie de subconjunto do espaço público, onde se expressam a ação e o discurso políticos. A lei, nessa construção, apenas *limita* a ação, mas nunca a *determina*. A lei tem como principal função a atribuição de direitos. O primeiro deles é a condição de cidadania, definido por ela, em *As Origens*, como "o direito a ter direitos". O direito, assim, é algo pressuposto no espaço político, que por sua vez também pressupõe a igualdade, conferida pela persona artificial, que é justamente a juridicidade que acompanha cada indivíduo no espaço político delimitado por leis conferidoras de direitos.

Ora, em sua concepção de espaço público e privado e de lei, que de uma certa forma deriva da primeira, Hannah Arendt poderia ser classificada, sem ressalvas, como uma teórica liberal. No entanto, não tem sido assim. Diversos intérpretes de sua obra e teóricos posteriores a classificam como uma autora republicana (Habermas e Pocock), em função de um outro conceito central em sua obra, que é o conceito de liberdade, que passa então a ser abordado.

### O conceito de liberdade

A liberdade talvez seja o tema mais debatido e apropriado da obra de Hannah Arendt. Mas, para os fins estritos deste texto, será suficiente por enquanto a definição de que é algo que emerge do agir conjunto e no espaço político. Não é um atributo individual (ARENDT, 1992). Por conta disso, a partir desse conceito, fica difícil colocar Arendt na tradição liberal e, com razão, a ela foi atribuída a concepção positiva de liberdade, normalmente atribuída à corrente republicana do pensamento político.

---

7   Neste último aspecto, Seyla Benhabib chega a defender a apropriação feminista da obra de Arendt, na medida em que esta permite uma adequada separação entre questões administrativas e questões políticas, evitando que as questões feministas sejam tratadas como questões administrativas.

A luminosidade desse conceito na obra da autora fez com que Linda Zerilli (2005) tenha sugerido uma teoria feminista centrada nessa ideia de liberdade ligada a um "eu posso" que estimularia as mulheres a construírem – ou fundarem, para ser mais fiel aos termos arendtianos – um novo mundo, baseado em outros contratos e em outros paradigmas. Esse projeto, de fato, não contrariaria os pressupostos arendtianos, pois a ação política feminista é essencialmente não totalizadora e restaria, portanto, espaço para que a pluralidade se manifestasse no espaço público tal como preconizado por Arendt.

No entanto, apropriar o conceito de liberdade de Arendt para a elaboração de uma teoria da ação feminista, embora parcialmente viável em vista da construção de um novo mundo mais adequado às causas feministas, envolve rejeitar alguns outros pressupostos da teoria da autora. O mundo privado terá de ser regulado e "domesticado" pelas regras e leis, ou seja, pelo mundo público, embora não propriamente político, de acordo com as formulações teóricas da autora.

Isso porque, embora a liberdade seja algo que resulte do agir em conjunto, o sujeito dessa ação é individual, e o indivíduo arendtiano apto para agir em concerto e ser livre é aquele que conseguiu superar as limitações das necessidades próprias da esfera privada. Nesse aspecto é fácil acusar a autora de elitista, mas não será este o ponto de crítica aqui. Apenas é necessário destacar que as atividades necessárias à sobrevivência e à reprodução da vida são tipicamente atribuídas às mulheres, então, é necessário que essa atribuição seja alterada para que mulheres possam adentrar o espaço público de forma realmente "igual" aos homens. Enfim, é necessária a regulação a fim de que a "persona" que traveste os seres humanos para agirem em público possa conferir aos homens e às mulheres igualdade real de capacidade de agir. Mas esse ponto não é alcançado pela teoria arendtiana, pois todas as questões anteriores à colocação da máscara da igualdade e da representação em público não são questões políticas para ela.

A caracterização do sujeito da ação arendtiana como o indivíduo é mais facilmente perceptível quando, ao analisar a fundação constitucional norte-americana e os Artigos Federalistas, a autora faz observações sobre o conceito de povo como um conjunto de indivíduos, em oposição aos conceitos de massa, ralé e multidão, que dizem respeito a agregados coletivos orientados ou por uma vontade geral, ou pelo interesse de superar suas necessidades, ou por um isolamento totalitário.

Para Arendt, a ralé (*mob*)

> é fundamentalmente um grupo no qual são representados resíduos de todas as classes. É isso que torna tão fácil confundir a ralé com o povo, o qual também compreende todas as camadas sociais. Enquanto o povo,

em todas as grandes revoluções, luta por um sistema realmente representativo, a ralé brada sempre pelo "homem forte", pelo "grande líder". Porque a ralé odeia a sociedade da qual é excluída, e odeia o Parlamento onde não é representada (ARENDT, 1990, p. 129).

Já o termo massa (*mass*)

só se aplica quando lidamos com pessoas que, simplesmente devido ao seu número, ou à sua indiferença, ou a uma mistura de ambos, não se podem integrar numa organização baseada no interesse comum, seja partido político, organização profissional ou sindicato de trabalhadores. Potencialmente, as massas existem em qualquer país e constituem a maioria das pessoas neutras e politicamente indiferentes, que nunca se filiam a um partido e raramente exercem o poder de voto (ARENDT, 1990, p. 361).

E o termo multidão (*multitude*) refere-se ao conjunto de pessoas formado pelos pobres e miseráveis que buscam, pela ação revolucionária, satisfazer suas necessidades. Em contraposição a esse termo, a autora utiliza o termo *povo* para designar o coletivo formado na Revolução Americana, no qual o conjunto de indivíduos, livres e iguais, buscavam a construção de um novo corpo político que garantisse a liberdade para as gerações futuras (CANOVAN, 2002). A formação de um povo se dá raramente, nos momentos em que diversos indivíduos se reúnem para agir em concerto e, com isso, ser livres. Como membro de um povo, nesse conceito restrito definido acima, o sujeito da ação arendtiana, livre para agir entre iguais, é sempre individual, embora possa se expressar coletivamente.

## As tensões entre liberalismo[8] e republicanismo

Como visto acima, na teoria política de Hannah Arendt, a liberdade positiva republicana convive com uma estrutura legal e institucional que pode ser qualificada

---

8   O pensamento liberal assumiu tantas facetas ao longo da história, que é quase um absurdo usar o termo no singular. No entanto, para os propósitos deste texto, em que se procura defender as alternativas republicanas para o enfrentamento de nosso problema inicial, acredita-se ser suficiente usar o termo liberalismo para designar uma grande corrente de pensamento político de perspectiva individualista e que interpreta a lei e a ação estatal como algo limitador da ação dos indivíduos integrantes da comunidade política.

de liberal. Em outras palavras, é como se a ação genuinamente livre dependesse de uma ordem liberal para que pudesse acontecer no espaço público. Essa tensão ganha um pouco mais de força se pensarmos que a liberdade arendtiana, embora derive do agir em conjunto, tem como sujeito o indivíduo. É o indivíduo que se expressa, sem qualquer identidade de grupo, e, ao agir em público conjuntamente com outros, pode ser livre e gerar poder. É o indivíduo que deixa de lado as suas necessidades, interesses e vontades para adentrar na esfera pública e junto com outros, na mesma condição, ser livre. Daí uma dimensão fenomenológica da ação e liberdade arendtianas, e a expressão feliz de Anne Amiel da "política como acontecimento" ao analisar a obra da autora.

Nesse modelo de ação, não há disputa dos indivíduos por poder, que pode ser tanto maior quanto mais forem os indivíduos envolvidos na ação conjunta. Poder, portanto, embora seja difícil de ser gerado, não é um recurso, muito menos se encontra escasso. Ao contrário, pode ser produzido de forma tendente ao infinito. É dessa forma que a autora, por exemplo, interpreta os Artigos Federalistas e a experiência fundacional constitucional norte-americana: preservou-se, ali, a pluralidade de capacidades de adquirir propriedades, como se este fosse um recurso infinito, e bastasse às leis assegurar que as diversas capacidades dos indivíduos pudessem se manifestar.

Ora, como se vê, o modelo arendtiano desconsidera por demais as condições sociais que circundam a ação política e levam as pessoas a agirem publicamente. Podemos mesmo concordar que o sentido da política seja a liberdade, mas, não considerar que a ação política envolve recursos outros que podem sim estar em disputa, talvez seja algo que não interesse a quem busca, justamente, enfrentar as desigualdades entre homens e mulheres. Como as teóricas feministas já apontaram exaustivamente, essas desigualdades são histórica e socialmente profundas. Mas colocar a liberdade como sentido da política é bastante coerente com o restante de sua obra. Nem poderia ser diferente, pois a igualdade, na teoria de Arendt, não é algo a ser buscado por meio da ação política. É, sim, um pressuposto para a entrada na esfera política.

Portanto, o conceito de liberdade formulado por Arendt, embora bastante fecundo, apresenta pequena operacionalidade e convive calmamente com situações de desigualdade bastante intensas. Mas que conceito de liberdade restaria como opção? O clássico conceito de liberdade como o de ser permitido fazer tudo o que não está proibido por lei – liberdade negativa, na terminologia de Isaiah Berlin, ou liberdade dos modernos, na terminologia de Benjamin Constant?

Com tudo isso, se podemos dizer que tanto os aspectos liberais quanto os republicanos existentes na obra de Arendt entram em choque com as demandas feministas, e se essas alternativas não nos satisfazem, elas podem nos remeter a uma outra formulação sobre o conceito de liberdade, republicano. Este não é a liberdade negativa liberal, que tem como pressupostos todos os aspectos liberais da obra da autora anteriormente apontados, nem é essa liberdade positiva, extremamente exigente dos indivíduos, que acaba por inviabilizar uma alteração das condições sociais correntes que são anteriores à ação política. Trata-se da liberdade como não dominação, advogada por republicanos contemporâneos, como Quentin Skinner e Philip Pettit.

Skinner (1986), remontando a Bentham, Berlin e a toda tradição republicana e comunitarista, inclusive em sua vertente contemporânea (Arendt e Taylor), procura demonstrar que a dicotomia entre uma liberdade baseada na teoria dos direitos (liberdade negativa) e a liberdade vista como exercício da atividade política (liberdade positiva) é falsa (1986, p. 249). Segundo ele, a ideia de liberdade "negativa" está e esteve presente na tradição do pensamento republicano, enquanto a liberdade "positiva" pode ser vista como uma forma de maximizar a própria liberdade negativa. Além disso, nenhuma teoria política poderia prescindir de algum tipo de noção de liberdade negativa para caracterizar o espaço político que se defende.

Pettit formula o seu conceito de liberdade negativa principalmente como resposta às críticas realizadas por Berlin à liberdade positiva, comumente atribuída aos autores republicanos e comunitaristas (Habermas). O autor faz um resgate histórico do pensamento republicano para afirmar que a liberdade republicana é negativa também, mas não na forma de não interferência, e sim na de não dominação.

Tal formulação é bastante instigante porque afasta a ideia berliniana de que a liberdade é constituída principalmente a partir da não interferência do Estado na esfera individual. A liberdade neo republicana tem como vantagem admitir que haja a interferência estatal, por meio de leis, inclusive para evitar e combater a dominação. Pettit, inspirado em Weber, enuncia: "um agente domina outro se e somente se ele/ela tem um certo poder sobre aquele outro, em particular um poder de interferência com fundamento arbitrário (PETTIT, 1997, p. 52). Nessa formulação, o autor define o agente dominador da seguinte forma: alguém (que pode ser individual ou coletivo) domina outro se:

1. Possui a capacidade de interferir
2. Realiza tal interferência a partir de um fundamento arbitrário
3. Tal interferência se dá no âmbito de escolhas que o outro está na posição de tomar.

Embora Pettit tenha o cuidado de exemplificar as situações de dominação como aquelas de extrema relevância social – como o caso da relação entre maridos e esposas, e entre patrões e empregados –, quando expandimos o conceito de dominação para todas as dimensões da dominação masculina, que é o nosso foco, caracterizar a interferência como arbitrária talvez não seja tão fácil. Exemplificando melhor: numa situação de violência doméstica, é fácil caracterizar a dominação arbitrária (e aqui essa expressão é quase um eufemismo), mas na questão da disputa das mulheres por lugares nas câmaras representativas, essa caracterização não se dá a partir de cada caso individual, nem mesmo a partir de um único evento eleitoral. Nem mesmo é possível dizer que os homens exercem diretamente e de forma consciente a dominação sobre as mulheres. Tal dominação, existente e bastante estudada, se dá de maneira difusa e muitas vezes travestida de apenas um tratamento diferenciado às mulheres. Nela, é muito difícil, ou quase impossível, afirmar que todas as mulheres estão à mercê (*at mercy*) dos homens. Mas é possível afirmar que uma mulher, bem educada, bem formada, com recursos econômicos mais do que suficientes e, portanto, independente economicamente, pode enfrentar obstáculos que não são enfrentados pelos homens e a colocam em posição de desvantagem para ocupar posições semelhantes às deles. Ou muitas vezes a própria mulher incorpora os valores e as atitudes impostas pela dominação, expressando uma aparentemente aquiescência, como ocorre com muitos outros sujeitos/grupos dominados (BOURDIEU, 1991, p. 51). Nesse aspecto, embora não seja objeto deste texto a dominação simbólica, vale a pena retomar a definição de dominação simbólica proposta por Bourdieu. De acordo com ele, o poder simbólico produz uma magia pela qual os próprios dominados se inserem na relação de dominação, contribuindo para ela. Essa inserção se dá muitas vezes sob a forma de "*emoções corporais* – vergonha, humilhação, timidez, ansiedade, culpa – ou de *paixões* e de *sentimentos* – amor, admiração, respeito", que se manifestam das formas mais evidentes e bastante conhecidas: o gaguejar, o enrubescer, os acessos de raiva de cólera, e as diversas manifestações que se exteriorizam à revelia do indivíduo dominado. Nesses casos, a clivagem do ego e a expressão do conflito interno revelam "a cumplicidade subterrânea que um corpo que subtrai às diretivas da consciência e da vontade estabelece com as censuras inerentes às estruturas sociais".

Com isso, não se pretende, nem de longe, procurar responsabilizar a vítima pela sua própria dominação. Ao contrário, cumpre mostrar que muitas vezes o comportamento do sujeito dominado não revela somente sua aquiescência, mas sim o sucesso da dominação e a eficácia das estruturas sociais, expressas na expectativa dos comportamentos, neste caso, de cada sexo, em reproduzir, reafirmar e reforçar a dominação. E, para ficar com as próprias palavras de Bourdieu: "o poder simbólico não pode se exercer sem a colaboração dos que lhe são subordinados e que só se subordinam a ele porque o *constroem* como poder" (BOURDIEU, 1991, p. 51-52).

Para caracterizar tal dominação, que transforma em desvantagem o simples fato de uma mulher ser mulher, os critérios enunciados por Pettit podem ser insuficientes. Para isso, ou seja, para identificar grupos que estão em relação de dominação, tal concepção de liberdade não prescinde de uma análise sociológica profunda dos elementos que colocam um grupo em face do outro. Levada a sério essa análise, pode-se perceber que um grupo pode se encontrar em verdadeiro conflito com outro em determinados espaços, conflito este que só pode ser resolvido, ou equacionado, por meio de regras externas à dinâmica dos próprios grupos.

Pettit chega a tentar abarcar essa situação por meio de sua formulação da "república inclusiva", condição para que os grupos dominados tenham voz para a contestação (PETTIT, 1997, p. 194). É feita até mesmo a defesa de quotas de mulheres para as instâncias de representação. No entanto, a incorporação desse tema opera ainda no registro da necessidade de que as câmaras de representantes sejam compostas por membros de todos os grupos sociais que possam estar sujeitos a qualquer tipo de tirania da maioria. Os fundamentos de Pettit enveredam justamente pelo caminho de que se procura afastar neste texto, que é o da necessidade de representação dos interesses das mulheres.[9]

Nesse caso, deve-se retornar à formulação do autor e voltar ao problema colocado inicialmente neste texto. Nele, busca-se promover uma maior igualdade entre homens e mulheres na representação política ou, colocado nos termos sugeridos aqui, busca-se garantir a liberdade efetiva das mulheres de serem representantes. Ao sugerir que as mulheres não possuem tal liberdade, e nesta situação o marco teórico é o da liberdade como não dominação, restaria verificar qual o tipo de dominação que estaria presente neste caso. Nesse sentido, será retomada aqui a leitura feita por Ricardo Silva da obra de Pettit, cuja organização é bastante útil para os propósitos deste texto e, além disso, nos permite abordar os instrumentos previstos nessa formulação republicana, para que a dominação seja afastada. De acordo com Silva, na teoria de Pettit a interferência arbitrária pode ser dividida em duas modalidades: *dominium* e *imperium*. Na primeira, os cidadãos têm a sua liberdade ameaçada por outros cidadãos. No segundo caso, os cidadãos seriam ameaçados pelo Estado. Silva prossegue sua análise sobre como evitar a interferência do segundo tipo. No entanto, neste texto, convém ater-se à interferência do primeiro tipo. A saída de Pettit, devidamente indicada por Silva, é a da contestação,

---

9  Nesse sentido, é preciso deixar claro que não se pretende, neste texto, tornar o argumento da representação específica das mulheres inválido, mas simplesmente acrescentar *mais* argumentos de defesa à presença das mulheres nas câmaras de representantes.

em que o sujeito ameaçado pela interferência arbitrária recorre ao próprio Estado para interromper a relação de dominação.

Essa concepção de dominação e de recurso ao Estado na forma de contestação está muito marcada por uma ideia de que o indivíduo, sujeito de um direito, pode recorrer ao Estado para que este o assegure ou o proteja. A relação dos cidadãos com o Estado por meio de direitos concedidos e a sua reivindicação, como bem salienta Silva, é típica da tradição política constitucionalista, que tem no cidadão essencialmente um sujeito de direitos, passivo, que se torna ativo quando os reivindica (ou contesta, para seguir com os termos de Pettit). Ora, mas o que se tem na situação aqui em discussão é uma relação mais complexa. Não há uma relação de dominação explícita, facilmente identificável, que possa ser contestada. Nem mesmo há um direito subjetivo definido que possa ser reivindicado perante o Estado. O que há, com base no que os repetidos resultados nas eleições de representantes indicam, é uma assimetria de poder em que um dos grupos sempre obtém melhores resultados. Se assimetria de poder é a questão, então talvez a solução seja justamente a distribuição mais equitativa de poder. Esse tema também está presente na tradição constitucionalista, mas na forma de distribuição de poder entre os órgãos e instituições do Estado, como bem aponta Silva ao analisar o neo republicanismo de Philip Pettit. Poder, nessa tradição, é um atributo das instituições como atores políticos, e não necessariamente dos grupos sociais.

E aqui nos encontramos em um ponto em que os referenciais teóricos escolhidos não são suficientes para enfrentar a questão inicial. Hannah Arendt, com sua liberdade positiva, formula um conceito de poder que emerge da ação coletiva. Não se trata de um recurso escasso, nem, portanto, algo a ser disputado. No referencial da liberdade como não dominação, ao menos como formulada por Pettit, embora haja horizonte para a distribuição de poder entre grupos de cidadãos, as ferramentas que ele elaborou não se ajustam plenamente à demanda colocada pelo problema inicial.

Essa parcial e aparente situação sem saída ocorre provavelmente porque as teorias contemporâneas foram tão impregnadas pela lógica do direito individual e do individualismo como ponto de partida para pensar as relações entre sociedade e Estado, que temos poucas ferramentas teóricas para lidar com a dominação sutil, mas ao mesmo tempo profunda, exercida entre grupos e que deve sofrer a intervenção do Estado. Em outras palavras, o liberalismo estabeleceu parâmetros tão sólidos que qualquer alternativa teórica tem de responder a essa tradição, como, aliás, o fazem os autores republicanos contemporâneos, como Viroli e Skinner.

O que se pretende neste texto é fazer uma defesa do republicanismo num sentido de aprofundamento das inovações teóricas realizadas pelos autores contemporâneos, especialmente por Pettit. Mas em que sentido?

## Uma defesa do republicanismo

John Maynor (2000), ao tratar dos dilemas enfrentados pelo republicanismo, destaca que este é "uma doutrina dinâmica, que abarca diversidade e diferença". Além disso, baseando sua análise na obra republicana de Maquiavel, afirma que para os republicanos a discórdia interna (conflito), embora possa ameaçar a liberdade da comunidade política, é também um componente crucial desta. Com isto, Maynor aponta a necessidade de que a comunidade política possibilite aos cidadãos que exerçam sua cidadania, manifestando seus apetites, humores e interesses e, ao mesmo tempo, possam exercer sua virtude cívica buscando não dominar os interesses dos demais. Se os interesses estão presentes livremente em uma comunidade política, tal como aponta Maquiavel, uma população tumultuosa é uma decorrência lógica de uma cidadania ativa e da virtude cívica. Por possibilitar a manifestação da cidadania ativa de cada membro da comunidade política, o republicanismo, segundo Maynor, é muito mais bem-sucedido ao lidar com o pluralismo do que o liberalismo, na medida em que, além de possibilitar a manifestação da pluralidade de interesses e visões de mundo, pode também garantir a tolerância, na medida em que veda a dominação – neste sentido, Maynor compartilha a concepção de liberdade de Pettit –, de todos os possíveis interesses e visões. Dessa forma, conflito e pluralismo conviveriam plenamente no espaço político republicano. Tais cidadania ativa e virtude cívica seriam promovidas pelas instituições republicanas e, entre estas, a atividade legislativa assume papel primordial. É por meio dela que o Estado republicano possibilita e garante aos cidadãos a oportunidade de participarem da vida política, sem sofrerem a ameaça de dominação.

Nesse mesmo tom, Joyce Appleby aponta que o ressurgimento do republicanismo no século XX, nas obras já apontadas aqui, oferece ainda uma alternativa ao liberalismo na medida em que abre um terreno para a discussão de questões atinentes ao reino público, o que significa discutir muitas questões marginalizadas pelo liberalismo, como a virtude cívica e a participação dos cidadãos na vida pública. No contexto específico norte-americano, o republicanismo apresenta uma alternativa também ao socialismo, porque a este não pode ser atribuída uma origem no debate coincidente com a própria fundação da república norte-americana. O republicanismo, tal como o propuseram Gordon Wood e Bernard Baylin, sim.

Essas defesas do republicanismo servem como possíveis respostas à pergunta feita por Céline Spector: não seria a oposição entre liberalismo e republicanismo artificial? (SPECTOR, 2003, p. 52).

Em primeiro lugar, é bastante útil afirmar a liberdade como não dominação como alternativa à liberdade como não interferência consagrada pelo liberalismo. É útil também afastar a liberdade positiva, excessivamente exigente dos cidadãos, na forma da teoria arendtiana, ou mesmo na forma de Rousseau, que não foi abordada neste texto. Mas somente isso talvez não seja suficiente para que o republicanismo se apresente como uma real alternativa teórica ao liberalismo. Se o marco epistemológico for o do individualismo, dificilmente o republicanismo poderá sair do referencial dos direitos. Não há problema com esse referencial e nem se procura aqui relativizar ou enfraquecer todas as conquistas sociais empreendidas no marco teórico dos direitos individuais. O que ocorre é que ele é insuficiente para lidar com recursos sociais e políticos escassos. Direitos, em alguns casos, podem ser concedidos *ad infinitum*. Exemplos disso podem ser considerados os direitos específicos das mulheres em relação à saúde, ou em relação a serviços especiais de atendimento contra a violência. Não que alguns destes serviços, especialmente os que são destinados à mulher em situação de conflito com o homem, não busquem alterar justamente a relação de dominação entre os sexos, mas é que nesses casos o homem não precisará deixar de ocupar um lugar político ou social que lhe vem sendo garantido em razão da positivação e concessão desses direitos. Poder – entendido aqui em uma acepção bastante estrita, como a capacidade de ocupar um lugar por meio do qual seja possível influenciar e participar de forma relevante das decisões políticas – e outros recursos escassos têm de ser distribuídos e organizados pelo Estado.[10]

Para esse propósito, e mantendo o referencial teórico já desenvolvido por Pettit, seria conveniente dar ao conceito de dominação uma dimensão com ainda maior densidade sociológica para que ele adquira a profundidade necessária ao enfrentamento dos problemas sociais pelo Estado. Voltando ao nosso caso inicial, há uma literatura vasta indicando a dominação masculina existente na sociedade (Bourdieu, Elshtain, Pateman). Mas, a não ser que haja algum ato violento, não há como uma mulher pleitear simplesmente que não seja dominada.[11] No entanto, há mecanismos para promover a distribuição de espaços que já vêm sendo implantados e as correntes teóricas de matriz liberal não são suficientes para fornecer o fundamento normativo dessas ações estatais.

---

10 Devo estas duas últimas observações a Céli Pinto.
11 Mais uma vez, não é suficiente o referencial das relações em que um indivíduo tem o seu direito violado.

As cadeiras de representantes nos legislativos nacionais são de um número limitado e não podem ser reivindicadas pelas mulheres como um direito seu. No entanto, os dados existentes acerca da representação nesses legislativos indicam que há algum problema. No encaminhamento da solução desse problema, mulheres e homens podem ser vistos como grupos em conflito, em que um pode ser considerado dominado pelo outro.

Neste caso, se queremos aplicar a teoria neorepublicana de Pettit, talvez tenhamos de dar uma densidade conflitiva para a "não dominação" que constitui o seu conceito de liberdade, adicionando elementos maquiavelianos a esse conceito. Se é verdade que o povo, nos *Discorsi*, tinha como objetivo não ser dominado, também é verdade que a liberdade, na formulação de Maquiavel, é um atributo da comunidade política e do conjunto de cidadãos. No esquema maquiaveliano, se há dominação, o dominador também não é livre.

Será livre e republicana uma comunidade política na qual as mulheres tenham, sabidamente, mais dificuldade de ocupar os lugares de representação? Essa é uma pergunta que só faz sentido na tradição teórica republicana. E isso já é um argumento suficiente para defender o sentido dessa tradição. Dar densidade conflitiva a ela significa recuperar alguns significados de interesse presentes de forma implícita na teoria de Maquiavel. Tomamos aqui como referência principal os *Discursos sobre a Primeira Década de Tito Lívio*, mais especificamente o capítulo 4 do Livro I. E a partir dele, utilizamos as observações de Brudney para indicar que os conflitos defendidos por Maquiavel são coletivos, ainda que ele não os tenha qualificado nesses termos. Mas talvez ainda seja necessário deixar um pouco mais claro de que realmente se trata esse conflito de interesses maquiaveliano, para que ele possa ser apropriado junto ao conceito de liberdade como não dominação, atributo de todo cidadão, mas também das comunidades republicanas. Nesse sentido, será sugerido que a definição de conflito de interesses está ancorada em algumas dicotomias que nos ajudarão. São elas: privado/público; particular/comum; facção/coletividade. Vejamos como cada uma delas se relaciona com nosso conflito de interesses.

### O conflito público de interesses

Quando examinamos as fontes de corrupção indicadas por Maquiavel vimos que elas sempre se constituem a partir de expedientes privados de manifestação de interesses. Exemplo maior disso são as calúnias, às quais o autor opõe as denúncias públicas. Mas poderíamos dizer que as calúnias também se dão publicamente. Aliás, se elas não se derem publicamente, não se constituem como calúnias. Ocorre que, como Maquiavel bem ressalta, as calúnias não são submetidas a contraprovas e não utilizam expedientes transparentes e públicos – no sentido de serem acessíveis a todos – para se manifestarem. Seu resultado – a atribuição de algo pernicioso a alguém – é público, mas o ato que a provoca é privado e na maioria das vezes nem se sabe quem é seu autor. Por isso as denúncias públicas são mecanismos apropriados de canalização da paixão popular, pois, por meio delas, os denunciados podem, publicamente, defender-se e todos sabem a autoria e a motivação da denúncia.

É claro que o mecanismo de denúncias públicas, descrito por Maquiavel no início do século XVI, a respeito de uma sociedade antiga (Roma), não é suficiente para a canalização de todas as paixões existentes numa república, nem mesmo se constitui no melhor mecanismo de solução pública de conflitos, mas sua caracterização nos ajuda a entender o conflito de interesses de que estamos falando.

O conflito de interesses maquiaveliano deve ser manifestado publicamente, ou seja, os segmentos que detêm os interesses opostos têm de ser identificados e, a partir do embate que se dá politicamente, a solução institucional, que por sua vez também é pública, poderá ser encaminhada. Assim, temos que interesses manifestados secreta ou ardilosamente não estão aptos a se submeter aos mecanismos institucionais de solução e são, portanto, possíveis fontes de corrupção da república. Os interesses em conflito que constituirão a fonte da liberdade por meio das instituições são transparentes e públicos.

### O caráter não particular do conflito de interesses

Uma das principais preocupações de Maquiavel na sua formulação republicana é a formação, no interior da comunidade política, de um terreno comum, que propicie a boa ordem e a unidade necessárias para a grandeza da república, inclusive em seus projetos de expansão. Daí a importância que o autor dá à religião e à educação, no Capítulo II, Livro II, que trata justamente da expansão da república. Esse terreno comum é o que possibilita o compartilhamento de valores e, principalmente, o valor à pátria e à liberdade, necessários para que os cidadãos defendam e preservem a república.

Outra faceta desse terreno comum defendido por Maquiavel é a sua condenação a todas as manifestações de interesses particulares no interior da república. Nesse sentido, mais um ponto do conflito de interesses maquiaveliano, fonte de instituições duradouras e garantidor da liberdade, é que ele nunca se encerra no terreno do particular, mas sempre se destina ao comum. Dizendo isso mais claramente, os interesses conflitantes vocacionados a serem alvos de soluções institucionais não são nunca os interesses de pequenos grupos, que pretendam, de alguma forma, obter algum tipo de distinção ou privilégio. Ao contrário, os interesses passíveis de serem expressados institucionalmente são aqueles que, ainda que sejam defendidos por um grupo – e isso sempre ocorre, porque os interesses são sempre parciais – tenham a pretensão de se tornarem interesse de toda a comunidade. Apenas para dar um exemplo, não teria cabimento que um dos segmentos (povo ou aristocracia), interessado em obter benefícios na nomeação de determinados cargos públicos, pretendesse ver o seu desejo atendido por meio das instituições. Essa pretensão não tem vocação de se tornar comum, pois ela é em sua essência particularista, na medida em que visa o privilégio de uma parte dos cidadãos sobre os demais.

Com isso, temos a dizer que o conflito de que fala Maquiavel é de interesses parciais, sim, mas que se pretendem comuns, e não almejam privilégios ou benefícios que resultem no prevalecimento de um segmento sobre os demais.

### O conflito de interesses coletivos

A última dicotomia facção/coletividade tem estreita relação com a anterior, mas merece uma análise em separado. Podemos dizer que o conflito de interesses defendido por Maquiavel é o de interesses coletivos. Quando dizemos coletivo, neste caso, não estamos querendo dizer não individual, como seria intuitivo supor, mas não faccioso. Façamos a distinção.

Interesse faccioso é todo aquele que, individual ou não, produz na comunidade política uma separação ou cisão. Nesse sentido é que Maquiavel afirma que "os partidos criam as facções que dividem as cidades e originam a ruína dos Estados" (MACHIAVELLI, 2000, I, VII, 42). Como se vê, o partido é uma coletividade, mas produz facções. Quando, então, se tem uma coletividade que não produz facções?

Quando mencionamos de Brudney acima, vimos que ele fala de interesses "de classe". Tais interesses, os do povo e os dos aristocratas, apresentam coesão interna nesses grupos, o que ocasiona o conflito e, mais do que isso, têm uma identidade reconhecida publicamente e uma vocação de se tornarem comuns, e não são apenas particulares, como distinguimos anteriormente. Assim, os interesses facciosos são sempre particulares, embora não sejam individuais, enquanto os não facciosos, que estamos chamando aqui de coletivos, se pretendem sempre comuns.

Com isso, poderia perguntar-se se é necessária esta última distinção entre interesse faccioso e coletivo, tendo em vista a distinção feita entre interesse comum e particular. Julgamos ser necessária para deixar claro que não é suficiente que os interesses, para integrarem o conflito tal como defendido por Maquiavel, sejam não individuais. Interesses não individuais podem ser facciosos e, nessa medida, particulares, como qualquer outro interesse individual.

Portanto, o conflito de interesses de que fala Maquiavel é aquele que se dá a partir de interesses coletivos e comuns, passíveis de serem expressados por meio de mecanismos institucionais públicos e transparentes e que, nessa medida, se torna elemento constitutivo da liberdade da república.

Somando a ideia de liberdade como não dominação, presente nos neorepublicanos, mas também em Maquiavel, com a necessidade de expressão transparente do conflito de interesses, podemos dizer que a república livre é aquela que apresenta instituições que possibilitam a expressão dos interesses, principalmente aqueles conflitivos e, por meio de leis, distribuir o poder de forma que nenhum dos grupos ou indivíduos possam ser dominados por outrem. Se tivermos em mente somente os indivíduos, o modelo liberal de democracia dá conta da não dominação. Mas, se quisermos enfrentar dominações que são exercidas sobre grupos, é na matriz teórica republicana que se devem buscar soluções mais adequadas.

No enfrentamento da dominação a que as mulheres estão sujeitas, obviamente não é suficiente uma política de cotas para a ocupação de cadeiras no legistlativo, e outras políticas e arranjos institucionais devem ser operados para que as diversas formas pelas quais essa dominação se manifesta e os seus próprios fundamentos sociais sejam combatidos. No entanto, acredita-se que, ao menos na esfera política, viabilizar a liberdade política das mulheres de serem representantes passa, na atual situação de dominação, por alguma interferência estatal, cuja forma mais frequente nas experiências internacionais tem sido as cotas.

## Conclusão: O interesse e a liberdade de ser representante

Aplicando o que foi dito anteriormente ao problema inicial, temos que homens e mulheres, ao disputarem as vagas dos legislativos – câmaras de representantes – apresentam interesses em conflito que não se confundem com a discussão sobre se mulheres têm interesses diferentes dos homens. À medida que mulheres têm uma probabilidade de sucesso menor nas eleições, elas precisam compensar essa desvantagem inicial se a pretensão é viabilizar para elas a possibilidade e a liberdade de serem representantes, deslocando-se da relação de dominação, e, dessa forma, tornar a própria comunidade republicana mais livre.

Aprovar leis de cotas para mulheres nas listas partidárias para as eleições e, portanto, estabelecer regras para a divisão do poder contido nessas instituições é deslocar a questão inicial da discussão sobre se haveriam interesses específicos das mulheres, ou da luta por reconhecimento – a luta coletiva por excelência no marco teórico do liberalismo, que é predominantemente individualista (MIGUEL, 2000) – para uma discussão sobre liberdade e distribuição de poder.

Dessa forma, o conceito de liberdade como não dominação é bastante útil do ponto de vista teórico para fundamentar políticas de cotas para mulheres para o legislativo, e também para outras esferas de poder. Essa opção republicana, que opõe dominação e liberdade, é a mais fecunda para lidar com o problema da representação e participação política das mulheres. Com ela, pode-se ir além do marco individualista da tradição constitucional, como foi exposto neste texto, que subsume a mulher ao sujeito universal, na realidade, vem tendo sexo, e é masculino.

## Bibliografia

ABREU, Maria A. *Hannah Arendt e os limites do novo*. Rio de Janeiro: Azougue, 2004.

ALVES, José Eustáquio D. & ARAÚJO, Clara. *A Política de Cotas no Brasil, o Sistema Eleitoral e a Sub-representação Feminina*, 2009. Disponível em: <http://www.maismulheresnopoderbrasil.com.br/pdf/Art_LASA_Alves%20Araujo_30abr09-1.pdf>.

ALVES, José Eustáquio & CAVENAGHI, Suzana M. *Mulheres sem Espaço no Poder*. IPEA, 2009. Disponível em: <http://www.ipea.gov.br/sites/000/2/pdf/09_03_17_MulherPolitica_Ipea_Jeda_Smc.pdf>.

ARAÚJO, Clara M. O. "As Cotas por Sexo para a Competição Legislativa: O Caso Brasileiro em Comparação com Experiências Internacionais". *Dados*, Rio de Janeiro, vol. 44, nº 1, 2001 p. 155-194.

ARENDT, Hannah. *A Condição Humana*. Rio de Janeiro: Forense Universitária, 1981.

_____. *As Origens do Totalitarismo*. São Paulo: Companhia das Letras, 1990.

_____. *Entre o Passado e o Futuro*. São Paulo: Perspectiva, 1992.

_____. "Só Permanece a Língua Materna". In: *A Dignidade da Política – Ensaios e Conferências*. Rio de Janeiro: Relume-Dumará, 1993.

_____. "Reflexões sobre Little Rock". In. *Responsabilidade e Julgamento*. São Paulo: Companhia das Letras, 2004.

BENHABIB, Seyla. "The Pariah and Her Shadow: Hannah Arendt's Biography of Rahel Vernhagen". In: HONIG, B. (ed.). *Feminist Interpretations of Hannah Arendt*. University Park: Pennsylvania State University Press, 1995, p. 83-104.

BOURDIEU, Pierre. *A Dominação Masculina*. Rio de Janeiro: Bertrand Brasil, 1999.

BRUDNEY, Kent. M. "Machiavelli on Social Class and Class Conflict". *Political Theory*, vol. 12, nº 4, nov. 1984, p. 507-519.

CANOVAN, Margareth. "The People, the Masses and the Mobilization of Power: The Paradoxo f Hannah Arendt's Populism". In: *Social Research*, vol. 69, nº 2, verão 2002, p. 403-422.

CEPAL – Comissão Econômica para a América Latina e o Caribe e SPM – Secretaria de Políticas para as Mulheres. *Qué Estado para qué Igualdad?* Brasília, 2010.

CINTRA, Antonio Carlos de A.; GRINOVER, Ada P.; DINAMARCO, Cândido R. *Teoria Geral do Processo*. São Paulo: Malheiros, 1996.

DELPHY, Christine. "Feminismo e recomposição da esquerda". *Revista Estudos Feministas*, 2, 1: 187-99, 1994.

DIETZ, Mary G. "Feminist Receptions of Hannah Arendt". In: HONIG, B. (ed.). *Feminist Interpretations of Hannah Arendt*. University Park: Pennsylvania State University Press, 1995, p. 17-50.

ELSHTAIN, Jean B. *Public Man, Private Woman – Women in Social and Political Thought*. Princeton: Princeton University Press, 1993.

FERRAZ JR., Tercio S. *Introdução ao Estudo do Direito*. São Paulo: Atlas, 1995.

FRASER, Nancy. *Unruly Practices – Power, Discourse and Gender in Contemporary Social Theory*. Minneapolis: University of Minnesota Press, 1989.

_____. "O Feminismo, o Capitalismo e a Astúcia da História". In: *Mediações: Revista de Ciências Sociais*. Londrina, vol. 14, nº 2, 2009, p. 11-33.

HABERMAS, Jürgen. "Três Modelos de Democracia". In: *Lua Nova 36*, 1995, p. 39-54.

HAMILTON, MADISON & JAY. *The Federalist Papers*. Nova York: Signet Classics, 2003.

IDEA – Institute for Democracy and Electoral Assistance. *From Words to Action: Best practices for Women's Participation in Latin American Political Parties*. Estocolmo, 2008.

IPEA. *Brasil em Desenvolvimento*, vol. 3, 2010.

KAPLAN, Morris B. "Refiguring the Jewish Question: Arendt, Proust, and the Politics of Sexuality". In: HONIG, B. (ed.). *Feminist Interpretations of Hannah Arendt*. University Park: Pennsylvania State University Press, 1995, p. 105-134.

LEON, Margarita; DIAZ, Mercedes M.; MILLNS, Susan. *(En)gendering the Convention: Women and the Future of the European Union*. Florença: European University Institute, 2003.

MACHIAVELLI, Niccolo. *Discorsi sopra La Prima Deca di Tito Livio*. Milão: Biblioteca Universale Rizzoli, 2000.

MADISON, HAMILTON & JAY. *Os Artigos Federalistas*. Rio de Janeiro: Nova Fronteira, 1993.

MATOS, Marlise; CYPRIANO, Breno & BRITO, Marina. *Cotas de Gênero para o reconhecimento das mulheres na política – um estudo comparado de ações afirmativas no Brasil, Argentina e Peru*. Pernambuco, XIII Congresso Brasileiro de Sociologia, 2007.

MAYNOR, John. "Factions and Diversity: a Republican Dilemma". In: PIERSON, C. & TORMEY, S. (eds.). *Politics at the Edge*. Londres: MacMillan, 2000.

MIGUEL, Luís Felipe. "Teoria Política Feminista e Liberalismo. O caso das cotas de representação". *Revista Brasileira de Ciências Sociais*. vol. 15, nº 44, 2000.

O'BRIEN, Mary. *The Politics of Reproduction*. Boston: Routledge and Kegan Paul, 1981.

PATEMAN, Carole. *The Sexual Contract*. Stanford: Stanford University Press, 1988.

PETTIT, Philip. *Republicanism. A theory of freedom and government*. Oxford: Oxford University Press, 1997.

PHILLIPS, Anne. *Engendering Democracy.* Cambridge: Polity Press, 1991.

_____. "Democracy and Representation: Or, Why Should it Matter Who our Representatives Are?" In: PHILLIPS, Anne (org.). *Feminism and Politics.* Oxford: Oxford University Press, 1998, p. 224-241.

PITKIN, Hannah F. "Conformism, Housekeeping and the Attack of the Blob: The Origins of Hannah Arendt's Concept of Social". In: HONIG, B. (ed.). *Feminist Interpretations of Hannah Arendt.* University Park: Pennsylvania State University Press, 1995, p. 51-82.

POCOCK, J. G. A. *Machiavellian Moment.* Princeton: Princeton University Press, 2003.

RICH, Adrienne. "Conditions for Work: The Common World of Women". In: *On Lies, Secrets and Silence: Selected Prose.* Nova York: Norton, 1979, p. 1966-1978.

SAPIRO, Virginia. "When are Interests Interesting? The Problem of Political Representation of Women". In: PHILLIPS, Anne (org.). *Feminism and Politics.* Oxford: Oxford University Press, 1998, p. 161-192.

SILVA, Ricardo. "Liberdade e lei no neo-republicanismo de Skinner e Pettit". In: *Lua Nova,* nº 74, 2008, p. 151-194.

SKINNER, Quentin. "The Paradoxes of Political Liberty". In: SEN, Amartya *et al* (eds.). *The Tanner Lectures on Human Values.* Salt Lake City: University of Utah Press, 1986, p. 225-250.

SPECTOR, Céline. "Montesquieu: Critique of Republicanism?" *Republicanism. History, Theory and Practice – special issue of Critical Review of International Political Philosophy,* vol. 6, nº 1, primavera 2003 p. 38-53.

SPM – Secretaria Especial de Políticas para as Mulheres. *Revista do Observatório Brasil Igualdade de Gênero.* Brasília, 2009.

VIROLI, Maurizio. *Republicanism.* Hill & Wang Pub, 2002.

WAGNER, Eugenia S. *Hannah Arendt e Karl Marx: o mundo do trabalho.* São Paulo: Ateliê Editorial, 2000.

WOOD, Gordon. *The Creation of the American Republic, 1776-1787.* Chapel Hill: University Of North Carolina Press, 1969.

YOUNG-BRUEHL, Elizabeth. *Por amor ao mundo – A vida e a obra de Hannah Arendt*. Rio de Janeiro: Relume-Dumará, 1997.

ZERILLI, Linda M. G. *Feminism and the abyss of freedom*. Chicago: The University of Chicago Press, 2005.

# APÊNDICE TEMÁTICO

## Métodos, conceitos, problemas

## As "viradas" linguística, histórica e interpretativa: novos paradigmas teóricos em História das Ideias e a relação estrutura/agência

Diego Rafael Ambrosini

O CAMPO DE PESQUISAS tradicionalmente denominado de *História das Ideias Políticas* (que pode, ainda, receber os nomes de *Teoria Política Histórica, História Intelectual, História do Discurso* ou *das Linguagens Políticas, do Pensamento Político e Social, dos Conceitos Políticos, Sociologia do Conhecimento*, dentre outros, a depender da perspectiva que se adote) sempre se inscreveu na fronteira de diversas disciplinas afins (Política, Filosofia, História, Sociologia, Antropologia, Direito, Crítica Literária), tendo como seu objeto central a Teoria Política, suas principais problemáticas e seu cânone de autores e obras de referência.

Nas páginas seguintes, tentarei analisar o modo como os debates metodológicos nessa área de fronteira disciplinar têm lidado, nos últimos anos, com um dos grandes problemas das ciências humanas, a saber: o papel da relação estrutura/agência nos modos de explicação montados pelo analista. Uma vez que a principal fonte empírica e documental com a qual trabalha o historiador da teoria política são os *textos* deixados pelos autores do passado, as respostas que têm sido dadas, pela literatura especializada, à questão citada, envolvem quase sempre uma reflexão sobre a maneira mais adequada de *ler* e *interpretar* esses textos. O que se segue, assim, é o esboço de um breve (e necessariamente superficial, dado o escopo do trabalho) mapeamento de como alguns dos principais autores ligados às historiografias políticas de línguas inglesa e francesa vêm enfrentando essa questão nas últimas décadas.

## Um novo paradigma para a História das Ideias Políticas

Desde pelo menos a década de 1970 – mas certamente com desenvolvimentos anteriores a esse período –, uma mudança de paradigma epistemológico vem lentamente se estabelecendo no interior dessa disciplina. É evidente que tal mudança revestiu-se de caracteres específicos em cada uma das tradições acadêmicas que abordaremos neste texto – a de língua inglesa, que tem em Quentin Skinner e John Pocock os seus principais expoentes, e a francesa, que se nutriu da contribuição de autores tão diversos quanto Michel Foucault, Roger Chartier, Pierre Bourdieu, Paul Ricoeur e Pierre Rosanvallon, dentre outros. No entanto, apesar das nítidas diferenças encontráveis nos trabalhos ligados a essas tradições, acredito ser possível, mesmo assim, divisar aspectos comuns às diversas abordagens. Isto porque é inegável que todas elas absorveram, ainda que cada uma a seu modo, a influência da mudança de perspectiva analítica operada nas ciências humanas como um todo, desde então, pelas chamadas "viradas" histórica, linguística e interpretativa.

Muito desse esforço de renovação epistemológica teve suas raízes nas críticas que as velhas formas de fazer História das Ideias Políticas (havia, certamente, mais de uma delas) sofreram por volta do segundo pós-guerra, advindas tanto do interior da própria disciplina como também de suas vizinhanças mais ou menos próximas.[1] De um modo geral, o que se costumava apontar como deficiente era o excessivo idealismo ou essencialismo presente na maneira como a maior parte dos escritores ligados às tradições anteriores (por exemplo: George Sabine, Arthur Lovejoy, Leo Strauss, Friedrich Meinecke, Hannah Arendt ou Isaiah Berlin, dentre outros) encaravam as *ideias* e os *textos* clássicos da Teoria Política – como se ambos fossem os meios através dos quais os grandes autores canônicos da disciplina se engajariam em um diálogo permanente, fora da história (*anacrônico*), para oferecer respostas a supostas "perguntas perenes" que, no entanto, eram geralmente formuladas a partir do ponto de vista dos intérpretes contemporâneos, e não de uma perspectiva histórica, adequadamente contextualizada.

Assim, a nova orientação teórica consistia, basicamente, em chamar a atenção para o fato de que um *texto* escrito no passado só poderia ser adequadamente compreendido

---

[1] Na tradição acadêmica norte-americana, os principais ataques externos vieram da parte de pesquisadores vinculados a abordages próximas do chamado "positivismo lógico" e da "revolução *behaviourista*", tais como David Easton, com seu *The Political System – Inquiry into the State of Political Science*, de 1953. Na Inglaterra, tanto os historiadores sociais vinculados ao marxismo, E. J. Thompson à frente, quanto os seguidores de Sir Lewis Namier desprezavam igualmente (ainda que por motivações diversas) a teoria e a filosofia políticas.

no presente se fosse abordado a partir de seus *contextos histórico* e *linguístico* originais, e a tarefa do historiador das ideias deveria passar a consistir, justamente, em reconstruir e descrever esses *contextos*. As ditas "viradas" histórica e linguística, cujas influências crescentes na literatura especializada desde então são facilmente observáveis, podem ser vistas como desdobramentos dessa busca por "situar" o autor, enquanto agente histórico, nas malhas estruturais de sua historicidade e de suas (im)possibilidades discursivas.[2] Esse movimento paradigmático se deu, em grande parte, pelo desejo de eliminar da reflexão sobre a história do pensamento político toda e qualquer inclinação normativa: o trabalho da disciplina deveria ser antes descritivo do que valorativo.

Quentin Skinner não foi o primeiro e nem o único teórico político inglês vinculado à chamada "Escola de Cambridge" a elaborar uma crítica veemente da geração anterior de pesquisadores.[3] Mas foi certamente o que mais tempo e esforços empregou para sistematizar uma metodologia inovadora para o estudo da História Intelectual. A revisão metodológica que Skinner propunha implicava o abandono de quatro tendências que ele identificava como perniciosas: a "mitologia das doutrinas", ou a propensão a ler a obra de um determinado autor como representante de uma doutrina identificável apenas para os intérpretes posteriores; a "mitologia da coerência", que consistiria em buscar uma unidade interna da obra, nem sempre existente ou pretendida pelo próprio autor; a "mitologia da prolepse", que surge quando o historiador atribui indevidamente, a um escritor do passado, a capacidade de antecipar desenvolvimentos teóricos posteriores; e, por fim, a "mitologia do paroquialismo", materializada na inclinação a "traduzir" conceitos e noções presentes nos textos estudados por correlatos mais próximos à experiência política do analista (SKINNER, 1969).[4]

---

2   Alguns dos títulos importantes, ainda que com perspectivas bem diversas, na cristalização e percepção acerca das "viradas" citadas (e outras análogas) podem incluir: RORTY, 1967; POCOCK, 1971; WHITE, 1973 e 1978; LA CAPRA, 1983; FOUCAULT, 1969; ROBIN, 1973; GUILHAUMOU, MALDIDIER, PROST e ROBIN, 1974; RICOEUR, 1981 *et alli*.

3   Antes dele, Peter Laslett já havia declarado a "morte" da Teoria Política tal como se praticava então, na *Introdução* que escreveu para o primeiro volume da coleção *Philosophy, Politics and Society* (1956). Também POCOCK (1957) já havia indicado algumas das novas direções teóricas. John Dunn, Anthony Pagden, Richard Tuck e James Tully são outros autores comumente associados a essa escola.

4   Entre os vários *papers* metodológicos escritos por Skinner ao longo dos anos, podemos ainda destacar: "Conventions and the Understanding of Speech Acts" (1971); "Motives, Intentions and the Interpretation of Texts" (1972); "Some Problems in the Analysis of Political Thought and Action" (1974); além da "Introdução" a seu *The Foundations of Modern Political Thought* (1978). James Tully

A metáfora mitólogica, coincidentemente ou não, também teve um papel fundacional no esforço de superação do idealismo no âmbito da tradição historiográfica francesa. Já em 1903, um sociólogo durkheiminiano, François Simiand, conclamava a "tribo" (é sua a expressão) dos historiadores a passar para segundo plano a observação de seus três "ídolos" (idem), todos do reino da contingência: o biográfico/individual, o cronológico e o político (SIMIAND, 1987). A convocação de Simiand encontrou eco nas realizações dos historiadores ligados à Escola dos *Annales*, dentre as quais se destaca, no que interessa à História Intelectual, a contribuição de Lucien Febvre, especialmente a noção da "utensilagem mental" [*outillage mental*] disponível para uso social em determinado período histórico, tal como ele a formulou em seu livro sobre Rabelais (FEBVRE, 1947). A segunda e a terceira gerações dos *Annales* acusaram também a influência das teorias estruturalizantes da linguística de Saussurre e da antropologia de Lévi-Strauss, sem falar na teorização de Fernand Braudel sobre a *longue durée* e a complexa estruturalização da temporalidade histórica. A corrente da História das Mentalidades, de persistente influência (Philippe Ariès, Michel Vovelle, Roger Chartier), ocupou-se em estudar as grandes "representações coletivas", principalmente nos campos ligados ao imaginário, à emoção e aos afetos, tais como a sexualidade ou as atitudes diante da vida, da família, da infância, da morte.

Em diversos sentidos, é possível dizer que a história das ciências humanas na França, ao longo do século XX, foi a história de uma progressiva busca pelas estruturas dos processos sociais, que vai culminar no "momento estruturalista" da década de 1960.[5] O caso francês, com seu abandono explícito da contigência e apelo sistemático à generalização, foi também um processo de "desnormativização" das pesquisas e análises elaboradas. Com o domínio dos paradigmas estruturalistas, a investigação em História Política conheceu certo ostracismo ali, antes de voltar a ter um peso considerável a partir da década de 1980, mas já aí definitivamente marcada, contudo, pelos ensinamentos das viradas "estrutural" e "pós-estrutural", heranças desses desenvolvimentos anteriores.

A preocupação com o problema do anacronismo (que implica em uma postura contínua de autorreflexão crítica por parte do analista com relação às suas próprias argumentações e hipóteses) e o apelo para que se empreenda permanentemente um

---

organizou um volume (1988) que traz republicados seis destes artigos de Skinner, assim como textos críticos escritos por outros pesquisadores e uma réplica do primeiro a essas críticas.

5  A expressão é utilizada em DOSSE, 2003. Cf. também, do mesmo autor, *História do Estruturalismo* (2007).

esforço de contextualização do objeto analisado levaram a disciplina a repensar a maneira como concebia o papel do autor, enquanto agente histórico, e sua relação com os contrangimentos estruturais em que se vê envolvido. Há também, aí, uma virada *pragmática* ou *interpretativa*, em que o que se busca já não é mais uma "verdade universal" ou "lei geral" capaz de classificar e regular os fatos do mundo, mas uma *compreensão* das *racionalidades* envolvidas nas *ações estratégicas* e *tomadas de decisão* dos a(u)tores *situados* em suas *conjunturas* específicas. Por outro lado, a compreensão de que a experiência humana e sua ligação com o "real" só se constituem através da mediação da linguagem fez com que a reflexão sobre os vínculos entre estrutura e agência nas tradições de que viemos tratando privilegiasse, sobretudo, a dimensão discursiva do problema. Vejamos como isso se deu.

## Estrutura e Agência

A mudança paradigmática de que falamos só se tornou dominante no campo das ciências humanas através de um processo longo, que durou praticamente quatro décadas. Nesse período, a forma como cada um dos estilos de historiografia política aqui abordados encarou a questão da relação entre estrutura e agência variou bastante. Não foi incomum, por exemplo, a percepção de tal relação a partir de uma perspectiva dualista, isto é, em que predominava a opinião de que uma das duas dimensões (estrutura ou agência) deveria necessariamente possuir uma maior relevância explicativa para a compreensão dos fenômenos analisados. Em algumas das teorizações mais elaboradas, contudo, houve esforços para abandonar tais explicações baseadas no primado de apenas uma das duas instâncias, e para buscar teorias *relacionais*, capazes de dar conta de compreender as *mútuas determinações* que as duas dimensões se impõem, uma sobre a outra e vice-versa.[6]

## A Escola de Cambridge

Desde os primeiros momentos, a noção de *contextualismo* teve sua capacidade heurística acatada e mesmo celebrada nos marcos da abordagem de Cambridge. Toda a crítica que Skinner elaborou, em seu artigo seminal, *Meaning and Understanding in the History of Ideas*, acerca do perigo representado pelo anacronismo na pesquisa em

---

[6] Para ilustrar esse ponto, cito, no campo da Teoria Sociológica: GIDDENS, 1999; FUCHS, 2001 e TILLY, 1997.

História das Ideias fundamentou-se, basicamente, no pressuposto de que o desconhecimento dos contextos em que foram produzidos os textos políticos sobre os quais se debruça o historiador acaba por levá-lo a incorrer no risco de cair em uma (ou mais de uma) das "falácias metodológicas" representadas pelos quatro tipos de "mitologias" pseudo-explicativas sobre as quais já falamos mais acima. De fato, em suas próprias palavras, "um conhecimento do contexto sociológico de um determinado texto parece oferecer, no mínimo, uma ajuda considerável para evitar as mitologias anacrônicas que eu venho tentando desconstruir" (SKINNER, 1969, p. 40).[7]

Em outro texto, o autor assevera mais uma vez sua preocupação com o esforço de contextualização sócio-histórica. Afirma ter buscado sempre evitar concentrar seu foco de análise "exclusivamente nos grandes autores", mas ampliá-lo para abarcar "a matriz social e intelectual mais ampla" em que surgiram as obras mais importantes do período estudado. Para tanto, procurou discutir "as características mais relevantes das sociedades dentro das quais – e para as quais – eles escreveram originalmente", ancorado na premissa de que "a vida política, em si mesma, estabelece os principais temas com que vai se preocupar o teórico político, fazendo determinados fatores parecerem problemáticos, e transformando um certo conjunto de questões nos principais pontos de debate do período" (SKINNER, 1978, p. X-XI). Nesse ponto, contudo, torna-se importante anotar que Skinner não toma o contexto histórico como absolutamente determinante: "isso não significa, contudo, que eu trate essas superestruturas ideológicas como um resultado direto de sua base social" (SKINNER, 1978, p. X-XI), pois "apesar da possibilidade [...] do estudo do contexto sociológico *ajudar* no entendimento de um texto, que eu reconheço, o pressuposto fundamental da metodologia contextual, a noção de que as ideias de um determinado texto devam ser entendidas *nos termos* de seu contexto sociológico, pode ser encarada como incorreta" (SKINNER, 1969, p. 43, grifos do autor).

O erro dos analistas que enxergam uma relação de *causalidade* forte entre o contexto sócio-histórico e a produção do texto está, de acordo com o argumento de Skinner, na pouca relevância que eles atribuiriam à dimensão propriamente linguística que contextualiza, também, o texto em questão. A esfera da linguagem, socialmente construída, revela-se, assim, de importância central para o arcabouço teórico montado pelo historiador político inglês. Isso acontece de duas formas distintas, e aqui está uma característica importante de sua abordagem metodológica: o elemento linguístico pode operar tanto

---

7   Uma outra formulação, anterior, do mesmo argumento, pode ser encontrada em SKINNER, 1966. A tradução dessa passagem, assim como a de outras citações presentes neste trabalho, é de minha responsabilidade.

como força estruturante (constrangedora ou possibilitadora) dos atos discursivos à disposição do autor no momento em que ele escreve, como também a linguagem e o discurso são, em si mesmos, os próprios meios através dos quais esses autores exercem sua capacidade de agência em face de um contexto que lhes é prévio e exterior, podendo inclusive atuar com vistas a modificá-lo, se assim desejarem (TULLY, 1983).

Em vários momentos de sua obra, Skinner fez referências aos atributos estruturadores do fenômeno linguístico, e o conceito mais importante para ele, nesse particular, é o das "convenções", ou unidades discursivas compartilhadas pelos falantes de uma determinada época. As *conventions* delimitam um espaço de contingência semântica a partir do qual o autor está condenado a se pronunciar. "Assim, o problema enfrentado por um agente que procura legitimar o que está fazendo, ao mesmo tempo em que tenta obter aquilo que deseja", ele diz, "não pode ser, simplesmente, um problema prático de adequar sua linguagem normativa para que ela se ajuste a seus projetos. Deve ser também, ao menos em parte, o problema de adequar seus projetos para que eles se ajustem à linguagem normativa disponível" (SKINNER, 1978, p. XII-XIII). O foco nas convenções leva a que a contextualização tida como adequada, portanto, seja aquela que o analista se debruce mais sobre "um contexto de sentidos, antes que um contexto de causas" (SKINNER, 1975).

Apesar desse postulado inicial acerca da importância do contexto, é a instância da agência que, efetivamente, mais atrai a atenção de Skinner, tanto em seus escritos metodológicos quanto nos de pesquisa substantiva. É o interesse pela *ação* do autor que informa seu uso do conceito de *atos de fala*, por exemplo, emprestado da filosofia analítica de Austin e Searle (sem esquecer a influência do primeiro Wittgenstein), especialmente no que toca ao enfoque na "força ilocucionária" de um enunciado, isto é, o atributo que um determinado enunciado pode ter de se dirigir à compreensão do interlocutor independentemente do significante nele inscrito – podemos dizer a mesmíssima frase com um sentido irônico, congratulatório, aconselhador ou meramente informativo, por exemplo (SKINNER, 1971). *Motivos* e *intenções* são recursos explicativos sempre lembrados por Skinner (1972b), assim como será, num momento posterior de seu trabalho, a *retórica* enquanto arma de convencimento (1999). Em resumo, o que se deve buscar, ao se estudar um dado texto, "é aquilo que seu autor, ao escrever no momento em que escreveu, para a audiência à qual pretendia se dirigir, poderia ter tido, na prática, a *intenção* de afirmar" (1969, p. 49, grifo meu).

O *contextualismo* advogado por Skinner, portanto, pode ser tido como sendo do tipo *fraco*, por um lado, pois não obscurece a dimensão de certo modo *intencionalista* da sua abordagem. Por outro lado, há aí também um sentido *forte* de contexto, sobretudo na aproximação obstinadamente *historicista* do método elaborado (ou seja, na recusa renitente em indagar um texto do passado a partir de premissas e perspectivas do presente). Pouco deve surpreender, aliás, a constatação de que a maior parte das críticas à metodologia de Skinner que se acumularam ao longo dos anos tenha centrado fogo sobre um ou outro desses dois aspectos de seu contextualismo.[8] É aí que se localizam os nós fundamentais de seus argumentos, pois é aí que está o espaço de tensão entre a esfera da agência e a esfera das estruturas mais gerais que condicionam a ação. Para resumir, em suas palavras: "o 'contexto' costuma ser erroneamente tratado como determinante daquilo que é dito. Deveria ser antes encarado como uma espécie de moldura, algo que ajuda a decidir quais significados convencionalmente reconhecíveis, em uma sociedade *daquele* tipo, alguém poderia ter tido, a princípio, a intenção de comunicar" (SKINNER, 1969, p. 49, grifos do autor).

A versão do "contextualismo linguístico" elaborada por J. G. A. Pocock também manteve uma dupla visada, procurando dar conta tanto do "movimento" da agência como de uma reconstrução satisfatória das estruturas condicionantes da ação. Esses dois momentos não aparecem aqui com a linguagem mais genérica de Skinner – texto e contexto –, mas assumem (ainda que de modo mais ou menos livre) as próprias categorias da linguística saussurriana: *langue* e *parole*. Um texto político, para Pocock – uma *parole* –, é um artefato autoral composto pela tessitura de diversos níveis diferentes de linguagens políticas (*langues*), próprias da época ou situação histórica em que ele foi escrito. As linguagens, a seu turno, são "modos de discurso estáveis o suficiente para estar disponíveis ao uso de mais de um locutor e para apresentar o caráter de um jogo definido por uma *estrutura* de regras para mais de um jogador" (POCOCK, 2003, grifo meu). Assim, as *langues*, enquanto "estrutura de regras" condicionam o "jogo" (eis a metáfora wittgensteiniana) dentro do qual os textos/*paroles* são as ocasiões do "lance" ou "movimento" empreendido pelo autor ("jogador"), que pode resultar, ou não (e intencionalmente ou não), em alguma *inovação* linguística observável posteriormente pelo historiador.

Essa orientação geral, que procura acompanhar a inter-relação permanente entre os níveis da estrutura e da agência, está presente e aproxima os trabalhos de caráter mais teórico-metodológico escritos por Quentin Skinner e John Pocock.[9] O

---

8  Várias das críticas reunidas no volume organizado por Tully (1988) tocam nesses pontos. Do mesmo modo, também o fazem as críticas respondidas pelo autor em SKINNER, 1974.

9  Entre os artigos metodológicos de Pocock, podemos destacar "Introduction – The state of de art" (1995) e "The Concept of a Language and the Mètier d`Historien – Some Considerations on Practice" (1987).

encaminhamento das pesquisas substantivas dos dois autores, no entanto – a própria escolha dos objetos sobre os quais se debruçaram –, levou a que suas obras acabassem desenvolvendo ênfases distintas. Skinner, de um modo geral (embora não exclusivamente), costumou privilegiar um foco no autor – tal como em seus livros sobre Maquiavel e Hobbes. Já Pocock, inversamente, preferiu abordar linguagens políticas (até bastante abrangentes) em primeiro lugar, como fez em alguns de seus principais trabalhos: *The Ancient Constitution and the Feudal Law* e *The Machiavellian Moment*, para citar apenas dois (POCOCK, 1957; POCOCK, 1975). Em todo caso, por mais "estruturalista" (GEERKEN, 1979) que possa ter sido o contextualismo de Pocock, certamente ficou distante de alcançar as reinvindicações epistemológicas extremas a que chegou o estruturalismo na tradição acadêmica francesa, sobre a qual acrescentaremos algumas observações agora.

## A historiografia política francesa

Na década de 1970, a História Política estava desacreditada nos marcos da disciplina histórica francesa. Com relação à subárea específica da História das Ideias, o único autor de relativa importância, nesse momento, era Jean Ehrard (1977). A influência profunda dos paradigmas estruturalistas impedia que uma maior atenção fosse dirigida a este campo de estudos, tido como demasiadamente aferrado à contingência e ao não generalizável. Ao longo da década, contudo, algumas contribuições importantes prepararam o terreno para que um retorno à História Política pudesse ser experimentado já no decênio seguinte. Nos anos 1990 e 2000, este retorno se consolidou e, atualmente, vicejam as pesquisas nesse espaço de fronteira entre a Ciência Política (cuja importância na academia francesa não cessa de crescer, depois de sua institucionalização universitária em meados da década de 1970), a História, a Antropologia, a Sociologia, a Linguística, o Direito.

Um dos principais marcos nesse processo, sem dúvida, está na superação do estruturalismo buscada por Michel Foucault, em especial nos postulados teórico-metodológicos de seu *L'Archéologie du Savoir*, publicado originalmente em 1969. Na *Introdução* a esse livro, Foucault empreende uma crítica das pretensões totalizantes dos historiadores vinculados à dita *Nouvelle Histoire* (i. e., à segunda geração da *École des Annales*) em sua busca dos "longos períodos", das "regulações constantes", das "continuidades seculares" ou das "séries", e as contrapõe com as abordagens de uma "história das ideias", mais preocupada com os "fenômenos de ruptura", com "a incidência das interrupções", com a "descontinuidade", os "deslocamentos" e as "transformações". Tal mudança de visada, que passa a contemplar o específico, o "discontinu", não implica, entretanto, para Foucault, nem um abandono completo das "structures" e nem tampouco – muito menos, aliás – um privilegiamento da dimensão da agência. Pelo contrário: o "descentramento do sujeito" observado pelo autor é total, e opera até mesmo em um segundo grau, ou seja, no nível derivado das interpretações históricas. "A história contínua", afirma Foucault, "é o correlato indispensável da função fundadora do sujeito [...] fazer uma análise histórica do discurso do contínuo e fazer da consciência humana o sujeito originário de todo o devir e de toda prática, tais são as duas faces de um mesmo sistema de pensamento" (1969, p. 23).

A atenção do analista deve voltar-se então, para o texto em si mesmo, enquanto "documento/monumento" (LE GOFF, 1984). O objeto da análise deve ser "não a alma ou a sensibilidade de uma época, não os 'grupos', as 'escolas', as 'gerações' ou os 'movimentos', nem mesmo a personagem do autor no âmbito do jogo de relações que forjou sua vida e sua 'criação', mas a estrutura mesma de uma obra, um livro, um texto" (FOUCAULT, 1969, p. 12). E, mais à frente: "a história, atualmente, tende à arqueologia – à descrição intrínseca do monumento" (p. 15). É como esclarece François Dosse: "o arqueólogo [no sentido de Foucault] procede à maneira do geólogo, e se contenta em fazer aflorar ao nível do conhecimento os diferentes estratos acumulados pelo tempo e em identificar as descontinuidades e as rupturas que afetaram a sua sedimentação" (DOSSE, 2003, p. 232). Uma tarefa, no fundo, essencialmente descritiva, que se afasta do normativismo. O posicionamento tomado por Foucault equivaleu, em muitos sentidos, a uma emancipação do estruturalismo então reinante nas ciências humanas francesas, abrindo uma via "pós-estruturalista" e, logo, "pós-moderna", que muitas vezes levou ao extremo a noção de *textualidade*. O impacto que suas ideias teriam ao longo das duas décadas seguintes foi quase que imediatamente percebido por Paul Veyne, que escreveu um artigo intitulado "Foucault Revoluciona a História" (VEYNE, 1971).

Ainda em *L'Archéologie du Savoir*, Foucault define alguns conceitos, como "discurso", "formações discursivas", "enunciado" ou "função enunciativa" que, da mesma forma que a noção de "dispersão do sujeito", terão importância fundamental no desenvolvimento da disciplina da Análise do Discurso, estabelecida, nesse período, na fronteira entre a linguística, a história, a semiótica, a filosofia e as demais ciências humanas. Essa corrente teve por objetivo o estudo das condições de construção e enunciação de um "discurso", a partir de seu contexto e de acordo com seu conteúdo.[10]

---

10  Dois livros referenciais dessa área de pesquisa são os de Robin (1973) e o de Guilhamou *et al* (1974). Outro nome importante ligado a essa vertente de estudos é o do linguista Michel Pêcheux.

Outro marco importante no balizamento dessa lenta mudança paradigmática foi o enorme crescimento dos trabalhos no campo da História Cultural, fortemente marcados pela influência da Antropologia (em especial de Clifford Geertz e seu método de *descrição densa*) e herdeiros, em muitos sentidos, da longa tradição francesa vinculada ao estudos das *mentalités*. A noção de "representação", central em muitas dessas abordagens, foi de grande valia, para o que nos interessa aqui, pelo que implicou de retomada da percepção do indivíduo como construtor ativo (e não apenas passivo) dos laços sociais. De acordo com Roger Chartier,

> o objeto fundamental de uma história cujo projeto é reconhecer a maneira como os atores sociais investem de sentido suas práticas e seus discursos parece-me residir na tensão entre as capacidades inventivas dos indivíduos ou das comunidades e os constrangimentos, as normas, as convenções que limitam – mais ou menos fortemente, dependendo de sua posição nas relações de dominação – o que lhes é possível pensar, enunciar e fazer" (CHARTIER, 1994; 1991).11 Na Sociologia, uma noção próxima a essa (ainda que com menos ênfase na agência), e também de grande influência, foi a de habitus, tal como formulada por Pierre Bourdieu (1972; 2000).

Todas essas inovações teóricas levaram água para o moinho de um verdadeiro *"ournant interpretatif* ou um *tournant pragmatique* nas ciências humanas francesas, que passaram a dar destaque à ação enquanto portadora de sentido, ou, como coloca Marcel Gauchet, passaram a reabilitar "la part explicite et réfléchie de l'action" (GAUCHET, 1988) e já não se preocupam mais, tão somente, com os constrangimentos estruturais que, sub-repticiamente, condicionam a ação observada.

No campo específico do estudo da Política e dos fatos políticos, essa "virada interpretativa" foi de suma importância para a renovação das pesquisas, principalmente a partir de meados da década de 1980. É de se destacar, nesse processo, a publicação do volume organizado por René Rémond, *Pour une Histoire Politique* (1988). Mas foi sobretudo Pierre Rosanvallon o responsável pelo primeiro esforço de sistematização de uma metodologia específica para o estudo da Política que acusasse a influência da mudança paradigmática aqui abordada e levasse em conta os aportes trazidos pelas diversas

---

11   Um outro artigo de Chartier (1983) já havia advogado em prol de uma reaproximação entre a História das Ideias e a das Mentalidades.

"viradas" de que tratamos neste trabalho. Trata-se de seu "Por uma História Conceitual do Político – Nota de Trabalho" (1995).

Rosanvallon inicia seu argumento, nesse texto, elaborando uma crítica das tradições anteriores de investigação em História das Ideias que, em diversos momentos, lembra aquela feita por Quentin Skinner no âmbito da historiografia de língua inglesa, como, por exemplo, quando ele elenca cinco "fraquezas metodólogicas" dos estudos mais antigos: "a tentação do dicionário", que consistiria em montar livros a partir de estudos monográficos independentes consagrados a autores específicos, mas sem uma questão pertinente que forneça as ligações entre esses vários capítulos; a "história das doutrinas", escrita a partir de uma concepção abertamente finalista que lê as obras canônicas da Teoria Política apenas como antecipações ou etapas de uma doutrina política determinada, mas apenas discernível *a posteriori*; "o comparativismo textual", que se assemelha ao item anterior no sentido em que consiste apenas em pensar uma obra em relação àquelas que a sucederam ou precederam no tempo, resumindo a sua existência somente à sua relação com o que lhe é exterior; "o reconstrutivismo" que teria por objetivo prático reescrever uma obra para estabelecê-la em uma coerência e uma clareza que se supõe fazer falta ao autor (um ótimo exemplo, aqui, afirma Rosanvallon, seria o Marx reconstruído por Althusser); e, por fim, "o tipologismo", em que a ânsia por classificar substitui o esforço de compreender adequadamente uma obra (ROSANVALLON, 1995, p. 13-15).

Contrariamente ao que se podia encontrar nessas contribuições da velha História das Ideias, o objeto da História Conceitual do Político, segundo a define Rosanvallon, não pode se limitar apenas à análise ou ao comentário das grandes obras do cânone da disciplina. Não depois do *tournant interpretatif*: o que se busca, agora, é a

> *compreensão da formação e evolução das racionalidades políticas*, ou seja, dos sistemas de representações que comandam a maneira pela qual uma época, um país ou grupos socias conduzem sua ação e encaram seu futuro [...] partindo da ideia de que estas representações não são uma globalização exterior à consciência dos atores – como são, por exemplo, as mentalidades – mas que elas resultam, ao contrário, do trabalho permanente de reflexão da sociedade sobre ela mesma (ROSANVALLON, 1995, p. 16, grifo meu).

Trata-se, portanto, de um esforço de *compreensão* no sentido weberiano (*verstehen*), de um "método empático" de aproximação do objeto, ainda que necessariamente limitado (mas também enriquecido, em outro sentido) "pelo distanciamento que permite pensar as zonas escuras e as contradições dos atores ou dos autores" (ROSANVALLON, 1995, p. 18).

Isto posto, e sem deixar de anotar o reconhecimento que Rosanvallon presta ao trabalho de Skinner, é preciso admitir que o francês não se furta a dar o passo importantíssimo que o põe a salvo da prisão historicista de que o britânico não pode, ou não deseja, escapar. "A meta", diz Rosanvallon, "é fazer dessa História Conceitual do Político um recurso de compreensão do presente", permitindo ao analista "suprimir a barreira que separa a História Política da Filosofia Política", uma vez que "compreensão do passado e interrogação do presente participam de uma mesma empreitada intelectual" (1995, p. 18-19).

Portanto, o cuidado que todo analista deve ter em evitar o erro do *anacronismo*, tal como preconizado por Skinner e outros, não pode implicar a proibição de buscar, em textos do passado, soluções ou sugestões para interpretar problemas do presente do pesquisador; e nem pode, além disso, escapar ao fato de que o significado de todo e qualquer texto, seja ele político ou não, é sempre fluido e não se vincula apenas às condições originais de sua publicação (ou a supostas intenções do autor), mas sim – e muito mais – aos contextos de recepção aos quais ele é submetido, seja na época mesma de sua redação, seja em um momento histórico posterior. A "obra" e seu "autor" podem ser lidos e interpretados a partir de muitos contextos diferentes, e comportam, em seu vínculo com uma determinada "tradição" ou "cânone", a incidência de múltiplas temporalidades. Os contextos, portanto, devem ser definidos sempre no plural: trata-se de compreender a movimentação empreendida pelo autor, sem descuidar de relacioná-la com uma dimensão estrutural que, de algum modo, a organiza.

Tal posicionamento não nos deve surpreender, aliás. Basta recordar que já Marc Bloch (2002), sem dúvida um dos autores mais importantes da historiografia francesa no século XX, negava-se a definir a História simplesmente como "ciência do passado", preferindo chamar sua disciplina de "ciência dos homens no tempo". Quer dizer: uma disciplina que deve estudar os efeitos da passagem do tempo sobre as ações humanas e sobre os diversos significados e interpretações atribuídos a essas ações; e a ideia de "tempo", para Bloch, não está limitada ao "passado", mas integra em um só movimento as noções de "passado, presente e futuro".

\*

Para finalizar, imagino ser útil reafirmar algo que já foi dito anteriormente: as chamadas "viradas" histórica e linguística, trabalhadas e digeridas de maneiras muito diversas pelos vários autores atuantes nos âmbitos tanto da tradição da historiografia política de língua inglesa como da francófona, podem ser percebidas, em certo sentido, como etapas necessárias para a cristalização posterior das outras "viradas", a interpretativa e a pragmática. Aquelas primeiras são constitutivas dessas últimas, insisto, pois a *compreensão* adequada das *racionalidades políticas* esposadas pelos autores/atores históricos – objetivo precípuo do método interpretatitvo em História das Ideias – só pode ser atingida através de um esforço anterior de *contextualização* das dimensões histórica, sociopolítica e linguístico-discursiva. A renovação do paradigma analítico envolvida na recepção dessas "viradas" implicou ainda, como procurei demonstrar, em um novo entendimento da relação entre as esferas da estrutura e da agência, superando as interpretações que atribuíam um "primado" de causalidade a um desses dois polos, e passando a buscar construir, em seu lugar, uma abordagem *relacional*, capaz de dar conta das mútuas implicações de uma dimensão sobre a outra.

### Bibliografia

BLOCH, Marc. *Apologia da História ou o Ofício do Historiador*. Rio de Janeiro: Zahar, 2002.

CHARTIER, Roger. "Histoire Intellectuelle et Histoire des Mentalités – Trajectoires et Questions". *Révue de Sinthése*, nº 111-112, 1983.

CHARTIER, Roger. "O Mundo como Representação". *Estudos Avançados*, vol. 5, nº 11, *Dossiê História e Filosofia da Ciência*. São Paulo: Instituto de Estudos Avançados/USP, 1991.

_____. "A História Hoje – Dúvidas, Desafios, Propostas". *Revista de Estudos Históricos*, vol. 7, nº 13. Rio de Janeiro: CPDOC/FGV.

DOSSE, François. *La Marche des Idées – Histoire des Intellectuels et Histoire Intellectuelle*. Paris: Éditions La Découverte, 2003.

_____. *História do Estruturalismo*, 2 vols. Bauru: Edusc, 2007.

EASTON, David. *The Political System – An Inquiry into the State of Political Science*. Nova York: Alfred A. Knopf, 1953.

EHRARD, Jean. "Historia de las Ideas e Historia Social en Francia en el siglo XVII – Reflexiones de Método". In: BERGERON, Louis (org.). *Niveles de Cultura y Grupos Sociales*. México: Siglo XXI, 1977.

FEBVRE, Lucien. *Le Problème de l'Incroyance au XVIe Siècle – La Religion de Rabelais*. Paris: Albin Michel, 1947.

FOUCAULT, Michel. *L'Archéologie du Savoir*. Paris: Gallimard, 1969.

FUCHS, Stephan. "Beyond Agency". *Sociological Theory*, vol. 19, nº 1, mar. 2001, p. 24-40.

GAUCHET, Marcel. "Changement de paradigme en sciences sociales?". *Le Débat*, nº 50, maio/ago. 1988.

GEERKEN, J. H."Pocock and Machiavelli: Structuralist Explanation in History". *Journal of the History of Philosophy*, vol. XVII, 1979.

GIDDENS, Anthony. "Estruturalismo, pós-estruturalismo e produção da cultura". In: *Teoria Social Hoje*. São Paulo: Editora Unesp, 1999.

_____. "Histoire et Sciences Sociales – Un tournant critique?" *(Annales ESC*, 1988, p. 291-293.

LA CAPRA. Dominick. *Rethinking Intellectual History – Texts, Contexts, Language*. Ithaca: Cornell University Press, 1983.

LE GOFF, Jacques. "Documento/Monumento", verbete. In: *Enciclopédia Einaudi*, vol. 1. Lisboa: Imprensa Nacional – Casa da Moeda, 1984.

MANNHEIM, Karl. *Ideologia e Utopia*. Rio de Janeiro: Zahar, 1976.

POCOCK, J. G. A. *The Ancient Constitution and the Feudal Law*. Cambridge: Cambridge University Press, 1957.

_____. *The Machiavellian Moment – Florentine Political Thought and the Atlantic Republican Tradition*. Princeton: Princeton University Press, 1975.

_____. *Linguagens do Ideário Político*. Tradução de Fábio Fernandez. São Paulo: Edusp, 2003.

RÉMOND, René (org.). *Pour une Histoire Politique*. Paris: Seuil, 1988.

RICOEUR, Paul. *Hermeneutics and the Human Sciences – Essays on Language, Action and Interpretation*. Paris: Cambridge University Press/Éditions de la Maison des Sciences de L'Homme, 1981.

ROBIN, Régine. *Histoire et Linguistique*. Paris: Armand Colin, 1973.

ROBIN, Régine; GUILHAMOU, Jacques; MALDIDIER, Denise; e PROST, Antoine (orgs.). *Langage et Idéologie – Le Discours comme Objet de l'Histoire*. Paris: Éditions Ouvrières, 1974.

RORTY, Richard. *The Linguistic Turn – Essays in Philosophical Method*. Chicago: University of Chicago Press, 1967.

ROSANVALLON, Pierre. "Por uma História Conceitual do Político – Nota de Trabalho". *Revista Brasileira de História*, São Paulo, vol. 15, nº 30, USP, 1995.

SIIMIAND, François. *Méthode Historique et Science Sociale*. Paris: Éditions des Archives Contemporaines, 1987.

SKINNER, Quentin. "The Limits of Historical Explanation". *Philosophy – The Journal of the Royal Institute of Philosophy*, vol. 41, nº 157, jul. 1966

_____. "Meaning and Understanding in the History of Ideas". *History and Theory*, vol. 8, nº 1, 1969, p. 3-53.

_____. "Conventions and the Understanding of Speech Acts". *Philosophical Quarterly*, vol. 20, nº 79, 1970, p. 118-138.

_____. "On Performing and Explaining Linguistic Actions". *Philosophical Quaterly*, vol. 21, nº 82, 1971.

_____. "'Social Meaning' and the Explanation of Social Action". In: SKINNER, Quentin; LASLETT, Peter; RUNCIMAN, W. G. (eds.). *Philosophy, Politics and Society*. Oxford: Oxford University Press, 1972a.

_____. "Motives, Intentions and the Interpretation of Texts". *New Literary History*, vol. 3, 1972b, p. 393-408.

_____. "Some Problems in the Analysis of Political Thought and Action". *Political Theory*, vol. 2, nº 3, *Symposium on Quentin Skinner*, 1974, p. 277-303.

_____. "Hermeneutics and the Role of History". *Literary History*, vol. 7, nº 1, outono 1975.

_____. "Introdução". *As Fundações do Pensamento Político Moderno*. São Paulo: Companhia das Letras, 1996.

_____. *Razão e Retórica na Filosofia de Thomas Hobbes*. São Paulo: Editora da Unesp, 1999.

TILLY, Charles. *"Micro, Macro or Megrim?"*. Manuscrito. Columbia University. Ago. 1997.

TULLY, James. "The Pen is a Mighty Sword – Quentin Skinners' Analysis of Politics". *British Journal of Political Science*, vol. 13, nº 4, out. 1983

_____ (org.). *Meaning and Context – Quentin Skinner and his Critics*. Princeton: Princeton University Press, 1988.

VEYNE, Paul. *Como se Escreve a História*. Brasília: Editora da UnB, 1982.

WHITE, Hayden. *Metahistory – The Historical Imagination in Nineteenth Century Europe*. Baltimore: Johns Hopkins University Press, 1973.

_____. *Tropics of Discourse – Essays in Cultural Criticism*. Baltimore: Johns Hopkins University Press, 1978.

# Tocqueville: a doutrina do interesse bem compreendido como doutrina moral[1]

Roberta K. Soromenho Nicolete

> "Palavras têm espessuras várias: vou-lhes ao nu, ao fóssil, ao ouro que trazem da boca do chão"
> (Manuel de Barros, *O Guardador de Águas*).

> "[...] a não ser que se persuada cada um daqueles cujo concurso é necessário de que seu interesse particular o obriga a juntar voluntariamente seus esforços aos de todos os outros"
> Tocqueville, *A Democracia na América*

## Introdução

A CERTA ALTURA DA LEITURA do Livro II d'*A Democracia na América*, deparamo-nos com uma inquietante formulação de Tocqueville: "Essa gente crê seguir a doutrina do interesse, mas só tem dela uma ideia grosseira e, para zelar melhor pelo que

---

[1] A primeira versão deste trabalho, passou por alterações e reavaliação de hipótese. Agradeço pelos comentários do professor Patrício Tierno à versão original deste trabalho. Parte deste capítulo foi apresentada no II Fórum Brasileiro de Pós-Graduação em Ciência Política, em julho de 2011. Nesta ocasião, pude contar com as indicações seguras e generosas do professor Marcelo Jasmin, pelas quais sou profundamente grata. Por fim, agradeço pelo incentivo constante e leituras criteriosas, em todas as versões deste trabalho, oferecidas pela minha orientadora, a professora Eunice Ostrensky. Este trabalho foi desenvolvido com o apoio da FAPESP.

chamam seus negócios, negligenciam o principal, que é permanecer donos de si mesmos" (TOCQUEVILLE, 2004, TII, p. 172).

Se a "gente" à qual o autor se refere "crê" seguir a doutrina é porque *de fato* não o faz, pois da doutrina do interesse só possui uma deturpada ideia. Ideia essa, como fica sugerida do excerto destacado, que se associa à prática de perseguir os próprios negócios sem atentar para o *domínio de si*.[2] O que nos leva a indagar qual seria, então, a refinada compreensão, por assim dizer, do termo *interesse*. Na economia do texto, o termo não aparece de forma direta e precisa, mas inserido em uma discussão mais geral sobre doutrinas morais. O próprio autor pretendia, como consta em uma nota da edição crítica[3] d'*A Democracia*, que o título do capítulo do qual nos ocupamos (o VIII, do Livro II) fosse "A doutrina do interesse bem compreendido como doutrina filosófica". O percurso feito por Tocqueville (na Segunda Parte do Livro II d'*A Democracia*) visa discutir a influência da democracia nos sentimentos dos americanos: parte-se da explicação das razões pelas quais os povos democráticos mostram um amor mais ardente e mais duradouro, uma paixão irresistível, pela igualdade do que pela liberdade e chega-se a uma acentuada crítica à consequência mais perversa da tal paixão, qual seja, o individualismo. É em torno dessa questão que o autor insere a discussão acerca da *doutrina do interesse bem compreendido*, modo pelo qual os estadunidenses mitigam o perigo que ronda a democracia. O autor explana em tom de ruptura:

> Não temo dizer que a doutrina do interesse bem compreendido me parece, de todas as teorias filosóficas, a mais apropriada às necessidades dos homens de nosso tempo e que vejo nela a mais poderosa garantia que lhes resta contra si mesmos. Portanto, é principalmente por ela que o

---

2 Outras passagens d'*A Democracia* (2004) sustentam a nossa afirmação. Ver: *i)* TII, Primeira Parte, Capítulo XXI, p. 105: "[...] é difícil para o cidadão receber de fora sua regra. Esse gosto e esse uso da independência o seguem nos conselhos nacionais. Se aceita neles se associar a outros em busca da mesma meta, pelo menos quer permanecer senhor de cooperar para o seu sucesso comum à sua maneira"; *ii)* TII, Segunda Parte, Capítulo VIII, p. 149: "[...] ela sozinha não seria capaz de fazer virtuoso um homem, mas forma uma multidão de cidadãos regrados, temperantes, moderados, previdentes, senhores de si".

3 Refiro-me ao *Democracy in America: Historical-Critical Edition of De la démocratie en Amérique*, (ed. Eduardo Nolla, traduzido do francês por James T. Schleifer. Edições bilingues em francês--inglês). Neste trabalho, para indicar o uso dessa obra que se encontra disponível na biblioteca virtual da Liberty Fund (http://oll.libertyfund.org/title/2284 consultada em 09/03/2012), adotarei a seguinte notação: Tocqueville, seguido do ano da publicação (2010), volume da obra crítica, número do capítulo e nota.

espírito dos moralistas de nossos dias devia se voltar. Ainda que a julgassem imperfeita, deveriam adotá-la como necessária (TOCQUEVILLE, 2004, TII, p. 149).

E, mais adiante, completa:

> Não se trata mais de reter as vantagens particulares que a desigualdade de condições proporciona aos homens, mas de garantir os novos bens que a igualdade pode lhes oferecer. Não devemos tender a nos tornar semelhantes a nossos pais, mas esforçar-nos por alcançar a espécie de grandeza e felicidade que nos é própria (TOCQUEVILLE, 2004, TII, p. 408).

Contudo, a resposta à indagação que acima fizemos parece não aclarar. Afinal, não nos parece fortuita a adjetivação do interesse – por que ele seria "bem compreendido"? Antes disso, por que o parisiense teria mobilizado diferentes linguagens do interesse para discutir o moderado comportamento dos estadunidenses? E, por fim, quais são as "necessidades do nosso tempo", as quais fariam da doutrina do interesse bem compreendido a teoria filosófica que seria mais apropriada aos homens democráticos? Alguém poderia responder que Tocqueville teria diante dos olhos senão os americanos, os quais, "preocupados unicamente em fazer fortuna" (TOCQUEVILLE, 2004, TII, p. 172), deixavam de notar o vínculo entre a fortuna particular de cada um deles e a prosperidade de todos. É verdade que, nesse percurso, o autor aponta os estadunidenses como negligentes no que diz respeito ao autogoverno – na acepção do homem permanecer senhor de si mesmo. Mas deve ser notado que os costumes americanos serviam de um modelo de análise para os povos democráticos e, certamente, para a sua França.[4] A doutrina do interesse bem compreendido mostra que do individualismo, o temperamento natural da democracia, algum ordenamento sustentado nos costumes poderia ser edificado. Um tal respeito pelas *formas* que, em vez de se opor à liberdade, a constituiria. Na França, todavia, a liberdade e a ordem eram entendidas como conflitantes (cf. MANSFIELD & WINTHROP, 2006, p. 95). Assim, atentar apenas para a economia do texto ou para a "ordem dos argumentos" parece-nos insuficiente, porque isso não nos leva a enxergar que o tom da asserção de Tocqueville é também contencioso. Ora, se a doutrina, como vista entre os estadunidenses, permite dizer de um interesse *bem compreendido*,

---

4   Muitos são os comentadores que apontam a América como um *topos*, a partir do qual Tocqueville poderia mirar a França. Entre outros, ver MÉLONIO, 2006; DRESCHER, 2006.

em quais outras doutrinas o interesse não o seria? Quais compreensões do interesse, gestadas no interior de outras linguagens políticas da história, Tocqueville objetaria? É com o propósito de tentar oferecer algumas sugestões de respostas, delineando as possíveis intenções do parisiense e, desse modo, afastando-nos dos exercícios exegéticos, que tecemos este trabalho. Circunscritas as objeções às doutrinas morais discutidas por Tocqueville, no primeiro movimento do texto, o adjetivo "bem compreendido", empregado em sua doutrina, poderá parecer menos fortuito. Em seguida, a noção de virtude merecerá nossa atenção, pois está intimamente relacionada ao modo pelo qual Tocqueville notou que, por seus costumes, os estadunidenses bem compreendiam seus interesses. Se nossa hipótese estiver correta, essa acepção da virtude é o elemento fundamental da alteração de sentido na linguagem dos interesses. Esse imbricamento entre virtude e interesse parece só ser aclarado, todavia, quando nos detivermos na doutrina do interesse bem compreendido, no segundo movimento deste texto.

## Doutrinas do interesse

Tocqueville indica em uma de suas anotações para *A Democracia* que, nos séculos aristocráticos, falava-se em interesse, mas a doutrina filosófica vigente o rebaixava. Ao passo que, nos séculos democráticos, sustenta-se que a virtude e o interesse estão em acordo. E, ainda em anotação feita às margens, acresce que o exemplo americano é necessário para provar ambas as proposições.[5] Como se vê, a América fornece a referência histórica e teórica do autor. No esforço de mostrar a articulação entre virtudes e interesses, os costumes estadunidenses se apresentam para o francês como, tomando a expressão de Pocock, conceito e mito.[6] Conceito porque a doutrina do interesse bem compreendido, difundida nos costumes, fazia ver que os estadunidenses eram, a seu modo, virtuosos sem prescindir de seus interesses. Mito porque isso serviu como um *topos* ou uma referência de análise do estado social democrático – não apenas o da América, pois: "era ali que os homens civilizados iriam procurar construir a sociedade sobre novos fundamentos e que [...] iriam dar ao mundo um espetáculo a que a

---

5   "Dans les siècles aristocratiques on sait son intérêt, mais la doctrine philosophique est de le mépriser. Dans les siécles démocratiques, on soutient que la vertu et l'intérêt sont d'accord". Às margens acresce "j'ai besoin de l'Amerique pour prouver ces deux proposition" (TOCQUEVILLE, 2010, V. III, Capítulo 8, nota g).

6   Tomamos de empréstimo a expressão de Pocock, a qual, de modo algum, versa sobre a democracia estadunidense, da qual tratara Tocqueville. Trata-se de uma referência ao subtítulo do capítulo IX "Veneza como conceito e como mito", do *The Machiavellian Moment* (POCOCK, 1975, p. 272).

história do passado não o havia preparado" (TOCQUEVILLE, 2004, TI, p. 33). Os costumes americanos, tal como narrados pelo francês, nutriam uma espécie de virtude ao articular – e não harmonizar – diferentes interesses e figuravam como um momento no qual se tocam e se confundem a liberdade e a igualdade. Os costumes mostravam, segundo Tocqueville, que não se seguia um "caminho reto" por sua própria retidão, mas porque a experiência o indicava – parafraseando Montaigne. Com isso, Tocqueville sugere que não precisam ser supostos homens abnegados ou monges de um claustro espartano os cidadãos virtuosos. Poderia ser, então, que Benjamin Constant não estivesse certo ao mostrar que a virtude teria ficado nas páginas amareladas da história, como também poderiam não estar certos aqueles que nos interesses enxergavam apenas as origens dos distúrbios e das facções. Os homens, tomados pela "paixão da igualdade", são dados à parcialidade e ao egoísmo. Mas esses homens possuem costumes que fazem deles cidadãos e santos: como cidadãos, sabem que é útil unir o interesse individual ao interesse do país (TOCQUEVILLE, 2004, TI, p. 276), conceder uma parcela de seu tempo ao interesse comum; como santos, manifestam um amor à pátria como uma espécie de culto a que os homens se apegam mediante suas práticas (TOCQUEVILLE, 2004, TI, p. 79). Diante de costumes assim ambíguos, a narrativa empreendida por Tocqueville, às vezes, afasta-se do plano descritivo e se aproxima de um conteúdo normativo. Parece ser o caso no tratamento da doutrina do interesse bem compreendido em meio a outras doutrinas morais do interesse.

É possível afirmar que o indício textual mais contundente de que Tocqueville inseria-se em um amplo debate sobre doutrinas morais, ao analisar a doutrina do interesse bem compreendido, encontra-se em um fragmento dos rascunhos d'*A Democracia na América*, publicados na edição crítica da obra.[7] Nesse fragmento, Tocqueville explicita que o seu objetivo (no capítulo VIII da Segunda Parte, do Livro II da obra) era o estabelecimento de distinções entre as diferentes doutrinas do interesse. Para tanto, são esboçadas três doutrinas que, em comparação, oferecem o sentido de uma quarta, a doutrina do interesse bem compreendido.

De saída, o autor afirma que a doutrina do útil não deve ser confundida com a do interesse, pois, ainda que nesta última esteja contida a utilidade, não se trata de uma doutrina inteiramente definida pelo útil. Com isso, é possível sugerir que Tocqueville

---

[7] Sobre o uso dos rascunhos d'*A Democracia* é importante lembrar que sobre eles já havia se debruçado o professor Marcelo Jasmin e as suas conclusões encontram-se no artigo "Interesse bem compreendido e virtude em *A Democracia na América*" (JASMIN, 2000). Ainda que por caminhos diferentes, em comum afirmamos que Tocqueville reelabora, em termos modernos, o princípio da virtude.

estaria objetando ao emprego do termo interesse pelos seus contemporâneos, os utilitaristas. Pois, para eles, interesse aparece em um registro notadamente particular, até mesmo "subjetivo". Lembremos que, na obra *Utilitarismo*, John Stuart Mill oferece uma resposta categórica ao se perguntar qual seria a métrica mediante a qual dois modos de existência (dois prazeres) poderiam ser julgados: o que pode decidir se um prazer específico merece ser comprado ao preço de uma dor específica são somente os sentimentos e julgamentos dos que o experimentam. Assim, a felicidade da comunidade não pode estar vinculada a uma concepção finalista de Bem, pois é tão somente a soma das felicidades individuais que lhe dá inteligibilidade. Para alguém como Bentham, o indivíduo é ele próprio um todo e a soma de "pequenos todos" forma uma "ficção", a comunidade, cujo interesse é a soma dos interesses dos seus membros. É verdade que Tocqueville afirmou, no mesmo capítulo, que "o interesse de cada um é ser honesto e é *útil* sê-lo".[8] E é certo também que a felicidade da comunidade tampouco se separava de um bem dos indivíduos. Porém, seria equivocado sustentar uma leitura fundamentalmente utilitarista da doutrina do interesse bem compreendido, pois pensar o vínculo entre homens não mais unidos por elos permanentes de submissão, sem que a indiferença se coloque,[9] é uma das maiores preocupações do autor.

A partir dessa objeção inicial que faz Tocqueville distanciar as doutrinas do interesse da doutrina do útil, outras doutrinas do interesse são esboçadas. A primeira delas consistira na crença de que os interesses dos outros devem ser rebaixados diante dos próprios interesses, e que seria razoável e, acima de tudo, natural perseguir senão os últimos. Trata-se, nas palavras do autor, de rude egoísmo, razão pela qual apenas com muita concessão mereceria o nome de doutrina. Pela refutação dessa doutrina depreende-se que interesse não representa para Tocqueville aquilo que se apresenta na linguagem ordinária: a busca exclusiva e a perseguição obsessiva das vantagens pessoais.

Ao lado desta doutrina de egoísmo instintivo, haveria outra doutrina mais pura e elevada, menos material, cujo fundamento seria o dever. Trata-se de uma penetração da inteligência do homem no pensamento divino, de modo que ele nota que o objetivo de

---

8   Não parece ser suficiente tomar o elemento de utilidade que há na doutrina para sustentar um Tocqueville "utilitarista", pois nos parece que as teorias consequencialistas se contrapõem às da virtude justamente pelo elemento de resultado moral da ação defendida por essas, em oposição às primeiras que, prioritariamente, defendem a avaliação das consequências de determinada ação. Sobre esse contraste entre as teorias da virtude e as teorias consequencialistas, ver WALDRON, 2009.

9   Sobre a preocupação do autor com o estabelecimento de laços artificiais, os quais impediriam o vazio da indiferença, ver o artigo do professor Gabriel Cohn (2006).

Deus é a ordem e se associa livremente ao seu desígnio. Note-se que um traço característico dessa doutrina essencial é a insistência na necessidade de extirpar as paixões, de um controle tal como o retratado por Prudêncio[10] nas suas alegóricas batalhas cristãs, nas quais as virtudes, devidamente personificadas, sempre vencem os vícios: a *Fé* detém a *Idolatria*, a *Paciência* subjuga a *Ira*, a *Humildade* suplanta o *Orgulho*, a *Caridade* debela a *Avareza*. Todavia, salienta Tocqueville, o preço dos sacrifícios foram postos no outro mundo. Trata-se, portanto, de uma doutrina que também está calcada nos interesses, mas não nos imediatos. Essa é a razão pela qual Tocqueville afirma que tal doutrina elevada ensina o homem a morrer em oposição às doutrinas que o ensinam a viver. Sabendo-se em um tempo no qual a ideia de outro mundo é obscurecida e enfraquecida a sua força moral e, sobretudo, em um tempo no qual os homens são definidos por sua paixão pelo bem-estar material, Tocqueville indaga como fazer viver bem homens que não querem morrer" (TOCQUEVILLE, 2004, TII, capítulo IX, p. 151).

Ora, algum ciceroniano exaltaria a superioridade do dever e do comportamento virtuoso, amparado pela razão divina. Todavia, na obra de outro republicano, Nicolau Maquiavel, com propósitos bastante diferentes do autor *Dos Deveres*, um golpe é desferido na linguagem pia que asseverava as belezas da virtude, os horrores das paixões e a natureza do dever social. Maquiavel já havia dito, no famoso Capítulo XV d'*O Príncipe*, que intentava escrever algo útil, donde a conveniência de procurar a "verdade efetiva das coisas", do que pelo que delas se poderia imaginar:

> Sei que todos afirmaram que seria coisa louvabilíssima encontrar-se em um príncipe, de todas as sobreditas qualidades, aquelas que são consideradas boas. Mas porque não se podem ter nem observá-las inteiramente *por causa das condições humanas que não o consentem*, é necessário ser tão prudente que saiba evitar a infâmia daqueles vícios que lhe tirariam o estado; e guardar-se, se lhe é possível, daqueles que não lhe fariam perdê-lo: mas não podendo fazê-lo, pode deixar-se levar com menos escrúpulos (MAQUIAVEL, 2009, p. 161, *grifos nossos*).

Desse modo, o governante que pretendesse fazer "profissão de bondade" encontraria, decerto, a própria ruína. É também em oposição a um modelo que prescreveria aos súditos e cidadãos a ideia de abnegação e de sacrifício de si, apartada de

---

10  Referência ao poema de Aurelius Prudentius (348-410), *Psychomachia*, escrito em torno do século V.

quaisquer referências aos humores[11] e às paixões, que Maquiavel, n'*A Arte da Guerra*, argumenta que um soldado que nada mais faz senão guerrear é uma ameaça para as demais atividades sociais. Se com desconfiança é visto aquele que se dedica exclusivamente ao seu ofício, descuidando dos negócios públicos, é ainda mais danoso fazer com que um interesse particular se situe no lugar que corresponde ao bem da cidade. Pensar as coisas comuns aos homens, portanto, não prescindia de um reconhecimento mais amplo dos interesses deles.

Não se quer sugerir com isso uma evolução tal de modo que os ascetismos tenham sido deixados de lado. Antes, o argumento aqui sustentado aponta a concorrência entre diversos modos de lidar com os interesses: houve quem se recusasse a declarar guerra às paixões, afirmando a necessidade de aprender a dominá-las e não a reprimi-las. Indicações em contrário, mais ao gosto daqueles que pretendiam edificar a alma humana, também continuaram a existir: afirmavam que os homens tomados pela paixão se tornam joguetes de suas afecções, de onde a necessidade de extirpá-las.[12] É verdade que comum a essas tradições era a ideia de que a "matéria" sobre a qual se atuava não era constituída por anjos, tampouco por homens altamente abnegados. A paixão parecia ser um dado do mundo sublunar e da existência humana, constituída de seres de imperfeição ontológica, nos termos de Lebrun (2009, p. 13). Parecia então um imperativo aceitar os homens como eles "realmente são", o que implicava assumir que nem sempre as virtudes venciam os vícios, nem sempre eles desejavam refrear as próprias paixões. Tal modo de conceber a condição humana, todavia, não deve ser confundido com o nascimento do cru egoísmo, pois não estamos em busca do momento em que teria nascido – se é que existe além de um pressuposto analítico – o homem guiado apenas pelo amor por si e pela exclusiva busca das próprias vantagens. Assim, os moralistas (cristãos ou não) apartam-se das virtudes cardeais, mas, debruçando-se sobre os abismos que rondam a pessoa humana, não se furtam indicar os princípios que podem incitar os homens a alguma ação.

---

11   Referência ao modo pelo qual Maquiavel discute o poder em um principado civil, n'*Os discursos sobre a primeira década de Tito Lívio*, de acordo com os humores dos grandes (*grandi*), que desejam comandar e oprimir o povo, e do povo (*popolo*) que deseja não ser comandado nem oprimido pelos grandes. De tais apetites, diz o autor, nasceriam nas cidades ou o principado, ou a liberdade ou a licença. Ver: MAQUIAVEL, 1993, p. 271.

12   Para esse ponto, seguimos Albert Hirschman (2002), no ensaio *As paixões e os interesses*, no qual o autor sugere, em poucas palavras, uma hipótese explicativa para a existência de discursos positivos em relação a paixões outrora vistas como negativas e até pérfidas, as aquisitivas.

Com esse movimento do texto que percorreu brevemente distintas acepções das doutrinas do interesse, não pretendemos senão subscrever os *interesses* em um domínio essencialmente político, diferente do modo corrente pelo qual é lido, qual seja, no domínio do indivíduo como um ser isolado e autorreferido, maximizador da utilidade. Mais que isso. Esse recurso nos leva a notar que, ao oferecer a sua própria análise do interesse bem compreendido, Tocqueville se depara com uma trama espessa constituindo o sentido do conceito – e não apenas um significado imediato. Desse modo, a resposta de Tocqueville seria uma sugestão de mudança, no sentido de que sua obra constitui uma resposta às convenções dos discursos morais ao empregar o adjetivo "bem compreendido" à doutrina do "interesse".

## A doutrina do interesse bem compreendido

Um dos comentários acerca da doutrina do interesse bem compreendido é feito pelo tradutor Arthur Goldhammer e – talvez pelo ofício – foi o único, salvo engano, a se perguntar o que significaria "bien entendu" associado ao interesse. Ele não aborda essa questão com base nos possíveis interlocutores que Tocqueville teria em vistas, mas com base na dificuldade de precisar a que se refere o "bien", recusando-se a adotar a terminologia de Henry Reeve, tradutor inglês e amigo de Tocqueville, "rightly understood"; bem como a versão de James Schleifer, que preparou a edição crítica d'*A Democracia*, "enlightened self-interest"; e a opção de Harvey Mansfield e Delba Winthrop – "self-interest well understood". É interessante a reflexão que o autor tece em torno do termo "bien", pois, para nós, falantes da língua portuguesa, o leque semântico da palavra "bem" é tão amplo quanto o da francesa – o que já não é o caso dos falantes da língua inglesa. É apenas por uma questão de premissa, e não de prova, provoca o autor, que os tradutores de Tocqueville (equivocadamente) assimilam o termo imediatamente ao adjetivo "well". Com o vocábulo "intérêt" a dificuldade não é menor. O autor salienta que, em francês, quando se diz "il y a intérêt à faire quelque chose" não se evoca a doutrina de motivação utilitária que a palavra "self-interest" evoca. É por isso que talvez não seja apropriado falar, em português, em "interesse próprio" bem compreendido. O cuidadoso artigo de Goldhammer se constrói como uma tentativa de sustentar a sua hipótese, qual seja, a de que a solução de traduzir o termo por "well understood" é equivocada, pois retira a ambiguidade que *interesse* possui, ao passo que a escolha "properly understood" (a opção dele, aliás) levaria o leitor a perceber que se está diante de um conceito bastante escorregadiço, postulando "que o que consideramos de nosso interesse depende crucialmente de como vemos o mundo e, em particular, de onde situamos o horizonte temporal, e portanto cabe-nos compreender nosso interesse não bem (well), mas propriamente (properly)" (GOLDHAMMER, 2006, p. 146). Dito isso, parece ser possível tentar circunscrever o termo a partir dos possíveis interlocutores de Tocqueville.

A discordância em relação às convenções do conceito parece começar pela discussão do sentido do próprio termo *interesse*. Para Tocqueville, o interesse individual é o principal, senão único móvel das ações humanas, mas ele indaga:

> [...] resta saber *como* cada homem entenderá seu interesse individual [...] Cumpre pois esclarecê-los a qualquer preço, porque a época das devoções cegas e das virtudes instintivas já vai longe de nós, e vejo chegar o tempo em que a liberdade, a paz pública e a ordem social mesma não poderão prescindir das luzes (TOCQUEVILLE, 2004, TII, p. 150, *grifo nosso*).

Por essa passagem vemos que o interesse individual não se associaria ao conjunto de prerrogativas exclusivas do indivíduo e nem àquelas doutrinas do interesse segundo as quais os interesses próprios, gozando do estatuto de direitos, devem ser imediatamente atendidos. Em outras palavras, não há razões para afirmar que Tocqueville associaria interesses a direitos. Para retomar os termos dos rascunhos d'*A Democracia*, aos quais nos referimos no início do texto, o rude egoísmo, o qual carece de luzes e razão, é apontado pelo autor como uma passagem perigosíssima na vida dos povos democráticos. Pois se o gosto pelas fruições materiais se desenvolver mais rápido do que as luzes e o hábito da liberdade, parafraseando Tocqueville, os homens não mais perceberão o vínculo entre a fortuna particular e a felicidade de todos. Zelarão pelos seus negócios, negligenciando a independência individual na medida em que entregam as suas prerrogativas políticas ao primeiro que aparecer e chamarão a isso de ocupação "nos interesses sérios da vida" (TOCQUEVILLE, 2004, TII, p. 172). Contudo, isso é apenas uma ideia grosseira de interesse.

É preciso entender que o *como* do qual fala Tocqueville na citação acima ("*como* cada homem entenderá seu interesse particular") implica um "amor esclarecido" para que os homens enxerguem a coincidência entre o interesse particular e o interesse geral – e não uma suposta harmonia natural entre interesses. Sobre os americanos, o parisiense afirma: "eles mostram complacentemente como o amor esclarecido por si mesmos os leva sem cessar a se ajudar uns aos outros e os dispõe a sacrificar com muito gosto, pelo bem do Estado, uma parte de seu tempo e de suas riquezas" (TOCQUEVILLE, 2004, TII, p. 148). É verdade que, embora a doutrina do interesse bem compreendido combata o individualismo, pode também agravá-lo – como bem notaram Mansfield e Winthrop. Para esses comentadores de Tocqueville, a doutrina ensina os homens a cooperar uns com os outros em vez de ter vantagens sobre os demais, mas, ao acomodar a "fraqueza dos homens", confirma o seu amor pelo bem-estar material. Esse amor é confirmado, por certo, pois a doutrina não pretende modificar a natureza dos homens. Ou, para recuperarmos os termos aplicados anteriormente, a doutrina não pretende extirpar das almas dos homens as suas paixões. Ora, se a doutrina do interesse bem compreendido nasce do individualismo – traço do caráter dos homens nas sociedades democráticas – ela não pode liquidá-lo, mas apenas contorná-lo. Por isso, insistimos, é necessário tentar fornecer um sentido ao modo pelo qual (*como*) cada homem entenderá seu interesse particular.

Uma indicação nos é fornecida pelo próprio autor, quando afirma na mesma passagem: "porque a época das devoções cegas e das virtudes instintivas já vai longe de nós" (TOCQUEVILLE, 2004, TII, p. 150). Daí ser possível indagar se Tocqueville não estaria discutindo as exortações moralistas, julgando-as demasiado voluntaristas, na tentativa de estabelecer "princípios puros" para conduzir as ações humanas. Ele afirma, em tom provocativo: "duvido que os homens fossem mais virtuosos nas eras aristocráticas do que nas outras, mas é certo que nelas se falava sem cessar das belezas da virtude, mas estudavam em segredo de que modo ela era útil" (TOCQUEVILLE, 2004, TII, p. 147). O homem tocquevilliano é um sujeito imerso ora na cupidez egoísta, ora no mais autêntico patriotismo: "Um americano se ocupa de seus interesses privados como se estivesse sozinho no mundo e, no instante seguinte dedica-se à coisa pública como se os estivesse esquecido" (TOCQUEVILLE, 2004, TII, p. 174). É bem verdade que o autor afirma que o individualismo resseca a fonte de todas as virtudes públicas e, com o tempo, virá a se converter em egoísmo. Tudo leva a crer que Tocqueville estaria ecoando a afirmação de que só haveria virtude nas sociedades aristocráticas. Porém, o autor afirma que o interesse é um dado associado à virtude.

Algumas palavras sobre esse termo, *virtude*, devem ser tecidas. V*irtude* é associada na linguagem corrente a algum tipo de abnegação, de privação, de comportamento notadamente "ascético". Na avaliação de Francis Wolff:

> Em francês, uma "dame de petite vertu" é um prostituta; um homem de grande virtude é um abstinente. Esse uso que restringe a virtude humana a essa virtude particular, a continência, é estranho, para não dizer perverso, pois pareceria indicar que a virtude consiste em lutar contra a própria natureza (WOLFF, 2009, p. 43).

Ora, não haveria nenhuma razão para sustentar que o francês postularia uma natureza humana altamente abnegada ao tratar da virtude contida nos costumes dos homens da nova Inglaterra: poucos homens, Tocqueville afirma, mostram um amor tão exaltado pela riqueza material. Tampouco se poderia dizer que a virtude consistiria numa espécie de luta contra a própria natureza. Numa de suas anotações, o autor afirma que a doutrina do interesse bem compreendido pode ser útil em todas as sociedades, mas "muito mais útil" naquelas em que os homens não podem retirar-se para o prazer platônico de fazer o bem e nas quais eles veem o outro mundo pronto para deles escapar. Isto é, convencer os homens, homens secularizados, mediante recompensas futuras seria tarefa inútil. Aliás, a religião é útil, para Tocqueville, na medida em que ensina os homens a fazer pequenos sacrifícios em nome de um bem maior a que se aspira (cf. MANSFIELD & WINTHROP, 2006, p. 93). A aceitarmos a afirmação de Francis Wolff, qual seja, a de que "a virtude de uma coisa qualquer ou, melhor dizendo, sua excelência, não é aquilo que refreia sua natureza, mas sim o que lhe permite realizá-la e, assim, exercer do modo mais perfeito possível sua função" (WOLFF, 2009, p. 43), notamos que em Tocqueville essa teoria filosófica que é a doutrina do interesse bem compreendido não é um constrangimento exterior à natureza dos homens, mas aquilo que, do costume deles, os regula a fim de que sejam eles mesmos. A virtude, então, ganha cada vez mais contornos temporais.

Para o interesse ser bem compreendido tampouco bastam um método eficiente e instituições organizadas por uma força central; não basta a crença na razão; não basta a educação. Um interesse bem entendido implica *experiência* no envolvimento com os assuntos públicos. Assim, associada a essa moral esclarecida, há um componente fundamental: o costume.

Ora, não é preciso supor que os interesses individuais sejam apagados, pois o *como* do excerto destacado estará sujeito ao costume – e este ensina o homem a viver de modo virtuoso. De fato, o costume, o "sábio de barbas encanecidas", na expressão de Montaigne, atua como freio do interesse e do orgulho, móveis das nações democráticas, na medida em que os homens são levados, a despeito da diferença entre eles, a ajuda mútua: "Os homens se ocupam dos interesses gerais primeiro por necessidade, depois por opção; o que era cálculo se torna instinto e, à força de trabalhar pelo bem de seus concidadãos, acabam adquirindo o gosto e o hábito de servi-los" (TOCQUEVILLE, 2004, TII, p. 129).

A doutrina cede aos homens a percepção de que há dependência entre eles, e que trabalhar com vistas à prosperidade comum é também atender aos próprios interesses. Em outras palavras, a compreensão da parte de todos é a de que o interesse também está em agir em favor da felicidade dos semelhantes, mas sem apagar a própria felicidade. A doutrina do interesse bem compreendido, deste modo, não produzia grandes devoções, mas indicava aos homens "pequenos sacrifícios", tanto "a quem os impõe a si quanto a quem deles se aproveita" (TOCQUEVILLE, 2004, TII, p. 148), sacrifícios estes que não produziam heroísmos, que não elevavam alguns poucos homens acima do nível da humanidade, mas toda a espécie (p. 149).

O quadro pintado por Tocqueville não se atém ao homem individual, mas à totalidade dos cidadãos regrados, regularmente temperados e, o que é fundamental, senhores de si. A figura da virtude, retratada por Tocqueville, não seria a de um único herói – tal como a jovem Charlotte, que sai da província em direção à Paris, para apunhalar Marat em sua banheira, livrando a França de um grande monstro[13] –, mas a de um conjunto de homens. Homens médios, é verdade, tomados por suas paixões e os seus interesses. E como todos querem assim continuar, a doutrina do interesse bem compreendido parece ser a teoria mais apropriada a tais homens. Porque, nas palavras de Tocqueville, "volta o interesse pessoal contra ele mesmo e vale-se, para dirigir as paixões, do aguilhão que as estimula" (TOCQUEVILLE, 2004, TII, p. 149).

## Bibliografia

BIGNOTTO, Newton. *As aventuras da virtude*. São Paulo: Companhia das Letras, 2010.

COHN, Gabriel. "Tocqueville e a paixão bem compreendida". BORON, Atílio (org.) In: *Filosofia Política Moderna: de Hobbes a Marx*. Buenos Aires: Clacso; São Paulo: Edusp, 2006.

DRESHER, Seymour. "Tocqueville's Comparative Perspective". *The Cambridge Companion to Tocqueville* (ed. Cheryl Welch). Cambridge: Cambridge University Press, 2006.

GOLDHAMMER, Arthur. "Translating Tocqueville: The Constraints of Classicism". *The Cambridge Companion to Tocqueville* (ed. Cheryl Welch). Cambridge: Cambridge University Press, 2006.

HIRSCHMAN, Albert. *As paixões e os interesses – argumentos políticos a favor do capitalismo, antes do seu triunfo*. Rio de Janeiro: Record, 2002.

---

13  Referência ao famoso assassinato de Marat, pela jovem e republicana (como ela própria se dizia) Charlotte Corday, da província de Caen, que teria declarado, durante seu julgamento, diante do Tribunal Revolucionário que levara a cabo o ato, "em sacrifício pela sua pátria". De acordo com os *Actes du Tribunal révolutionnaire apud* BIGNOTTO, 2010, p. 11-15.

JASMIN, Marcelo. "Interesse bem compreendido e virtude em *A Democracia na América*". In: *Pensar a República*. Belo Horizonte: Editora UFMG, 2000.

LEBRUN, Gerard. "O conceito de paixão". In: NOVAES, Adauto (org.). *Os sentidos da paixão*. São Paulo: Companhia das Letras, 2009.

MANSFIELD, Harvey & WINTHROP, Delba. "Tocqueville's New Political Science". *The Cambridge Companion to Tocqueville* (ed. Cheryl Welch). Cambridge: Cambridge University Press, 2006.

MAQUIAVEL, Nicolau. *O Príncipe*. Trad. José Antônio Martins. São Paulo: Hedra, 2009.

\_\_\_\_\_. *Discorsi sopra la prima deca di Tito Livio*. In: MARTELLI, M. (org.). *Tutte le opere*. Florença: Sansoni, 1993.

MÉLONIO, Françoise. "Tocqueville and the French". *The Cambridge Companion to Tocqueville* (ed. Cheryl Welch). Cambridge: Cambridge University Press, 2006.

MILL, John Stuart. *A Liberdade/ Utilitarismo*. Trad. Eunice Ostrensky, São Paulo: Martins Fontes, 2000.

POCOCK, John G. A. *The Machiavellian moment*. Princeton: Princeton University Press, 1975.

TOCQUEVILLE, Alexis de. *A Democracia na América: sentimentos e opiniões*. Tradução Eduardo Brandão. São Paulo: Martins Fontes, 2004.

\_\_\_\_\_. *Democracy in America: Historical-Critical Edition of De la démocratie en Amérique*, (ed. Eduardo Nolla, traduzido do francês por James T. Schleifer. Edições bilíngues em francês/inglês). Indianapolis: Liberty Fund, 2010. Disponível em: <http://oll.libertyfund.org/title/2287/219003> acesso em 09/03/2012.

WALDRON, Jeremy. "The decline of natural right". In: *The Cambridge History of Nineteenth Century Philosophy* (ed. Allen Wood & Songsuk Susan Hahn). Cambridge: Cambridge University Press, 2009. Cópia eletrônica disponível em: <http://ssrn.com/abstract=1416966>.

WOLFF, Francis. "Justiça: estranha virtude". In: NOVAES, Adauto (org.). *Vida, vício e virtude*. São Paulo: Editora Senac/ Sesc, 2009.

# As Facções e os Interesses: a Trajetória dos Conceitos e o *Locus* da Relação

Rafael Gomes

## Trajetória e *Locus*

O QUE SE ESPERA DO PRESENTE texto é levar o leitor a perceber que, embora não seja usual propor-se a estudar a relação entre facções e interesses – e particularmente facções –, é possível, entretanto, extrair importantes questões nela implicadas, capazes de desfazer certos automatismos. Claro que, para o senso comum, interesses e facções ocupam lugares bastante distintos individualmente quando falamos de política: sendo o primeiro termo mais empregado e positivo, e o segundo com aplicação numericamente mais restrita, ainda que recorrente, e predominantemente negativa. Mas, da mesma forma, também é certo afirmar que quando remetemos hoje ao termo facções temos, quase que automaticamente, a ideia de que se referem a determinados tipos de interesses.

Contudo, essa relação não se deu de modo imediato e da mesma maneira que nos aparece atualmente quando olhamos para a evolução dos conceitos. Inclusive, importantes reflexões de autores do pensamento político moderno permitem verificar que a associação entre o fenômeno das facções e a linguagem dos interesses foi justamente um elemento fundamental que senão resultou em ver o primeiro termo como necessariamente positivo possibilitou que, distinto da concepção atual ainda predominante, fosse entendido como fenômeno não imediatamente reprovável e mesmo aproveitável.

Sem esgotar as possibilidades de análise, o objetivo é então reconstituir sinteticamente a trajetória dos termos e, evidentemente, dos conceitos que se teceram em relação a eles, abordando o modo como a relação entre facções e interesses foi vista por importantes perspectivas clássicas da teoria política moderna. Do *locus* ocupado por essa relação em algumas daquelas perspectivas acredito ser viável derivar rapidamente aspectos que possam estabelecer contato com questões presentes na literatura contemporânea que vem lidando com o tema das facções, cuja definição vem em geral correspondendo, não aleatoriamente, à expressão "grupos de interesse".[1]

## Falando de facções e interesses

Poucos discordariam do caráter um tanto inusitado de um estudo que proponha refletir conceitualmente sobre a relação entre facções e interesses na atualidade. Algo que pode ser bem sintetizado por meio de duas observações.

Em primeiro lugar, não seria em nada precipitado afirmar que o tom pouco comum da questão remete ao fato de "facções" e "interesses", quando considerados termos isolados, realmente ocuparem diferentes lugares quanto ao alcance de suas aplicações e, consequentemente, ao prestígio de que desfrutam. Neste caso, a palavra interesse parece incorporada de uma maneira muito mais positiva e natural ao vocabulário da política, tanto o geral como o propriamente teórico, do que se comparado ao emprego mais restrito e negativo do termo facções. Portanto, não pareceria haver tanta justificativa em analisá-los de forma associada.

Sob outro aspecto, e em segundo lugar, também seria correto dizer que o surpreendente de tal proposta reside no fato de que quando nos referimos hoje às facções somos quase que imediatamente levados a atrelá-las à linguagem dos interesses, como se nessa relação não houvesse muita coisa a ser problematizada. Assim, organizar-se facciosamente significaria agrupar-se em torno de determinados interesses parciais, predominantemente ainda vistos como deletérios ou potencialmente deletérios, e diferentes ou opostos a um interesse maior ou geral. Interesse este que os "partidos", termo de uso mais corrente e que de alguma forma substituiu historicamente o das facções, estariam mais aptos a se relacionarem ou cooperarem para produzir.

Em relação à primeira observação, quando atentamos para a maneira como as palavras evoluíram separadamente no pensamento político moderno, podemos de fato constatar como a categoria interesse alcançou uma amplitude maior na explicação e na apreciação dos processos do que a referência às facções. Contraste que

---

[1] Não se trata de alcançar uma definição conceitual suficientemente abrangente e fechada dos termos, mas de apanhar o movimento e a ideia que foram feitos de facções e interesses quando postos em relação. Obviamente, não se descarta encontrar algumas constantes da variação de sentidos atribuídos, mas sem a pretensão de um exercício exaustivo de análise.

pode ser inicialmente ampliado caso remontemos ao modo como Albert Hirschman descreve o processo de alargamento do emprego do vocábulo interesse para "vários países europeus, principalmente em torno da última parte do século dezessete", guardando essencialmente a mesma derivação da "palavra latina (intérét, interesse etc.)" (HIRSCHMAN, 1986, p. 35).

De acordo com o autor, com esta ampliação o termo teria se ligado ou se confundido conceitualmente àquelas "forças fundamentais baseadas na auto-preservação e auto-engrandecimento, que motivaria ou deveria motivar as ações do príncipe ou do estado, do indivíduo e, posteriormente, de grupos de pessoas ocupando uma posição econômica ou social similar (classes, grupos de interesses...)" (HIRSCHMAN, 1986, p. 35). Assim, acompanhando o alargamento de seu uso, não teriam sido poucas as variações de seu entendimento, de tal modo que: "quando referido ao individual o conceito tivera em outros tempos um significado bastante inclusivo, abrangendo o interesse pela glória, auto-respeito, e mesmo por garantia após a vida, enquanto em outros tempos (poderíamos dizer, também no presente) ele teria se tornado quase que confinado à busca por vantagem econômica" (HIRSCHMAN, 1986, p. 35).

De qualquer maneira, e seguindo Hirschman, não se pode escapar do fato de que um dos aspectos fundamentais que garantiria a visibilidade e a centralidade do termo interesse na explicação dos processos políticos, sociais e econômicos, ligar-se-ia inevitavelmente às controvérsias derivadas do caráter "tautológico" que teria se relacionado ao conceito, no qual a referência a "possuir interesses" pode facilmente ser associada a toda a ação humana, designando mais usualmente uma específica maneira ou estilo de conduta, conhecida de forma variada como "racional" ou "ação instrumental" (Cf. HIRSCHMAN, 1986, p. 35-36).

Ao mesmo tempo, também não se pode perder de vista a atenção que tem despertado a drástica variação de sentido da "estima" pelo "comportamento motivado por interesse" que se teceu ao longo dessa evolução. No começo, quando teria servido na baixa Idade Média como um "eufemismo" que contribuiu para "tornar respeitável" uma atividade antes vista como contrária aos desígnios divinos (como a usura); ou então, quando instrumentalizado em seu significado mais amplo como motivação para fundamentar o prestígio de uma ordem social viável, pacífica e progressiva. Caracterização que também não impediu, por sua vez, a convivência com ataques ao seu "caráter", para alguns, "degradante", ou "perigosamente corrosivo para as fundações da sociedade" (HIRSCHMAN, 1986, p. 35-36).

Em todo caso, para Hirschman, teriam sido justamente esses múltiplos significados e apreciações da categoria (inclusive as condenatórias) que a tornariam permanentemente investigada, se constituindo propriamente num ramo de conhecimento que poderia ser denominado de "história da doutrina econômica e política do interesse no Ocidente" (Cf. HIRSCHMAN, 1986, p. 36).

Por seu turno, distintas seriam a evolução e aplicação das facções. Pois aí, o uso do termo não é quantitativamente tão expressivo, ainda que se conserve mencionado com frequência. E salvo literatura relativamente recente, na qual o fenômeno parece ser visto com muito mais nuances do que o da condenação imediata, o vocábulo aparece, de uma maneira geral, em sentido predominantemente acusatório, negativo.[2]

Aliás, a predominante negatividade associada às facções remontaria à própria origem latina da palavra. O que se pode apreender por meio da caracterização que Giovanni Sartori (2005) faz da evolução comparativa entre os termos "facções" e "partidos" desde a Antiguidade. Pois, ainda que tenham origens etimológicas e semânticas distintas, e se inicialmente até poderiam ser confundidos sem muitas delimitações, afirma o cientista político, já é possível identificar no "mundo que falava latim" uma ligação com o sentido que ambos iriam adquirir em processo posterior, no qual as facções, empregadas para descrever a atuação de determinados grupos ou frações de uma forma tendencialmente corrosiva, passam a ceder a uma maior difusão dos partidos, vistos como grupos ou organizações incorporados de modo mais natural ou positivo aos conflitos políticos.

Assim, como prossegue Sartori, facção remontaria originalmente ao verbo latino *facere*, e estaria associado à ideia de um "grupo político dedicado a um *facere* perturbador e nocivo", enfim, a "atos sinistros". Desde a origem, "o significado primário que expressa (sua) raiz latina (seria então) uma ideia de *humbris*, de comportamento excessivo, implacável e, em consequência, nocivo". Por sua vez, partido também remontaria originalmente a um verbo latino: o *partire*, significando dividir. Contudo, seu registro seria originalmente "mais flexível e mais suavizado", já que no sentido mais político de separar, cortar ou dividir, o termo mais empregado de longa data no

---

[2] Como ilustração desse aspecto, Giovanna Zincone destaca a importância de não se confundir o termo facção, e toda a carga que ele comportaria, com o fenômeno mais geral das "frações" e do fracionamento político. Embora a palavra facções apareça até com mais frequência do que frações no desenvolvimento do pensamento político, a autora destaca que, talvez excetuadas a utilização dos dois termos como autorreferentes na tradição política anglo-saxã, a referência de facções como se fossem frações despertaria em geral muitas ambiguidades por conta do significado atrelado às primeiras, principalmente quando transportada para outras línguas (ZINCONE, 2000, p. 522).

mundo latino, e que de alguma maneira o antecedeu, era "secta", derivado do verbo *secare*. (Cf. SARTORI, 2005, p. 28-29).[3]

Dessa forma, não é de estranhar que tanto a maior parte dos discursos como também dos estudos apenas estranhamente parecem comportar a aplicação da palavra facção como maneira de descrever as partes em disputa na política rotineira de sociedades que vieram a se desenvolver como democráticas ou poliárquicas.[4] Estando o fenômeno ligado ou confundido a uma grande gama de expressões: "grupos tribais", "organizações religiosas", "grupos rebeldes", "associações parciais", "agrupamentos comandadas por determinadas lideranças" etc.

Comparada ao uso mais frequente do termo "partido", a facção remeteria mais a um lugar externo às disputas políticas tidas por legítimas e até mesmo legais, sendo hoje mais associada a guerras (destacadamente as étnicas, religiosas...) e mesmo ao crime organizado. Se o termo tiver uma conotação política, tal negatividade ligar-se-ia ainda mais a perturbações que tenderiam a enfraquecer ou mesmo dilacerar os partidos, interna ou externamente, até impedir negociações e impor dificuldades tanto à evolução de processos decisórios como à própria consolidação de democracias.

Portanto, quando consideradas as predominantes inserção e apreciação dos termos "facções" e "interesses" separadamente, por mais que suas trajetórias conceituais suscitem questões passíveis de aprofundamento, os diferentes "lugares" ocupados no vocabulário da política, tanto teoricamente como num senso mais geral, parecem de fato emergir sem maiores dificuldades ao analista. O que já não ocorre, entretanto, em relação à segunda observação inicial, ou seja, a de que a menção às facções parece se confundir hoje quase que automaticamente à linguagem dos interesses.

Nesse ponto, os desafios que se colocam ao pesquisador parecem ser mais complexos, já que tanto o encontro entre os vocábulos não se deu de forma automática, como também quando este começou a se processar as consequências para a ideia derivada de facções não se confundiu com a ideia atualmente mais corrente. Pois, como já exposto, se a referência às facções remete a identificá-las hoje com determinados interesses

---

3   Sobre a relação entre partido e secta, Sartori afirma que quando o primeiro termo começa a adentrar definitivamente no vocabulário político, o termo secta, ou "seita", vai se retirando dele: "Durante o século XVII, o termo secta passou a estar unido à religião e, especialmente, ao sectarismo protestante. Por estas vias, o termo partido também adotou, pelo menos em parte, o significado que anteriormente expressava – no terreno político – o termo secta. E isso reforçou a vinculação inicial da palavra 'partido' com a ideia de divisão e partição" (SARTORI, 2005, p. 29).

4   A utilização aqui de "poliárquicas" remete, em linhas gerais, simplesmente aos básicos e fundamentais argumentos desenvolvidos por Robert Dahl (1997).

difusos na sociedade e considerados menores, opostos a outros interesses maiores e gerais – identificados como legitimamente mais coletivos –, e se isso implica em reiterar a concepção prioritariamente negativa dos agrupamentos facciosos, é curioso, no entanto, observar que em diferentes perspectivas teóricas do pensamento político moderno foi justamente a associação entre facções e interesses, desenvolvida principalmente a partir dos séculos XVII e XVIII, um elemento fundamental para que o fenômeno fosse visto não imediatamente como corrosivo e totalmente externo à dinâmica institucional da política. Senão necessariamente positivo, podia ser visto com certeza como aproveitável, mesmo quando considerado um "mal" ("mischiefs of factions"), como na clássica formulação madisoniana.

Na verdade, essa perspectiva distinta da que se tem hoje sobre a relação entre facções e interesses é clarificada melhor quando se observa como o trajeto em que esses termos se encontraram não se fez sem tensões ou descontinuidades. A começar pelo fato de que, próximo ao *humbris* de que nos fala Sartori, agrupamentos facciosos ou com tendências facciosas terem sido associados desde a antiguidade clássica latina, ao fluxo das *paixões* arrebatadoras, à ambição pelo poder, à desmedida da ação de lideranças que articulavam em torno de suas pretensões grupos de pessoas que agiam de maneira nociva – as cabalas que não podiam nem deviam aparecer. E não a uma motivação que pudesse ser designada com o nome de interesse e o significado que iria assumir posteriormente.

Aliás, de acordo com Hirschman, uma das características fundamentais daquele processo a que já nos referimos de difusão do termo interesse foi o de assumir progressivamente um significado distinto e positivo quanto aos seus efeitos políticos daquele que antes era atribuído às paixões mais mundanas.

Neste sentido, um primeiro movimento a ser notado é como "interesse" passa do uso "eufemístico" (apenas amenizador quando se referia a determinadas paixões) para ser uma categoria usada para designar genericamente uma paixão ou um conjunto determinado de paixões aproveitáveis. Depois, como foi mobilizado enquanto uma paixão em específico, ou conjunto de paixões, capaz de anular ou contrapesar outras paixões tidas como mais deletérias e assim possibilitar ou contribuir para o bem comum. E, finalmente, como passa a ser utilizado para dar nome àquela motivação, ou conjunto de motivações, que se mobilizaria para concretizar determinados objetivos (com conteúdo mais racional e maximizador), próximo a um componente quase que externo a determinadas paixões, capaz, no entanto, de transformá-las ou contê-las, em benefício, historicamente, primeiro do príncipe e do Estado, e apenas depois do indivíduo e dos grupos (ver HIRSCHMAN, 1986 e 2002).[5]

A pergunta a ser feita é como então a linguagem dos interesses pôde ser associada a um fenômeno como o das facções, percebido que era como fruto da eclosão das paixões, inclusive as mais vis?

Em resposta, conforme ficará evidenciado a seguir (quando nos voltaremos para algumas perspectivas presentes na teoria política moderna), é possível afirmar que ao mesmo tempo em que foi sendo derivada uma clara distinção entre a categoria interesse e a linguagem comum das paixões – sendo possível extrair até mesmo o chamado interesse maior, geral ou comum, confundido em não poucas vezes com o "bem comum" produzido de uma forma meditada e em nada assemelhada aos arroubos das paixões individuais – também foi possível reconhecer, ao se identificar atributos da natureza humana ou de um determinado tipo de sociedade, a existência de certos interesses parciais e difusos na sociedade, e em torno dos quais se organizariam as facções em específico, que mesmo não se confundindo com as paixões não deveriam, entretanto, ser vistos como totalmente distantes daquelas. Uma proximidade, aliás, que nem por isso tornava as facções menos aproveitáveis, mas, pelo contrário, faziam delas manifestações inevitáveis com as quais a política teria de lidar.

Porém, antes de prosseguir neste exercício cabe esclarecer que remontaremos a contextos nos quais logicamente muitas vezes não havia distinção de significado entre termos como "facções" e "partidos" (o termo "partido" por vezes nem sequer era mencionado). Há ainda contextos nos quais o segundo termo ainda não havia assumido a ideia de organização capaz de legitimamente articular os interesses parciais em prol de um interesse comum. Contudo, talvez seja esta a oportunidade de justamente estabelecer contato, ainda que sucinto, com trabalhos contemporâneos que vêm lidando com a questão das facções. Termo, aliás, que vem recebendo pouca atenção teórica, mas que, de todo modo, não parece se confundir com a expressão "grupo de interesse" por acaso. Ao mesmo tempo, parece não ser também por acaso o ressurgimento das facções como alvo de preocupação em muitos trabalhos, num contexto no qual canais tradicionais de representação política, como os partidos, são questionados justamente na capacidade articuladora dos interesses socialmente difusos que antes era atribuída a essas organizações.

---

5   Em seu conhecido ensaio (2002), Hirschman demonstra através de ricos exemplos, especialmente no decorrer dos séculos XVII e XVIII, o quanto a categoria "interesse" foi desenvolvida prioritariamente tendo em vista o Estado. Pois mesmo quando se enfatizava o papel das motivações individuais, o que se buscava oferecer em muitos registros era antes a possibilidade de um cenário social previsível de diferentes indivíduos buscando concretizar seus interesses.

## A difusão dos "interesses" e a compreensão das facções

Deve-se identificar em Nicolau Maquiavel um autor fundamental na antecipação do processo de difusão do significado que se atribuiria posteriormente à palavra interesse, bem como o seu papel no reconhecimento do fenômeno das facções como um imperativo a ser enfrentado por quem desejasse protagonizar a política. Em seus escritos não se encontra, entretanto, uma referência específica designando explicitamente o que entende por interesse, mas há sem dúvida alguma um forte empenho em discriminar aquelas paixões que serviriam ou *interessariam* ao equilíbrio da comunidade política e aquelas que a levariam, pelo contrário, aos distúrbios.

A discriminação das paixões desempenhava um papel fundamental na tentativa de orientar a ação do príncipe ou dos príncipes, que agora deveriam derivar o bem público não a partir de um "ideal heroico" a ser atingido, mas pela compreensão do "homem como ele realmente é".[6] E dentro desta compreensão caberia atentar, em primeiro lugar, para o conflito fundamental entre as paixões que animavam, por sua vez, os dois humores diversos e básicos numa sociedade, tal como exposto em *O Príncipe*: entre os "grandes que *desejam* comandar e oprimir o povo" e o "povo que não *quer* ser dominado nem oprimido pelos grandes" (MAQUIAVEL, 1999, p. 43) (grifos meus); ou, como enfatiza em seus *Discursos sobre a Primeira Década de Tito Lívio* (2000), o conflito entre os desejos de patrícios e de plebeus.

Para Maquiavel seriam essas as duas paixões que interessaria aos homens que governassem principados, ou aos príncipes e instituições da república, equilibrar. Embora ressaltasse, no entanto, a inevitabilidade de que paixões difusas, não sendo passíveis de explicitação pública e não claramente reconhecíveis como pertencendo a nenhum dos estratos sociais fundamentais, acabassem corroendo e dividindo estes mesmos estratos através da ação de diversas facções. Neste caso, se mais cedo ou mais tarde emergiam as paixões que animavam as facções, era preciso cuidar para perpetuar ao máximo as duas forças fundamentais que o florentino chega a denominar nos *Discorsi* como "partidos", definindo-os aparentemente como forças sociais mais coesas, organizadas em maior número de pessoas e com visibilidade pública, ao invés do caráter secreto e sorrateiro das agregações tidas por facciosas.

Assim, não é por acaso a associação que Maquiavel empreende nesse livro entre a "calúnia" e a emergência das facções, e a ligação da "denúncia" com as formas

---

[6] O processo de demolição do ideal heroico e sua associação com a perspectiva desenvolvida por Maquiavel são encontrados em Hirschman (2002, p. 34).

de arranjo republicano que serviriam à preservação do equilíbrio entre os desejos de patrícios e plebeus. Dessa reflexão, a calúnia não parece capaz de contemplar os instrumentos públicos de transparência e solução, tendendo por isso a beneficiar os mais privilegiados, algo que o autor relacionava ao tipo de ação facciosa, destinada a atender apenas às ambições particulares (não necessariamente individuais). Já a denúncia, em contrário, justamente por seu caráter público e transparente, seria capaz de garantir visibilidade a ambos os lados do processo, a pessoas que pertenceriam a ambos os estratos da sociedade, reproduzindo na arena decisória a distinção clara entre os dois humores (MAQUIAVEL, 2000, p. 45-47).

Até aqui, portanto, a compreensão das facções como um dado inevitável a quem quer protagonizar a política não implica reconhecer nas paixões que as moviam algo que pudesse, contudo, interessar à preservação ou desenvolvimento do Estado. Em Maquiavel, essa derivação é possível apenas em relação às paixões (os "desejos") dos "grandes" e do "povo", que podiam se explicitar publicamente em contraste com aquelas paixões que permaneciam restritas ao privado. Seria preciso que as facções fossem relacionadas mais explicitamente à linguagem mais diferenciada dos interesses, e não às meras paixões difusas, para que pudessem ser vistas não só como fenômeno do qual a política não poderia escapar, mas também aproveitar em seu benefício.

Um dos registros em que essa possibilidade se encontrará com maior contundência será no conhecido ensaio de David Hume *Dos Partidos em Geral*. Mas, antes de examinar como o autor estabelece a relação entre facções e interesses, cabe notar que, não obstante o título, não se pode extrair no texto uma distinção tão clara entre o que se entende por facções e o que se define por partidos. Porém, não seria absurdo afirmar que por partidos o autor está compreendendo as formas de organização mais abrangentes dentro das quais atuariam, inclusive, as próprias facções. Isso faz sentido quando ele afirma ser comum a coexistência de diferentes tipos de facções num mesmo partido – sendo por isso difícil encontrar "partidos puros" –, ou quando salienta que dentro de um partido uma facção sempre acaba predominando sobre outras (HUME, 2003, p. 42-43).

Feita essa observação, importa para os propósitos do presente trabalho entender principalmente como Hume elabora a sua tipologia das facções. Nesta, a primeira distinção, e mais genérica, é a que estabelece entre as "facções pessoais", baseadas em relações de amizade ou animosidade pessoal, e as "facções reais", baseadas numa diferença real de sentimento e "interesse", inclusive o material (HUME, 2003, p. 43).

Segundo tal raciocínio, as facções pessoais poderiam ser mais rapidamente desfeitas por serem fundadas em motivos mais fáceis de serem suprimidos, como laços ou desacordos pessoais. Por seu turno, as facções reais seriam mais duradouras por se fundarem em motivos mais fortes como a discordância de princípios ou desconfortos em relação à posição material. Dentro deste último tipo de facções Hume difere então três tipos: as de "interesse", "princípio" e "afeição" (HUME, 2003, p. 43-44).

No entender do filósofo, apenas as facções reais de interesse seriam "as mais razoáveis e desculpáveis", pois apenas estas, entre as outras facções reais, não tenderiam a transbordar para radicalismos. Dessa forma, quando se detém sobre as facções reais de princípios, Hume, tendo em mente os princípios religiosos, pondera que as turbulências seriam evitadas se as facções se originassem de princípios políticos claramente estabelecidos. Afinal, desses princípios resultariam condutas distintas e até mesmo contraditórias, mas os dois lados em disputa ainda preservariam algo em comum, como o tipo de governo (embora as maneiras de pensá-lo pudessem ser diferentes). Isso sem dúvida é melhor do que não haver nada em comum entre os distintos grupos, como ocorre nas divergências entre seitas religiosas (HUME, 2003, p. 46). Mesmo tom que é assumido quando reflete sobre as facções reais de afeição, caso em que indivíduos se aglutinariam em torno de "diferentes homens com famílias e indivíduos particulares que desejariam ter como governantes", se dispondo "a morrer por eles", situação na qual a violência seria mais do que previsível (HUME, 2003, p. 49).

O interessante da formulação humeana é a maneira como a associação entre interesses, como um motivo específico, e um tipo particular de facção que se constituiria em torno daqueles, torna o fenômeno das facções, senão aproveitável para o desenvolvimento de governos, certamente um fator que pode contribuir para a estabilidade dos mesmos. Afinal, seguindo o argumento, como seria difícil encontrar governos com "balanço e modelagem precisos", também seria natural neles a existência, por exemplo, de "duas ordens que (perseguem) interesses distintos", não sendo "tampouco [...] razoável esperar uma conduta diferente, dado o grau de *egoísmo* próprio à natureza humana" (HUME, 2003, p. 45-46).

Dentro disso, é de se notar como as "facções reais de interesse" também não deixam de encontrar sua razão de ser numa paixão determinada e, segundo o autor, própria à natureza humana: o egoísmo. Desse modo, e diferentemente de Maquiavel, Hume apresenta um passo decisivo no desenvolvimento da relação entre facções e interesses ao discriminar e articular um tipo de paixão em específico, antes restrita ao universo privado e vista até como oposta aos desejos dos estratos sociais (isto é, oposta às paixões coletivas que se explicitariam publicamente com contornos sociais), capaz de ser instrumentalizada, entretanto, no *interesse* do Estado. E ao fazê-lo distingue um tipo de facção como distinta de todas as outras, e não apenas como um imperativo que se impõe ao príncipe, mas como possibilidade de contribuir para a política, até mesmo quando assume claramente a preferência de que as facções não existissem.

Curiosamente a associação entre o fenômeno das facções e a linguagem dos interesses se encontrará mais fortemente difundida com Jean-Jacques Rousseau em seu *O Contrato Social*. Na obra, o autor não discrimina diferentes tipos de facções estabelecendo que apenas uma seja movida por "interesse", como o faz Hume, mas de algum modo enfatiza que todas as facções seriam organizadas em torno de interesses localizados sempre no âmbito privado (mais uma vez, não necessariamente individual) e nem por isso devendo ser desconsideradas pela dinâmica política. Particularmente no capítulo III, esse raciocínio é demonstrado quando ao mesmo tempo em que assume a inevitabilidade das facções também salienta as possíveis turbulências causadas pelo fenômeno no processo de obtenção da "vontade geral".

O problema começa no fato de que, para a vontade geral emergir, o indivíduo deve ter a possibilidade de manifestar o que ele pensa ser aquela vontade, sempre correspondente ao "interesse comum", e não a manifestar o que é a vontade individual dele, sempre correspondente, obviamente, a um interesse particular. Nesse caso, não se trataria de expressar o seu interesse privado esperando que somado aos outros se tornasse majoritário, afinal, a vontade geral não se confundiria com a "soma das vontades particulares" (ROUSSEAU, 1999, p. 37). Mas seria obtida apenas quando fosse possível ao indivíduo manifestar o que é de interesse geral a ele e a todos entre os distintos interesses particulares.

Rousseau salienta que não haveria dificuldades neste propósito se o povo fosse suficientemente informado e os cidadãos tivessem pouca comunicação entre si, pois "a partir do grande número das pequenas diferenças haveria de resultar sempre a vontade geral e a deliberação seria sempre boa" (ROUSSEAU, 1999, p. 37). No entanto, o autor enfatiza que nem o povo estaria sempre informado o suficiente, nem muito menos se desvincularia da comunicação que estabelece com outros cidadãos de quem estão mais próximos. Aqui incidiria, portanto, o perigo das facções, entendidas como formas de "associações parciais" que a expensas da grande associação, ou se tornando uma associação tão grande pudesse sobrepujar todas as demais, diminuindo as diferenças entre os cidadãos.

Desse modo, quando se debruça sobre a questão da vontade geral, Rousseau considera que as facções poderiam sugestionar o indivíduo a manifestar como se fosse interesse comum o que, na verdade, seria privado. E nesse ponto a vontade só seria geral em relação aos indivíduos que fizessem parte das facções e não em relação ao Estado:

quando se estabelecem facções, associações parciais a expensas da grande, a vontade de cada uma dessas associações se faz geral em relação aos seus membros, e particular em relação ao Estado; pode-se, então, dizer que já não há tantos votantes quantos são os homens, mas apenas tantos quantas são as associações (1999, p. 37-38).

Se há aqui o reconhecimento de que as facções poderiam interferir nos processos deliberativos de obtenção da vontade geral, não adiantaria, entretanto, ir contra uma tendência inexorável do desenvolvimento de sociedades cada vez mais complexas. Pelo contrário, Rousseau salienta que a melhor maneira de preservar a vontade geral e os cidadãos que deveriam manifestá-la seria multiplicar as facções o máximo possível para que o tamanho delas, desejavelmente pequeno, se aproximasse da unidade dos indivíduos:

> Importa, pois, para se chegar ao verdadeiro enunciado da vontade geral, que não haja sociedade parcial no Estado e que cada cidadão só venha a opinar de acordo com seu próprio ponto de vista. [...] Havendo sociedades parciais, impõe-se multiplicar-lhes o número a fim de impedir a desigualdade entre elas, como fizeram Sólon, Numa e Sérvio (ROUSSEAU 1999, p. 38).

Logicamente, para o autor genebrino, ainda que a existência de facções pudesse ser objeto de preocupações políticas e das próprias "leis" que emanariam da vontade geral, deveriam ser, entretanto, as condições e os direitos para que pudessem se proliferar que importaria e não a efetiva concretização direta dos seus interesses, pois à vontade geral não interessaria o que é privado, só o que seria geral. Embora a proliferação das facções fosse necessária para que os indivíduos-cidadãos pudessem chegar à vontade geral, não seria no interior das associações facciosas e contando com elas que os homens obteriam o interesse mais meditado a ser maximizado em proveito comum. A vontade particular e, consequentemente, o interesse particular manifestado pelas facções ainda se encontraria próximo ao domínio das paixões mundanas, enquanto o interesse comum expresso pela vontade geral não mais se encontraria naquele domínio.

Portanto, ainda que devessem ser contempladas num momento determinado, como uma das condições prévias para o processo fundamental da política, isto é, o da deliberação com vistas à vontade geral, a lógica das facções e os interesses a ela associados não integrariam em si esse processo. E é este um dos aspectos fundamentais a diferenciar a perspectiva de Rousseau da desenvolvida pelos federalistas, em especial a de James Madison. Afinal, será no artigo federalista número 10 que se poderá identificar como a relação entre facções e interesses – e os embates daí derivados – integrará definitivamente a dinâmica do processo fundamental de constituição da coletividade política, que, neste caso, não será o da deliberação encarregada de produzir a vontade geral, mas sim o da representação política, projetada para uma república de grande população e extensão territorial.

Para entender de que modo Madison assim procede é importante nos atermos, antes de tudo, para a sua definição de facção:

> certo número de cidadãos, quer correspondam a uma maioria ou a uma minoria, unidos e movidos por um impulso comum, *de paixão ou de interesses*, adverso aos direitos dos demais cidadãos ou aos *interesses permanentes e coletivos da comunidade* (HAMILTON; JAY; MADISON, 1993, p. 133-134).[7]

Num primeiro momento, o que chama a atenção é o emprego da expressão "paixão ou interesse" como "impulso" em torno do qual certo número de cidadãos poderia se unir facciosamente. Por meio dessa definição, pode ser sinalizado tanto que as facções poderiam ser distinguidas por se originarem diversamente de determinadas paixões *ou* de determinados interesses, como também que haveria paixões e interesses (postos lado a lado) que poderiam quase que se confundir ou serem compreendidos como motivações próximas para as pessoas se organizarem em facções.

Mas, num segundo momento, é relevante a ideia que parece estar embutida na referência aos chamados interesses "permanentes e coletivos da comunidade". Pois, neste caso, o que chama a atenção é a caracterização de um interesse em específico, diferenciado dos demais, em que não há, ou não deve haver nenhuma proximidade com o registro das paixões. O que estabelece, portanto, uma oposição entre os interesses portados pelas facções, sempre parciais, mais próximos do registro das paixões mundanas.

Entretanto, sabemos que na formulação de Madison será a própria lógica das facções, e logo dos interesses ou paixões portadas pelas mesmas, que se constituirá em fator fundamental a ser incorporado ao final como condição para a própria preservação do interesse comum. Como então o *founding father* articula essas diferentes dimensões? Como propõe preservar os interesses permanentes e coletivos da comunidade, e os direitos dos cidadãos que não fazem parte daquelas associações parciais, frente à dinâmica aparentemente corrosiva das facções?

---

7   Os grifos são meus.

É importante ressaltar que em tal compreensão os males provocados pelas facções não poderiam ser evitados por meio da própria extinção do fenômeno, já que teria como custo restringir ou suprimir a própria liberdade. Os remédios sugeridos encaminham-se então no sentido justamente de preservá-las, incorporando a lógica dos seus embates, mas neutralizando os seus efeitos ou os "facciosismos", especialmente os de "maioria". Pois, como salienta o autor, os facciosismos de minoria seriam mais facilmente suprimíveis pelos próprios mecanismos de um governo popular. Algo, no entanto, não suficiente para deter os primeiros:

> Quando uma facção não consegue ser majoritária, o princípio republicano torna a maioria capaz de destruir, pelo voto regular, suas ameaçadoras pretensões. Aquela facção pode embaraçar a administração, convulsionar a sociedade; será incapaz, contudo, de pôr em prática sua violência e mascará-las sob a Constituição. Por outro lado, quando uma facção inclui uma maioria, a forma de governo popular lhe permite sacrificar à sua paixão ou interesse dominante tanto o bem público como os direitos dos demais cidadãos (HAMILTON; JAY; MADISON, 1993, p. 138).

Em vista disso, para deter os facciosismos de maioria seria necessário que se aproveitasse, por um lado, as próprias características territoriais e populacionais, onde uma diversidade de interesses dispersos num país de grandes dimensões tornaria impossível que maiorias se mantivessem em torno de um único interesse, ou que dentro delas convivessem internamente diversas facções de minoria:

> Ou (se evita) que uma mesma paixão ou interesse exista ao mesmo tempo numa maioria, ou, tendo a maioria essa paixão ou interesse simultâneo, (deve-se) torná-la, por seu número e situação local, incapaz de pactuar e executar esquemas de opressão (HAMILTON; JAY; MADISON, 1993, p. 136).

Ao mesmo tempo ou mais do que esses aspectos, deveriam ser incorporados os efeitos positivos que os embates entre determinadas paixões, como a "ambição" dos homens que ocupariam diferentes cargos, poderiam trazer. Elemento que adquiriria proeminência no pensamento de Madison quando se detém sobre a necessidade dos mecanismos institucionais de *checks* and *balances* garantirem a eficiência da divisão entre os poderes. Por meio desses, os homens que ocupassem tanto o executivo como o legislativo (lugar por excelência das agitações de maiorias), ou o judiciário deveriam impor freios uns aos outros, inclusive, por possuírem cada um não só determinadas prerrogativas exclusivas, mas por compartilharem ou incorporarem funções que se assemelhassem e eram antes exclusivas de cada poder individualmente.[8]

O interessante é que ao traduzir os interesses parciais das facções como certas motivações que, distintas das paixões mais corriqueiras, poderiam ser aproveitadas em proveito comum, e concebê-los, ao mesmo tempo, quase que indistintamente dentro da linguagem de determinadas paixões que poderiam ser aproveitadas no *interesse* de desenvolver as próprias instituições políticas, o argumento de Madison dá um passo decisivo na incorporação definitiva da ideia das facções à temática dos interesses.

Pois é aqui que encontramos a inevitabilidade de se ater ao imperativo de que embora seja possível pensar num interesse coletivo, cujas características não deveriam corresponder aos embates facciosos, este não poderia ser derivado, entretanto, sem se ater à realidade de uma sociedade com forte potencial organizativo representado pelas facções, por mais inconveniente que fossem a sua existência e seus interesses parciais.

Ainda que não fosse expressão direta dos embates das facções, para se derivar o interesse coletivo e permanente da comunidade se deveria não apenas reconhecer o fato de lidar com a manifestação daquelas, mas incorporar em sua formação a dinâmica de tal fenômeno. E, dessa vez, com apoio em mecanismos institucionais e representativos encarregados da depuração daquelas paralelamente à sua incorporação.

Ademais, do mesmo modo que a palavra partido encontra-se ausente em *O Contrato Social*, não se verifica n' *O Federalista* passagens em que partidos sejam utilizados de forma difusa ou com sentido explicitamente diferente de facções. Contudo, é interessante perceber como nessas construções, antecipa-se a derivação de um tipo específico de interesse – o geral ou o comum – que posteriormente e paulatinamente seria vinculado a partes ou a associações parcelares a que se designaria o nome mais neutro e visto como mais legítimo de partidos. E estes sim estariam aptos a se responsabilizarem e cooperarem para produzi-lo, cuidando, inclusive, para depurar ou afastar desse processo as facções e seus interesses próximos das paixões menos nobres.

---

8   Evidentemente, aqui não é o espaço para discutir se a insistência nos *checks and balances* se justificava por uma crença de que o choque dos interesses não era suficiente para produzir o bem público; ou se há, de fato, inconsistências ao conceber anteriormente que já seria impossível a constituição de facções de maioria pela própria diversidade de interesses em uma sociedade populosa, situada em grandes extensões territoriais, e depois reforçar a necessidade de mecanismos institucionais, que encobriria, no fundo, a preocupação de defender as minorias e o direito de propriedade, como sugere Dahl (1989, p. 13-40).

No entanto, mesmo ao se distinguir de forma progressiva e nestes termos a ideia de facção da do partido, vinculando-os distintamente à linguagem dos interesses e a distintos impactos para a política institucionalizada, o significado negativo das associações facciosas não se manifestaria de uma maneira automática como o senso ainda hoje predominante. Num autor como Alexis de Tocqueville, por exemplo, é possível verificar até mesmo um sentido mais positivo vinculado ao termo, pelo menos quando se refere à experiência norte-americana.

Passagens ilustrativas de *A Democracia na América* permitem ver como o aristocrata francês entende os partidos como um "mal", mas "inerente aos governos livres". Ao mesmo tempo, aproxima (sem necessariamente confundir) as facções aos "pequenos partidos". Neste ponto, é possível identificar que facções seriam diferentes do que denomina de "grandes partidos" pelo fato dos últimos expressarem princípios mais gerais e mais "nobres", em que o "véu do interesse público" ocultaria mais habilmente o "interesse particular" que "sempre" desempenharia "maior papel nas paixões políticas" (TOCQUEVILLE, 1998, p. 136).

Os pequenos partidos políticos então estariam mais vocacionados à representação dos interesses particulares, e próximos àqueles estariam as facções que, pelo menos na experiência norte-americana, quase se confundiriam com as "associações" da sociedade civil. Mas estas, por sua vez, possibilitavam bem articular os princípios gerais aos interesses parciais que defendiam, ou os indivíduos que as compunham não eram levados a identificar a satisfação dos seus interesses particulares como se fosse um processo oposto ao bem comum.

Nestes termos, o conflito entre as facções não comportava um problema imediato. Até mesmo exercia um papel salutar numa sociedade sem as distinções aristocráticas, posto que capazes de equilibrar os interesses parciais e os interesses gerais. Para Tocqueville, problema maior se apresentava quando dentro de um mesmo território e sob uma mesma soberania diferentes populações se reuniam em frações cujos interesses contraditórios fossem permanentes e se apresentassem como grandes ou quase irremediáveis desavenças, quase como se opusesse "nações" distintas. Ou melhor, seriam os interesses parciais característicos das facções, próximos, portanto, das paixões particulares, que equilibrariam os interesses gerais dos partidos, impedindo-os de serem confundidos com paixões políticas que pudessem dilacerar irremediavelmente um país.

Nas suas palavras:

> As diversas frações de um mesmo povo não chegam a formar, então, propriamente falando, partidos, mas nações distintas; e se vem nascer a

guerra civil, há conflito entre povos rivais, antes que luta entre facções. Mas, quando os cidadãos diferem entre si sobre questões que interessam igualmente a todas as porções do país, como, por exemplo, princípios gerais de governo, veem-se nascer então o que eu chamaria verdadeiramente de partidos (TOCQUEVILLE, 1998, p. 136).[9]

Logicamente, dentro da primeira metade do século XIX, Tocqueville não utilizaria termos como facções e partidos tendo em vista o significado que adquiririam no desenvolvimento das democracias representativas e de massas, ou o impacto que esse desenvolvimento traria sobre a percepção dos interesses que portariam. Contudo, de certo modo o autor francês adianta o fato de que, embora menos mobilizadas pelo vocabulário político, as palavras facções e faccionalismos permaneceriam ocupando lugar de destaque posteriormente em preocupações de diversos autores, fundamentalmente, como um fenômeno interno da vida dos partidos políticos e menos da dimensão associativa da sociedade civil. Mas, dessa vez, partidos serviriam para designar complexas organizações que buscariam, dentre outros objetivos ou destacadamente, os votos de eleitores.

## De volta às facções?

Ao nos referirmos a este processo, é impossível não pressupormos com Bernard Manin o quanto os governos representativos e o desenvolvimento de democracias não eram vistos como compatíveis de início (MANIN, 1997, p. 1-7). E que para tal encontro – não sem tensões – foram decisivos a incorporação do princípio de eleições dentro de intervalos regulares

---

[9] Parece não ser por acaso, portanto, o tom mais pessimista que Tocqueville assume quando se ocupa do que seriam as grandes questões que poderiam dividir irremediavelmente os norte-americanos. Como nas suas referências, a partir da Segunda Parte do Livro II, no Capítulo X, ao "estado atual" e ao "futuro provável das três raças" no país, destacando a importância de que os costumes, as leis e as instituições naquela sociedade a precavessem de tendências a polarizações que pudessem impor a um dos lados a prática despótica da maioria. Ou então, quando se observa o tom crítico do autor em *O Antigo Regime e a Revolução* às aspirações generalizantes e abstratas demonstradas pelos revolucionários que se impunham ao salutar equilíbrio entre os "partidos" correspondentes, por sua vez, aos diferentes estamentos de uma sociedade com passado feudal. E, destacadamente, o tom crítico ao processo em que as facções da nobreza francesa se voltavam mais para interesses próprios e mesquinhos, abandonando o exercício do poder local e o papel a que estariam designadas como representantes por excelência das prerrogativas e costumes aristocráticos. O que as levava, por seu turno, a não cumprir mais o papel a que as associações ou "facções" norte-americanas desempenhavam de uma forma não aristocrática.

de tempo e o desenvolvimento de organizações partidárias que primeiro possuíam caráter predominantemente parlamentar, compostas por "notáveis", e depois as de caráter realmente "democrático", os "partidos de massa" (MANIN, 1997, p. 197).

Nessa evolução, se os partidos foram se consolidando como "fato" e o uso do termo facções foi se tornando definitivamente restrito enquanto elemento constituinte e legítimo da política institucionalizada, a questão das facções e de possíveis "faccionalismos" ou "facciosismos" foi sendo encarada, entretanto, como um problema relevante por diversos estudiosos a partir do final do século XIX e todo o século XX, principalmente quando considerados a organização e desempenho internos dos partidos.[10]

Dentro disso, não é possível deixar de mencionar autores que desenvolveram estudos sobre os aspectos organizacionais e as burocracias partidárias como Moisei Ostrogorski e Robert Michels, bem como aqueles que desenvolveram trabalhos que lidaram com sistemas políticos, partidos e sistemas partidários, como os de Gaetano Mosca, Maurice Duverger e Sartori.[11] Obviamente, a ênfase dos trabalhos produzidos por estes não possibilita verificar um tratamento direto do tema das facções e dos interesses, mas é de se destacar, no entanto, o quanto a referência às facções ou a problemas associados às mesmas dentro das organizações partidárias nos permite extrair duas impressões que mais explícita ou implicitamente estão ligadas àquela relação.

De um determinado ponto de vista, a ocorrência do fenômeno é vista como a manifestação interna de interesses parciais ligados a lideranças e membros das burocracias partidárias que agiam para assegurá-los ou promovê-los prioritariamente em detrimento da ascensão do que seria o interesse comum. Dessa forma, excetuando de algum modo perspectivas como a de Sartori, por exemplo, a relação entre facções e interesses tendeu a produzir uma visão menos compreensiva da dinâmica das primeiras para o funcionamento e evolução legítima e institucional da política, e bem mais negativa do que a exposta nas reflexões anteriores sobre o fenômeno.

---

10   Tomo como referência a distinção entre "ideia" e "fato" proposta por Sartori para pensar a evolução de "facções" e "partidos" e o processo em que o uso das primeiras passou a ceder à maior utilização dos segundos (SARTORI, 2005).

11   Michael Les Benedict faz uma interessante e sintética revisão desta bibliografia inserida em um debate maior em que salienta a necessidade de melhor precisar a definição e contextualização de termos como "facções" e "faccionalismos". Tarefa que vê como bem sucedida apenas caso se aprofunde uma maior interlocução entre cientistas sociais e historiadores (LES BENEDICT, 1985, p. 361-365). No mais, seguem-se as referências aqui utilizadas no que se refere àqueles autores: OSTROGORSKI, 1921, MICHELS, 2001, MOSCA, 1939, DUVERGER, 1970 e SARTORI, 2005.

Diferente dos registros anteriores, a referência a interesses parciais de grupos facciosos no interior de partidos implicava em entendê-los agora como sinônimos de paixões não aproveitáveis e sim deletérias à política, tais como a ambição de líderes e grupos burocráticos, alguns desses últimos constituídos, inclusive, em torno dos primeiros. Logo, o entendimento dos mecanismos pelos quais os interesses daqueles agrupamentos internos aos partidos seriam atendidos se dava em compasso com a ideia de desconfiança, restrição ou supressão da habilidade do povo em realmente afetar a política através de eleições.

De outro ponto de vista, e nem por isso menos negativo, é possível também extrair desses trabalhos a ideia de facções como formas de organização que se constituiriam em torno de interesses excessivamente burocratizados internamente aos partidos, e por isso entendendo-os não como sinônimos de paixões, mesmo aquelas mais mundanas e perturbadoras à política, mas como se opusessem a uma maneira mais apaixonada de proceder, ou pelo menos opostos a um determinado tipo de paixão ou conjunto de paixões entendidas como motivações necessárias à emergência e atuação de verdadeiras lideranças políticas, voltadas de fato para identificar e agir em prol do interesse comum.

Assim, distinto de registros presentes no pensamento político moderno e sobre os quais já nos debruçamos, essa maneira de associar o fenômeno das facções e a linguagem dos interesses levava a opor mais intensamente as facções ao registro das paixões, visto que tendia a identificar as primeiras à racionalização burocrática e destacava entre as segundas aquelas que poderiam dar sentido à ação política de lideranças realmente representativas e capazes de articular os interesses difusos em nome de uma causa comum. Algo próximo dos ermos de Max Weber e da importância que confere ao líder carismático, embora de modo algum o autor alemão confira um caráter imediatamente negativo ao termo facções.[12]

De toda a forma, talvez não seja precipitado afirmar que o desenvolvimento de noções distintas daquelas últimas em relação às facções, inclusive retomando a questão do potencial associativo dentro das sociedades civis, se fazem em paralelo justamente ao crescimento de

---

12   Voltando-nos para importantes passagens de *Parlamentarismo e Governo na Alemanha Reordenada* e de *A Política como Vocação*, pode-se constatar que Weber enfatiza a importância dos partidos políticos comportarem internamente as "frações" que representariam diferentes interesses regionais e ou setoriais, ou que essas tenham as condições de se precipitarem em facções burocratizadas. No entanto, deixa bastante clara a necessidade de que os partidos políticos não se tornem o "reino das facções", caso em que ficariam obstruídas as condições para o surgimento e formação (na "luta" política) dos verdadeiros chefes políticos e sim para o domínio dos "políticos profissionais" sem "vocação" – privados das qualidades carismáticas que permitiriam aos chefes galvanizarem e articular em torno de determinadas causas os interesses restritos ao geral (WEBER, 1999, p. 104).

diagnósticos ligados à crise das organizações partidárias enquanto canais tradicionais de representação (ver, dentre outros, MANIN, 1997, p. 193). Nesta linha, facções e faccionalismos deixariam de estar restritos essencialmente à vida interna e burocrática dos partidos e importariam para o entendimento da atuação (ou possível contribuição) de atores políticos até então não reconhecidos pelos sistemas institucionais formais. Para isso, evidentemente, a categoria interesse não poderia deixar de ser mobilizada, tal como expressa na própria vinculação, por vezes indiscriminada, entre facções e grupos de interesse.[13]

É dentro dessa configuração que autores como Joshua Cohen e Joel Rogers afirmarão, por exemplo, que os "males das facções" são produzidos contemporaneamente em "democracias de massas" por "associações secundárias", definidas como "organizações não familiares, intermediárias entre indivíduos ou firmas e instituições do estado e o sistema eleitoral formal", reconhecendo que tais associações acabam jogando um "papel central na política das modernas sociedades democráticas" (COHEN & ROGERS, 1992, p. 394).[14]

Concebendo o fenômeno como inevitável e procurando desenvolver as suas potencialidades, desconsideram as soluções para o problema propostas por três tipos de argumentos, tanto os defendidos pelo que chamam de "constitucionalismo neoliberal", os que seriam incorporados pelo que designam de "republicanismo cívico", como aqueles que ainda seriam propostos pelo denominado "pluralismo igualitário".

O que acabam então formulando é a conformação de um sistema em que, reconhecendo a importância dos grupos considerados facciosos, seja possível, entretanto, alterar as suas "condições" e seu "status público". Assim, o sistema político proposto deveria inserir tais grupos em novos termos e por meio deles em iniciativas para impulsionar o desempenho econômico e a eficiência governamental, avançando em "normas igualitárias e democráticas" de "soberania popular", "equidade política", "equidade distributiva"

---

[13] Próximos a estes termos, organizadores de uma coletânea voltada para estudar casos de "política faccional" em diferentes países que passaram por processos de transição de regimes autoritários para democráticos salientam a importância de longe de se limitarem à compreensão mais imediata e difusa de facções se aterem tanto ao papel construtivo que essas formas de associação podem ter como os empecilhos que podem ser estimulados pelas mesmas: "Casos de transição de regimes autoritários são particularmente ricos na ilustração de facções tanto exercendo um papel criativo no processo de democratização como impedindo aquele processo por tornar difícil a formação de partidos estáveis com estáveis constituencies" (GILLESPIE; WALLER; LOPES NIETO, 2004, p. 3).

[14] Os autores ressaltam a importância do tema das facções no interior da teoria democrática: "desde que a ciência política moderna redescobriu os agrupamentos básicos da política, associações secundárias e problemas concomitantes às facções têm dominado os mais sérios esforços da disciplina na teoria democrática" (COHEN & ROGERS, 1992, p. 394 *tradução nossa.*).

e "consciência cívica". A isso corresponderia, por sua vez, uma deliberada política de associações e a "visão contemporânea" de "governança democrática" (em que, lembram os autores, deveria se ressaltar como fundamental o conceito de governança), resultando no que denomina de "democracia associativa" (COHEN & ROGERS, 1992, p. 395-396).

Neste contexto, não será também por acaso reações como a de Nádia Urbinati, que exporá suas reservas quanto à relação entre "interesses parciais" e "interesses gerais" em modelos de análise que admitem a dinâmica do que define por facções ou tendências facciosas. Portanto, a tentativa de resgatar, nos seus próprios termos, justifica-se a importância "dos partidos e do partidarismo" (ver URBINATI, 2006a; 2006b).

Se para a cientista política as facções são vistas como agregações que tendem sempre a serem atomistas, os partidos políticos teriam como papel justamente o da (re)elaboração contínua da relação entre o conflito e o consenso compartilhado na sociedade. Em termos próximos a Burke e principalmente a Hegel, define então os partidos políticos como "associações-parciais – contudo – comunais" e, concordando e procurando estender aspectos trabalhados por Hannah Pitkin, entende tais associações como "pontos essenciais de referência que possibilitam aos cidadãos e representantes reconhecerem uns aos outros (e aos demais)", a "formarem alianças", além de "situarem ideologicamente os compromissos que estão prontos a estabelecer" (URBINATI, 2006b, p. 215-218).

Num plano geral, a preocupação de Urbinati é salientar a perda que se teria com uma representação que admitisse as tendências que entende como facciosas, tais como a seleção de candidatos que os admita como competidores isolados, sem um partido ou filiação a um grupo político, situação em que se perderia justamente a possibilidade ofertada pelos partidos de mediarem a sociedade e a política. Seguindo os seus termos, sem os partidos tanto indivíduos como associações sociais parciais se tornariam apenas partidários de seus próprios interesses, sem prover a possibilidade de que sejam vistos como portadores de ideias e opiniões (dos interesses gerais) e, logo, nem identificados como suas representações (URBINATI, 2006b, p. 221).

Expostas essas considerações, é claro que o debate contemporâneo é mais extenso e acompanhá-lo mais atentamente implicaria ultrapassar os limites do presente trabalho. Contudo, por meio dessa rápida incursão, o que fica é a ideia de que o tema das facções, mesmo resgatado em novos termos, permanece ligado inevitavelmente a uma discussão sobre diferentes tipos de interesses e suas intermediações. Contudo, se para diferentes autores do pensamento político moderno a associação entre os dois termos implicou a necessidade de aprofundar mais explicitamente a distinção entre as diferentes modalidades de interesse que estariam ligados aos agrupamentos facciosos, hoje, a categoria interesse permanece mobilizada quase que predominantemente num registro apenas tautológico, para retomar expressão de Hirschman, sem merecer maiores desdobramentos. Resta, portanto, um amplo campo a ser trabalhado sobre essa relação, tanto dentro das concepções que tendem a incorporá-la não imediatamente como elemento negativo, ou até positivo, como dentro das concepções que permanecem destacando o seu potencial caráter pernicioso.

## Bibliografia

BENEDICT, Michael Les. "Factionalism and Representation: Some Insight from the Nineteenth-Century United States". *Social Science History*. Durham: Duke University Press, vol. 9, nº 4, 1985.

COHEN, Joshua & ROGERS, Joel. "Secondary associations and democratic governance". *Politics and Society*, vol. 20, nº 4, 1992.

DAHL, Robert. "A Democracia Madisoniana". *Um Prefácio á Teoria Democrática*. Rio de Janeiro: Zahar, 1989.

_____. *Poliarquia: participação e oposição*. São Paulo: Edusp, 1997.

DUVERGER, Maurice. *Os Partidos Políticos*. Rio de Janeiro: Zahar, 1970.

GILLESPIE, Richard; WALLER, Michael; LOPES NIETO, Lourdes. *Factional Politics and Democratization*. Londres: Frank Cass & Co, 2004.

HAMILTON, Alexander; JAY, John; MADISON, James. *Os Artigos Federalistas*. Rio de Janeiro: Nova Fronteira, 1993.

HIRSCHMAN, Albert. *Rival Views of Market Society and other essays*. Nova York: Elisabeth Sifton Books – Viking, 1986.

_____. *As Paixões e os Interesses: argumentos políticos a favor do capitalismo antes do seu triunfo*. São Paulo: Record, 2002.

HUME, David. "De partidos em geral" e "Dos partidos na Grã-Bretanha" In: HAAKONSEN, Knud (org.). *Ensaios Políticos*. São Paulo: Martins Fontes, 2003.

MANIN, Bernard. *The Principles of Representative Government*. Cambridge: Cambridge University Press, 1997.

MAQUIAVEL, Nicolau. *O Príncipe*. São Paulo: Martins Fontes, 1999.

_____. *Discursos sobre a Primeira Década de Tito Lívio*. Brasília: Editora UnB, 2000.

MICHELS, Robert. *Para uma sociologia dos Partidos Políticos*. Lisboa: Antígona, 2001.

MOSCA, Gaetano. *The Ruling Class*. Nova York: MacGraw-Hill, 1939.

OSTROGORSKI Moisei. *Democracy and the Organization of Political Parties* (2 Vols.). Nova York: The Macmillan Company, 1921.

ROUSSEAU, Jean-Jacques. *O Contrato Social*. são Paulo:Martins Fontes, 1999.

SARTORI, Giovanni. "El Partido como Parte". In: *Partidos y Sistemas de Partidos*. Madri: Alianza Editorial, 2005.

TOCQUEVILLE, Alexis. *O Antigo Regime e a Revolução*. Brasília: Editora UnB, 1997.

_____. *A Democracia na América*. Belo Horizonte: Itatiaia, 1998.

URBINATI, Nadia. *Democracy Representative: Principles and Genealogy*. Chicago: University of Chicago Press, 2006a.

_____. "O que torna a representação democrática?". *Lua Nova*, São Paulo, nº 67, 2006b.

WEBER, Max. *Parlamento e Governo na Alemanha Reordenada: crítica política do funcionalismo e da natureza dos partidos*. Petrópolis: Vozes, 1993.

_____. "A Política como Vocação". In: *Ciência e Política: duas vocações*. São Paulo: Cultrix, 1999.

ZINCONE, Giovanna. "Frações". In: BOBBIO, N.; MATTEUCCI, N.; PASQUINO, G. *Dicionário de Política*. Brasília: Editora UnB; São Paulo: Imprensa Oficial, 2000.

Esta obra foi impressa em São Paulo na primavera de 2013. No texto foi utilizada a fonte Adobe Garamond Pro em corpo 10,5 e entrelinha de 14 pontos.